특정금융정보법

자금세탁방지법제

테러자금금지법 | 범죄수익은닉규제법 | 마약거래방지법

이상복

박영사

머리말

이 책은 특정금융정보법이 규율하는 자금세탁방지법제 등에 관하여 다루었다. 이 책은 다음과 같이 구성되어 있다. 제1편에서는 특정금융정보법의 목적과 성격, 자금세탁방지 관련 법규인 테러자금금지법, 범죄수익은닉규제법, 마약거래방지법 등을 다루었다. 제2편에서는 금융회사등의 의무인 의심거래보고(STR), 고액현금거래보고(CTR), 고객확인의무(CDD)를 다루고, 제3편에서는 가상자산사업자에 대한 특례를 다루었다. 또한 제4편에서는 특정금융거래정보의 제공 등을 다루고, 제5편에서는 감독, 검사 및 제재를 다루었다.

이 책을 집필하면서 다음과 같은 점들에 유념하였다.
첫째, 이해의 편의를 돕고 실무자들의 의견을 반영하여 법조문 순서에 구애받지 않고 법률뿐만 아니라, 시행령, 특정 금융거래정보 보고 및 감독규정, 자금세탁방지 및 공중협박자금조달금지에 관한 업무규정, 특정 금융거래정보 보고 등에 관한 검사 및 제재규정을 모두 반영하였다.

둘째, 자금세탁방지 등에 관한 기본법률인 특정금융정보법뿐만 아니라 자금세탁방지 관련 법규인 테러자금금지법, 범죄수익은닉규제법, 마약거래방지법을 다루고, FATF 권고사항의 주요 내용을 반영하였다.

셋째, 우리나라 금융기관이 미국에서 규제를 받는 경우가 있음을 감안하여 미국의 규제감독을 연방정부와 뉴욕주로 구분하여 규제기관과 규제체계의 주요 내용을 반영하였다.

넷째, 특정금융정보법의 적용이 금융정보분석원에서 많이 다루어지는 점을 고려하여 주요 유권해석을 반영하였다. 또한, 본문 설명과 도표로 은행의 실무를 반영하였으며, 특정 금융거래정보 보고 및 감독규정상의 서식(의심스러운 거래보고서, 고액현금거래보고서)을 부록으로 반영하였다.

이 책을 출간하면서 감사드릴 분들이 많다. 바쁜 일정 중에도 초고를 읽고 조언과 논평을 해준 정성빈 변호사와 이진영 변호사에게 감사드린다. 박영사의 김선민 이사가 제작 일정을 잡아 적시에 출간이 되도록 해주어 감사드린다. 출판계의 어려움에도 출판을 맡아 준 박영사 안종만 회장님과 안상준 대표님께 감사의 말씀을 드리며, 기획과 마케팅에 애쓰는 최동인 대리의 노고에 감사드린다.

2024년 4월

이 상 복

차 례

제2장 특정금융정보법의 연혁

제3장 자금세탁방지 관련 법규

제4장 규제감독기관

제5장 민감정보 및 고유식별정보의 처리

제2편 금융회사등의 의무

제1장 서 설

제3장 고액현금거래보고

제4장 금융회사등의 조치 등

제5장 고객확인의무

제6장 전신송금시 정보제공

제7장 금융회사등의 금융거래등 정보의 보존의무

제3편 가상자산사업자에 대한 특례

제1장 서 설

제2장 적용범위 등

제3장 가상자산사업자의 신고

제4장 가상자산사업자의 조치

제4편 특정금융거래정보의 제공 등

제1장 외국환거래자료 등의 통보

제2장 수사기관 등에 대한 정보 제공

제7장 자료 제공의 요청 등

제5편 감독, 검사 및 제재

제1장 감 독

제2장 검 사

제3장 제   재

제4장 외국 금융감독·검사기관과의 업무협조 등

제
1
편

서 론

제 1 장

특정금융정보법의 목적 등

제1절 특정금융정보법의 목적과 자금세탁방지법제 도입

Ⅰ. 특정금융정보법의 목적

　　특정금융정보법("법")은 "금융거래 등을 이용한 자금세탁행위와 공중협박자금조달행위를 규제하는 데 필요한 특정금융거래정보의 보고 및 이용 등에 관한 사항을 규정함으로써 범죄행위를 예방하고 나아가 건전하고 투명한 금융거래 질서를 확립하는 데 이바지함"을 목적으로 한다(법1).

　　특정금융정보법 제1조의 규정형식을 보면 "금융거래 등을 이용한 자금세탁행위와 공중협박자금조달행위를 규제하는 데 필요한 특정금융거래정보의 보고 및 이용 등에 관한 사항을 규정함"을 수단으로, "범죄행위를 예방하고 나아가 건전하고 투명한 금융거래 질서를 확립하는 데 이바지함"을 목적으로 규정한 것처럼 보인다. 그러나 특정금융정보법의 직접적이고 제1차적인 목적은 "범죄행위 예방"이고, 건전하고 투명한 금융거래 질서의 확립이라는 것은 범죄행위 예방을 통해 이루어지는 간접적이고 제2차적인 목적이다. 그리고 금융거래 등을 이용한 자금세탁행위와 공중협박자금조달행위를 규제하는 데 필요한 특정금융거래정보의 보고 및 이용 등에 관한 사항을 규정하는 것은 이러한 목적들을 달성하기 위한 수단이라고 할 수 있다.

Ⅱ. 자금세탁방지법제 도입

1. 자금세탁의 개념

자금세탁(ML: Money Laundering)의 개념은 일반적으로 "자금의 위법한 출처를 숨겨 적법한 것처럼 위장하는 과정"을 의미하며, 각국의 법령이나 학자들의 연구목적에 따라 구체적인 개념은 다양하게 정의되고 있다. 우리나라의 경우 "불법재산의 취득·처분사실을 가장하거나 그 재산을 은닉하는 행위 및 탈세목적으로 재산의 취득·처분 사실을 가장하거나 그 재산을 은닉하는 행위"로 규정(특정금융정보법 제2조 제4호 참조)하고 있다.

따라서 일반적으로 자금세탁이란 "범죄행위로부터 불법적으로 획득한 수익을 합법재산인 것처럼 위장하는 과정 또는 합법적인 원천에서 생긴 것으로 보이게 하기 위해 그 동일성 또는 원천을 은폐하거나 가장하는 절차"를 의미한다. 자금세탁이란 말은 1920년대 미국의 알 카포네 등 조직범죄자들이 도박이나 불법 주류판매 수입금을 그들의 영향력 아래에 있고 현금거래가 많은 이탈리아인 세탁소의 합법적 수입으로 가장한 것에서 유래되었다.[1]

2. 자금세탁의 절차

자금세탁은 단일 행위가 아니라 일련의 단계로 이루어지며, 3단계 모델이론에 따르면 배치(placement), 반복(layering), 통합(integration)의 단계를 거친다.[2]

첫 번째 단계인 배치(placement) 단계에서 자금세탁행위자는 불법재산을 취급하기 쉽고 덜 의심스러운 형태로 변형하기 위해 금융회사로 유입시키거나 물리적으로 국외로 이송하는 등의 과정을 거친다. 두 번째 반복(layering) 단계에서는

---

1) 금융정보분석원(2018a), 「자금세탁방지제도 유권해석 사례집」, 금융위원회 금융정보분석원(2018. 2), 10쪽.
2) 금융정보분석원(2018a), 11-12쪽.

금융기관에 유입된 불법재산의 출처 또는 소유자를 감추기 위해 각종 금융거래를 반복함으로써 자금추적을 불가능하게 만든다. 마지막 단계인 통합(integration) 단계에서는 충분한 반복을 거쳐 자금출처 추적이 불가능하게 된 불법자금을 정상적인 경제활동에 재투입한다. 불법자금을 법인의 예금계좌에 입금하거나 부동산 등을 구입, 매각하는 등의 방법을 이용해 불법자금이 합법자금화된다.

3. 자금세탁방지법제 도입

정부가 자금세탁방지(AML: Anti-Money Laundering) 법제를 마련하게 된 이유는, 대외적으로는 자본시장 및 외환시장의 자유화가 진전됨에 따라 국경을 넘나드는 불법 범죄자금의 세탁행위가 급증하자 이에 효과적으로 대응하기 위한 국제적인 노력에 동참하기 위한 것이고, 대내적으로는 1999년 4월과 2001년 1월의 2단계에 걸친 외환자유화 조치로 크게 증가할 것으로 예상되는 불법적인 재산의 해외도피와 불법자금의 국내외 유출입에 효과적으로 대응하기 위한 것이다. 자금세탁방지 관련 법률은 2001년 9월 27일 각각 제정되어 2001년 11월 28일부터 시행된 「특정 금융거래정보의 보고 및 이용 등에 관한 법률」("특정금융정보법")과 「범죄수익은닉의 규제 및 처벌 등에 관한 법률」("범죄수익은닉규제법"), 2007년 12월 제정 공포된 「공중 등 협박목적 및 대량살상무기확산을 위한 자금조달행위의 금지에 관한 법률」("테러자금금지법")로 구성되어 있다.3) 또한 1995년 12월 6일 제정 공포된 「마약류 불법거래 방지에 관한 특례법」("마약거래방지법")과 2016년 3월 3일 제정 공포된 「국민보호와 공공안전을 위한 테러방지법」("테러방지법")도 자금세탁방지 관련 법률에 해당한다.

4. 자금세탁방지 규제체계

자금세탁방지제도란 국내·국제적으로 이루어지는 불법자금의 세탁을 적발·예방하기 위한 법적·제도적 장치로서 사법제도, 금융제도, 국제협력을 연계하는 종합 관리시스템을 말한다.

자금세탁방지 규제는 금융제도, 사법제도 및 국제협력체계 등 세 가지 축으로 이루어진다. ⅰ) 먼저 금융규제 측면에서는 금융회사등에게 고객확인의무와

---

3) 임정하(2013), "국가기관의 금융거래정보 접근·이용과 그 법적 쟁점: 금융실명법과 특정 금융거래보고법을 중심으로", 경제법연구 제12권 1호(2013. 6), 82쪽.

자금세탁행위 및 공중협박자금 조달행위로 의심되는 거래, 고액현금거래를 보고하는 의무를 부과한다. ii) 사법규제 측면에서는 자금세탁행위 및 공중협박자금 조달행위를 범죄로 규정하여 처벌하고 그로부터 얻은 수익 및 재산을 몰수·추징하며, 금융회사등이 범죄수익 사실을 수사기관에 신고하도록 하고 있다. iii) 마지막으로 국가 간 자금세탁 관련 정보교환, 범죄인 인도, 사법공조와 같은 제도를 통해 상호협력체계를 구축하고 있다.[4]

▌ 관련 유권해석(2018년 2월 자금세탁방지제도 유권해석 사례집 01번, 이하 "유권해석 사례집"): 금융회사등이 구축해야 하는 자금세탁방지체계의 의미

　　Q: 금융회사등이 구축해야 하는 자금세탁방지체계란 구체적으로 어떤 것을 의미하나요?

　　A: 금융회사등은 고객의 자금세탁 위험도를 평가할 수 있는 위험평가절차를 수립하고 이에 따라 고객의 신원정보 등을 거래시 확인·검증하는 ㉠ 위험기반 고객확인의무 이행체계를 마련하여야 하며, 거래관계를 유지하는 고객과의 거래가 비정상적인지를 식별할 수 있는 ㉡ 모니터링 체계를 구축해야 합니다. 또한 위의 체계 운용을 통해 추출되는 의심스러운 거래 등을 최종적으로 FIU에 보고하기 위해 ㉢ 내·외부보고체제를 수립하여야 합니다. 또한 이들 세 개의 체계가 효율적으로 운용될 수 있도록 내부규정 및 조직정비, 관련 감사체계 수립 등을 포함한 내부통제체계를 구축·운용하여야 합니다.

Ⅲ. 자금세탁 범죄화제도

1. 의의

자금세탁 범죄화제도(Criminalization of Money Laundering)란 자금세탁을 독립된 범죄로 규정하고 처벌하는 제도를 말한다. 1988년 UN이 제정한 「마약 및 향정신성 물질의 불법거래 방지에 관한 협약」에서 정의하고 있다.

이 협약에 의하면 각국은 "범죄행위로부터 발생한 자산이라는 사실을 알면

---

4) 금융정보분석원(2018a), 12쪽.

서 i) 당해 자산의 출처를 은닉하거나 위장할 목적으로 또는 범죄를 저지른 자들이 법적 책임을 면하는 것을 도울 목적으로 해당 자산을 전환 또는 양도하는 행위, ii) 당해 자산의 성질·출처·소재·처분·이동·권리·소유권을 은닉하거나 가장하는 행위, iii) 당해 자산을 취득·소지·사용하는 행위" 중 어느 하나에 해당하는 경우 이를 범죄화하고 법률에 의해 처벌할 것을 요구하고 있다.

따라서 자금세탁행위가 범죄로 성립되기 위해서는 자금세탁을 한 자금이 지정된 전제범죄(Predicate Offences)로부터 얻어진 불법자산이어야 한다. 또한 자금세탁 범죄는 범죄행위를 통해 얻어진 수익을 은닉·가장하는 등 범죄수익을 처리하는 과정에서 발생하는 파생범죄라고 할 수 있다. 그러나 본 범죄가 처벌되어야 자금세탁 범죄가 처벌되는 것은 아니며, 자금세탁 범죄 그 자체가 본 범죄와 별개로 중형으로 처벌되도록 하는 것이 자금세탁 범죄화제도의 핵심이다.

우리나라는 자금세탁의 범죄화를 범죄수익은닉규제법과 마약거래방지법에서 각각 규정하고 있으며, 자금세탁 범죄에 대하여 범죄수익은닉규제법은 5년 이하의 징역 또는 3천만원 이하의 벌금에, 마약거래방지법은 7년 이하의 징역 또는 3천만원 이하의 벌금에 처하도록 규정하고 있다.

2. 도입 목적

자금세탁 범죄화제도는 특정범죄를 조장하는 경제적 요인을 근원적으로 제거하고 건전한 사회질서를 유지하고자 하는데 근본 목적이 있다. 범죄집단은 범죄를 통해 막대한 금전적 이윤과 부를 생성하고 정부조직과 합법적 상업·금융업계 및 사회의 모든 계층에 침투하여 이를 오염시키고 부패를 조장함으로써 경제를 잠식하고 국가의 안정과 안보, 주권을 위협한다.

따라서 범죄수익은 범죄의 목적이자 그 생명줄(life blood)이라고 할 수 있으며, 이를 규제하는 것이 범죄예방에 가장 효과적이라는 것이 국제사회의 공통 인식이며 FATF, UN 등 국제기구가 제시하는 국제기준이다. 자금세탁 범죄화제도는 이러한 범죄행위를 근원적으로 차단하고자 하는 것이다.

3. 외국사례와 자금세탁 범죄화 범위

자금세탁 범죄화는 1988년 UN의 「마약 및 향정신성 물질의 불법거래 방지에 관한 협약」 제정 이후 각국이 도입하기 시작하여 현재는 세계 180여 개국이 채택하고 있는 국제표준이다. 자금세탁 범죄화의 범위는 자금세탁의 전제가 되는 범죄의 범위를 어떻게 하느냐에 따라 정해진다. 자금세탁방지 국제기구(FATF)는 각국이 자금세탁 범죄화를 위한 전제범죄의 범위를 범죄목록으로 나열하는 방식(나열식 접근법, list approach), 일정 형량 이상은 모두 포함되도록 하는 방식(기준식 접근법, threshold approach), 또는 이를 혼용한 방식을 채택할 수 있도록 하고 있다.

우리나라는 나열식 접근법을 택하여 자금세탁의 전제범죄로 2001년 금융정보분석원 출범 당시 38종 범죄를 지정한 후 그 범위를 꾸준히 확대하여 뇌물수수·공여죄, 사기·횡령·배임죄, 저작권법 위반범죄, 사행행위 등 규제 및 처벌특례법("사행행위규제법") 위반범죄, 테러자금금지법 위반범죄 등을 추가함으로써 2021년 12월 말 기준 54개 법률 관련 총 116종의 범죄를 자금세탁의 전제범죄로 지정·운영하였다. 2022년 1월에는 범죄수익은닉규제법을 개정하여 당초에 나열식으로 규정하고 있는 전제범죄의 범위에 일정 법정형 이상(사형, 무기 또는 장기 3년 이상의 징역이나 금고에 해당하는 죄)의 범죄도 포함하는 혼합식 규정방식을 도입하여 변화된 사회환경에 따른 자금세탁 신종범죄에 실효적으로 대처할 수 있는 제도적 기반을 마련하였다.

제2절 특정금융정보법의 성격

특정금융정보법은 형법에 대하여 특별법적 성격을 갖는다. 특정금융정보법은 2001년 9월 27일 법률 제6516호로 제정되었는데, 형법과는 상호보완적인 관계에 있다. 즉 특정금융정보법은 금융거래 등을 이용한 자금세탁행위와 공중협박자금조달행위를 방지하기 위해 여러 가지 준수사항과 금지사항을 정해 놓고, 이에 위반하는 경우 형벌인 징역형과 벌금형의 제재를 가하는 규정을 두고 있다. 또한 특정금융정보법은 행정법적 성격을 갖는다. 즉 금융회사등의 감독·검사 등에 관한 규정, 행정질서벌인 과태료에 관한 규정을 두고 있다.

제3절 특정금융정보법상 개념의 정리

특정금융정보법에서 사용하는 용어의 뜻은 다음과 같다(법2).

Ⅰ. 금융회사등

법 제2조 제1호는 "금융회사등"을 정의하고 있다. 여기서는 다음과 같이 나누어 살펴본다.

1. 일정 금융회사

금융회사등이란 ⅰ) 한국산업은행(가목), ⅱ) 한국수출입은행(나목), ⅲ) 중소기업은행(다목), ⅳ) 은행(라목), ⅴ) 투자매매업자, 투자중개업자, 집합투자업자, 신탁업자, 증권금융회사, 종합금융회사 및 명의개서대행회사(마목), ⅵ) 상호저축은행과 상호저축은행중앙회(바목), ⅶ) 농업협동조합과 농협은행(사목), ⅷ) 수산업협동조합과 수협은행(아목), ⅸ) 신용협동조합과 신용협동조합중앙회(자목), ⅹ) 새마을금고와 중앙회(차목), ⅺ) 보험회사(카목), ⅻ) 체신관서(타목)를 말한다(법2(1)).

2. 카지노사업자

금융회사등이란 관광진흥법에 따라 허가를 받아 카지노업을 하는 카지노사업자를 말한다(법2(1) 파목). 여기서 "카지노업"이란 전문 영업장을 갖추고 주사위·트럼프·슬롯머신 등 특정한 기구 등을 이용하여 우연의 결과에 따라 특정인에게 재산상의 이익을 주고 다른 참가자에게 손실을 주는 행위 등을 하는 업을 말한다(관광진흥법3①(5)).

3. 가상자산사업자

금융회사등이란 가상자산이용자보호법 제2조 제2호에 따른 가상자산사업자를 말한다(법2(1) 하목). 여기서 "가상자산사업자"란 가상자산과 관련하여 ⅰ) 가상자산을 매도·매수("매매")하는 행위(가목), ⅱ) 가상자산을 다른 가상자산과 교환하는 행위(나목), iii) 가상자산을 이전하는 행위 중 대통령령으로 정하는 행위 (다목), iv) 가상자산을 보관 또는 관리하는 행위(라목), ⅴ) 가상자산의 매매·교환을 중개·알선하거나 대행하는 행위(마목)의 어느 하나에 해당하는 행위를 영업으로 하는 자를 말한다(가상자산이용자보호법2(2)).

4. 기타 금융회사

금융회사등이란 금융거래등을 하는 자로서 ⅰ) 신용보증기금(제1호), ⅱ) 기술보증기금(제2호), ⅲ) 투자일임업자(제3호), ⅳ) 온라인투자연계금융업자(제4호), ⅴ) 여신전문금융회사와 신기술사업투자조합(제5호), ⅵ) 산림조합과 그 중앙회 (제6호), ⅶ) 금융지주회사(제7호), ⅷ) 벤처투자법 제2조 제10호[5] 및 제11호[6]에 따른 중소기업창업투자회사 및 벤처투자조합(제8호),[7] ⅸ) 외국환거래법 제8조 제3항 제1호[8]에 따라 등록한 환전영업자(제10호), ⅹ) 농협생명보험 및 농협손해보험(제11호), ⅺ) 외국환거래법 제8조 제3항 제2호[9]에 따라 등록한 소액해외송금업자(제12호), ⅻ) 전자금융거래법에 따른 전자금융업자(제13호), ⅹⅲ) 대부업법 제3조 제2항 제5호에 따라 등록한 대부업자 중 같은 법 제9조의7 제1항에 따른[10] 자산규모 이상인 자(제14호)를 말한다(법2(1) 거목, 영2).

5. 금융회사등의 자회사

그 밖에 자금세탁행위와 공중협박자금조달행위에 이용될 가능성이 있는 금융거래등을 하는 자로서 금융정보분석원의 장이 정하여 고시하는 자를 말한다 (법2(1) 거목, 영2(15)). 여기서 "금융정보분석원장이 정하여 고시하는 자"란 금융회사등의 자회사(상법 제342조의2[11]에 따른 자회사)를 말한다(특정 금융거래정보 보

---

5) 10. "벤처투자회사"란 벤처투자를 주된 업무로 하는 회사로서 제37조에 따라 등록한 회사를 말한다.

6) 11. "벤처투자조합"이란 벤처투자회사 등이 벤처투자와 그 성과의 배분을 주된 목적으로 결성하는 조합으로서 제50조 또는 제63조의2에 따라 등록한 조합을 말한다.

7) 제9호 삭제 [2015. 12. 30.][시행일 2016. 1. 1.].

8) 1. 외국통화의 매입 또는 매도, 외국에서 발행한 여행자수표의 매입

9) 2. 대한민국과 외국 간의 지급 및 수령과 이에 수반되는 외국통화의 매입 또는 매도

10) 대부업자 중 대부채권매입추심을 업으로 하려는 대부업자는 직전 사업연도말 기준으로 10억원, 그 밖의 대부업자등은 직전 사업연도말 기준으로 500억원 이상인 자.

11) 제342조의2(자회사에 의한 모회사주식의 취득) ① 다른 회사의 발행주식의 총수의 50%를 초과하는 주식을 가진 회사("모회사")의 주식은 다음의 경우를 제외하고는 그 다른 회사

고 및 감독규정1의2, 이하 "감독규정").

▌ 관련 유권해석

① 유권해석 사례집 03번: 자산운용사의 자금세탁방지의무/법 제2조 제1호

Q: 저희는 자산운용사로서 펀드 간접판매(판매사를 통한 판매) 및 기관 대상 투자일임만을 운용하여 고객으로부터 직접 자금을 수취하지 않고 있습니다. 그럼에도 불구하고 특정금융정보법상 일반 금융회사의 기준이 일괄 적용되어 자금세탁방지 관련 고객확인제도 준수, 임직원 교육 및 이사회 보고 등 과도한 의무를 지고 있다고 봅니다. 펀드를 직접 판매하지 않는 자산운용사에 대해서 자금세탁방지 관련 법규 적용을 제외할 수는 없는지요?

A: 특정금융정보법 제2조 제1호 및 동법 시행령 제2조에서는 자본시장법에 따른 집합투자업자 등에 대해 동 법률 준수의무를 부과하고 있어 이에 따라 집합투자업자, 투자일임업자자 등은 자금세탁방지 의무를 수행할 법적 의무가 존재합니다.

② 유권해석 사례집 05번: 부동산신탁업자의 자금세탁방지의무/법 제2조

Q: 부동산 신탁사는 신탁계약을 체결하거나 자금대리 사무계약을 체결할 계약의 상대방인 위탁자 및 위임인으로부터 고객확인서를 징구하는 등 자금세탁방지업무를 수행중에 있습니다. 그러나 부동산 신탁사는 여수신업무를 수행하지 않고 해당 업무는 은행 등 타 금융기관에 의해 수행중이며, 타 금융기관이 자금세탁방지업무를 수행하고 있으므로 업무 중복이 있다고 보입니다. 부동산 신탁사를 자금세탁방지업무 수행 금융기관에서 제외하거나 법률상 의무를 완화할 수는 없는지요?

A: 고객확인제도는 고객이 신규로 계좌를 개설하거나 대통령령으로 정하

("자회사")가 이를 취득할 수 없다.
1. 주식의 포괄적 교환, 주식의 포괄적 이전, 회사의 합병 또는 다른 회사의 영업전부의 양수로 인한 때
2. 회사의 권리를 실행함에 있어 그 목적을 달성하기 위하여 필요한 때
② 제1항 각호의 경우 자회사는 그 주식을 취득한 날로부터 6월 이내에 모회사의 주식을 처분하여야 한다.
③ 다른 회사의 발행주식의 총수의 50%를 초과하는 주식을 모회사 및 자회사 또는 자회사가 가지고 있는 경우 그 다른 회사는 이 법의 적용에 있어 그 모회사의 자회사로 본다.

는 금액 이상으로 일회성 금융거래를 하는 경우 고객의 신원 및 실제 소유자를 확인하는 제도로 의무를 수행하는 주체가 각기 자신의 고객을 확인함으로써 자금세탁행위를 방지하고자 하는 취지로 도입되었습니다. 따라서 여수신업무의 수행과 자금세탁방지업무 수행은 직접적인 관련이 없으며, 신탁회사 역시 고객의 자금세탁행위를 잘 관찰할 수 있는 지위에 있다는 점에서 부동산 신탁사를 특정금융정보법상 자금세탁방지의무를 수행해야 하는 "금융회사등" 범위에서 제외하기는 어렵다고 할 것입니다.

③ 유권해석 사례집 04번: 투자일임업자의 자금세탁방지의무/법 제2조 제1호, 영 제2조

Q: 저희는 투자일임업자로서 고객이 증권사 등에 개설한 계좌재산의 운용권한을 위임받아 고객을 대신하여 금융거래를 수행하고 있습니다. 이때 일임투자자는 일임계약을 위한 계좌개설시 또는 자금 입금시 이미 증권사에서 고객확인을 거치게 됩니다. 그럼에도 불구하고 투자일임업자와 일임 계약시 동일한 고객확인 절차를 거쳐야 한다는 것은 납득하기가 어렵습니다. 이에 투자일임업자와 일임 계약시 증권사를 통한 고객확인이 이루어진 투자자에 대해서는 고객확인의무를 면제하거나, 증권사를 통해 확인된 강화된 고객확인의무(EDD: Enhanced Due Diligence) 정보를 확인하는 것으로 절차를 간소화할 수는 없을는지요?

A: 특정금융정보법 제2조 제1호 및 동법 시행령 제2조에서는 자본시장법에 따른 투자일임업자에 대해 동 법률 준수의무를 부과하고 있어 이에 따라 투자일임업자는 자금세탁방지의무를수행할 법적 의무가 존재합니다. 따라서 투자일임업자에 대해 자금세탁방지 업무 중 가장 중요한 업무 중의 하나인 고객확인의무를 면제할 수는 없을 것입니다.

④ 금융위원회 210187, 2023. 8. 21 [해외 자회사의 특정금융정보법 준수의무 여부 질의]

[1] 질의요지

ㅁ 국내 금융회사의 해외자회사가 특정금융정보법에서 금융거래로 정하지

않은 업무*를 하는 경우 해당 자회사에게 특정금융정보법 및 관련 규정이 적
용되는지 여부

　* 보험관리업, 보험중개업

　[2] 회답

　ㅁ 국내 금융회사등의 해외자회사가 특정금융정보법에서 금융거래로 정하
지 않은 업무를 하는 경우라도 국내 금융회사등이 특정금융정보법 제2조 제
1호 및 같은 법 시행령 제2조에 따른 금융회사등이라면 해당 자회사도 감독
규정 제1조의2에 따라 금융회사등에 포함되므로 특정금융정보법 및 관련 규
정이 적용되고 업무규정 제27조 제1항에 따라 금융회사등은 자회사에 대해
자금세탁방지등12)과 관련된 기준이 준수되도록 특별한 주의를 기울여야 한
다고 보입니다.

　[3] 이유

　ㅁ 특정금융정보법 제2조 제1호 및 동법 시행령 제2조 제15호에서는 자금
세탁행위와 공중협박자금조달행위에 이용될 가능성이 있는 금융거래등을 하
는 자로서 금융정보분석원의 장이 정하여 고시하는 자를 금융회사등에 포함
시키고 있으며 감독규정 제1조의2에서는 그 밖에 자금세탁행위와 공중협박
자금조달행위에 이용될 가능성이 있는 금융거래등을 하는 자로서 금융정보
분석원장이 정하여 고시하는 자란 특정금융정보법 제2조 제1호 및 같은 법
시행령 제2조에 따른 금융회사등의 자회사를 말한다고 규정하고 있습니다.

　ㅁ 또한 「자금세탁방지 및 공중협박자금조달금지에 관한 업무규정」("업무
규정") 제27조 제1항은 금융회사등은 해외에 소재하는 자신의 지점 또는 자
회사("금융회사등의 해외지점등")의 자금세탁방지등의 의무이행 여부를 관
리하여야 한다고 규정하고, 제2항에서 금융회사등은 FATF 권고사항이 이행
되지 않거나 불충분하게 이행되고 있는 국가에 소재한 금융회사등의 해외지
점등에 대하여 자금세탁방지등과 관련된 기준이 준수되도록 특별한 주의를
기울여야 한다고 정하고 있습니다.

　ㅁ 따라서 국내 금융회사등의 해외자회사가 특정금융정보법에서 금융거래

---

12) 특정금융정보법에서 "자금세탁방지등"이라 함은 자금세탁방지와 공중협박자금·대량살상
　무기확산자금조달금지를 포함한 것을 말한다(업무규정4①).

로 정하지 않은 업무를 하는 경우라도 국내 금융회사등이 특정금융정보법 제2조 제1호 및 같은 법 시행령 제2조에 따른 금융회사등이라면 해당 자회사도 감독규정 제1조의2에 따라 금융회사등에 포함되므로 특정금융정보법 및 관련 규정이 적용되고 업무규정 제27조 제1항에 따라 금융회사등은 자회사에 대해 자금세탁방지등과 관련된 기준이 준수되도록 특별한 주의를 기울여야 한다고 보입니다.

Ⅱ. 금융거래등

법 제2조 제2호(가목부터 라목까지)는 "금융거래등"을 정의하고 있다. 여기서는 다음과 같이 나누어 살펴본다.

1. 금융자산을 대상으로 한 거래

금융거래등이란 금융회사등이 금융자산(금융실명법 제2조 제2호에[13] 따른 금융자산)을 수입·매매·환매·중개·할인·발행·상환·환급·수탁·등록·교환하거나 그 이자·할인액 또는 배당을 지급하는 것과 이를 대행하는 것을 말한다(법2(2)가목).

2. 파생상품시장에서의 거래 등

금융거래등이란 자본시장법에 따른 파생상품시장에서의 거래, 그 밖에 ⅰ) 대출·보증·보험·공제·팩토링(기업이 물품 또는 용역의 제공에 의하여 취득한 매출채권을 양수·관리 또는 회수하는 업무)·보호예수·금고대여 업무에 따른 거래(제1호), ⅱ) 여신전문금융업법에 따른 신용카드·직불카드·선불카드·시설대여·연불판매·할부금융·신기술사업금융 업무에 따른 거래(제2호), ⅲ) 외국환거래법에 따른 외국환업무에 따른 거래("외국환거래")(제3호), ⅳ) 전자금융거래법에 따른

---

13) "금융자산"이란 금융회사등이 취급하는 예금·적금·부금·계금·예탁금·출자금·신탁재산·주식·채권·수익증권·출자지분·어음·수표·채무증서 등 금전 및 유가증권과 신주인수권을 표시한 증서, 외국이나 외국법인이 발행한 증권 또는 증서를 말한다(금융실명법 2(2), 금융실명법 시행규칙2).

전자금융거래(제4호),ⅴ) 대부업법에 따른 대부 및 대부채권매입추심 업무에 따른 거래(제5호), ⅵ) 온라인투자연계금융업법 제13조 제1호부터 제3호까지[14]의 업무에 따른 거래(제6호)를 말한다(법2(2) 나목, 영3①).

3. 카지노 칩과 현금·수표의 교환

금융거래등이란 관광진흥법 제25조에 따라 문화체육관광부장관이 정하여 고시하는 카지노에서 베팅에 사용되는 도구인 칩과 현금 또는 수표를 교환하는 거래를 말한다(법2(2) 다목, 영3②).

4. 가상자산거래

금융거래등이란 가상자산사업자가 가상자산이용자보호법에 따라 수행하는 업무("가상자산거래")를 말한다(법2(2) 라목).

Ⅲ. 가상자산

가상자산이란 가상자산이용자보호법 제2조 제1호에 따른 가상자산을 말한다(법2(3)). 여기서는 가상자산이용자보호법 제2조 제1호(가목부터 아목까지)의 내용을 살펴본다.

1. 가산자산의 개념

가상자산이란 경제적 가치를 지닌 것으로서 전자적으로 거래 또는 이전될 수 있는 전자적 증표(그에 관한 일체의 권리를 포함)를 말한다(가상자산이용자보호법2(1) 본문).

2. 가상자산 제외대상

다음의 어느 하나에 해당하는 것은 가상자산에서 제외한다(가상자산이용자보호법2(1) 단서).

---

14) 1. 제5조에 따라 등록을 한 온라인투자연계금융업
  2. 제12조 제4항 각 호 외의 부분 단서에 따라 자기의 계산으로 하는 연계투자 업무
  3. 제34조 제2항에 따른 원리금수취권 양도·양수의 중개 업무

(1) 화폐 · 재화 · 용역 등으로 교환될 수 없는 전자적 증표 등

화폐 · 재화 · 용역 등으로 교환될 수 없는 전자적 증표 또는 그 증표에 관한 정보로서 발행인이 사용처와 그 용도를 제한한 것은 가상자산에서 제외한다(가상자산이용자보호법2(1) 가목).

(2) 게임물의 이용을 통하여 획득한 유 · 무형의 결과물

게임산업법 제32조 제1항 제7호[15])에 따른 게임물의 이용을 통하여 획득한 유 · 무형의 결과물은 가상자산에서 제외한다(가상자산이용자보호법2(1) 나목).

(3) 선불전자지급수단 및 전자화폐

전자금융거래법 제2조 제14호[16])에 따른 선불전자지급수단 및 같은 조 제15호[17])에 따른 전자화폐는 가상자산에서 제외한다(가상자산이용자보호법2(1) 다목).

(4) 전자등록주식등

전자증권법 제2조 제4호[18])에 따른 전자등록주식등은 가상자산에서 제외한다(가상자산이용자보호법2(1) 라목).

---

15) 7. 누구든지 게임물의 이용을 통하여 획득한 유 · 무형의 결과물(점수, 경품, 게임 내에서 사용되는 가상의 화폐로서 대통령령이 정하는 게임머니 및 대통령령이 정하는 이와 유사한 것)을 환전 또는 환전 알선하거나 재매입을 업으로 하는 행위

16) 14. "선불전자지급수단"이라 함은 이전 가능한 금전적 가치가 전자적 방법으로 저장되어 발행된 증표 또는 그 증표에 관한 정보로서 다음 각 목의 요건을 모두 갖춘 것을 말한다. 다만, 전자화폐를 제외한다.
　　가. 발행인(대통령령이 정하는 특수관계인을 포함) 외의 제3자로부터 재화 또는 용역을 구입하고 그 대가를 지급하는데 사용될 것
　　나. 구입할 수 있는 재화 또는 용역의 범위가 2개 업종(통계법 제22조 제1항의 규정에 따라 통계청장 이 고시하는 한국표준산업분류의 중분류상의 업종)이상일 것

17) 15. "전자화폐"라 함은 이전 가능한 금전적 가치가 전자적 방법으로 저장되어 발행된 증표 또는 그 증표에 관한 정보로서 다음 각 목의 요건을 모두 갖춘 것을 말한다.
　　가. 대통령령이 정하는 기준 이상의 지역 및 가맹점에서 이용될 것
　　나. 제14호 가목의 요건을 충족할 것
　　다. 구입할 수 있는 재화 또는 용역의 범위가 5개 이상으로서 대통령령이 정하는 업종 수 이상일 것
　　라. 현금 또는 예금과 동일한 가치로 교환되어 발행될 것
　　마. 발행자에 의하여 현금 또는 예금으로 교환이 보장될 것

18) 4. "전자등록주식등"이란 전자등록계좌부에 전자등록된 주식등을 말한다.

(5) 전자어음

전자어음법 제2조 제2호[19])에 따른 전자어음은 가상자산에서 제외한다(가상자산이용자보호법2(1) 마목).

(6) 전자선하증권

상법 제862조[20])에 따른 전자선하증권은 가상자산에서 제외한다(가상자산이용자보호법2(1) 바목).

(7) 한국은행 발행의 전자적 형태의 화폐 등

한국은행이 발행하는 전자적 형태의 화폐 및 그와 관련된 서비스는 가상자산에서 제외한다(가상자산이용자보호법2(1) 사목).

(8) 기타

거래의 형태와 특성을 고려하여 대통령령으로 정하는 것은 가상자산에서 제외한다(가상자산이용자보호법2(1) 아목).

---

19) 2. "전자어음"이란 전자문서로 작성되고 제5조 제1항에 따라 전자어음관리기관에 등록된 약속어음을 말한다.

20) 제862조(전자선하증권) ① 운송인은 제852조 또는 제855조의 선하증권을 발행하는 대신에 송하인 또는 용선자의 동의를 받아 법무부장관이 지정하는 등록기관에 등록을 하는 방식으로 전자선하증권을 발행할 수 있다. 이 경우 전자선하증권은 제852조 및 제855조의 선하증권과 동일한 법적 효력을 갖는다.
② 전자선하증권에는 제853조 제1항 각 호의 정보가 포함되어야 하며, 운송인이 전자서명을 하여 송신하고 용선자 또는 송하인이 이를 수신하여야 그 효력이 생긴다.
③ 전자선하증권의 권리자는 배서의 뜻을 기재한 전자문서를 작성한 다음 전자선하증권을 첨부하여 지정된 등록기관을 통하여 상대방에게 송신하는 방식으로 그 권리를 양도할 수 있다.
④ 제3항에서 정한 방식에 따라 배서의 뜻을 기재한 전자문서를 상대방이 수신하면 제852조 및 제855조의 선하증권을 배서하여 교부한 것과 동일한 효력이 있고, 제2항 및 제3항의 전자문서를 수신한 권리자는 제852조 및 제855조의 선하증권을 교부받은 소지인과 동일한 권리를 취득한다.
⑤ 전자선하증권의 등록기관의 지정요건, 발행 및 배서의 전자적인 방식, 운송물의 구체적인 수령절차와 그 밖에 필요한 사항은 대통령령으로 정한다.

Ⅳ. 불법재산

법 제2조 제4호(가목부터 다목까지)는 "불법재산"을 정의하고 있다. 여기서는 다음과 같이 나누어 살펴본다.

1. 범죄수익등

불법재산이란 범죄수익은닉규제법 제2조 제4호에 따른 범죄수익등을 말한다(법2(4) 가목). 여기서 "범죄수익등"이란 범죄수익, 범죄수익에서 유래한 재산 및 이들 재산과 그 외의 재산이 합쳐진 재산을 말한다(범죄수익은닉규제법2(4)).

2. 불법수익등

불법재산이란 마약거래방지법 제2조 제5항에 따른 불법수익등을 말한다(법2(4) 나목). 여기서 "불법수익등"이란 불법수익, 불법수익에서 유래한 재산 및 그 재산과 그 재산 외의 재산이 합하여진 재산을 말한다(마약거래방지법2⑤).

3. 공중협박자금

불법재산이란 테러자금금지법 제2조 제1호에 따른 공중협박자금을 말한다(법2(4) 다목). 여기서 "공중 등 협박목적을 위한 자금("공중협박자금")"이란 국가·지방자치단체 또는 외국정부(외국지방자치단체와 조약 또는 그 밖의 국제적인 협약에 따라 설립된 국제기구를 포함)의 권한행사를 방해하거나 의무없는 일을 하게 할 목적으로 또는 공중에게 위해를 가하고자 하는 등 공중을 협박할 목적으로 행하는 다음의 어느 하나에 해당하는 행위에 사용하기 위하여 모집·제공되거나 운반·보관된 자금이나 재산을 말한다(테러자금금지법2(1)).

> 가. 사람을 살해하거나 사람의 신체를 상해하여 생명에 대한 위험을 발생하게 하는 행위 또는 사람을 체포·감금·약취·유인하거나 인질로 삼는 행위
> 나. 항공기(항공안전법 제2조 제1호의 항공기)와 관련된 다음 각각의 어느 하나에 해당하는 행위
>   (1) 운항중(항공보안법 제2조 제1호의 운항중)인 항공기를 추락시키거나 전복·파괴하는 행위, 그 밖에 운항중인 항공기의 안전을 해칠 만한 손괴

　　를 가하는 행위

　(2) 폭행이나 협박, 그 밖의 방법으로 운항중인 항공기를 강탈하거나 항공기
　　의 운항을 강제하는 행위

　(3) 항공기의 운항과 관련된 항공시설을 손괴하거나 조작을 방해하여 항공
　　기의 안전운항에 위해를 가하는 행위

다. 선박(선박 및 해상구조물에 대한 위해행위의 처벌 등에 관한 법률 제2조 제
　　1호 본문의 선박) 또는 해상구조물(같은 법 제2조 제5호의 해상구조물)과
　　관련된 다음 각각의 어느 하나에 해당하는 행위

　(1) 운항(같은 법 제2조 제2호의 운항) 중인 선박 또는 해상구조물을 파괴하
　　거나, 그 안전을 위태롭게 할 만한 손상을 운항 중인 선박이나 해상구조
　　물 또는 그에 실려 있는 화물에 가하는 행위

　(2) 폭행이나 협박, 그 밖의 방법으로 운항 중인 선박 또는 해상구조물을 강
　　탈하거나 선박의 운항을 강제하는 행위

　(3) 운항 중인 선박의 안전을 위태롭게 하기 위하여 그 선박 운항과 관련된
　　기기·시설을 파괴 또는 중대한 손상을 가하거나 기능장애 상태를 야기
　　하는 행위

라. 사망·중상해 또는 중대한 물적 손상을 유발하도록 제작되거나 그러한 위력
　　을 가진 폭발성·소이성(燒夷性) 무기나 장치를 다음 각각의 어느 하나에
　　해당하는 차량 또는 시설에 배치 또는 폭발시키거나 그 밖의 방법으로 이를
　　사용하는 행위

　(1) 기차·전차·자동차 등 사람 또는 물건의 운송에 이용되는 차량으로서
　　공중이 이용하는 차량

　(2) (1)에 해당하는 차량의 운행을 위하여 이용되는 시설 또는 도로, 공원,
　　역, 그 밖에 공중이 이용하는 시설

　(3) 전기나 가스를 공급하기 위한 시설, 공중의 음용수를 공급하는 수도, 그
　　밖의 시설 및 전기통신을 이용하기 위한 시설로서 공용으로 제공되거나
　　공중이 이용하는 시설

　(4) 석유, 가연성 가스, 석탄, 그 밖의 연료 등의 원료가 되는 물질을 제조
　　또는 정제하거나 연료로 만들기 위하여 처리·수송 또는 저장하는 시설

　(5) 공중이 출입할 수 있는 건조물·항공기·선박으로서 (1)부터 (4)까지에
　　해당하는 것을 제외한 시설

마. 핵물질(원자력시설 등의 방호 및 방사능방재대책법 제2조 제1호의 핵물질),
　　방사성물질(원자력안전법 제2조 제5호의 방사성물질) 또는 원자력시설(원

자력시설 등의 방호 및 방사 능방재대책법 제2조 제2호의 원자력시설)과 관련된 다음 각각의 어느 하나에 해당하는 행위

(1) 원자로를 파괴하여 사람의 생명·신체 또는 재산을 해하거나 그 밖에 공공의 안전을 위태롭게 하는 행위

(2) 방사성물질, 원자로 및 관계 시설, 핵연료주기시설 또는 방사선발생장치 등을 부당하게 조작하여 사람의 생명이나 신체에 위험을 가하는 행위

(3) 핵물질을 수수·소지·소유·보관·사용·운반·개조·처분 또는 분산하는 행위

(4) 핵물질이나 원자력시설을 파괴·손상하거나 그 원인을 제공하거나 원자력시설의 정상적인 운전을 방해하여 방사성물질을 배출하거나 방사선을 노출하는 행위

Ⅴ. 자금세탁행위

법 제2조 제5호(가목부터 다목까지)는 "자금세탁행위"를 정의하고 있다. "자금세탁행위"라 함은 특정금융정보법 제2조 제5호에 규정된 행위로서 불법재산의 취득·처분 또는 발생원인에 관한 사실을 가장하거나 그 재산을 은닉하는 행위 및 탈세 또는 조세탈루 목적으로 재산의 취득·처분 또는 발생원인에 관한 사실을 가장하거나 그 재산을 은닉하는 행위를 말한다(법2(5)).

여기서는 다음과 같이 나누어 살펴본다.

1. 범죄수익등의 은닉 및 가장행위

자금세탁행위란 범죄수익은닉규제법 제3조(범죄수익등의 은닉 및 가장)에 따른 범죄행위를 말한다(법2(5) 가목). 즉 범죄수익등의 취득 또는 처분에 관한 사실을 가장하거나, 범죄수익의 발생 원인에 관한 사실을 가장하거나, 또는 특정범죄를 조장하거나 적법하게 취득한 재산으로 가장할 목적으로 범죄수익등을 은닉하는 행위를 말한다(범죄수익은닉규제법3).

2. 불법수익등의 은닉 및 가장행위

자금세탁행위란 마약거래방지법 제7조(불법수익등의 은닉 및 가장)에 따른 범죄행위를 말한다(법2(5) 나목). 즉 마약류범죄의 발견 또는 불법수익등의 출처에 관

한 수사를 방해하거나 불법수익등의 몰수를 회피할 목적으로 불법수익등의 성질, 소재, 출처 또는 귀속 관계를 숨기거나 가장하는 행위를 말한다(마약거래방지법7).

3. 탈세 목적의 은닉 및 가장행위

자금세탁행위란 조세범 처벌법 제3조(조세 포탈 등), 관세법 제270조(관세포탈죄 등) 또는 특정범죄가중법 제8조(조세 포탈의 가중처벌)의 죄를 범할 목적 또는 세법에 따라 납부하여야 하는 조세(지방세기본법에 따른 지방세를 포함)를 탈루할 목적으로 재산의 취득·처분 또는 발생 원인에 관한 사실을 가장(假裝)하거나 그 재산을 은닉하는 행위를 말한다(법2(5) 다목).

Ⅵ. 공중협박자금조달행위

공중협박자금조달행위란 테러자금금지법 제6조 제1항의 죄에 해당하는 행위를 말한다(법2(6)). 즉 공중협박행위를 하거나 하려고 하는 개인, 법인 또는 단체라는 점을 알면서 그를 이롭게 할 목적으로 자금 또는 재산을 제공·모집하거나 이를 운반·보관하는 경우 또는 그러한 제공·모집, 운반·보관행위를 강요하거나 권유하는 행위를 말한다(테러자금금지법6①).

제4절 다른 법률과의 관계

Ⅰ. 금융실명법, 신용정보법 및 외국환거래법 일부 규정에 대한 우선 적용

법 제4조(불법재산 등으로 의심되는 거래의 보고 등), 제4조의2(금융회사등의 고액 현금거래 보고), 제5조의3(전신송금 시 정보제공), 제9조(외국환거래자료 등의 통보), 제10조(수사기관 등에 대한 정보 제공), 제10조의2(특정금융거래정보 제공사실의 통보), 제11조(외국금융정보분석기구와의 정보 교환 등), 제13조(자료 제공의 요청 등) 및 제15조(금융회사등의 감독·검사 등) 제7항은 금융실명법 제4조(금융거래의 비밀

보장), 신용정보법 제32조(개인신용정보의 제공·활용에 대한 동의)·제42조(업무 목적
외 누설금지 등) 및 외국환거래법 제22조(외국환거래의 비밀보장)에 우선하여 적용
한다(법14①).

Ⅱ. 신용정보법 제35조 적용 제외

금융회사등과 중계기관이 특정금융정보법에 따라 제공한 정보에 대하여는
신용정보법 제35조를 적용하지 아니한다(법14②). 아래서는 신용정보법 제35조를
살펴본다.

1. 신용정보주체의 개인신용정보 조회

(1) 신용정보회사등의 조회 허용

(가) 원칙

신용정보회사등은 개인신용정보를 이용하거나 제공한 경우 다음의 구분에
따른 사항을 신용정보주체가 조회할 수 있도록 하여야 한다(신용정보법35① 본문).

1) 개인신용정보를 이용한 경우

개인신용정보를 이용한 경우 이용 주체, 이용 목적, 이용 날짜, 이용한 신용
정보의 내용, 해당 개인신용정보의 보유기간 및 이용기간을 조회할 수 있도록 하
여야 한다(신용정보법35①(1), 동법 시행령30⑤).

2) 개인신용정보를 제공한 경우

개인신용정보를 제공한 경우 제공 주체, 제공받은 자, 제공 목적, 제공한 날
짜, 제공한 신용정보의 내용, 해당 개인신용정보를 제공받은 자의 보유기간 및
이용기간을 조회할 수 있도록 하여야 한다(신용정보법35①(2), 동법 시행령30⑥).

(나) 예외

내부 경영관리의 목적으로 이용하거나 반복적인 업무위탁을 위하여 제공하
는 경우 등 대통령령으로 정하는 경우에는 신용정보주체가 조회할 수 있도록 하
지 않아도 된다(신용정보법35① 단서).

여기서 "내부 경영관리의 목적으로 이용하거나 반복적인 업무위탁을 위하여
제공하는 경우 등 대통령령으로 정하는 경우"란 ⅰ) 신용위험관리 등 위험관리
와 내부통제(제1호), ⅱ) 고객분석과 상품 및 서비스의 개발(제2호), ⅲ) 성과관리

(제3호), ⅳ) 위탁업무의 수행(제4호), ⅴ) 업무와 재산상태에 대한 검사(제5호), ⅵ) 그 밖에 다른 법령에서 정하는 바에 따른 국가 또는 지방자치단체에 대한 자료 제공(제6호) 중 어느 하나에 해당하는 목적으로 이용하거나 제공하는 경우를 말한다(동법 시행령30④ 본문). 다만, 상품 및 서비스를 소개하거나 구매를 권유할 목적으로 이용하거나 제공하는 경우는 제외한다(동법 시행령30④ 단서).

(2) 조회방법
(가) 원칙

신용정보회사등은 다음의 구분에 따른 방법으로 개인신용정보를 이용하거나 제공한 날부터 7일 이내(신용정보업감독규정39의5 본문)[21] 이내에 신용정보주체에게 조회사항(개인신용정보를 이용한 경우와 개인신용정보를 제공한 경우의 구분에 따른 사항)을 조회할 수 있도록 해야 한다(동법 시행령30① 본문).

1) 신용정보회사등으로서 다음에 해당하는 자(제1호)

신용정보회사등으로서 다음에 해당하는 자의 경우 신용정보주체가 조회사항을 편리하게 확인할 수 있도록 하기 위한 개인신용정보조회시스템을 구축하고, 인터넷 홈페이지 등에 그 개인신용정보조회시스템을 이용하는 방법 및 절차 등을 게시하는 방법으로 조회할 수 있도록 해야 한다(동법 시행령30①(1)). 즉 다음에 해당하는 자는 신용정보집중기관(가목), 개인신용평가회사(나목), 개인사업자신용평가회사(다목), 기업신용조회회사(라목), 본인신용정보관리회사(마목). 시행령 제2조 제6항 제7호 가목부터 허목까지의 기관인 금융지주회사, 기술보증기금, 농업협동조합, 농업협동조합중앙회, 농협은행, 한국무역보험공사, 보험회사, 산림조합, 산림조합중앙회, 상호저축은행, 상호저축은행중앙회, 새마을금고, 새마을금고중앙회, 수산업협동조합, 수산업협동조합중앙회, 수협은행, 신용보증기금, 신용협동조합, 신용협동조합중앙회, 여신전문금융회사(여신전문금융업법 제3조 제3항 제1호에 따라 허가를 받거나 등록을 한 자를 포함), 예금보험공사 및 정리금융회사, 은행(외국은행의 지점 또는 대리점 포함), 금융투자업자·증권금융회사·종합금융회사·자금중개회사 및 명의개서대행회사, 중소기업은행, 신용보증재단과 그 중앙회, 한국산업은행, 한국수출입은행, 한국주택금융공사(개인신용정보를 관리하는 전

---

21) 다만, 법, 영 및 그 밖에 다른 법령에서 달리 정하는 경우에는 그 법령에서 정하는 바에 따른다(감독규정39의5 단서).

산시스템이 없는 기관으로서 1만명 미만의 신용정보주체에 관한 개인신용정보를 보유한 기관은 제외)(동법 시행령 5②(1)-(21))(바목), 시행령 제21조 제2항 제1호부터 제23호까지의 규정에 따른 기관(개인신용정보를 관리하는 전산시스템이 없는 기관으로서 1만명 미만의 신용정보주체에 관한 개인신용정보를 보유한 기관은 제외)인 건설산업기본법에 따른 공제조합, 국채법에 따른 국채등록기관, 한국농수산식품유통공사, 신용회복위원회, 근로복지공단, 소프트웨어공제조합, 엔지니어링공제조합, 정리금융회사, 체신관서, 전기공사공제조합, 주택도시보증공사, 중소벤처기업진흥공단, 중소기업창업투자회사 및 벤처투자조합, 중소기업중앙회, 한국장학재단, 한국자산관리공사, 국민행복기금, 서민금융진흥원, 금융위원회에 등록한 대부업자등, 자본재공제조합, 소상공인시장진흥공단, 금융위원회에 자산유동화계획을 등록한 유동화전문회사, 농업협동조합자산관리회사(사목)이다.

2) 신용정보회사등으로서 제1호에서 정하는 자 외의 자(제2호)

신용정보회사등으로서 제1호에서 정하는 자 외의 자의 경우 제1호에서 정하는 방법 또는 사무소·점포 등에서 신용정보주체가 조회사항을 열람하게 하는 방법으로 조회할 수 있도록 해야 한다(동법 시행령30①(2)).

(나) 예외

법 제32조 제7항 단서에 따른 불가피한 사유가 있는 경우에는 [별표 2의2]에 따라 알리거나 공시하는 시기에 조회할 수 있도록 해야 한다(동법 시행령30① 단서).

(3) 조회가능 조치사항

신용정보회사등이 신용정보주체에게 조회할 수 있도록 하여야 하는 조회사항은 그 조회가 의뢰된 날을 기준으로 최근 3년간의 조회사항으로 한다(동법 시행령30②).

(4) 조회요구자의 신용정보주체 본인 여부 확인

신용정보회사등은 조회사항을 신용정보주체가 조회할 수 있도록 하는 경우에는 그 조회를 요구하는 사람이 그 조회사항에 관한 신용정보주체 본인인지 여부를 확인하여야 한다(동법 시행령30③ 전단). 이 경우 신용정보회사등은 금융거래 등 상거래관계의 유형·특성·위험도 등을 고려하여 본인 확인의 안전성과 신뢰성이 확보될 수 있는 수단을 채택하여 활용할 수 있다(동법 시행령30③ 후단).

2. 신용정보 이용 및 제공사실의 통지요구

(1) 신용정보주체의 통지 요청과 금융위원회의 통지

신용정보회사등은 조회를 한 신용정보주체의 요청이 있는 경우 개인신용정보를 이용하거나 제공하는 때에 이용과 제공 구분에 따른 사항을 신용정보주체에게 통지하여야 한다(신용정보법35②).

이에 따라 신용정보회사등은 신용정보주체로부터 통지의 요청을 받으면 금융위원회가 정하여 고시하는 서식 및 방법에 따라 그 요청을 받은 때부터 정기적으로 해당 신용정보주체에게 조회사항을 통지하여야 한다(동법 시행령30⑦). 따라서 신용정보회사등이 신용정보주체에게 본인의 개인신용정보를 이용하거나 제공한 사항을 통지하는 경우에는 [별지 제15호 서식]에 따라 서면, 전자우편, 문자메시지, 그 밖에 이와 유사한 방법으로 통지한다(신용정보업감독규정40①).

(2) 신용정보회사등의 통지요청권의 통보

신용정보회사등은 신용정보주체에게 통지를 요청할 수 있음을 알려주어야 한다(신용정보법35③). 이에 따라 신용정보회사등은 신용정보주체에게 통지를 요청할 수 있다는 사실, 통지요청의 방법, 통지의 주기 및 수수료 등을 알려야 한다(신용정보업감독규정40②).

3. 조회 또는 통지 비용과 보존

(1) 조회 또는 통지 비용 부담

신용정보회사등은 조회나 통지에 직접 드는 비용을 그 신용정보주체에게 부담하게 할 수 있다(동법 시행령30⑧ 본문). 다만, 개인신용정보조회시스템을 통하여 조회사항을 조회할 수 있도록 한 경우에는 신용정보주체가 1년에 1회 이상 무료로 조회할 수 있도록 하여야 한다(동법 시행령30⑧ 단서).

(2) 조회 또는 통지의 내용 보존

신용정보회사등은 신용정보주체가 조회한 내용과 신용정보주체에게 통지한 내용을 3년간 보존하여야 한다(동법 시행령30⑨).

제 2 장

특정금융정보법의 연혁

제1절 제정배경

I. 제정이유

특정금융정보법은 2001년 9월 27일 제정·공포되어 2001년 11월 28일부터 시행되었다.

특정금융정보법의 제정이유는 외환자유화조치의 시행에 따라 증가할 것으로 예상되는 불법자금의 국내외 유출입에 효율적으로 대비하는 한편, 금융거래를 이용한 자금세탁행위를 규제하는데 필요한 특정금융거래정보의 보고 및 이용 등에 관한 사항을 규정함으로써 반사회적인 범죄행위를 사전에 예방하고 나아가 건전하고 투명한 금융거래질서를 확립하려는 것이다.

II. 주요내용

주요내용은 다음과 같다.

① 불법재산 또는 자금세탁행위와 관련된 금융거래정보를 수집하고 분석하는 업무 등을 효율적으로 수행하기 위하여 재정경제부장관 소속하에 금융정보분석원(FIU: Financial Intelligence Unit)을 설치하고 금융거래사항에 대하여 매년 정기국회에 보고하도록 함(법 제3조).

② 금융기관등은 당해 금융기관등이 금융거래와 관련하여 수수한 재산이 불법재산이라고 의심되는 합당한 근거가 있거나 금융거래의 상대방이 자금세탁행위를 하고 있다고 의심되는 합당한 근거가 있는 경우로서 당해 금융거래 금액이 대통령령이 정하는 금액 이상인 경우에는 지체없이 금융정보분석원의 장에게 보고하도록 하고, 이를 위반한 자는 500만원 이하의 과태료에 처하도록 함(법 제4조 및 제17조).

③ 금융정보분석원의 장은 금융기관등으로부터 수집·분석한 특정금융거래정보가 형사사건의 수사, 범칙사건의 조사 또는 금융감독업무에 필요하다고 인정되는 때에는 검찰총장·국세청장·관세청장 또는 금융감독위원회에 관련 정보를 제공할 수 있도록 하고 정치자금에관한법률의 규정에 위반하는 경우에는 중앙선거관리위원회에만 관련 정보를 제공하도록 함(법 제7조 제1항 및 3항).

④ 금융정보분석원의 장은 필요하다고 인정되는 때에는 외국의 금융정보분석기구에 대하여 특정금융거래정보를 제공하거나 이와 관련된 정보를 제공받을 수 있도록 함(법 제8조).

⑤ 금융정보분석원의 소속 공무원, 수사기관등에 종사하는 자는 그 직무와 관련하여 알게 된 특정금융거래정보를 누설하거나 목적외의 다른 용도로 사용할 수 없도록 하고, 이를 위반한 자는 5년 이하의 징역 또는 3천만원 이하의 벌금에 처하도록 함(법 제9조 및 제13조).

제2절 개정과정

2001년 9월 27일 제정된 특정금융정보법은 지속적으로 개정되었는데, 특정금융정보법 개정의 역사는 우리나라 자금세탁방지와 관련된 제도의 발전과정을 보여주는 것이라 볼 수 있다.

특정금융정보법의 개정이유와 주요내용을 살펴보면 아래와 같다.

Ⅰ. 2005년 1월 17일 개정(법률 제7336호)

1. 개정이유

금융거래를 이용한 불법자금거래를 효과적으로 차단하고 자금세탁방지 제도를 국제기준에 부합하도록 하여 우리나라와 국내금융기관의 국제신인도를 높이기 위하여 고액현금거래보고 제도를 도입하고, 금융기관의 고객주의의무를 강화하는 한편, 제도의 운영상 나타난 일부 미비점을 개선·보완하려는 것이다.

2. 주요내용

(1) 고액현금거래 보고제도 도입(법 제4조의2 신설)

금융기관 등으로 하여금 5천만원 이하의 범위 안에서 대통령령이 정하는 금액 이상의 현금 등을 지급하거나 영수한 경우에 그 사실을 금융정보분석원장에게 보고하도록 하되, 다른 금융기관 등과의 현금거래, 자금세탁의 위험성이 없는 일상적인 현금거래 등의 경우 이를 보고대상에서 제외함.

(2) 금융기관 등의 고객주의 의무(법 제5조의2 신설)

금융거래를 이용한 자금세탁행위를 방지하기 위하여 금융기관등으로 하여금 거래 상대방의 인적 사항을 확인하고, 자금세탁의 혐의가 있는 경우 실제 당사자 여부 및 금융거래의 목적을 확인하도록 하는 등 합당한 주의를 기울이도록 함.

(3) 검찰총장 · 국세청장 등에 대한 금융거래정보 제공(법 제7조 제1항)

정치자금에관한법률 위반 혐의가 있는 금융거래정보를 중앙선거관리위원회에만 제공하던 것을 검찰총장·국세청장 등 관계기관에도 동일하게 제공할 수 있도록 함.

(4) 관계행정기관의 장에 대한 자료제공 요청(법 제10조 제1항)

금융정보분석원장은 특정금융거래정보 외에 고액현금거래정보 또는 외국환거래정보를 분석하기 위하여 필요한 경우에도 관계행정기관의 장에게 자료의 제공을 요청할 수 있도록 함.

Ⅱ. 2007년 12월 21일 개정(법률 제8704호)

1. 개정이유

금융거래의 규제완화 등으로 금융기관이 공중협박자금의 조달경로로 활용될 가능성이 있으므로 금융기관을 이용한 공중협박자금조달행위를 효율적으로 규제하기 위하여 금융거래 보고 대상에 공중협박자금조달행위를 추가하는 한편, 카지노사업자에 대하여 자금세탁행위 등과 관련된 거래의 보고의무를 부과하는 등 제도 운영상 나타난 일부 미비점을 개선·보완하려는 것임.

2. 주요내용

(1) 카지노사업자의 금융정보분석원장에 대한 보고의무 부과(법 제2조 제1호 하목 신설, 법 제2조 제2호, 제4조 및 제4조의2)

① 카지노사업의 성격상 일반 금융기관에 비해 자금세탁에 이용될 가능성이 높은 점을 고려할 때 특정금융거래정보 보고 대상으로 추가할 필요가 있음.

② 카지노사업자를 법의 적용대상에 포함함으로써 카지노사업자는 거래의 상대방이 자금세탁행위를 하고 있다고 의심되는 합당한 근거가 있는 경우에는 그 사실을 금융정보분석원장에게 보고하도록 하고, 고액의 현금을 지급하거나 영수한 경우에는 그 사실을 30일 이내에 금융정보분석원장에게 보고하도록 함.

③ 현금거래가 빈번한 카지노사업자에 대하여 자금세탁행위 등에 관한 보고

의무를 신설함으로써 자금세탁행위 방지에 효과가 있을 것으로 기대됨.

(2) 국세청에 대한 특정금융거래정보 제공 범위 확대(법 제2조 제4호 다목 및 제7조)

① 조세포탈 목적 자금세탁행위의 경우 종전에는 외국환거래 그 밖의 대외거래를 이용하여 재산을 은닉한 경우 등으로 한정되어 있어 국세청이 조세포탈 범칙의 조사에 필요한 금융거래정보를 확보하는 데 한계가 있었음.

② 조세포탈 목적으로 원화거래를 이용하여 그 재산을 은닉하는 행위도 자금세탁행위의 범위에 포함함으로써 금융정보분석원장은 조세포탈 범칙사건의 조사에 필요한 특정금융거래정보를 국세청장에게 제공할 수 있도록 함.

③ 조세포탈 목적으로 원화거래를 이용한 경우에도 국세청이 관련 금융거래정보를 확보할 수 있게 되어 조세포탈범을 엄정하게 처벌하고, 조세의 형평성을 높이는 데 크게 기여할 것으로 기대됨.

(3) 금융기관의 공중협박자금조달행위 관련 금융거래보고 의무 신설(법 제2조 제5호 신설, 법 제4조 및 제7조)

① 「공중 등 협박목적을 위한 자금조달행위의 금지에 관한 법률」이 제정됨에 따라 공중협박자금조달행위와 관련된 금융거래 정보를 신속하게 파악하여 이를 수사기관에 제공할 필요가 있음.

② 금융기관은 금융거래의 상대방이 공중협박자금조달행위를 하고 있다고 의심되는 합당한 근거가 있는 경우에는 지체 없이 그 사실을 금융정보분석원장에게 보고하도록 하고, 금융정보분석원장은 공중협박자금조달행위와 관련된 형사사건의 수사 등에 필요하다고 인정되는 경우에는 검찰총장·경찰청장 또는 정보수사기관의 장에게 제공하도록 함.

③ 공중협박자금조달행위 관련의 특정금융거래정보의 보고 및 수사기관 등에 대한 자료제공 근거가 마련됨으로써 공중협박자금조달행위를 효과적으로 금지할 수 있을 것으로 기대됨.

Ⅲ. 2010년 2월 4일 개정(법률 제10043호)

양벌규정은 문언상 영업주가 종업원 등에 대한 관리·감독상 주의의무를 다하였는지 여부에 관계없이 영업주를 처벌하도록 하고 있어 책임주의 원칙에 위배될 소지가 있으므로, 영업주가 종업원 등에 대한 관리·감독상 주의의무를 다한 경우에는 처벌을 면하게 함으로써 양벌규정에도 책임주의 원칙이 관철되도록 하려는 것임.

Ⅳ. 2012년 3월 21일 개정(법률 제11411호)

1. 개정이유

국세청의 조세범칙조사의 실효성 있는 집행을 위하여 조세범칙 혐의를 확인하기 위한 세무조사 업무에 필요한 경우 특정금융거래정보를 국세청장에게 제공할 수 있는 근거를 마련하고, 국내 자금세탁방지 제도를 국제기준에 부합하는 수준으로 개선하고, 자금세탁행위를 방지하기 위하여 금융회사 등의 자금세탁 방지업무에 대한 감독·검사자가 금융회사 등의 장에게 특정금융거래정보를 요구할 수 있는 근거를 마련하며, 금융정보분석원의 전산시스템관리자와 금융회사의 감독·검사자 등에게 특정금융거래정보의 비밀보장 의무를 부과하고, 금융회사 등 및 임직원에 대한 제재조치를 구체화하려는 것임.

2. 주요내용

① 금융정보분석원장은 「조세범 처벌법」 제3조에 따른 범칙혐의를 확인하기 위한 세무조사 업무에 필요하다고 인정되는 경우 국세청장에게 특정금융거래정보를 제공하도록 함(안 제7조 제1항).

② 금융정보분석원의 전산시스템 관리자, 금융회사 등의 자금세탁방지 업무에 대한 감독·검사자 등에게 금융거래정보 비밀보장 등의 의무를 부과함(안 제9조 제1항).

③ 금융회사 등의 자금세탁방지 업무의 실효성 제고를 위해 금융회사 등 및 임직원에 대한 제재조치를 해임권고, 6개월 이내의 직무정지, 문책경고 등으로

구체적으로 규정하고, 금융회사 등이 시정명령을 이행하지 아니하거나 기관경고를 3회 이상 받은 경우 등에는 금융정보분석원장이 해당 금융회사 등의 영업에 관한 행정제재처분의 권한을 가진 관계 행정기관의 장에게 6개월의 범위에서 그 영업의 전부 또는 일부의 정지를 요구할 수 있도록 함(안 제11조 제2항, 제3항 및 제4항).

④ 금융회사 등의 자금세탁방지 업무에 대한 감독·검사자가 감독·검사에 필요한 금융거래정보 등을 필요·최소한의 범위에서 금융회사 등의 장에 요구할 수 있도록 함(안 제11조 제7항 신설).

Ⅴ. 2012년 12월 11일 개정(법률 제11546호)

금융정보분석원의 특정금융거래정보는 자금세탁행위, 관세탈루 행위 등의 예방 및 적발에 중요한 정보원이나, 법은 관세범칙사건의 조사에 필요한 경우에 한정하여 관세청에 정보를 제공하도록 하고 있는바, 금융정보분석원이 관세범칙 혐의 확인을 위한 관세조사 업무에도 특정금융거래정보를 제공할 수 있는 근거를 마련하는 한편, 특정금융거래정보 제공 대상기관에 해양경찰청을 추가하려는 것임.

Ⅵ. 2013년 8월 13일 개정(법률 제12103호)

1. 개정이유

지하경제를 양성화하고 조세탈루 등을 예방하여 세원확보에 기여하며 나아가 건전하고 투명한 금융거래 질서를 확립하는 데 이바지하기 위하여 자금세탁행위 범위 및 국세청 및 관세청에 대한 특정금융거래정보 제공요건을 확대하고, 특정금융거래정보에 고액현금거래보고 정보를 포함하며, 불법의심거래보고 보고 기준금액을 폐지함으로써 의심거래보고 보고기준금액 미만의 금융거래를 통하여 의심거래보고제도를 회피하기 위한 수단으로 악용하는 것을 방지하는 동시에 자금세탁방지제도를 국제적인 기준에 부합하도록 하고, 전신송금 시 송금 금융회사가 수취 금융회사에 송금내용을 제공하도록 함으로써 금융거래를 이용한 자금세탁행위를 효과적으로 차단하는 한편, 금융거래정보의 무분별한 제공을 방지하고 개인의 사생활과 금융거래정보 통제·관리권을 실질적으로 보장하기 위하여 고액현금거래보고정보 제공내용을 명의인에게 통보하도록 하고, 특정금융거래정보 제공 시 정보분석심의회의 심의를 거치도록 하며, 특정금융거래정보의 통보 및 통보유예 현황 등을 기록·보존할 의무를 부과하고 매년 정기국회에 보고하도록 하려는 것임.

2. 주요내용

① 자금세탁행위 범위에 조세탈루 목적으로 재산을 가장·은닉한 경우를 추가하고, 국세청에 대한 특정금융거래정보 제공요건을 조세탈루혐의 확인을 위한 조사업무 및 조세체납자에 대한 징수업무로까지 확대하며, 관세청에 대한 특정금융거래정보 제공요건을 관세탈루혐의 확인을 위한 조사업무 및 관세체납자에 대한 징수업무로까지 확대하는 한편, 국세청 등에 제공하는 특정금융거래정보에 고액현금거래보고 정보를 포함하도록 함(안 제2조 제4호 다목, 제7조 제1항).

② 금융정보분석원 정원 중 다른 기관 소속공무원의 정원을 대통령령으로 정함에 있어 업무의 독립성, 정치적 중립성 등을 고려하도록 함(안 제3조 제3항).

③ 금융정보분석원장이 정기국회에 보고하는 사항에 특정금융거래정보의 제공을 요구받은 건수와 명의인에 대한 통보 및 통보유예 현황에 관한 통계자료를 추가함(안 제3조 제4항).

④ 금융회사 등이 금융거래와 관련하여 수수한 재산이 불법재산이라고 의심되는 합당한 근거가 있거나 금융거래의 상대방이 자금세탁행위 또는 공중협박자금조달행위를 하고 있다고 의심되는 합당한 근거가 있는 경우에는 금융거래의 금액에 상관없이 금융정보분석원장에게 그 금융거래에 대하여 보고하도록 의무화함(안 제4조).

⑤ 전신송금 시 송금 금융회사가 수취 금융회사에 송금인 및 수취인의 성명, 계좌번호 등에 관한 정보를 제공하도록 의무화함(안 제5조의3).

⑥ 금융정보분석원장이 특정금융거래정보를 제공한 경우에는 심사분석 및 제공과정에 참여한 금융정보분석원 직원(담당자 및 책임자)의 직위 및 성명, 특정금융거래정보를 제공받은 기관의 명칭 및 제공일자, 특정금융거래정보를 수령한 공무원(담당자 및 책임자)의 소속기관·직위 및 성명, 요구한 특정금융거래정보의 내용 및 사용목적, 제공된 특정금융거래정보의 내용 및 제공사유, 명의인에게 통

보한 날, 통보를 유예한 경우 통보유예를 한 날, 사유, 기간 및 횟수를 그 제공한 날부터 5년간 기록·보존하도록 함(안 제7조 제7항).

⑦ 금융정보분석원장 소속으로 정보분석심의회를 두고, 금융정보분석원장은 특정금융거래정보를 검찰총장 등에게 제공하는 경우 정보분석심의회의 심의를 거쳐 제공하도록 함(안 제7조 제8항).

⑧ 국세청장 및 관세청장은 특정금융거래정보를 제공받아 조세·관세탈루사건 조사 및 조세·관세 체납자에 대한 징수업무에 활용한 경우에는 1년 이내에 금융실명법 제4조 제1항에 따라 금융회사 등에 해당 거래정보 등의 제공을 요구하도록 함(안 제7조 제11항).

⑨ 금융정보분석원장이 금융회사 등이 보고한 고액현금거래보고정보(제7조 제1항 제3호에 해당하는 정보를 제외함)를 검찰총장·국세청장 등에게 제공한 경우에는 제공한 날부터 10일 이내에 제공한 거래정보의 주요내용, 사용 목적, 제공받은 자 및 제공일 등을 명의인에게 통보하도록 함(안 제7조의2 제1항).

⑩ 금융정보분석원장이 검찰총장 등으로부터 해당 통보가 사람의 생명이나 신체의 안전을 위협할 우려가 있는 경우나 증거인멸, 증인 위협 등 공정한 사법절차의 진행을 방해할 우려가 명백한 경우 등에 해당하는 사유로 통보의 유예를 서면으로 요청받은 경우에는 6개월의 범위에서 통보를 유예하도록 하고, 검찰총장 등이 통보유예 사유가 지속되고 있음을 제시하고 통보의 유예를 반복하여 요청하는 경우에는 2회에 한하여(해당 통보가 사람의 생명이나 신체의 안전을 위협할 우려가 있는 경우는 제외함) 매 1회 3개월의 범위에서 유예요청기간 동안 통보를 유예하도록 함(안 제7조의2 제2항 및 제3항).

⑪ 금융정보분석원장이 금융회사 등의 고액 현금거래 등과 관련된 정보의 분석을 목적으로 관계 행정기관 등의 장에게 요청할 수 있는 자료를 법률에 명시적으로 규정함(안 제10조 제1항).

Ⅶ. 2014년 5월 28일 개정(법률 제12716호)

1. 개정이유

금융회사등이 불법 차명거래를 통한 자금세탁 또는 공중협박자금조달행위의 의심이 있는 경우에는 금융정보분석원장에게 의심거래보고를 하도록 의무화

하여 검찰, 국세청, 관세청 등에서 해당 정보를 특정형사사건의 수사 등에 활용
될 수 있도록 함으로써 불법 차명거래를 통한 범죄·조세탈루 등을 예방하고 금
융거래의 투명성을 제고하며, 자금세탁방지 국제기구(FATF)의 권고사항에 따라
고객의 실소유자에 관한 사항을 기본적 고객확인사항으로 규정하고, 거래의 목적
과 자금의 출처 등을 강화된 고객확인사항으로 규정함으로써 불법 차명거래를 차
단하여 자금세탁행위 및 공중협박자금조달행위를 방지하고 건전하고 투명한 금
융거래질서를 확립하며, 금융회사등이 고객확인이 불가능한 경우 신규 거래를 거
절하거나 기존 거래를 종료할 수 있도록 함으로써 자금세탁행위 및 공중협박자금
조달행위를 사전에 방지하여 불법자금이 범죄에 이용되지 않도록 하려는 것임.

　　또한, 특정금융거래정보 등의 보존기간을 설정하고, 금융정보분석원장은 보
존기간이 경과한 특정금융거래정보 등을 「공공기록물 관리에 관한 법률」에서 정
한 절차에 따라 폐기하도록 함으로써 개인의 사생활의 비밀 보호를 강화하고, 활
용가능성이 없는 정보의 영구적인 보관·관리를 금지하는 한편, 법정형 정비의
일환으로 벌금형과 징벌형 간에 비례를 확보하기 위하여 징역 1년당 1천만원으
로 벌금액을 상향하려는 것임.

2. 주요내용

　　① 금융회사등은 금융거래의 상대방이 불법 차명거래를 하는 등 자금세탁행
위나 공중협박자금조달행위를 하고 있다고 의심되는 합당한 근거가 있는 경우에
금융정보분석원장에게 의심거래보고를 하도록 함(제4조 제1항 제2호 신설).

　　② 금융회사등이 계좌개설 및 일정 금액 이상의 일회성 금융거래시에는 고
객의 실소유자에 관한 사항을 기본적으로 확인하도록 하고, 고객이 실소유자인
지 여부가 의심되는 등 고객이 자금세탁행위나 공중협박자금조달행위를 할 우려
가 있는 경우에는 금융거래의 목적과 거래자금의 원천 등 금융정보분석원장이
정하여 고시하는 사항을 자금세탁행위나 공중협박자금조달행위의 위험성에 비례
하여 합리적으로 가능한 범위에 한정하여 확인하도록 함(제5조의2 제1항제1호 및
제2호).

　　③ 금융회사등은 고객이 신원확인 등 정보의 제공을 거부하는 사유로 고객
확인을 할 수 없을 때에는 계좌 개설 등 당해 고객과의 신규 거래를 거절하고 이
미 거래관계가 수립되어 있는 경우에는 당해 거래를 종료하며, 해당 거래에 대해

금융정보분석원장에게 의심거래보고 여부를 검토하도록 함(제5조의2 제4항 및 제5항 신설).

④ 특정금융거래정보 등의 보존기간을 대통령령으로 정하는 바에 따라 규정하고, 금융정보분석원장은 특정금융거래정보 등의 보존기간이 경과한 때에는 「공공기록물의 관리에 관한 법률」의 절차에 따른 폐기를 하며, 금융정보분석원장으로부터 특정금융거래정보를 제공받은 검찰총장등도 자체적으로 보존·관리에 관한 기준을 마련하고 이를 금융정보분석원장에게 통지하도록 함(제7조 제12항 및 제9조의2 신설).

⑤ 직권을 남용하여 금융회사등이 보존하는 의심거래보고 관련자료 등을 열람·복사하는 자 등에 대한 벌금을 3천만원 이하에서 5천만원 이하로 상향하고, 의심거래보고 및 고액현금거래보고를 거짓으로 한 자 등에 대한 벌금을 현행 5백만원 이하에서 1천만원 이하로 상향함(제13조 및 제14조).

Ⅷ. 2016년 3월 29일 개정(법률 제14133호)

법은 금융정보분석원장이 자금세탁행위 또는 고액현금거래 등의 거래정보를 분석하기 위하여 주민등록전산정보자료 및 범죄경력자료 등과 심사·분석을 위하여 필요한 자료로서 대통령령으로 정하는 자료를 관계 행정기관의 장에게 요청할 수 있도록 규정하고 있음.

이에 시행령은 「국민건강보험법」에 따른 지역가입자의 건강보험료 관련 자료 등을 금융정보분석원장이 요청할 수 있는 자료로 규정하고 있음. 그런데 건강보험료는 가입자의 소득 또는 생활수준 등을 기준으로 부과되는 금액으로 민감한 개인정보에 해당하므로 법률에서 직접 명시할 필요가 있음. 이에 법에 따라 금융정보분석원장이 관계 행정기관의 장에게 요청할 수 있는 자료에 지역가입자의 건강보험료 관련 자료를 직접 명시하려는 것임.

Ⅸ. 2019년 1월 15일 개정(법률 제16293호)

1. 개정이유

국제자금세탁방지기구(FATF: Financial Action Task Force)의 국제기준에서 요

구하는 사항을 반영하는 한편, 과태료 제도를 개선하여 자금세탁방지 및 테러자금조달금지 의무 위반과 관련한 금전적 제재의 실효성을 제고하려는 것임.

2. 주요내용

① 주된 거래유형, 거래규모 등을 고려하여 대통령령으로 정하는 금융회사등에 대해서는 금융회사등이 자금세탁행위 및 공중협박자금조달행위를 방지하기 위해 이행해야 할 조치를 면제할 수 있도록 함(제5조 제2항 신설).

② 금융거래등에 내재된 자금세탁행위와 공중협박자금조달행위의 위험을 식별, 분석, 평가하여 위험도에 따라 관리 수준을 차등화하는 업무체계의 구축 및 운영에 관한 사항 등을 금융회사의 조치사항 중 절차 및 업무지침에 포함될 세부사항으로 명시하고, 임직원이 직무를 수행할 때 절차 및 업무지침을 준수하는지 여부를 금융회사등이 감독하도록 함(제5조 제3항 및 제4항 신설).

③ 금융회사등은 법에 따라 의심거래보고, 고액현금거래보고, 고객확인 등의 의무를 수행하고 있으므로 의무 수행과 관련된 금융거래자료 등을 금융거래등의 관계가 종료한 때부터 5년간 보존하도록 함(제5조의4 신설).

④ 금융정보분석원장 등은 외국의 금융감독·검사 기관과 검사와 관련한 상호 협조를 할 수 있도록 하고, 감독·검사자료 등은 외국 금융감독·검사기관에 제공된 감독·검사자료가 제공된 목적 외의 다른 용도로 사용되지 아니하는 등의 경우 등의 요건이 충족된 경우에만 제공할 수 있도록 함(제11조의2 신설).

⑤ 금융회사등이 자금세탁행위 및 공중협박자금조달행위를 방지하기 위해 이행해야 할 조치를 위반한 경우의 과태료 상한을 1천만원에서 1억원으로 인상하고, 의무 수행과 관련된 금융거래자료 등을 금융거래등의 관계가 종료한 때부터 5년간 보존하지 않은 경우 3천만원 이하의 과태료를 부과함(제17조 제1항 및 제2항).

X. 2020년 3월 24일 개정(법률 제17113호)

1. 개정이유

가상자산거래는 익명성이 높아 자금세탁 및 공중협박자금조달의 위험성이 높음에도 불구하고 그 위험성을 예방하기 위한 법적·제도적 장치가 마련되어 있지 않은 상황임.

한편, G20 정상회의와 자금세탁방지기구(FATF) 등의 국제기구에서는 자금세탁방지 및 공중협박자금조달금지를 위한 국제기준을 제정하고, 회원국들에게 이를 이행할 것을 요구하고 있음. 이에 가상자산사업자에 대해서도 자금세탁행위 및 공중협박자금조달행위의 효율적 방지를 위한 의무를 부과하고, 금융회사 등이 가상자산사업자와 금융거래를 수행할 때 준수할 사항을 규정하려는 것임.

2. 주요내용

① 경제적 가치를 지닌 것으로서 전자적으로 거래 또는 이전될 수 있는 전자증표를 가상자산으로 정의하되, 화폐·재화·용역 등으로 교환될 수 없는 전자적 증표로서 발행인이 사용처와 그 용도를 제한한 것 등은 제외함(제2조 제3호 신설).

② 금융회사 등은 가상자산거래를 이용한 자금세탁행위 및 공중협박자금조달행위를 방지하기 위하여 고객이 가상자산사업자인 경우에는 법에 따른 신고 의무 이행 여부 등을 추가적으로 확인하도록 함(제5조의2 제1항 제3호 신설).

③ 금융회사 등은 가상자산사업자인 고객이 법에 따른 신고 의무를 이행하지 아니한 사실이 확인된 경우 등에 해당할 때에는 계좌 개설 등 해당 고객과의 신규 거래를 거절하고, 이미 거래관계가 수립되어 있는 경우에는 해당 거래를 종료하도록 함(제5조의2 제4항 제2호 신설).

④ 가상자산사업자는 상호 및 대표자의 성명, 사업장의 소재지, 연락처 등을 금융정보분석원장에게 신고하도록 하고, 이를 위반한 경우에 대한 처벌 근거를 마련함(제7조 신설, 제17조 및 제19조).

⑤ 가상자산사업자는 불법재산으로 의심되는 거래나 고액 현금거래에 관한 보고의무 등을 위하여 고객별 거래내역을 분리하여 관리하는 등 대통령령으로 정하는 조치를 하도록 함(제8조).

XI. 2020년 5월 19일 개정(법률 제17299호)

법은 금융정보분석원장이 조세탈루혐의 확인을 위한 조사업무와 조세체납자에 대한 징수업무와 관련하여 특정 금융거래정보를 제공하고 있으나, 그 대상을 국세당국인 국세청장, 관세당국인 관세청장으로 한정하고 있어 지방세 업무에는 활용할 수 없음.

이에 지방세 포탈혐의의 확인, 지방세 범칙사건 조사, 지방세 체납자에 대한 징수업무에 활용할 수 있도록 행정안전부장관에게도 금융정보분석원의 특정 금융거래정보를 제공할 수 있도록 하려는 것임.

XII. 2021년 1월 5일 개정(법률 제17880호)

「고위공직자범죄수사처 설치 및 운영에 관한 법률」이 제정(법률 제16863호, 2020. 1. 14. 공포, 2020. 7. 15. 시행)됨에 따라 금융정보분석원장이 불법재산 등과 관련된 형사사건의 수사 등에 필요하다고 인정되는 정보를 제공할 수 있는 기관 및 형사사건의 수사 등을 위하여 금융정보분석원장에게 정보의 제공을 요구할 수 있는 기관에 고위공직자범죄수사처장을 추가하려는 것임.

XIII. 2021년 12월 28일 개정(법률 제18662호)

가상자산사업자의 의심거래 및 고액현금거래보고 등 자금세탁방지 의무 이행을 위한 금융정보분석원장의 감독 및 검사 근거를 확보하는 한편, 행정안전부장관이 특정금융거래정보를 지방자치단체의 장에게 공유할 수 있는 근거를 마련하려는 것임.

제 3 장

자금세탁방지 관련 법규

제1절 특정금융정보법 및 관련 법규

I. 특정금융정보법

특정금융정보법은 "금융거래 등을 이용한 자금세탁행위와 공중협박자금조달행위를 규제하는 데 필요한 특정금융거래정보의 보고 및 이용 등에 관한 사항을 규정함으로써 범죄행위를 예방하고 나아가 건전하고 투명한 금융거래 질서를 확립하는 데 이바지함"(법1)을 목적으로 하는 자금세탁방지 등에 관한 기본법률이다. 특정금융정보법의 기본구조는 그 목적과 자금세탁행위 등에 대한 정의를 규정하고, 금융회사등의 의무에 관한 규정, 가상자산사업자에 대한 특례 규정, 특정금융거래정보의 제공 등에 관한 규정, 감독·검사에 관한 규정, 보칙 및 벌칙에 관한 규정을 두고 있다.

Ⅱ. 관련 법규 및 판례

1. 법령 및 규정

(1) 법령

특정금융정보법 이외에 자금세탁행위와 관련된 법률로는 테러자금금지법, 범죄수익은닉규제법, 마약거래방지법 등이 있다. 또한 법률 이외에 시행령이 있다.

테러자금금지법, 범죄수익은닉규제법, 마약거래방지법의 주요 내용은 후술한다.

(2) 규정

법령 이외에 구체적이고 기술적인 사항을 신속하게 규율하기 위하여 금융정보분석원 등이 제정한 규정이 적용된다.

(가) 특정 금융거래정보 보고 및 감독규정

「특정 금융거래정보 보고 및 감독규정」(금융정보분석원 고시 제2021-1호, 이하 "감독규정")은 자금세탁행위 규제의 핵심이 되는 규범이다.

이 규정은 특정금융정보법 및 동법 시행령에서 위임된 사항과 그 시행에 필요한 사항을 규정함을 목적으로 한다(감독규정1).

(나) 자금세탁방지 및 공중협박자금조달금지에 관한 업무규정

「자금세탁방지 및 공중협박자금조달금지에 관한 업무규정」(금융정보분석원 고시 제2023-1호, 이하 "업무규정")은 자금세탁행위 및 공중협박자금조달행위 규제의 핵심이 되는 규범이다.

이 규정은 특정금융정보법 의심거래보고(법4), 고액현금거래보고(법4의2), 금융회사등의 조치(법5), 고객확인의무(법5의2), 전신송금 시 정보제공의무(법5의3), 금융회사등의 금융거래등 정보의 보존의무(법5의4) 시행에 필요한 사항을 정하고, 내부 보고체제의 수립에 관한 사항(영5④(1)), 업무지침의 작성 및 운용에 관한 사항(영5④(2)), 임직원의 교육 및 연수에 관한 사항(영5④(3)), 고객확인의무 관련 확인조치에 관한 사항(영5④(4)), 금융회사등의 금융거래등 관련 자료 및 정보의 보존에 관한 사항(영5④(5))을 정하며, 금융정보분석원장은 검사 및 검사결

과에 따른 조치의 기준·계획·절차 등에 적용되는 지침을 정하는 것을 목적으로
한다(업무규정1).

(다) 특정 금융거래정보 보고 등에 관한 검사 및 제재규정

「특정 금융거래정보 보고 등에 관한 검사 및 제재규정」(금융정보분석원고시
제2023-2호, 이하 "검사제재규정")은 자금세탁행위 및 공중협박자금조달행위 방지
업무에 대한 검사 및 제재에 중요한 규정이다.

이 규정은 특정금융정보법 및 동법 시행령과 그 밖의 관련 규정에 의하여
금융회사등이 수행하는 자금세탁행위 및 공중협박자금조달행위 방지 업무에 대
한 검사 절차, 검사 결과의 처리 및 제재, 그 밖의 필요한 사항을 정함을 목적으
로 한다(검사제재규정1).

2. 판례

판례는 미국과 같은 판례법주의 국가의 경우에는 중요한 법원이지만, 우리
나라와 같은 대륙법계 국가에서는 사실상의 구속력만 인정되고 있을 뿐 법원은
아니다.

우리나라의 경우 특정금융정보법 시행 이후 축적된 판례는 많지 않으나 자
금세탁행위 이해관계자의 권리의식의 향상으로 판례가 축적되어 가는 과정인 것
으로 보인다.

다만 금융당국의 유권해석이 실무에서 중요한 역할을 수행하고 있다.

제2절 테러자금금지법

Ⅰ. 의의

테러자금금지법은 "공중(公衆) 등 협박목적 및 대량살상무기확산을 위한 자
금조달행위의 금지에 필요한 사항을 정함으로써 「테러자금 조달의 억제를 위한
국제협약」과 대량살상무기확산 방지와 관련된 국제연합 안전보장이사회의 결의
등을 이행하는 것"을 목적으로 한다(테러자금금지법1).

테러자금금지법은 우리나라가 2004년 2월 17일을 서명, 비준한 「테러자금
조달의 억제를 위한 국제협약(International Convention for the Suppression of the
Financing of Terrorism)」과 대량살상무기확산 방지와 관련된 UN 안보리 결의를 이
행하기 위한 법적 장치의 역할을 하고 있다. 이 법은 공중 등 협박목적을 위한 자
금 및 핵무기 등 대량살상무기확산을 위한 자금의 모집, 제공 등을 금지하고 있으
며, 금융거래 제한대상자의 지정과 금융거래허가제도에 대하여 규율하고 있다.

공중협박자금에 이용된다는 점을 알면서 자금 또는 재산을, 직접 또는 제3
자를 통하여 모집·제공하거나 이를 운반·보관한 자는 10년 이하의 징역 또는 1
억원 이하의 벌금으로 처벌받으며, 공중협박자금에 이용된다는 점을 알면서 자
금 또는 재산의 모집·제공·운반 또는 보관을 강요하거나 권유한 자도 동일한
형으로 처벌받는다(테러자금금지법6①). 여기서 공중협박자금이란 국가·지방자치
단체 또는 외국정부(국제기구 포함)의 권한행사를 방해하거나 의무없는 일을 하게
할 목적으로 또는 공중을 협박할 목적으로 하는 일정한 유형의 폭력·파괴행위에
이용하기 위하여 모집·제공되거나 운반·보관된 자금이나 재산을 말한다(테러자
금금지법2(1)).

그런데 특정금융정보법상의 "불법재산"에는 테러자금금지법 제2조 제1호에
따른 공중협박자금이 포함되고(법2(4) 다목), "공중협박자금조달행위"란 테러자금
금지법 제6조(벌칙) 제1항의 죄에 해당하는 행위를 말하므로(법2(6)) 특정금융정
보법을 적용할 때 함께 테러자금금지법도 적용될 가능성이 크다.

II. 외국환거래 및 외국인에 대한 적용

1. 외국환거래에 대한 적용

테러자금금지법은 외국환거래법 제2조 제1항 각 호의 어느 하나에 해당하
는 경우에도 적용한다(테러자금금지법3①). 따라서 테러자금금지법은 ⅰ) 대한민
국에서의 외국환과 대한민국에서 하는 외국환거래 및 그 밖에 이와 관련되는 행
위(제1호), ⅱ) 대한민국과 외국 간의 거래 또는 지급·수령, 그 밖에 이와 관련되
는 행위(외국에서 하는 행위로서 대한민국에서 그 효과가 발생하는 것을 포함)(제2호),
ⅲ) 외국에 주소 또는 거소를 둔 개인과 외국에 주된 사무소를 둔 법인이 하는

거래로서 대한민국 통화로 표시되거나 지급받을 수 있는 거래와 그 밖에 이와 관련되는 행위(제3호), iv) 대한민국에 주소 또는 거소를 둔 개인 또는 그 대리인, 사용인, 그 밖의 종업원이 외국에서 그 개인의 재산 또는 업무에 관하여 한 행위(제4호), v) 대한민국에 주된 사무소를 둔 법인의 대표자, 대리인, 사용인, 그 밖의 종업원이 외국에서 그 법인의 재산 또는 업무에 관하여 한 행위(제5호)에 적용한다(테러자금금지법3①, 외국환거래법2① 각 호).

2. 외국인에 대한 적용

테러자금금지법은 i) 재외공관 등 대한민국의 공공기관 및 그 시설 또는 대한민국 국민을 해하기 위하여 대한민국 영역 밖에서 테러자금금지법 제6조(벌칙) 제1항의 죄를 범한 외국인(무국적자를 포함)(제1호), ii) 대한민국 영역 밖에서 테러자금금지법 제6조 제1항의 죄를 범하고 대한민국 영역 안에 있는 외국인(제2호)의 어느 하나에 해당하는 자에게도 적용한다(테러자금금지법3①).

Ⅲ. 금융거래등 제한대상자 지정 등

1. 금융거래등 제한대상자 지정 고시

(1) 금융거래등 제한대상자 지정

금융위원회는 i) 우리나라가 체결한 조약 및 일반적으로 승인된 국제법규를 성실히 준수하기 위하여 대량살상무기확산등의 규제가 필요한 경우(제1호), ii) 국제평화와 안전유지를 위한 국제적 노력에 특히 기여하기 위하여 대량살상무기확산등의 규제가 필요한 경우(제2호)의 어느 하나에 해당한다고 인정하는 경우로서 개인·법인 또는 단체가 공중협박자금 또는 대량살상무기확산("대량살상무기확산등")과 관련되어 있는 것으로 판단되는 때에는 그 개인·법인 또는 단체를 제4항 제1호 및 제2호의 행위가 제한되는 자("금융거래등 제한대상자")로 지정하여 고시할 수 있다(테러자금금지법4①).

이와 같이 금융거래 제한대상자로 지정·고시된 자가 금융기관등과 금융거래 및 그에 따른 지급·영수를 하거나 동산, 부동산, 채권 및 그 밖의 재산 또는 재산권에 대한 양도, 증여 등 처분 행위와 그 점유의 이전 및 원상의 변경을 하고자 할 경우에는 금융위원회의 허가를 받아야 한다. 허가를 받지 않거나, 거짓이나 그 밖의 부정한 방법으로 허가를 받은 경우 3년 이하의 징역 또는 3천만원이하의 벌금으로 처벌받는다.

(2) 금융거래등 제한대상자 지정 현황

금융위원회는 고시인「금융거래등 제한대상자 지정 및 지정 취소에 관한 규정」(금융위원회 고시 제2023-40호)을 시행하고 있다.

이 고시 제1호는 금융거래등 제한대상자 지정, 제2호는 금융거래등 제한 내용, 제3호는 금융거래등 제한대상자 지정 취소로 구성되어 있다.

여기서는 편의상 제3호의 금융거래등 제한대상자 지정 취소도 함께 살펴본다.

(가) 금융거래등 제한대상자 지정(제1호)

「금융거래등 제한대상자 지정 및 지정 취소에 관한 규정」제1호에 의하면 금융거래등 제한대상자 지정 현황은 다음과 같다.

> 가. 국제연합 안전보장이사회 결의 제1267호(1999년)·제1989호(2011년) 및 제2253호(2015), 제1718호(2006년), 제2231호(2015년), 제1988호(2011년) 및 각 후속결의 또는 동 이사회 결의 제1267호(1999년)·제1989호(2011년) 및 제2253호(2015), 제1718호(2006년), 제2231호(2015년), 제1988호(2011년)에 의하여 구성된 각 제재위원회(Security Council Committee)가 지정한 자
> 나. 국제평화와 안전유지를 위한 국제적 노력에 특히 기여하기 위하여 공중협박자금조달 및 대량살상무기확산의 규제가 필요한 경우로서 금융위원회가 아래 국제연합 안전보장이사회 결의 등에 따라 지정한 자: [별첨] 기재와 같음[1]

---

1) [별첨] 국제평화와 안전유지를 위한 국제적 노력에 특히 기여하기 위하여 공중협박자금조달 및 대량살상무기확산의 규제가 필요한 경우로서 금융위원회가「공중 등 협박목적 및 대량살상무기확산을 위한 자금조달행위의 금지에 관한 법률」제4조 제1항 제2호에 따라 지정한 금융거래등제한대상자 (785명)

   1. AL QAIDA (a.k.a. AL QAEDA; a.k.a. AL QA'IDA; a.k.a. AL-JIHAD; a.k.a. EGYPTIAN AL-JIHAD; a.k.a. EGYPTIAN ISLAMIC JIHAD; a.k.a. INTERNATIONAL FRONT FOR FIGHTING JEWS AND CRUSADES; a.k.a. ISLAMIC ARMY; a.k.a. ISLAMIC ARMY FOR THE LIBERATION OF HOLY SITES; a.k.a. ISLAMIC SALVATION FOUNDATION; a.k.a. NEW JIHAD; a.k.a. THE BASE; a.k.a. THE GROUP FOR THE PRESERVATION

(1) 국제연합 안전보장이사회 결의 제1373호(2001년)

(2) 국제연합 안전보장이사회 결의 제1718호(2006년)와 그 후속결의

(나) 금융거래등 제한 내용(제2호)

「금융거래등 제한대상자 지정 및 지정 취소에 관한 규정」 제2호에 의하면 금융거래등 제한 내용은 다음과 같다.

    가. 금융거래등 제한대상자로 지정되어 고시된 자가 특정금융정보법 제2조 제1호의 금융회사등과 동법 제2조 제2호의 금융거래 및 그에 따른 지급·영수를 하고자 할 경우에는 금융위원회의 허가를 받아야 함

    나. 금융거래등 제한대상자로 지정되어 고시된 자가 동산, 부동산, 채권 및 그

    OF THE HOLY SITES; a.k.a. THE ISLAMIC ARMY FOR THE LIBERATION OF THE HOLY PLACES; a.k.a. THE JIHAD GROUP; a.k.a. THE WORLD ISLAMIC FRONT FOR JIHAD AGAINST JEWS AND CRUSADERS; a.k.a. USAMA BIN LADEN NETWORK; a.k.a. USAMA BIN LADEN ORGANIZATION) [E.O.13224].

2. ABU SAYYAF GROUP (a.k.a. AL HARAKAT AL ISLAMIYYA) [E.O.13224].

3. ARMED ISLAMIC GROUP (a.k.a. AL-JAMA'AH AL-ISLAMIYAH AL-MUSALLAH; a.k.a. GROUPEMENT ISLAMIQUE ARME; a.k.a. "GIA") [E.O.13224].

4. HARAKAT UL-MUJAHIDIN (a.k.a. AL-FARAN; a.k.a. AL-HADID; a.k.a. AL-HADITH; a.k.a. ANSAR-UL-UMMAH; a.k.a. HARAKAT UL-ANSAR; a.k.a. HARAKAT UL-MUJAHIDEEN; a.k.a. JAMIAT UL-ANSAR; a.k.a. "HUA"; a.k.a. "HUM") [E.O.13224].

5. AL-JIHAD (a.k.a. EGYPTIAN AL-JIHAD; a.k.a. EGYPTIAN ISLAMIC JIHAD; a.k.a. JIHAD GROUP; a.k.a. NEW JIHAD) [E.O.13224]. (중략)

784. KOREA PAEKHO TRADING CORPORATION (조선백호무역회사) (a.k.a. JOSON PAEKHO MUYOK HOESA; a.k.a. KOREA PAEKHO TRADING CORPORATION, LTD.; a.k.a. PAEKHO ARTS TRADING COMPANY; a.k.a. PAEKHO CONSTRUC-TION SARL; a.k.a. PAEKHO FINE ART CORPORATION; a.k.a. PAEKHO TRADING COMPANY; a.k.a. WHITE TIGER TRADING COMPANY; a.k.a. "DEPARTMENT 30"; a.k.a. "KPTC"), Chongryu 3-dong, Taedonggang District, Pyongyang, Korea, North (2023. 7. 14. 지정).

785. CONGO ACONDE SARL, 1041 avenue Ulindi, Quartier Golf, Lubumbashi, Katanga, Congo, Democratic Republic of the; Organization Established Date 26 Feb 2018; Commercial Registry Number CD/LSH/RCCM/18-B-00029 (Congo, Democratic Republic of the) (Linked To: PAK, Hwa Song) (2023. 7. 14. 지정).

◇ 참고
- 미국의 제재대상자(SDN List)는 아래 사이트에서 직접 확인 가능하며, 동 SDN List 상의 대상자와 거래할 경우 미국 금융시스템에 대한 접근 제한, 대규모 제재금 부과 등 불이익이 발생할 수 있으니 주의 필요.
- https://www.treasury.gov/ofac/downloads/sdnlist.pdf

밖의 재산 또는 재산권에 관한 양도, 증여 등 처분행위와 그 점유의 이전
및 원상의 변경을 하고자 할 경우(그 상대방이 되는 경우를 포함한다)에는
금융거래등 제한당사자 또는 그 상대방이 금융위원회의 허가를 받아야 함

(다) 금융거래등 제한대상자 지정 취소(제3호)

「금융거래등 제한대상자 지정 및 지정 취소에 관한 규정」 제3호에 의하면
금융거래등 제한대상자 지정 취소는 다음과 같다.

가. 제1호 가목에 따라 지정된 금융거래등 제한대상자
   (1) 국제연합 안전보장이사회 결의 또는 관련 제재위원회에 의하여 지정된
       개인·법인 또는 단체가 지정기준을 충족하지 않는다고 판단하는 경우
       관련 유엔 제재위원회에 지정 취소를 요청하거나, 금융위원회에게 지정
       취소 요청을 대신하도록 신청할 수 있음
   (2) 국제연합 안전보장이사회 결의(특히 제1718호와 제1988호) 또는 관련
       제재위원회에 의하여 지정된 개인·법인 또는 단체가 지정기준을 충족
       하지 않는다고 판단되는 경우 국제연합 안전보장이사회 결의 제1730호
       (2006년)에 따라 설립된 아래 "중심 담당자(the Focal Point)"에게 요청
       하거나, 금융위원회에게 지정 취소 요청을 대신하도록 신청할 수 있음
   (3) 국제연합 안전보장이사회 결의 제1267호(1999년)·제1989호(2011년)와
       그 후속결의 및 1267/1989 제재위원회에 의하여 지정된 개인·법인 또
       는 단체가 지정기준을 충족하지 않는다고 판단되는 경우 국제연합의
       "ISIL과 알카에다 제재위원회 고충처리담당관(Ombudsperson to the
       ISIL (Da'esh) and Al-Qaida Sanctions Committee)"에 지정취소를 요
       청하거나, 금융위원회에게 지정 취소 요청을 대신하도록 신청할 수 있음
나. 제1호 나목에 따라 지정된 금융거래등 제한대상자
   (1) 금융위원회의 지정과 관련하여 이의가 있는 경우 테러자금금지법 제4조
       제7항 및 동법 시행령 제3조의 규정에 의하여 이의를 신청할 수 있음
   (2) 금융위원회는 이의신청 등에 의하여 개인·법인 또는 단체가 지정기준
       을 더 이상 충족하지 않는다고 판단하는 경우 그 지정을 취소함
   (3) 금융위원회에 의하여 지정된 개인·법인 또는 단체가 이름이 같거나 유
       사하여 의도치 않게 금융거래등이 제한된 경우에는 금융위원회에 이의
       신청을 할 수 있으며, 금융위원회는 이의신청이 합당하다고 판단하는

경우 지체 없이 조치함

2. 지정 고시의 기획재정부장관 등 동의

(1) 사전 동의

금융위원회는 금융거래등제한대상자를 지정하여 고시하려는 경우에는 ⅰ) 기획재정부장관(제1호), ⅱ) 외교부장관(제2호), ⅲ) 법무부장관(제3호)의 동의를 미리 받아야 한다(테러자금금지법4② 본문).

(2) 사후 동의

대량살상무기확산등으로 인하여 사람의 생명·신체 또는 재산에 피해를 주거나 그 밖에 공공의 안전을 위태롭게 할 긴박한 사정이 있는 경우에는 미리 동의를 받지 아니하고 지정·고시할 수 있다(테러자금금지법4② 단서). 이에 따라 동의를 받지 아니하고 지정·고시한 경우 고시한 때부터 48시간 이내에 ⅰ) 기획재정부장관(제1호), ⅱ) 외교부장관(제2호), ⅲ) 법무부장관(제3호)의 동의를 받아야 한다(테러자금금지법4③ 전단). 이 경우 동의를 받지 못하면 그 지정·고시의 효력은 상실되며 금융위원회는 그 사실을 지체 없이 공고하여야 한다(테러자금금지법4③ 후단).

3. 금융거래등의 허가

금융거래등 제한대상자로 지정되어 고시된 자가 ⅰ) 금융회사등(특정금융정보법 제2조 제1호에 따른 금융회사등)과의 금융거래등 및 그에 따른 지급·영수(제1호), ⅱ) 동산, 부동산, 채권 및 그 밖의 재산 또는 재산권에 관한 양도, 증여 등 처분행위와 그 점유의 이전 및 원상의 변경(제2호)의 어느 하나에 해당하는 행위를 하려는 경우(제2호의 경우에는 그 상대방이 되는 경우를 포함)에는 대통령령으로 정하는 바에 따라 금융위원회의 허가를 받아야 한다(테러자금금지법4④ 전단). 이 경우 허가신청은 대통령령으로 정하는 바에 따라 금융거래등 제한대상자 또는 그 행위의 상대방이 할 수 있다(테러자금금지법4④ 후단).

(1) 허가신청서 제출

금융거래등 제한대상자로 지정되어 고시된 자 또는 그 상대방(법 제4조 제4

항 제2호의 경우로 한정)은 법 제4조 제4항 각 호의 어느 하나에 해당하는 행위("금융거래등")를 하려는 경우 금융위원회가 정하여 고시하는 허가신청서를 금융위원회에 제출하여야 한다(동법 시행령2①).

(2) 허가신청서 심사와 허가 여부 결정

금융위원회는 금융거래등의 허가신청을 받으면 ⅰ) 해당 금융거래등이 허가 대상인지 여부(제1호), ⅱ) 해당 금융거래등의 사유와 금액(제2호), ⅲ) 해당 금융거래등의 원인이 되는 거래 내용 또는 행위의 내용(제3호)을 신청서 접수일부터 30일 이내에 심사하여 허가 여부를 결정하고 이를 신청인에게 지체 없이 문서로 알려야 한다(동법 시행령2② 본문). 다만, 부득이한 사유로 정해진 기간 이내에 결정할 수 없을 때에는 그 기간의 마지막 날 다음 날부터 계산하여 30일 이내의 범위에서 연장할 수 있으며, 연장 사유와 연장 기간 등을 구체적으로 적어 신청인에게 알려야 한다(동법 시행령2② 단서).

(3) 허가 사유

금융위원회는 금융거래등 제한대상자로 지정되어 고시된 자가 ⅰ) 의식주 등 기본적인 생활 유지에 필요한 최소한의 생계비, 의료비, 그 밖에 인도주의에 비추어 지출을 허용할 필요가 있는 경우(제1호), ⅱ) 공중협박자금의 조달행위와 관련이 없는 제3자에 대한 채무이행을 위하여 지출을 허용할 필요가 있는 경우(제3호), ⅲ) 그 밖에 공중협박자금조달과 관련이 없는 경우로서 해당 금융거래등을 허용할 필요가 있는 경우(제3호)의 어느 하나에 해당하는 경우에는 금융거래등을 할 수 있도록 허가할 수 있다(동법 시행령2③).

(4) 국제연합 안전보장이사회의 알카에다 · 탈레반 제재위원회의 제재대상자인 경우

금융위원회는 앞의 허가 사유 중 제3호의 경우 금융거래등 제한대상자로 지정되어 고시된 자가 국제연합 안전보장이사회의 알카에다 · 탈레반 제재위원회의 제재대상자인 경우에는 금융거래등의 허가를 하기 전에 해당 위원회에 통지하여 금융거래등의 승인을 받아야 한다(동법 시행령2④ 전단). 이 경우 위원회의 승인을 받는 데 걸리는 기간은 앞의 제2항에 따른 허가 기간에 산입하지 아니한다(동법 시행령2④ 후단).

(5) 금융거래등의 종류 및 범위의 제한적 허가

금융위원회는 허가를 할 때 금융거래등의 종류 및 범위를 정하여 허가할 수 있다(동법 시행령2⑤).

(6) 신청서 보완 요청과 허가 기간 산입 제외

금융위원회는 제출받은 신청서에 오류나 누락이 있는 경우에는 해당 신청서의 보완을 요청할 수 있다(동법 시행령2⑥ 전단). 이 경우 신청서를 보완하는 데 걸리는 기간은 앞의 제2항에 따른 허가 기간에 산입하지 아니한다(동법 시행령2⑥ 후단).

4. 허가권한의 한국은행 위탁

금융회사등과의 금융거래등 및 그에 따른 지급·영수(법4④(1)) 행위에 대한 금융위원회의 허가권한은 한국은행 총재에게 위탁할 수 있다(테러자금금지법4⑤).

5. 지정 취소와 고시

금융위원회는 금융거래등 제한대상자로 지정되어 고시된 자가 대량살상무기확산등과의 관련성이 없어지게 된 때에는 금융거래등 제한대상자의 지정을 취소하고 이를 고시하여야 한다(테러자금금지법4⑥ 전단). 이 경우 금융거래등 제한대상자 지정의 취소에 관하여는 ⅰ) 기획재정부장관(제1호), ⅱ) 외교부장관(제2호), ⅲ) 법무부장관(제3호)의 동의를 미리 받아야 한다(테러자금금지법4⑥ 후단, 법4② 본문).

지정 취소에 대해서는 앞에서 「금융거래등 제한대상자 지정 및 지정 취소에 관한 규정」 제3호를 살펴보았다.

6. 관계기관 등에의 협조 요청

금융위원회는 금융거래등 제한대상자의 지정을 위하여 필요한 경우에는 관계기관 및 단체에 필요한 자료의 요구, 의견 제출 등의 협조를 요청할 수 있다(테러자금금지법4⑧).

7. 금융거래등 제한대상자 지정 처분 등의 이의신청

(1) 이의신청 사유

ⅰ) 금융거래등 제한대상자의 지정(제1호), ⅱ) 허가의 거부(제2호)의 어느 하나에 해당하는 처분에 관하여 이의가 있는 자는 이의신청을 할 수 있다(테러자금금지법4⑦).

(2) 이의신청 기간

금융거래등 제한대상자의 지정 처분에 관하여 이의가 있는 자는 그 처분이 있음을 안 날부터 30일 이내에, 금융거래등의 허가거부 처분에 관하여 이의가 있는 자는 그 처분이 있은 날부터 30일 이내에 각각 금융위원회에 이의신청을 할 수 있다(동법 시행령3①).

(3) 이의신청서 제출

이의신청을 하려는 자는 ⅰ) 이의신청인의 이름·주민등록번호(외국인인 경우에는 여권번호 또는 외국인등록번호) 및 주소(법인 또는 단체는 그 명칭, 사무소 또는 사업소의 소재지, 대표자의 이름)와 연락처(제1호), ⅱ) 이의신청 대상이 되는 금융거래등 제한대상자의 지정 내용 또는 금융거래등의 허가거부 내용(제2호), ⅲ) 이의신청의 취지 및 이유(제3호), ⅳ) 금융거래등 제한대상자의 지정이 있은 날 또는 금융거래등의 허가거부가 있은 날(제4호)을 적은 서면을 금융위원회에 제출하여야 한다(동법 시행령3②).

(4) 결정 결과의 통지

금융위원회는 이의신청을 받은 날부터 7일 이내에 그 이의신청에 대하여 결정을 하고 그 결과를 신청인에게 지체 없이 문서로 알려야 한다(동법 시행령3③ 본문). 다만, 부득이한 사유로 정해진 기간 이내에 결정할 수 없을 때에는 그 기간의 마지막 날 다음 날부터 계산하여 7일 이내의 범위에서 연장할 수 있으며, 연장 사유와 연장 기간 등을 구체적으로 적어 신청인에게 알려야 한다(동법 시행령3③ 단서).

(5) 인용 결정과 처분의 시정

금융위원회는 이의신청을 인용하는 결정을 하였을 때에는 금융거래등제한 대상자 지정 처분 또는 금융거래등의 허가거부 처분을 즉시 시정하여야 하고, 지 체 없이 그 사실을 신청인에게 알려야 한다(동법 시행령3④).

(6) 각하 또는 기각 결정과 불복절차 통지

금융위원회는 이의신청을 각하하거나 기각하는 결정을 하였을 때에는 결정 이유와 불복의 방법 및 절차를 구체적으로 밝혀야 하고, 신청인에게 행정심판 또 는 행정소송을 제기할 수 있다는 취지를 결과통지와 함께 알려야 한다(동법 시행 령3⑤).

(7) 처리상황의 기록·유지

금융위원회는 이의신청에 대한 처리상황을 이의신청처리대장에 기록·유지 하여야 한다(동법 시행령3⑥).

8. 위반시 제재

거짓이나 그 밖의 부정한 방법으로 제4조 제4항에 따른 허가를 받고 제4조 제4항 각 호의 어느 하나에 해당하는 행위를 한 금융거래등 제한대상자 또는 그 상대방(제1호), 법 제4조 제4항에 따른 허가를 받지 아니하고 제4조 제4항 각 호 의 어느 하나에 해당하는 행위를 한 금융거래등 제한대상자(제2호), 법 제4조 제1 항에 따라 금융거래등 제한대상자로 지정되었다는 사실을 알면서 같은 조 제4항 에 따른 허가를 받지 아니하고 같은 항 제2호에 해당하는 행위를 한 금융거래등 제한대상자의 상대방(제3호)은 3년 이하의 징역 또는 3천만원 이하의 벌금에 처 한다(테러자금금지법6②).

Ⅳ. 금융회사등 및 그 종사자의 의무

1. 금융거래등 및 그에 따른 지급·영수 업무의 취급 제한

금융회사등(그 종사자를 포함)은 법 제4조 제4항에 따라 허가를 받은 경우를

제외하고는 금융거래등 제한대상자로 지정되어 고시된 자의 금융거래등 및 그에
따른 지급·영수 업무를 취급하여서는 아니 된다(테러자금금지법5①).

2. 수사기관에 대한 신고의무

금융회사등의 종사자는 금융거래등과 관련하여 수수한 재산이 공중협박자
금 또는 대량살상무기확산자금이라는 사실을 알게 되거나 금융거래등의 상대방
이 허가를 받지 아니하고 금융거래등이나 그에 따른 지급·영수를 하고 있다는
사실 또는 법 제6조(벌칙) 제1항의 죄에 해당하는 행위를 하고 있다는 사실을 알
게 된 때에는 다른 법률에도 불구하고 지체 없이 관할 수사기관에 그 사실을 신
고하여야 한다(테러자금금지법5②).

3. 신고 사실의 누설금지

금융회사등의 종사자는 수사기관에 신고를 하려 하거나 신고한 경우에는 그
사실을 해당 금융거래등의 상대방을 포함한 다른 사람에게 누설하여서는 아니
된다(테러자금금지법5③ 본문). 다만, 동일한 금융회사등의 내부에서 대량살상무기
확산등을 방지하기 위하여 필요한 경우 그 신고사실을 제공하는 때에는 그러하
지 아니하다(테러자금금지법5③ 단서).

4. 위반시 제재

(1) 벌칙

법 제5조 제1항을 위반하여 업무를 취급한 금융회사등의 종사자(제5호)는 3
년 이하의 징역 또는 3천만원 이하의 벌금에 처한다(테러자금금지법6②). 법 제5조
제2항을 위반하여 관할 수사기관에 신고하지 아니한 자(제1호), 법 제5조 제3항
을 위반하여 신고사실을 누설한 자(제2호)는 2년 이하의 징역 또는 1천만원 이하
의 벌금에 처한다(테러자금금지법6③).

(2) 과태료

법 제5조 제1항을 위반하여 업무를 취급한 금융회사등(그 종사자가 과실로 같
은 조 제1항을 위반한 경우에 한한다)에게는 2천만원 이하의 과태료를 부과한다(테
러자금금지법7①).

Ⅴ. 금지행위

1. 자금 또는 재산 제공금지

누구든지 공중협박자금(법2(1) 각목)의 어느 하나에 해당하는 행위를 하거나 하려고 하는 개인, 법인 또는 단체라는 정을 알면서 그를 이롭게 할 목적으로 그 개인, 법인 또는 단체에 직접 또는 제3자를 통하여 자금 또는 재산을 제공해서는 아니 된다(테러자금금지법5의2①).

2. 자금 또는 재산 모집·운반·보관금지

누구든지 개인, 법인 또는 단체라는 정을 알면서 그를 이롭게 할 목적으로 자금 또는 재산을 모집하거나 운반·보관해서는 아니 된다(테러자금금지법5의2②).

3. 자금 또는 재산 제공 등 강요·권유금지

누구든지 개인, 법인 또는 단체라는 정을 알면서 그를 이롭게 할 목적으로 제1항 또는 제2항에 따른 행위를 강요하거나 권유해서는 아니 된다(테러자금금지법5의2③).

Ⅵ. 제재

1. 벌칙

(1) 10년 이하의 징역 또는 1억원 이하의 벌금

다음의 어느 하나에 해당하는 자는 10년 이하의 징역 또는 1억원 이하의 벌금에 처한다(테러자금금지법6①).

1. 법 제5조의2 제1항 또는 제2항을 위반하여 자금 또는 재산을 제공·모집하거나 운반·보관한 자
2. 법 제5조의2 제3항을 위반하여 같은 조 제1항 또는 제2항에 따른 행위를 강요하거나 권유한 자

(2) 3년 이하의 징역 또는 3천만원 이하의 벌금

다음의 어느 하나에 해당하는 자는 3년 이하의 징역 또는 3천만원 이하의 벌금에 처한다(테러자금금지법6②).

1. 거짓이나 그 밖의 부정한 방법으로 법 제4조 제4항에 따른 허가를 받고 법 제4조 제4항 각 호의 어느 하나에 해당하는 행위를 한 금융거래등제한대상 자 또는 그 상대방
2. 법 제4조 제4항에 따른 허가를 받지 아니하고 법 제4조 제4항 각 호의 어느 하나에 해당하는 행위를 한 금융거래등제한대상자
3. 법 제4조 제1항에 따라 금융거래등제한대상자로 지정되었다는 사실을 알면 서 같은 조 제4항에 따른 허가를 받지 아니하고 같은 항 제2호에 해당하는 행위를 한 금융거래등제한 대상자의 상대방
4. 삭제 [2014. 5. 28.]
5. 법 제5조 제1항을 위반하여 업무를 취급한 금융회사등의 종사자

(3) 2년 이하의 징역 또는 1천만원 이하의 벌금

다음의 어느 하나에 해당하는 자는 2년 이하의 징역 또는 1천만원 이하의 벌금에 처한다(테러자금금지법6③).

1. 법 제5조 제2항을 위반하여 관할 수사기관에 신고하지 아니한 자
2. 법 제5조 제3항을 위반하여 신고사실을 누설한 자

(4) 미수범 처벌

법 제6조 제1항 제1호 또는 제6조 제2항 제1호부터 제3호까지의 미수범은 처벌한다(테러자금금지법6④).

(5) 예비 또는 음모

법 제6조 제1항 제1호의 죄를 범할 목적으로 예비 또는 음모한 자는 3년 이하의 징역 또는 3천만원 이하의 벌금에 처한다(테러자금금지법6⑤).

(6) 징역과 벌금 병과

법 제6조 제1항부터 제3항까지의 죄를 범한 자에게는 징역과 벌금을 병과(倂科)할 수 있다(테러자금금지법6⑥).

(7) 양벌규정

법인의 대표자나 법인 또는 개인의 대리인, 사용인, 그 밖의 종업원이 그 법인 또는 개인의 업무에 관하여 제1항부터 제3항까지의 어느 하나에 해당하는 위반행위를 하면 그 행위자를 벌하는 외에 그 법인 또는 개인에게도 해당 조항의 벌금형을 과(科)한다(테러자금금지법6⑦ 본문). 다만, 법인 또는 개인이 그 위반행위를 방지하기 위하여 해당 업무에 관하여 상당한 주의와 감독을 게을리하지 아니한 경우에는 그러하지 아니하다(테러자금금지법6⑦ 단서).

2. 과태료

(1) 2천만원 이하의 과태료

법 제5조 제1항을 위반하여 업무를 취급한 금융회사등(그 종사자가 과실로 같은 조 제1항을 위반한 경우에 한한다)에게는 2천만원 이하의 과태료를 부과한다(테러자금금지법7①).

(2) 과태료 부과기준

과태료는 금융위원회가 부과·징수한다(법7②). 과태료의 부과기준은 [별표]와 같다(동법 시행령4①).

[별표]

과태료의 부과기준(제4조 제1항 관련)

법 제5조 제1항을 위반하여 취급한 금융거래 및 그에 따른 지급·영수 금액	과태료
1억원 이하	500만원
1억원 초과 내지 5억원 이하	1,000만원
5억원 초과	1,500만원

(3) 경감 또는 가중

금융위원회는 위반행위의 정도, 위반횟수, 위반행위의 동기와 그 결과 등을 고려하여 [별표]에 따른 해당금액의 2분의 1의 범위에서 경감하거나 가중할 수 있다(동법 시행령4② 본문). 다만, 가중하는 때에는 과태료 금액의 상한을 초과할 수 없다(동법 시행령4② 단서).

제3절 범죄수익은닉규제법

Ⅰ. 의의

범죄수익은닉규제법은 "특정범죄와 관련된 범죄수익의 취득 등에 관한 사실을 가장하거나 특정범죄를 조장할 목적 또는 적법하게 취득한 재산으로 가장할 목적으로 범죄수익을 은닉하는 행위를 규제하고, 특정범죄와 관련된 범죄수익의 몰수 및 추징에 관한 특례를 규정함으로써 특정범죄를 조장하는 경제적 요인을 근원적으로 제거하여 건전한 사회질서의 유지에 이바지함"을 목적으로 한다(범죄수익은닉규제법1).

범죄수익은닉규제법은 조직범죄, 거액경제범죄, 부패범죄 등 특정범죄로부터 얻은 범죄수익의 은닉·가장행위(자금세탁행위)를 5년 이하 징역 또는 3천만원 이하의 벌금으로 처벌할 수 있도록 하고, 범죄수익 또는 범죄수익에서 유래한 재산 등은 몰수·추징이 가능하도록 규정하고 있다.

그런데 특정금융정보법상의 "불법재산"에는 범죄수익은닉규제법 제2조 제4호에 따른 범죄수익등이 포함되고(법2(4) 가목), "자금세탁행위"에는 범죄수익은닉규제법 제3조(범죄수익등의 은닉 및 가장)에 따른 범죄행위를 포함하므로(법2(5) 나목) 특정금융정보법을 적용할 때 범죄수익은닉규제법도 함께 적용될 가능성이 크다.

Ⅱ. 개념의 정리

1. 특정범죄

특정범죄란 재산상의 부정한 이익을 취득할 목적으로 범한 죄로서 ⅰ) 사형, 무기 또는 장기 3년 이상의 징역이나 금고에 해당하는 죄(제2호 나목에 규정된 죄는 제외)(가목), ⅱ) [별표]²⁾에 규정된 죄(나목), ⅲ) 제2호 나목에 규정된 죄(다목), ⅳ) 가목과 나목에 규정된 죄("중대범죄") 및 제2호 나목에 규정된 죄와 다른 죄가 형법 제40조에 따른 상상적 경합 관계에 있는 경우에는 그 다른 죄(라목), ⅴ) 외국인이 대한민국 영역 밖에서 한 행위가 대한민국 영역 안에서 행하여졌다면 중대범죄 또는 제2호 나목에 규정된 죄에 해당하고 행위지 법령에 따라 죄에 해당하는 경우 그 죄(마목)의 어느 하나에 해당하는 것을 말한다(범죄수익은닉규제법2(1)).

2. 범죄수익

범죄수익이란 다음의 어느 하나에 해당하는 것을 말한다(범죄수익은닉규제법2(2)).

가. 중대범죄에 해당하는 범죄행위에 의하여 생긴 재산 또는 그 범죄행위의 보수로 얻은 재산

나. 다음의 어느 하나의 죄에 관계된 자금 또는 재산

    1) 성매매처벌법 제19조 제2항 제1호(성매매알선등행위 중 성매매에 제공되

---

2) ■ 범죄수익은닉규제법 [별표]

제2조 제1호 나목 관련 범죄(제2조 제1호 관련)
1. 형법 중 다음 각 목의 죄
    가. 제2편 제19장 유가증권, 우표와 인지에 관한 죄 중 제224조(제214조 및 제215조의 예비·음모만 해당)의 죄
    나. 제2편 제22장 성풍속에 관한 죄 중 제243조 및 제244조의 죄
    다. 제2편 제34장 신용, 업무와 경매에 관한 죄 중 제315조의 죄
    라. 제2편 제40장 횡령과 배임의 죄 중 제357조 제2항의 죄
2. 관세법 제270조의2의 죄
3. 정보통신망법 제74조제1항 제2호·제6호의 죄
4. 영화비디오법 제95조 제6호의 죄
5. 여권법 제25조 제2호의 죄
6. 한국토지주택공사법 제28조 제1항의 죄

는 사실을 알면서 자금·토지 또는 건물을 제공하는 행위만 해당)의 죄

2) 폭력행위처벌법 제5조(단체 등의 이용·지원) 제2항 및 제6조(미수범)(제 5조 제2항의 미수범만 해당)의 죄

3) 국제뇌물방지법 제3조(뇌물공여자 등의 형사책임) 제1항의 죄

4) 특정경제범죄법 제4조(재산국외도피의 죄)의 죄

5) 국제형사범죄법 제8조부터 제16조까지의 죄

6) 테러자금금지법 제6조 제1항·제4항(제6조 제1항 제1호의 미수범에 한 정)의 죄

3. 범죄수익에서 유래한 재산

범죄수익에서 유래한 재산이란 범죄수익의 과실로 얻은 재산, 범죄수익의 대가로 얻은 재산 및 이들 재산의 대가로 얻은 재산, 그 밖에 범죄수익의 보유 또는 처분에 의하여 얻은 재산을 말한다(범죄수익은닉규제법2(3)).

4. 범죄수익등

범죄수익등이란 범죄수익, 범죄수익에서 유래한 재산 및 이들 재산과 그 외 의 재산이 합쳐진 재산을 말한다(범죄수익은닉규제법2(4)).

5. 다중인명피해사고

다중인명피해사고란 고의 또는 과실에 의한 화재, 붕괴, 폭발, 선박·항공 기·열차 사고를 포함하는 교통사고, 화생방사고, 환경오염사고 등으로서 국가 또는 지방자치단체 차원의 대처가 필요한 인명피해를 야기한 사고를 말한다(범 죄수익은닉규제법2(5)).

Ⅲ. 범죄수익등의 은닉 및 가장죄

1. 5년 이하의 징역 또는 3천만원 이하의 벌금

다음의 어느 하나에 해당하는 자, 즉 ⅰ) 범죄수익등의 취득 또는 처분에 관 한 사실을 가장한 자, ⅱ) 범죄수익의 발생 원인에 관한 사실을 가장한 자, ⅲ) 특정범죄를 조장하거나 적법하게 취득한 재산으로 가장할 목적으로 범죄수익등

을 은닉한 자는 5년 이하의 징역 또는 3천만원 이하의 벌금에 처한다(범죄수익은
닉규제법3①).

2. 미수범 처벌

미수범은 처벌한다(범죄수익은닉규제법3②).

3. 예비 또는 음모

범죄수익등의 은닉 및 가장죄를 범할 목적으로 예비하거나 음모한 자는 2년
이하의 징역 또는 1천만원 이하의 벌금에 처한다(범죄수익은닉규제법3③).

4. 징역과 벌금 병과

징역과 벌금을 병과할 수 있다(범죄수익은닉규제법6).

Ⅳ. 범죄수익등의 수수죄

1. 3년 이하의 징역 또는 2천만원 이하의 벌금

그 정황을 알면서 범죄수익등을 수수(收受)한 자는 3년 이하의 징역 또는 2
천만원 이하의 벌금에 처한다(범죄수익은닉규제법4 본문). 다만, 법령에 따른 의무
이행으로서 제공된 것을 수수한 자 또는 계약(채권자가 상당한 재산상의 이익을 제
공하는 것만 해당한다) 시에 그 계약에 관련된 채무의 이행이 범죄수익등에 의하여
행하여지는 것이라는 정황을 알지 못하고 그 계약과 관련된 채무의 이행으로서
제공된 것을 수수한 자의 경우에는 그러하지 아니하다(범죄수익은닉규제법4 단서).

2. 징역과 벌금 병과

징역과 벌금을 병과할 수 있다(범죄수익은닉규제법6).

Ⅴ. 금융회사등의 신고 등

1. 수사기관 신고의무

특정금융정보법 제2조 제1호에 따른 금융회사등에 종사하는 사람은 같은

법 제2조 제2호에 따른 금융거래등과 관련하여 수수한 재산이 범죄수익등이라는 사실을 알게 되었을 때 또는 금융거래등의 상대방이 제3조(범죄수익등의 은닉 및 가장)의 죄에 해당하는 행위를 하고 있다는 사실을 알게 되었을 때에는 다른 법률의 규정에도 불구하고 지체 없이 관할 수사기관에 신고하여야 한다(범죄수익은닉규제법5①).

2. 신고 사실의 누설금지

금융회사등에 종사하는 사람은 신고를 하려는 경우 또는 신고를 한 경우에 그 사실을 그 신고와 관련된 금융거래등의 상대방 및 그의 관계자에게 누설하여서는 아니 된다(범죄수익은닉규제법5②).

3. 2년 이하의 징역 또는 1천만원 이하의 벌금

법 제5조 제1항이나 제2항을 위반한 사람은 2년 이하의 징역 또는 1천만원 이하의 벌금에 처한다(범죄수익은닉규제법5③).

4. 징역과 벌금 병과

징역과 벌금을 병과할 수 있다(범죄수익은닉규제법6).

Ⅵ. 양벌규정

법인의 대표자나 법인 또는 개인의 대리인, 사용인, 그 밖의 종업원이 그 법인 또는 개인의 업무에 관하여 제3조와 제4조의 어느 하나에 해당하는 위반행위를 하면 그 행위자를 벌하는 외에 그 법인 또는 개인에게도 해당 조문의 벌금형을 과한다(범죄수익은닉규제법7 본문). 다만, 법인 또는 개인이 그 위반행위를 방지하기 위하여 해당 업무에 관하여 상당한 주의와 감독을 게을리하지 아니한 경우에는 그러하지 아니하다(범죄수익은닉규제법7 단서).

Ⅶ. 국외범

법 제3조(범죄수익등의 은닉 및 가장) 및 제4조(범죄수익등의 수수)는 대한민국

영역 밖에서 해당 죄를 범한 내국인에게도 적용한다(범죄수익은닉규제법7의2).

Ⅷ. 몰수와 추징

1. 범죄수익등의 몰수

다음의 재산, 즉 ⅰ) 범죄수익(제1호), ⅱ) 범죄수익에서 유래한 재산(제2호), ⅲ) 제3조 또는 제4조의 범죄행위에 관계된 범죄수익등(제3호), ⅳ) 법 제3조(범죄수익등의 은닉 및 가장) 또는 법 제4조(범죄수익등의 수수)의 범죄행위에 의하여 생긴 재산 또는 그 범죄행위의 보수로 얻은 재산(제4호), ⅴ) 앞의 제3호 또는 제4호에 따른 재산의 과실 또는 대가로 얻은 재산 또는 이들 재산의 대가로 얻은 재산, 그 밖에 그 재산의 보유 또는 처분에 의하여 얻은 재산(제5호)은 몰수할 수 있다(범죄수익은닉규제법8①). 이에 따라 몰수할 수 있는 재산("몰수대상재산")이 몰수대상재산 외의 재산과 합쳐진 경우 그 몰수대상재산을 몰수하여야 할 때에는 합쳐짐으로써 생긴 재산(혼화재산) 중 몰수대상재산(합쳐지는 데에 관련된 부분만 해당한다)의 금액 또는 수량에 상당하는 부분을 몰수할 수 있다(범죄수익은닉규제법8②).

2. 몰수의 요건

몰수는 몰수대상재산 또는 혼화재산이 범인 외의 자에게 귀속되지 아니하는 경우에만 할 수 있다(범죄수익은닉규제법9① 본문). 다만, 범인 외의 자가 범죄 후 그 정황을 알면서 그 몰수대상재산 또는 혼화재산을 취득한 경우(그 몰수대상재산 또는 혼화재산의 취득이 제4조 단서에 해당하는 경우는 제외)에는 그 몰수대상재산 또는 혼화재산이 범인 외의 자에게 귀속된 경우에도 몰수할 수 있다(범죄수익은닉규제법9① 단서). 지상권·저당권 또는 그 밖의 권리가 설정된 재산을 몰수하는 경우 범인 외의 자가 범죄 전에 그 권리를 취득하였을 때 또는 범죄 후 그 정황을 알지 못하고 그 권리를 취득하였을 때에는 그 권리를 존속시킨다(범죄수익은닉규제법9②).

3. 추징

몰수할 재산을 몰수할 수 없거나 그 재산의 성질, 사용 상황, 그 재산에 관한 범인 외의 자의 권리 유무, 그 밖의 사정으로 인하여 그 재산을 몰수하는 것이 적절하지 아니하다고 인정될 때에는 그 가액을 법인으로부터 추징할 수 있다(범죄수익은닉규제법10①). 그러나 제8조 제1항의 재산이 범죄피해재산인 경우에는 그 가액을 추징할 수 없다(범죄수익은닉규제법10②).

다중인명피해사고 발생에 형사적 책임이 있는 개인, 법인 및 경영지배·경제적 연관 또는 의사결정에의 참여 등을 통해 그 법인을 실질적으로 지배하는 자에 대한 이 법에 따른 몰수대상재산에 관한 추징은 범인 외의 자가 그 정황을 알면서 취득한 몰수대상재산 및 그로부터 유래한 재산에 대하여 그 범인 외의 자를 상대로 집행할 수 있다(범죄수익은닉규제법10의2).

제4절 마약거래방지법

Ⅰ. 의의

마약거래방지법은 "국제적으로 협력하여 마약류와 관련된 불법행위를 조장하는 행위 등을 방지함으로써 마약류범죄의 진압과 예방을 도모하고, 이에 관한 국제협약을 효율적으로 시행하기 위하여 「마약류관리에 관한 법률」과 그 밖의 관계 법률에 대한 특례 등을 규정함"을 목적으로 한다(마약거래방지법1).

그런데 특정금융정보법상의 "불법재산"에는 마약거래방지법 제2조 제5항에 따른 불법수익등이 포함되고(법2(4) 나목), "자금세탁행위"에는 마약거래방지법 제7조에 따른 범죄행위(불법수익등의 은닉 및 가장)를 포함하므로(법2(5) 나목) 특정금융정보법을 적용할 때 마약거래방지법도 함께 적용될 가능성이 크다.

Ⅱ. 개념의 정리

1. 마약류

마약류란 마약류관리법 제2조 제2호[3])에 따른 마약, 같은 조 제3호[4])에 따른

---

3) 2. 마약이란 다음의 어느 하나에 해당하는 것을 말한다.
　　가. 양귀비: 양귀비과(科)의 파파베르 솜니페룸 엘(Papaver somniferum L.), 파파베르

향정신성의약품 및 같은 조 제4호5)에 따른 대마를 말한다(마약거래방지법2①).

세티게룸 디시(Papaver setigerum DC.) 또는 파파베르 브락테아툼(Papaver brac-
teatum)

나. 아편: 양귀비의 액즙(液汁)이 응결(凝結)된 것과 이를 가공한 것. 다만, 의약품으로
가공한 것은 제외한다.

다. 코카 잎[엽]: 코카 관목[(灌木): 에리드록시론속(屬)의 모든 식물을 말한다]의 잎.
다만, 엑고닌·코카인 및 엑고닌 알칼로이드 성분이 모두 제거된 잎은 제외한다.

라. 양귀비, 아편 또는 코카 잎에서 추출되는 모든 알카로이드 및 그와 동일한 화학적
합성품으로서 대통령령으로 정하는 것

마. 가목부터 라목까지에 규정된 것 외에 그와 동일하게 남용되거나 해독(害毒) 작용
을 일으킬 우려가 있는 화학적 합성품으로서 대통령령으로 정하는 것

바. 가목부터 마목까지에 열거된 것을 함유하는 혼합물질 또는 혼합제제. 다만, 다른
약물이나 물질과 혼합되어 가목부터 마목까지에 열거된 것으로 다시 제조하거나
제제(製劑)할 수 없고, 그것에 의하여 신체적 또는 정신적 의존성을 일으키지 아니
하는 것으로서 총리령으로 정하는 것["한외마약"(限外麻藥)]은 제외한다.

4) 3. "향정신성의약품"이란 인간의 중추신경계에 작용하는 것으로서 이를 오용하거나 남용
할 경우 인체에 심각한 위해가 있다고 인정되는 다음의 어느 하나에 해당하는 것으로
서 대통령령으로 정하는 것을 말한다.

가. 오용하거나 남용할 우려가 심하고 의료용으로 쓰이지 아니하며 안전성이 결여되어
있는 것으로서 이를 오용하거나 남용할 경우 심한 신체적 또는 정신적 의존성을 일
으키는 약물 또는 이를 함유하는 물질

나. 오용하거나 남용할 우려가 심하고 매우 제한된 의료용으로만 쓰이는 것으로서 이를
오용하거나 남용할 경우 심한 신체적 또는 정신적 의존성을 일으키는 약물 또는 이
를 함유하는 물질

다. 가목과 나목에 규정된 것보다 오용하거나 남용할 우려가 상대적으로 적고 의료용으
로 쓰이는 것으로서 이를 오용하거나 남용할 경우 그리 심하지 아니한 신체적 의존
성을 일으키거나 심한 정신적 의존성을 일으키는 약물 또는 이를 함유하는 물질

라. 다목에 규정된 것보다 오용하거나 남용할 우려가 상대적으로 적고 의료용으로 쓰이
는 것으로서 이를 오용하거나 남용할 경우 다목에 규정된 것보다 신체적 또는 정신
적 의존성을 일으킬 우려가 적은 약물 또는 이를 함유하는 물질

마. 가목부터 라목까지에 열거된 것을 함유하는 혼합물질 또는 혼합제제. 다만, 다른 약
물 또는 물질과 혼합되어 가목부터 라목까지에 열거된 것으로 다시 제조하거나 제
제할 수 없고, 그것에 의하여 신체적 또는 정신적 의존성을 일으키지 아니하는 것
으로서 총리령으로 정하는 것은 제외한다.

5) 4. "대마"란 다음의 어느 하나에 해당하는 것을 말한다. 다만, 대마초[칸나비스 사티바 엘
(Cannabis sativa L)을 말한다. 이하 같다]의 종자(種子)·뿌리 및 성숙한 대마초의 줄기
와 그 제품은 제외한다.

가. 대마초와 그 수지(樹脂)

나. 대마초 또는 그 수지를 원료로 하여 제조된 모든 제품

다. 가목 또는 나목에 규정된 것과 동일한 화학적 합성품으로서 대통령령으로 정하는 것

라. 가목부터 다목까지에 규정된 것을 함유하는 혼합물질 또는 혼합제제

2. 마약류범죄

마약류범죄란 다음의 죄(그 죄와 다른 죄가 형법 제40조에 따른 상상적 경합 관계에 있는 경우에는 그 다른 죄를 포함)를 말한다(마약거래방지법2②).

1. 제6조(업으로서 한 불법수입 등) · 제9조(마약류 물품의 수입 등) 또는 제10조(선동 등)의 죄
2. 마약류관리법 제58조(벌칙), 제59조(벌칙), 제60조(벌칙), 제61조(벌칙)의 죄

3. 불법수익

불법수익이란 마약류범죄의 범죄행위로 얻은 재산, 그 범죄행위의 보수로 얻은 재산이나 마약류관리법 제60조 제1항 제1호[6] 또는 제61조 제1항 제1호[7] (미수범을 포함)의 죄에 관계된 자금을 말한다(마약거래방지법2③).

4. 불법수익에서 유래한 재산

불법수익에서 유래한 재산이란 불법수익의 과실(果實)로서 얻은 재산, 불법수익의 대가로서 얻은 재산, 이들 재산의 대가로서 얻은 재산, 그 밖에 불법수익의 보유 또는 처분으로 얻은 재산을 말한다(마약거래방지법2④).

5. 불법수익등

불법수익등이란 불법수익, 불법수익에서 유래한 재산 및 그 재산과 그 재산 외의 재산이 합하여진 재산을 말한다(마약거래방지법2⑤).

---

6) 1. 제3조 제1호를 위반하여 마약 또는 제2조 제3호 가목에 해당하는 향정신성의약품을 사용하거나 제3조 제11호를 위반하여 마약 또는 제2조 제3호 가목에 해당하는 향정신성의약품과 관련된 금지된 행위를 하기 위한 장소 · 시설 · 장비 · 자금 또는 운반 수단을 타인에게 제공한 자
7) 1. 제3조 제1호를 위반하여 향정신성의약품(제2조 제3호 가목에 해당하는 향정신성의약품은 제외) 또는 대마를 사용하거나 제3조 제11호를 위반하여 향정신성의약품(제2조 제3호 가목에 해당하는 향정신성의약품은 제외) 및 대마와 관련된 금지된 행위를 하기 위한 장소 · 시설 · 장비 · 자금 또는 운반 수단을 타인에게 제공한 자

Ⅲ. 입국 절차 및 상륙 절차 등의 특례

1. 입국 절차 및 상륙 절차의 특례

(1) 입국허가 신청: 검사의 요청과 법무부장관의 승인

출입국관리 공무원은 출입국관리법 제11조 제1항 제1호[8]에 해당하는 사람으로 의심되는 외국인으로부터 입국허가 신청을 받은 경우, 마약류의 분산 및 그 외국인의 도주를 방지하기 위하여 충분한 감시체제가 확보되어 있는 마약류범죄의 수사에 관하여 그 외국인을 입국시킬 필요가 있다는 검사의 요청이 있을 때에는 법무부장관의 승인을 받아 출입국관리법 제11조 제1항 제1호에도 불구하고 그 외국인의 입국을 허가할 수 있다(마약거래방지법3①).

(2) 상륙허가 신청: 검사의 요청과 법무부장관의 승인

출입국관리 공무원은 출입국관리법 제11조 제1항 제1호에 해당하는 사람으로 의심되는 외국인으로부터 같은 법 제14조 제1항[9]에 따른 상륙허가 신청을 받은 경우, 마약류의 분산 및 그 외국인의 도주를 방지하기 위하여 충분한 감시체제가 확보되어 있는 마약류범죄의 수사에 관하여 그 외국인을 상륙시킬 필요가 있다는 검사의 요청이 있을 때에는 법무부장관의 승인을 받아 같은 법 제14조 제1항 단서에도 불구하고 그 외국인의 상륙을 허가할 수 있다(마약거래방지법3②).

(3) 체류 부적당의 검사 통보와 출입국관리 공무원의 심사

출입국관리 공무원은 입국허가 또는 상륙허가를 받은 외국인에 대하여 검사

---

8) 제11조(입국의 금지 등) ① 법무부장관은 다음의 어느 하나에 해당하는 외국인에 대하여는 입국을 금지할 수 있다.
　1. 감염병환자, 마약류중독자, 그 밖에 공중위생상 위해를 끼칠 염려가 있다고 인정되는 사람
9) 제14조(승무원의 상륙허가) ① 출입국관리공무원은 다음의 어느 하나에 해당하는 외국인 승무원에 대하여 선박등의 장 또는 운수업자나 본인이 신청하면 15일의 범위에서 승무원의 상륙을 허가할 수 있다. 다만, 제11조 제1항 각 호의 어느 하나에 해당하는 외국인승무원에 대하여는 그러하지 아니하다.
　1. 승선 중인 선박등이 대한민국의 출입국항에 정박하고 있는 동안 휴양 등의 목적으로 상륙하려는 외국인승무원
　2. 대한민국의 출입국항에 입항할 예정이거나 정박 중인 선박등으로 옮겨 타려는 외국인 승무원

로부터 계속 대한민국에 체류하도록 하는 것이 적당하지 아니하다는 통보를 받았을 때에는 즉시 그 외국인의 입국 또는 상륙 당시 그 외국인이 출입국관리법 제11조 제1항 제1호에 해당하였는지를 심사하여야 한다(마약거래방지법3③).

(4) 법무부장관의 승인과 입국허가 또는 상륙허가의 취소

출입국관리 공무원은 심사 결과 그 외국인이 출입국관리법 제11조 제1항 제1호에 해당한다고 인정할 때에는 법무부장관의 승인을 받아 그 외국인에 대한 입국허가 또는 상륙허가를 취소하여야 한다(마약거래방지법3④).

(5) 사법경찰권의 검사에 대한 신청 및 검사의 요청 또는 통보

사법경찰관은 제1항부터 제3항까지의 규정에 따라 요청 또는 통보를 할 것을 검사에게 신청할 수 있다(마약거래방지법3⑤ 전단). 이 경우 신청을 받은 검사가 제1항부터 제3항까지의 규정에 따른 요청 또는 통보를 한다(마약거래방지법3⑤ 후단).

2. 세관 절차의 특례

(1) 마약류 반출 또는 반입과 검사의 요청에 따른 조치

세관장은 관세법 제246조[10])에 따라 화물을 검사할 때에 화물에 마약류가 감추어져 있다고 밝혀지거나 그러한 의심이 드는 경우, 그 마약류의 분산을 방지하기 위하여 충분한 감시체제가 확보되어 있는 마약류범죄의 수사에 관하여 그 마약류가 외국으로 반출되거나 대한민국으로 반입될 필요가 있다는 검사의 요청이 있을 때에는 ⅰ) 해당 화물(그 화물에 감추어져 있는 마약류는 제외)에 대한 관세법 제241조(수출·수입 또는 반송의 신고)에 따른 수출입 또는 반송의 면허(제1호), ⅱ) 그 밖에 검사의 요청에 따르기 위하여 필요한 조치(제2호)를 할 수 있다(마약거래방지법4① 본문). 다만, 그 조치를 하는 것이 관세 관계 법령의 입법 목적에

---

10) 제246조(물품의 검사) ① 세관공무원은 수출·수입 또는 반송하려는 물품에 대하여 검사를 할 수 있다.
② 관세청장은 검사의 효율을 거두기 위하여 검사대상, 검사범위, 검사방법 등에 관하여 필요한 기준을 정할 수 있다.
③ 화주는 수입신고를 하려는 물품에 대하여 수입신고 전에 관세청장이 정하는 바에 따라 확인을 할 수 있다.

비추어 타당하지 아니하다고 인정할 때에는 요청한 검사와의 협의를 거쳐 그 조치를 하지 아니할 수 있다(마약거래방지법4① 단서).

(2) 우편물 검사와 준용규정

위 제1항(같은 항 제1호는 제외)은 관세법 제257조[11])에 따라 우편물을 검사할 때에 그 물건에 마약류가 감추어져 있는 것이 밝혀지거나 그러한 의심이 드는 경우에 준용한다(마약거래방지법4② 전단). 이 경우 그 마약류에 대하여는 관세법 제240조[12])를 적용하지 아니한다(마약거래방지법4② 후단).

(3) 사법경찰관의 검사에 대한 요청 신청

사법경찰관은 제1항 및 제2항에 따라 요청을 할 것을 검사에게 신청할 수 있다(마약거래방지법4③ 전단). 이 경우 검사가 제1항 및 제2항에 따른 요청을 한다(마약거래방지법4③ 후단).

3. 금융회사등에 의한 신고

(1) 불법수익등의 은닉 및 가장죄의 신고

금융실명법 제2조 제1호[13])에 따른 금융회사등에 종사하는 사람으로서 같은

---

11) 제257조(우편물의 검사) 통관우체국의 장이 제256조 제1항의 우편물을 접수하였을 때에는 세관장에게 우편물목록을 제출하고 해당 우편물에 대한 검사를 받아야 한다. 다만, 관세청장이 정하는 우편물은 검사를 생략할 수 있다.

12) 제240조(수출입의 의제) ① 다음의 어느 하나에 해당하는 외국물품은 이 법에 따라 적법하게 수입된 것으로 보고 관세 등을 따로 징수하지 아니한다.
  1. 체신관서가 수취인에게 내준 우편물
  2. 이 법에 따라 매각된 물품
  3. 이 법에 따라 몰수된 물품
  4. 제269조, 제272조, 제273조 또는 제274조 제1항 제1호에 해당하여 이 법에 따른 통고처분으로 납부된 물품
  5. 법령에 따라 국고에 귀속된 물품
  6. 제282조 제3항에 따라 몰수를 갈음하여 추징된 물품
  ② 체신관서가 외국으로 발송한 우편물은 이 법에 따라 적법하게 수출되거나 반송된 것으로 본다.

13) 1. "금융회사등"이란 다음 각 목의 것을 말한다. 가. 은행, 나. 중소기업은행, 다. 한국산업은행, 라. 한국수출입은행, 마. 한국은행, 바. 투자매매업자·투자중개업자·집합투자업자·신탁업자·증권금융회사·종합금융회사 및 명의개서대행회사, 사. 상호저축은행 및 상호저축은행중앙회, 아. 농업협동조합과 그 중앙회 및 농협은행, 자. 수산업협동조합과 그 중앙회 및 수협은행, 차. 신용협동조합 및 신용협동조합중앙회, 카. 새마을금고 및

조 제3호[14])에 따른 금융거래를 수행하는 사람은 그 업무를 하면서 수수(收受)한 재산이 불법수익등임을 알게 되었을 때 또는 그 업무에 관계된 거래 상대방이 제7조(불법수익등의 은닉 및 가장)의 죄에 해당하는 행위를 하였음을 알게 되었을 때에는 다른 법령의 규정에도 불구하고 지체 없이 서면으로 검찰총장에게 신고하여야 한다(마약거래방지법5①).

(2) 금융기관의 신고사항

금융기관에 종사하는 사람이 신고를 하는 경우에는 ⅰ) 신고자가 종사하고 있는 금융기관의 명칭 및 소재지(제1호), ⅱ) 신고와 관계되는 자금거래("불법자금거래")가 발생한 일시 및 장소(제2호), ⅲ) 불법자금거래의 내용(제3호), ⅳ) 불법자금거래의 상대방인 개인 또는 단체의 성명이나 명칭(제4호), ⅴ) 불법자금거래의 상대방인 개인 또는 단체의 주소나 거소(제5호), ⅵ) 불법자금거래를 신고하는 이유(제7호)를 적은 서면을 검찰총장에게 제출하여야 한다(마약거래방지법 시행령3).

(3) 신고사실의 누설금지의무

금융회사등에 종사하는 사람은 신고를 하려고 하거나 신고한 경우, 그 사실을 그 신고에 관련된 거래 상대방 및 그 거래 상대방과 관계된 자에게 누설하여서는 아니 된다(마약거래방지법5②).

Ⅳ. 벌칙

1. 업으로서 한 불법수입 등죄

(1) 사형, 무기징역 또는 10년 이상의 징역과 1억원 이하의 벌금 병과

마약류관리법 제58조(같은 조 제4항은 제외), 제59조 제1항부터 제3항까지(같은 조 제1항 제1호부터 제4호까지 및 제9호에 관련된 행위만 해당하며, 같은 항 제4호 중 향정신성의약품은 제외) 또는 제60조 제1항 제4호(상습범 및 미수범을 포함)에 해당

중앙회, 타. 보험회사, 파. 체신관서, 하. 그 밖에 대통령령으로 정하는 기관
14) 3. "금융거래"란 금융회사등이 금융자산을 수입(受入)·매매·환매·중개·할인·발행·상환·환급·수탁·등록·교환하거나 그 이자, 할인액 또는 배당을 지급하는 것과 이를 대행하는 것 또는 그 밖에 금융자산을 대상으로 하는 거래로서 총리령으로 정하는 것을 말한다.

하는 행위를 업(業)으로 한 자(이들 행위와 제9조에 해당하는 행위를 함께 하는 것을 업으로 한 자를 포함)는 사형, 무기징역 또는 10년 이상의 징역에 처한다. 이 경우 1억원 이하의 벌금을 병과(倂科)한다(마약거래방지법6①).

(2) 3년 이상의 유기징역과 3천만원 이하의 벌금 병과

마약류관리법 제59조 제1항부터 제3항까지(같은 조 제1항 제4호부터 제7호까지 및 제10호부터 제13호까지의 규정에 관련된 행위만 해당하며, 같은 항 제4호 중 마약은 제외) 또는 제60조 제1항 제2호(미수범 및 상습범을 포함) · 제3호(미수범 및 상습범을 포함)에 해당하는 행위를 업으로 한 자(이들 행위와 제9조에 해당하는 행위를 함께 하는 것을 업으로 한 자를 포함)는 3년 이상의 유기징역에 처한다. 이 경우 3천만원 이하의 벌금을 병과한다(마약거래방지법6②).

2. 불법수익등의 은닉 및 가장죄

(1) 7년 이하의 징역 또는 3천만원 이하의 벌금

마약류범죄의 발견 또는 불법수익등의 출처에 관한 수사를 방해하거나 불법수익등의 몰수를 회피할 목적으로 불법수익등의 성질, 소재(所在), 출처 또는 귀속(歸屬) 관계를 숨기거나 가장(假裝)한 자는 7년 이하의 징역 또는 3천만원 이하의 벌금에 처하거나 이를 병과할 수 있다(마약거래방지법7①).

(2) 미수범 처벌

미수범은 처벌한다(마약거래방지법7②).

(3) 예비 또는 음모

불법수익등의 은닉 및 가장죄를 범할 목적으로 예비하거나 음모한 자는 2년 이하의 징역 또는 1천만원 이하의 벌금에 처한다(마약거래방지법7③).

3. 불법수익등의 수수죄

불법수익이라는 정황을 알면서 불법수익등을 수수한 자는 3년 이하의 징역 또는 1천만원 이하의 벌금에 처하거나 이를 병과할 수 있다(마약거래방지법8 본문). 다만, 법령에 따른 의무이행으로서 제공된 것을 수수한 자 또는 계약(채권자에게 상당한 재산상의 이익을 제공하는 것만 해당) 당시에 그 계약에 관련된 채무의 이행이 불법수익등에 의하여 이루어지는 것이라는 정황을 알지 못하고 그 계약에 관련된 채무의 이행으로서 제공된 것을 수수한 자의 경우에는 그러하지 아니하다(마약거래방지법8 단서).

4. 마약류 물품의 수입 등죄

(1) 3년 이상의 유기징역

마약류범죄(마약류의 수입 또는 수출에 관련된 것으로 한정)를 범할 목적으로 마약류로 인식하고 교부받거나 취득한 약물 또는 그 밖의 물품을 수입하거나 수출한 자는 3년 이상의 유기징역에 처한다(마약거래방지법9①).

(2) 5년 이하의 징역 또는 500만원 이하의 벌금

마약류범죄(마약류의 양도·양수 또는 소지에 관련된 것으로 한정)를 범할 목적으로 약물이나 그 밖의 물품을 마약류로 인식하고 양도·양수하거나 소지한 자는 5년 이하의 징역 또는 500만원 이하의 벌금에 처한다(마약거래방지법9②).

5. 선동 등죄

마약류범죄(제9조 및 이 조의 범죄는 제외), 제7조 또는 제8조의 범죄의 실행 또는 마약류의 남용을 공연히 선동하거나 권유한 자는 3년 이하의 징역 또는 1천만원 이하의 벌금에 처한다(마약거래방지법10).

6. 불법수익등에 대한 미신고 등죄

법 제5조(금융회사등에 의한 신고)를 위반한 자는 2년 이하의 징역 또는 1천만원 이하의 벌금에 처한다(마약거래방지법11).

7. 국외범

법 제6조부터 제8조까지 및 제10조는 형법 제5조(외국인의 국외범)의 예에 따라 대한민국 영역 밖에서 해당 죄를 범한 외국인에게도 적용한다(마약거래방지법12).

8. 몰수와 추징 등

(1) 불법수익등의 몰수
(가) 필요적 몰수 등

ⅰ) 불법수익(제1호), ⅱ) 불법수익에서 유래한 재산(제2호), ⅲ) 법 제7조 제1항·제2항 또는 제8조의 범죄행위에 관계된 불법수익등(제3호), ⅳ) 법 제7조 제1항·제2항 또는 제8조의 범죄행위로 인하여 발생하거나 그 범죄행위로 얻은 재산 또는 그 범죄행위의 보수로서 얻은 재산(제4호), ⅴ) 앞의 제3호 또는 제4호에 따른 재산의 과실 또는 대가로서 얻은 재산 또는 이들 재산의 대가로서 얻은 재산, 그 밖에 그 재산의 보유 또는 처분으로 얻은 재산(제5호)은 몰수한다(마약거래방지법13① 본문). 다만, 제7조 제1항·제2항 또는 제8조의 죄가 불법수익 또는 불법수익에서 유래한 재산과 이들 재산 외의 재산이 합하여진 재산에 관계된 경우 그 범죄에 대하여 제3호부터 제5호까지의 규정에 따른 재산의 전부를 몰수하는 것이 타당하지 아니하다고 인정되는 경우에는 그 일부만을 몰수할 수 있다(마약거래방지법13① 단서).

(나) 몰수 제외 재산

몰수하여야 할 재산의 성질, 사용 상황 또는 그 재산에 관한 범인 외의 자의 권리 유무, 그 밖의 사정을 고려한 결과 그 재산을 몰수하는 것이 타당하지 아니하다고 인정할 때에는 몰수하지 아니할 수 있다(마약거래방지법13②).

(다) 임의적 몰수

ⅰ) 법 제7조 제3항의 범죄행위에 관계된 불법수익등(제1호), ⅱ) 법 제7조 제3항의 범죄행위로 인하여 발생하거나 그 범죄행위로 얻은 재산 또는 그 범죄행위의 보수로서 얻은 재산(제2호), ⅲ) 앞의 제1호 또는 제2호에 따른 재산의 과실 또는 대가로서 얻은 재산 또는 이들 재산의 대가로서 얻은 재산, 그 밖에 그 재산의 보유 또는 처분으로 얻은 재산(제3호)의 어느 하나에 해당하는 재산은 몰수할 수 있다(마약거래방지법13③).

(2) 불법수익등이 합하여진 재산의 몰수

법 제13조 제1항 각 호 또는 같은 조 제3항 각 호에 따른 재산("불법재산")이 불법재산 외의 재산과 합하여진 경우 그 불법재산을 몰수하여야 할 때에는 그것이 합하여짐으로써 생긴 재산("혼합재산") 중 그 불법재산(합하여지는 데에 관련된 부분만 해당)의 금액 또는 수량에 상당하는 부분을 몰수할 수 있다(마약거래방지법14).

(3) 몰수의 요건 등

법 제13조에 따른 몰수는 불법재산 또는 혼합재산이 범인 외의 자에게 귀속되지 아니한 경우로 한정한다(마약거래방지법15① 본문). 다만, 범인 외의 자가 범죄 후 그 정황을 알면서 그 불법재산 또는 혼합재산을 취득한 경우(그 불법재산 또는 혼합재산의 취득이 제8조 단서에 따른 불법수익등의 수수에 해당하는 경우는 제외)에는 그 불법재산 또는 혼합재산이 범인 외의 자에게 귀속된 경우에도 그 재산을 몰수할 수 있다(마약거래방지법15① 단서).

지상권·저당권 또는 그 밖의 권리가 그 위에 존재하는 재산을 제13조에 따라 몰수하는 경우, 범인 외의 자가 범죄 전에 그 권리를 취득한 때 또는 범인 외의 자가 범죄 후 그 정황을 알지 못하고 그 권리를 취득한 때에는 그 권리를 존속시킨다(마약거래방지법15②).

(4) 추징

법 제13조 제1항에 따라 몰수하여야 할 재산을 몰수할 수 없거나 같은 조 제2항에 따라 몰수하지 아니하는 경우에는 그 가액(價額)을 범인으로부터 추징(追徵)한다(마약거래방지법16①).

법 제13조 제3항에 따른 재산을 몰수할 수 없거나 그 재산의 성질, 사용 상황 또는 그 재산에 관한 범인 외의 자의 권리 유무, 그 밖의 사정을 고려한 결과 그 재산을 몰수하는 것이 타당하지 아니하다고 인정할 때에는 그 가액을 범인으로부터 추징할 수 있다(마약거래방지법16②).

(5) 불법수익의 추정

법 제6조의 죄에 관계된 불법수익을 산정할 때에 같은 조에 따른 행위를 업으로 한 기간에 범인이 취득한 재산으로서 그 가액이 그 기간 동안 범인의 재산 운용 상황 또는 법령에 따른 지급금의 수령 상황 등에 비추어 현저하게 고액(高額)이라고 인정되고, 그 취득한 재산이 불법수익 금액 및 재산 취득 시기 등 모든 사정에 비추어 같은 조의 죄를 범하여 얻은 불법수익으로 형성되었다고 볼만한 상당한 개연성이 있는 경우에는 그 죄에 관계된 불법수익등으로 추정한다(마약거래방지법17).

(6) 양벌규정

(가) 해당 조문의 벌금형 부과

법인의 대표자나 법인 또는 개인의 대리인, 사용인, 그 밖의 종업원이 그 법인 또는 개인의 업무에 관하여 제6조부터 제8조까지, 제9조 제2항, 제10조 또는 제11조의 어느 하나에 해당하는 위반행위를 하면 그 행위자를 벌하는 외에 그 법인 또는 개인에게도 해당 조문의 벌금형을 과(科)한다(마약거래방지법18① 본문). 다만, 법인 또는 개인이 그 위반행위를 방지하기 위하여 해당 업무에 관하여 상당한 주의와 감독을 게을리하지 아니한 경우에는 그러하지 아니하다(마약거래방지법18① 단서).

(나) 1억원 이하의 벌금

법인의 대표자나 법인 또는 개인의 대리인, 사용인, 그 밖의 종업원이 그 법인 또는 개인의 업무에 관하여 제9조 제1항의 위반행위를 하면 그 행위자를 벌하는 외에 그 법인 또는 개인에게도 1억원 이하의 벌금형을 과한다(마약거래방지법18② 본문). 다만, 법인 또는 개인이 그 위반행위를 방지하기 위하여 해당 업무에 관하여 상당한 주의와 감독을 게을리하지 아니한 경우에는 그러하지 아니하다(마약거래방지법18② 단서).

제 4 장

규제감독기관

제1절 금융정보분석원

Ⅰ. 서설

금융정보분석기구(FIU: Financial Intelligence Unit)는 금융기관으로부터 자금세탁 관련 의심거래보고 등 금융정보를 수집·분석하여, 이를 법집행기관에 제공하는 단일의 중앙 국가기관이다.

우리나라의 금융정보분석기구(FIU)는 특정금융정보법에 의거하여 설립된 금융정보분석원(KoFIU: Korea Financial Intelligence Unit)이다. 금융정보분석원은 2001년 11월 설립 당시 재정경제부 소속 독립기관으로서 자금세탁방지업무를 담당하였으나, 2008년 금융위원회 소속으로 이관되고, 그 업무 또한 공중협박자금조달방지영역까지 확대되었다.

금융정보분석원은 법무부·금융위원회·국세청·관세청·경찰청 등 관계기관의 전문 인력으로 구성되어 있으며, 금융회사등으로부터 자금세탁 관련 의심거래를 수집·분석하여 불법거래, 자금세탁행위 또는 공중협박자금조달행위와 관련된다고 판단되는 금융거래 자료를 법집행기관(검찰청, 경찰청, 국세청, 관세청, 금융위원회, 중앙선관위 등)에 제공하는 업무를 주요 업무로 하고, 금융회사등의 의심거래보고 업무에 대한 감독 및 검사, 외국의 FIU와의 협조 및 정보교류 등을 담당하고 있다.

금융회사가 자금세탁 의심거래를 수사기관 등에 직접 신고하지 않고 금융정보분석원을 경유하도록 별도의 조직을 두고 있는 이유는 금융정보분석원이 심사분석을 통해 혐의가 인정되는 거래만을 수사기관 등의 법집행기관에 제공하도록 여과 장치를 둠으로써 대다수 선량한 고객의 금융거래정보가 법집행기관에 직접 노출되지 않도록 금융비밀을 보호하기 위한 것이라고 설명된다. 이 점에서 금융정보분석원은 그 기능상 업무의 독립성과 정치적 중립성이 요구된다. 이를 위해 금융정보분석원을 금융위원회 소속으로 두되, 금융정보분석원은 그 권한에 속하는 사무를 독립적으로 수행하며, 그 소속 공무원은 특정금융정보법과 테러자금금지법에 따른 업무 외에 다른 업무에 종사하지 못하도록 규정한다.

Ⅱ. 설치와 업무

1. 업무

다음의 업무, 즉 ⅰ) 보고받거나 통보받은 사항의 정리·분석 및 제공, ⅱ) 금융회사등이 수행하는 업무에 대한 감독 및 검사, ⅲ) 외국금융정보분석기구와의 협조 및 정보 교환, ⅳ) 가상자산사업자의 신고에 관한 업무, ⅴ) 외국 금융감독·검사기관과의 협조 및 정보교환, ⅵ) 테러자금금지법에 따른 업무, ⅶ) 자금세탁행위와 공중협박자금조달행위의 동향 및 방지대책에 관한 조사·연구, ⅷ) 자금세탁행위와 공중협박자금조달행위의 방지를 위한 금융회사등에 대한 교육훈련 지원 및 상담, ⅸ) 자금세탁행위와 공중협박자금조달행위의 방지를 위한 국내외 협력증진 및 정보교류를 효율적으로 수행하기 위하여 금융위원회 소속으로 금융정보분석원을 둔다(법3①, 영5①).

2. 사무의 독립적 수행

금융정보분석원은 그 권한에 속하는 사무를 독립적으로 수행하며, 그 소속 공무원은 특정금융정보법과 테러자금금지법에 따른 업무 외에 다른 업무에 종사하지 못한다(법3②).

3. 업무 수행의 국회 보고

금융정보분석원의 장("금융정보분석원장")은 업무 수행과 관련하여 ⅰ) 금융회사등으로부터 보고를 받은 건수(제1호), ⅱ) 특정금융거래정보의 제공을 요구받은 건수 및 제공한 건수(제2호), ⅲ) 통보 및 통보유예 현황에 관한 통계자료(제2의2호), ⅳ) 외국금융정보분석기구와 정보를 교환한 건수(제3호), ⅴ) 그 밖에 금융정보분석원 업무와 관련된 통계자료(제4호)를 매년 정기국회에 보고하여야 한다(법3④).

Ⅲ. 조직 및 운영

금융정보분석원의 정원(다른 기관 소속 공무원의 정원 포함)·조직 및 운영 등에 필요한 사항은 업무의 독립성, 정치적 중립성 등을 고려하여 대통령령으로 정한다(법3③).

1. 정보의 보고 · 관리 및 활용을 위한 전산시스템의 구축

금융정보분석원장은 금융회사등이 보고하는 정보 및 특정금융거래정보의 효율적인 보고·관리 및 활용을 위한 전산시스템을 구축하고, 전산시스템의 보호 및 보안에 필요한 대책을 마련해야 한다(영5②).

2. 협의회 설치 · 운영

금융정보분석원장은 ⅰ) 국가 차원의 자금세탁행위 및 공중협박자금조달행위 위험 평가 및 대책 검토(제1호), ⅱ) 법 제10조(수사기관 등에 대한 정보 제공) 제1항·제2항 및 제4항에 따라 제공된 특정금융거래정보의 활용결과에 관한 적정성 검토(제2호), ⅲ) 금융정보분석원의 효율적 운영에 필요한 사항(제3호), ⅳ) 그 밖에 금융정보분석원의 업무 중 협의·조정이 필요하다고 금융정보분석원장이 인정하는 사항(제4호)을 협의·조정하기 위하여 금융정보분석원 및 검찰청·고위공직자범죄수사처·경찰청·해양경찰청·행정안전부·국세청·관세청·중앙선

거관리위원회·금융위원회·국가정보원의 소속 공무원을 구성원으로 하는 협의
회를 설치·운영할 수 있다(영5③).

협의회의 운영 등에 필요한 세부사항은 금융정보분석원장이 정한다(영5⑤).
이에 따라 특정금융정보법에 따른 자금세탁행위를 방지하고 테러자금금지법에
따른 공중협박자금조달행위를 금지하기 위하여 이와 관련된 관계기관간의 협의
회 구성·기능·운영에 대한 세부사항 등을 정함을 목적으로 「자금세탁방지/테러
자금조달금지 정책협의회 등의 설치·운영에 관한 규정」(금융정보분석원 훈령 제
339호, 2019. 1. 11. 제정)이 시행되고 있다.

이 훈령에 따라 자금세탁방지/테러자금조달금지 정책협의회("정책협의회"),
자금세탁방지/테러자금조달금지 정책자문위원회("자문위원회"), 자금세탁방지/테
러자금조달금지 정책실행 협의회, 법집행기관 협의회, 자금세탁방지/테러자금조
달금지 유관기관 협의회, 비영리단체 테러자금조달금지 관계기관 협의회가 설치
되어 있다.

3. 고시 사항: 업무규정

금융정보분석원장은 자금세탁행위 방지 및 공중협박자금조달행위 금지 관
련 국제협약과 국제기구의 권고사항을 고려하여 ⅰ) 법 제5조 제1항 제1호에 따
른 내부 보고체제의 수립에 관한 사항(제1호), ⅱ) 법 제5조 제1항 제2호에 따른
업무지침의 작성 및 운용에 관한 사항(제2호), ⅲ) 법 제5조 제1항 제3호에 따른
임직원의 교육 및 연수에 관한 사항(제3호), ⅳ) 법 제5조의2 제1항 각 호에 따른
확인조치에 관한 사항(제4호), ⅴ) 법 제5조의4에 따른 자료 및 정보의 보존에 관
한 사항(제5호)에 세부내용을 정하여 고시할 수 있다(영5④).

이에 관한 내용은 「자금세탁방지 및 공중협박자금조달금지에 관한 업무규
정」("업무규정")이 정하고 있다.

제2절 국제기구와 국제기준

Ⅰ. 국제기구

1. FATF

FATF(Financial Action Task Force)는 자금세탁방지 및 테러자금조달 방지를 위해 국제기준의 제정과 국제협력 강화 등을 목표로 활동하고 있는 국제기구를 말한다.

FATF는 1989년 G7 정상회의에서 금융기관을 이용한 자금세탁에 대처하기 위하여 Task Force를 설립하기로 합의함에 따라 출범했으며, 우리나라는 2009년 10월 정회원으로 가입하였다. 현재 우리나라, 미국, 영국, 중국, 일본 등 37개 국가와 European Commission, Gulf Co-operation Council 등 2개 국제기구가 회원으로 참여하고 있다. FATF는 자금세탁방지 국제기준의 제정과 국제협력 강화 등을 목표로 활동하고 있다.

FATF가 제정한 자금세탁 및 테러자금조달 방지에 관한 권고사항은 현재 전세계 약 180여개국에서 자금세탁 및 테러자금조달 방지 분야의 국제기준으로 채택하고 있으며, FATF 및 관련 지역기구의 회원국에 대한 상호평가 등을 통하여 사실상의 구속력을 확보하고 있다. 특히 FATF 준회원인 APG 등의 지역기구들은 동일한 기준에 의거하여 회원국들에 대한 정기적인 상호평가를 실시함으로써 각국의 제도 이행 및 전세계에 걸친 정책적 공조체제를 유도하고 있다.

우리나라는 2014년 7월부터 1년간 부의장국 업무를 수행한 후 2015년 7월부터 1년간 의장국 업무를 수행하였으며, 금융정보분석원이 주관이 되어 2016년 6월 18부터 24일까지 부산에서 FATF 총회를 개최하였다. 한편 우리나라는 2008년과 2020년에 자금세탁방지 제도 및 제도 이행상황에 관한 FATF 상호평가를 성공적으로 수검하였다.

FATF 회원국 현황을 살펴보면 ⅰ) 유럽·중동(21개국, 1개기구): 영국, 아일랜드, 아이슬란드, 독일, 프랑스, 네덜란드, 벨기에, 룩셈부르크, 오스트리아, 스위스, 이탈리아, 스페인, 포르투갈, 그리스, 스웨덴, 노르웨이, 핀란드, 덴마크, 러

시아, 이스라엘, 사우디아라비아, European Commission, ⅱ) 미주·기타(6개국, 1
개기구): 미국, 캐나다, 멕시코, 브라질, 아르헨티나, 남아공, Gulf Cooperation
Council, ⅲ) 아·태(10개국): 한국, 호주, 뉴질랜드, 일본, 터키, 홍콩, 싱가포르,
중국, 인도, 말레이시아이다.

2. Egmont Group(에그몽 그룹)

Egmont Group(에그몽 그룹)은 각국 금융정보분석기구(FIU)간 정보교환 등
국제협력을 강화하고 FIU의 신규 설립을 지원하기 위해 1995년 6월 설립되었다.
설립 당시 미국, 영국, 벨기에 등이 주축이 되어 13개 회원국으로 출범하였으며,
현재 139개국 FIU가 회원으로 활동하고 있다. Egmont Group이 추진하는 주요
사업으로는 FIU 설립 장려, 정보교환 촉진, 훈련 프로그램·워크샵·인적교류 촉
진, 실무그룹 확대, 정보 교환을 위한 적절한 양식 개발 등이 있다.

우리나라는 2002년 6월 모나코 총회에서 Egmont Group 정회원 가입이 승
인되었으며, 이후 매년 연차총회 및 FIU 원장회의와 1년에 3차례 개최되는 각종
실무작업반(Working Group) 회의에 참여하여 FIU 간의 협력방안을 논의하고 있
다. 특히 2008년에는 Egmont Group 연차총회가 5월 24일~28일 기간 중 서울에
서 개최되었다. Egmont Group 총회가 아시아 지역에서 개최된 것은 우리나라가
최초로서 이 총회에는 90개국 FIU 관계자 및 UNODC, 세계은행(World Bank) 등
12개 국제기구 관계자 250여명이 참석하여 자금세탁/테러자금조달 방지를 위한
전세계 FIU간 협력 강화방안을 심도 깊게 논의하였다.

에그몽 그룹은 회원국간 원활한 정보 교환을 촉진하기 위하여 회원국간 정
보교환에 관한 원칙을 제정하고 보안 인터넷 시스템인 ESW(Egmont Secure Web)
을 운영하고 있다. 우리나라 금융정보분석원도 동 보안 웹사이트를 통해 수시로
자금세탁 관련 업무상 필요한 정보를 교환하는 등 각국 금융정보분석기구와 긴
밀한 관계를 유지해 오고 있다.

3. APG

APG(Asia Pacific Group on Money Laundering)는 자금세탁방지를 위한 아·태
지역 국가간 협조를 위해 1998년 3월 설립되었다. 현재 총 41개국이 회원으로 참
여하고 있으며, 우리나라는 1998년 10월부터 APG 정회원으로 활동하고 있다.

APG는 FATF 평가방법론에 의거 회원국에 대한 상호평가(Mutual Evaluation)를 실시하고 이행현황을 모니터링하는 등 역내 국제기준 이행 및 국제협력 도모를 목적으로 활동하고 있다.

우리나라는 2002년 7월부터 2004년 6월까지 APG 공동의장국을 역임하였고, 후발국 지원국 모임인 DAP(Donors and Providers)그룹 회원으로 활동하고 있다. APG는 2인의 공동의장이 운영하는 체제로서 APG 사무국 유치국인 호주는 상시 의장국 역할을 담당하며 나머지 1인의 공동의장은 2년 임기로 회원국 중에서 선정된다. APG 연차총회를 의장국에서 개최하는 관행에 따라 우리나라는 금융정보분석원이 주관이 되어 2004년 6월 14일에서 18일까지 APG 제7차 연차총회를 서울에서 개최하였다. 우리나라는 2002년 자금세탁방지 제도 및 제도 이행 상황에 관하여 APG의 상호평가를 받은 바 있다.

4. UN

UN 협약 및 안보리결의안: 1998년 6월 UN은 자금세탁방지를 위한 정치적 선언 및 이행계획(Political Declaration and Action Plan Against Money Laundering)을 통하여 각국이 2003년까지 ⅰ) 자금세탁의 범죄화 및 자금세탁 범죄의 예방, 적발, 수사, 기소를 위한 법적 제도 마련, ⅱ) 범죄수익의 몰수, 보전 제도 마련, ⅲ) 금융 시스템이 자금세탁에 이용되는 것을 방지하기 위한 규제 강화를 이행할 것을 촉구하였다.

이 선언서가 발표된 이후 향정신성 물질의 불법거래 방지에 관한 협약(UN Convention against Illicit Traffic in Narcotic Drugs and Psychotropic Subseances), 국제조직범죄방지협약(UN Convention against Transnational Organized Crime), 테러자금조달금지협약(UN Convention for Suppression of Terrorist Financing) 등 다수의 UN 협약이 자금세탁 및 테러자금조달 분야의 국제규범으로 받아들여지고 있다.

특히 테러자금조달 차단과 관련하여 안전보장이사회는 1997년 이후 결의안 1267호, 1373호 등 일련의 중요한 결의안들을 채택하였다. 이 결의안들은 각국이 테러자금조달 범죄화, 테러 관련자 자산동결 등의 조치를 취할 것을 촉구하고 있다.

Ⅱ. 국제규범

1. 주요 국제규범

(1) FATF 권고사항

(가) 주요내용

FATF의 권고사항은 자금세탁 및 테러자금조달 방지 분야에서 전세계적으로 가장 광범위한 영향력을 행사하고 있는 국제규범이다.

FATF 권고사항은 자금세탁 및 테러자금조달에 효과적으로 대처하기 위하여 각국이 취해야 할 사법제도, 금융시스템 및 규제, 국제협력 등 포괄적인 분야에 대한 가이드라인을 제시하고 있다. FATF 권고사항은 구속력이 있는 다자협약은 아니나, 회원국에 대한 상호평가와 자금세탁방지 비협조국가 지정의 기준이 되는 구속력을 갖고 있는 국제규범이다. FATF 권고사항은 2012년 2월에 개정되었으며, 2014년부터 시작된 4차라운드 상호평가의 기준이 되고 있다.

주요 내용으로는 ⅰ) 법률제도: 자금세탁행위의 범죄화 및 전제범죄의 범위 확대, 범죄수익 몰수·동결을 위한 법적 수단 마련, ⅱ) 금융기관 및 지정 비금융 전문직이 취해야 할 조치: 익명·가명 계좌 개설 금지, 고객확인의무 이행 및 기록 보존, 의심거래보고, 카지노, 부동산중개인, 귀금속상, 변호사, 회계사 등 지정 비금융 전문직에 대한 자금세탁 및 테러자금조달 방지 의무부과 등, ⅲ) 법집행: 금융정보분석기구의 설립, 관련 법집행기관의 수사책임 및 권한 등, ⅳ) 국제협력: 국가간 정보교환, 범죄수익의 몰수, 범죄인 인도 등을 위한 사법공조 등이 있다.

(나) FATF 권고사항 제정 연혁

1990년	마약자금세탁을 억제하기 위한 최초 40개 권고사항 제정
1996년	마약자금세탁 이외 문제로도 범위 확대
2001년	테러자금조달에 관한 긴급총회에서 "테러자금조달에 관한 특별권고사항" 8개항에 합의: 관련 UN 협약의 즉각적인 비준 및 이행, 테러관련 의심거래보고, 대체송금제도 에 대한 규제, 전신송금에 대한 강화된 고객확인의무 등
2003년	자금세탁기법의 발달 및 9/11 사태에 따른 국제환경의 변화 등에 대응하기 위하여 개정 권고사항 발표: 자금세탁의 처벌

범위 확대, 금융기관의 자금세탁 및 테러자금조달 방지의무
강화 등
2004년   특별권고사항에 현금휴대반출입 규제와 관련한 1개항 추가
2012년   특별권고사항 및 대량살상무기 확산 금지를 위한 권고사항을
             포함하는 40개 권고사항 제정

(2) 테러자금조달 억제를 위한 UN협약(1999)

테러자금조달 억제를 위한 UN 협약은 전문, 28개 조문, 부속서로 구성되어
있다. 이 협약은 테러자금의 세탁행위를 범죄화, 테러관련 범죄수익의 몰수, 사
법공조 등 법률체제를 정비하고, 고객의 신분확인, 의심거래 보고제도의 채택,
관련 금융기록의 보관 등 금융체제를 정비하도록 규정하고 있다.

우리나라는 2004년 2월 동 협약을 비준하였으며, 2007년 12월 21일 「공중
등 협박목적을 위한 자금조달 행위의 금지에 관한 법」을 제정함으로써 이 협약
의 이행을 위한 국내 입법을 마련하였다.

(3) 마약 및 향정신성 물질의 불법거래방지에 관한 UN 협약(비엔나 협약, 1988)

마약거래 방지에 관하여 전세계의 규범이 되고 있는 UN 협약으로서, 현재
우리나라를 포함하여 140개국 이상이 비준하였다. 특히 우리나라는 1996년 「마
약류 불법거래 방지에 관한 특례법」을 제정하고 1998년 12월 동 협약을 국회에
서 비준하였다. 이 협약은 마약 등 관련 범죄수익의 자금세탁행위의 범죄화 및
몰수를 포함하는 형사처벌, 범죄인 인도 및 사법공조 등에 관한 포괄적인 규정들
을 담고 있다.

주요내용으로는 ⅰ) 자금세탁의 범죄화: 각 당사국은 마약 관련 범죄로부터
발생한 재산임을 알면서 그 재산의 불법적인 출처를 은닉 또는 위장할 목적으로
행하는 재산의 전환이나 양도행위, 또는 그 재산의 본래 성질, 출처, 소재, 처분,
이동, 권리 및 소유권을 은닉 또는 위장하는 행위를 범죄로 규정해야 하고, ⅱ)
몰수: 마약 관련 범죄로부터 발생한 수익 또는 이러한 수익에 상응하는 가치의
재산, 마약관련 범죄에 사용하였거나 사용하려고 하였던 마약, 향정신성 물질,
기타 도구 등을 몰수할 수 있도록 필요한 조치를 취해야 하며, ⅲ) 국제협력: 마

약 관련 범죄는 당사국간에 체결된 범죄인 인도 범죄에 포함되는 것으로 보며, 당사국은 마약관련 범죄에 관한 수사, 기소 및 사법절차에 대해 최대한 사법공조를 해야 한다는 것이다.

2. 개별규범

주요 개별규범으로는 국제조직범죄방지협약(2000), 부패방지협약(2004), 테러자금조달금지협약(1999), 향정신성 물질의 불법거래 방지에 관한 협약(1988), Egmont Group 정보교환 원칙, FATF 40개 권고사항, FATF 상호평가방법론, Egmont Group 모델 MOU 등이 있다.

3. 국제기준

주요내용으로 FATF 제4차 라운드(2012~2020) 상호평가 보고서, FATF 제4차 라운드(2012~2020) 상호평가 국제기준, FATF 제3차 라운드(2004~2012) 상호평가 국제기준, FATF지침서(Guidance), 모범이행서(Best Practice paper), FATF 연차보고서 등이 있다.

제3절 미국의 규제감독

자금세탁방지 규제감독기구의 대표적인 예로 미국의 경우를 살펴본다. 미국의 자금세탁방지 규제체계는 규제대상에 따라 연방법과 주법으로 이원화되어 있지만, 각각 자금세탁방지 관련 기본법과 관련 규정으로 구성되어 있다. 특히 우리나라 시중은행 뉴욕지점은 미국 뉴욕주 금융감독청(DFS)로부터 제재를 받은 바 있다.

Ⅰ. 연방정부

1. 규제기관

우리나라 금융정보분석원에 해당하는 기구로 미국은 재무부에 금융범죄단속반(FinCEN: Financial Crimes Enforcement Network)을 두고 있다. 그런데 미국은 자금세탁방지 규제의 집행과 관련해서 FinCEN 이외에도 은행인가의 금융 업권별로 다수의 독립된 감독기구(FRB, OCC, FDIC, SEC 등)가 있다.

2. 규제체계

미국 연방정부의 자금세탁방지 규제체계는 우리나라의 특정금융정보법과 유사한 은행비밀법(BSA: Bank Secrecy Act)에 근거한다. 1970년 제정된 은행비밀법은 미국 자금세탁방지에 관한 핵심 법률로서 "통화 및 해외거래 보고에 관한 법률(Currency and Foreign Transactions Reporting Act)"로 불리기도 한다.

은행비밀법은 금융회사에 고객 신분확인, 금융거래 기록보존 의무 등을 부과하고, 법집행기관이 범죄, 탈세 등의 조사 및 자금세탁범죄 기소시 관련 증거로 활용할 수 있도록 규정하고 있다.

은행비밀법은 미국 법령집(U.S. Code) 중 Title 12(Banks and Banking)와 Title 31(Money and Finance)에 편철되는 형태로 도입되었다. 구체적인 내용은 Title 12, Chapter 21(Financial Recordkeeping), §§ 1951–1960, Title 31, Chapter 53(Monetary Transactions), Subchapter Ⅱ(Records and Reports on Monetary Instruments Transactions), §§ 5311–5336에서 규정하고 있다.

은행비밀법 집행을 위한 연방정부 규정은 미국연방규정집(CFR) Title 12[1] 및 Title 31에 포함되어 있으며, 금융범죄단속반(FinCEN) 등의 자금세탁방지 규제 관련 내용은 Title 31의 Subtitle B(Regulations Relating to Money and Finance), Chapter X(Financial Crimes Enforcement Network, Department of the Treasury)에 규정되어 있다.[2]

---

1) 12 CFR Part 21[Subpart A–Minimum Security Devices and Procedures(§§ 21.1-21.4), Subpart B–Reports of Suspicious Activities(§ 21.11), Subpart C–Procedures for Monitoring Bank Secrecy Act Compliance(§ 21.21)].

2) 31 CFR Chapter X–CHAPTER X–FINANCIAL CRIMES ENFORCEMENT NETWORK, DE-PARTMENT OF THE TREASURY
PARTS 1000–1009 [RESERVED]
PART 1010–GENERAL PROVISIONS (§§ 1010.100–1010.980)
PARTS 1011–1019 [RESERVED]
PART 1020–RULES FOR BANKS (§§ 1020.100–1020.670)
PART 1021–RULES FOR CASINOS AND CARD CLUBS (§§ 1021.100–1021.670)
PART 1022–RULES FOR MONEY SERVICES BUSINESSES (§§ 1022.100–1022.610–

II. 뉴욕주

1. 규제기관

미국 뉴욕주의 자금세탁방지 업무를 담당하는 규제감독기관으로 금융감독청(New York state Department of Financial Services)이 있다. 뉴욕주 금융감독청(DFS)은 은행국, 보험국, 소비자보호 및 검사국(CPFED), 기후대응국, 사이버보안국, 조사혁신국, 자본시장국, 법률지원실 등의 부서로 구성되어 있는 직원 1,400여명의 조직이다. 주요업무는 약 3,000여 개의 금융기관(보험회사 1,700여개, 은행 1,200여개 등)을 감독하고, 금융기관에 대한 인허가, 등록, 검사, 제재 등의 업무를 수행한다.3)

2. 규제체계

뉴욕주의 자금세탁방지 규제체계는 뉴욕 은행법(NY Banking Law) 및 뉴욕 금융서비스법(NY Financial Services Law)에 근거한다. 뉴욕주 규제체계에 따라 우리나라 은행의 해외지점이 법령위반으로 민사제재금을 부과받는 경우가 있다. 구체적인 내용은 New York Codes, Rules and Regulations((NYCRR)에 규정

1022.670)

PART 1023-RULES FOR BROKERS OR DEALERS IN SECURITIES (§§ 1023.100-1023.670)

PART 1024-RULES FOR MUTUAL FUNDS (§§ 1024.100-1024.640-1024.670)

PART 1025-RULES FOR INSURANCE COMPANIES (§§ 1025.100-1025.600-1025.670)

PART 1026-RULES FOR FUTURES COMMISSION MERCHANTS AND INTRODUCING BROKERS IN COMMODITIES (§§ 1026.100 - 1026.670)

PART 1027-RULES FOR DEALERS IN PRECIOUS METALS, PRECIOUS STONES, OR JEWELS (§§ 1027.100-1027.600-1027.670)

PART 1028-RULES FOR OPERATORS OF CREDIT CARD SYSTEMS (§§ 1028.100-1028.600-1028.670)

PART 1029-RULES FOR LOAN OR FINANCE COMPANIES (§§ 1029.100-1029.600-1029.670)

PART 1030-RULES FOR HOUSING GOVERNMENT SPONSORED ENTERPRISES (§§ 1030.100-1030.600-1030.670)

PARTS 1031-1059 [RESERVED]

PART 1060-PROVISIONS RELATING TO THE COMPREHENSIVE IRAN SANCTIONS, ACCOUNTABILITY, AND DIVESTMENT ACT OF 2010 (§§ 1060.100-1060.200- 1060.800)

PARTS 1061-1099 [RESERVED]

3) https://www.dfs.ny.gov/ 참조.

되어 있다.

(1) 송금업 관련 규제

송금업 관련 규제는 NYCRR Title 3 Banking, Part 417. MAINTENANCE OF ANTI-MONEY LAUNDERING COMPLIANCE PROGRAMS BY LICENSED CHECK CASHERS AND LICENSED MONEY TRANSMITTERS에서 규정하고 있다. 이 규정 위반시 뉴욕 금융감독청(DFS)은 뉴욕 은행법 §44(1)[4]에 따라 민사제재금을 부

---

4) 1.(a) Without limiting any power granted to the superintendent under any other provision of this chapter, the superintendent may, in a proceeding after notice and a hearing, require any safe deposit company, licensed lender, licensed casher of checks, licensed sales finance company, licensed insurance premium finance agency, licensed transmitter of money, licensed mortgage banker, licensed student loan servicer, registered mortgage broker, licensed mortgage loan originator, registered mortgage loan servicer or licensed budget planner to pay to the people of this state a penalty for any violation of this chapter, any regulation promulgated thereunder, any final or temporary order issued pursuant to section thirty-nine of this article, any condition imposed in writing by the superintendent in connection with the grant of any application or request, or any written agreement entered into with the superintendent.

   (b) The penalty for each violation prescribed in paragraph (a) of this subdivision shall not exceed two thousand five hundred dollars for each day during which such violation continues.

   (c) Notwithstanding paragraph (b) of this subdivision, if the superintendent determines (i) that any such licensee, registrant or safe deposit company has committed a violation as described in paragraph (a) of this subdivision, or has recklessly engaged in any unsafe and unsound practice and (ii) that such violation or practice is part of a pattern of misconduct, results or is likely to result in more than minimal loss to such licensee, registrant or safe deposit company, or results in pecuniary gain or other benefit to such licensee, registrant or safe deposit company, then the penalty shall not exceed fifteen thousand dollars for each day during which such violation or practice continues.

   (d) Notwithstanding paragraphs (b) or (c) of this subdivision, if the superintendent determines (i) that any such licensee, registrant or safe deposit company has knowingly and willfully committed any violation as described in paragraph (a) of this subdivision, or has knowingly and willfully engaged in any unsafe and unsound practice, or (ii) that any licensee, registrant or safe deposit company has knowingly committed any violation described in paragraph (a) of this subdivision which substantially undermines public confidence in any such licensee, registrant or safe deposit company or in such licensees, registrants or safe deposit companies generally, and, in either

과한다.

3 NYCRR 417.2 Anti-money laundering programs[5])에 따라 연방 AML법령

---

case, (iii) that such licensee, registrant or safe deposit company has know-
ingly or recklessly incurred so substantial a loss as a result of such violation
or practice as to threaten the safety and soundness of such licensee, regis-
trant or safe deposit company, then the penalty shall not exceed sev-
enty-five thousand dollars for each day during which such violation con-
tinues.

(e) The superintendent, in determining the amount of any penalty assessed
pursuant to this subdivision, shall take into consideration the net worth and
annual business volume of such licensees, registrants or safe deposit com-
panies.

5) (a) For purposes of this Part, the required anti-money laundering program shall, at a
minimum:

(1) incorporate policies, procedures, and internal controls reasonably designed to as-
sure compliance with this 31 CFR part 103, including;

(i) policies, procedures, internal controls developed and implemented under this
section shall include provisions for complying with the requirements of 31 CFR
part 103 including, to the extent applicable to the money services business,
requirements for:

(a) verifying customer identification;

(b) filing reports;

(c) creating and retaining records; and

(d) responding to law enforcement requests.

(ii) every licensee that has an automated data processing system should integrate
its compliance procedures with such systems.

(2) designate a person to assure day to day compliance with the program and 31 CFR
part 103. The responsibilities of such person shall include assuring that:

(i) the licensee properly files reports, and creates and retains records, in accord-
ance with applicable requirements of 31 CFR part 103;

(ii) the compliance program is updated as necessary to reflect current requirements
of 31 CFR part 103, and related guidance issued by the Department of the
Treasury; and

(iii) the licensee provides appropriate training and education in accordance with
31 CFR part 103.

(3) provide education and/or training of appropriate personnel concerning their res-
ponsibilities under the program, including training in the detection of suspicious
transactions to the extent that the entity is required to report such transactions
under applicable Federal law and regulations; and

(4) provide for independent review to monitor and maintain an adequate program.

(b) The anti-money laundering program shall be in writing and each licensee shall
make copies of the anti-money laundering program available for inspection as ap-
propriate by the superintendent.

(c) Each licensee will further be required to demonstrate that it has in place risk-

에 따른 AML 프로그램을 운영해야 한다.

(2) 거래모니터링(TM) 규제

거래모니터링(TM) 규제는 NYCRR Title 3 Banking, Part 504 Banking Division Transaction Monitoring and Filtering Program Requirements and Certifications에서 규정하고 있다. 송금업자를 포함한 은행 및 비은행업자에 대하여 미국 재무부 해외자산통제국(OFAC: Office of Foreign Assets Control) 스크리닝 시스템 및 거래모니터링 관련 최소 요건 규정 위반으로 뉴욕 금융감독청(DFS)은 뉴욕 은행법 §44(1)에 따라 민사제재금을 부과한다.

3 NYCRR 504.3(a)[6]에 따라 ML/TF 모니터링 및 SARS 이행경험을 고려한

---

based policies, procedures and practices to ensure, to the maximum extent practicable, that it's transactions comply with OFAC requirements.

(d) Every licensee shall file SARS in accordance with applicable Federal law and regulations.

(e) Compliance with applicable Federal requirements shall constitute compliance with the provisions of this Part.

6) (a) Each regulated institution shall maintain a Transaction Monitoring Program reasonably designed for the purpose of monitoring transactions after their execution for potential BSA/AML violations and suspicious activity reporting, which system may be manual or automated, and which shall include the following attributes, to the extent they are applicable:

(1) be based on the risk assessment of the institution;

(2) be reviewed and periodically updated at risk-based intervals to take into account and reflect changes to applicable BSA/AML laws, regulations and regulatory warnings, as well as any other information determined by the institution to be relevant from the institution's related programs and initiatives;

(3) appropriately match BSA/AML risks to the institution's businesses, products, services, and customers/counterparties;

(4) BSA/AML detection scenarios with threshold values and amounts designed to detect potential money laundering or other suspicious or illegal activities;

(5) end-to-end, pre-and post-implementation testing of the Transaction Monitoring Program, including, as relevant, a review of governance, data mapping, transaction coding, detection scenario logic, model validation, data input and program output;

(6) documentation that articulates the institution's current detection scenarios and the underlying assumptions, parameters, and thresholds;

(7) protocols setting forth how alerts generated by the Transaction Monitoring Program will be investigated, the process for deciding which alerts will result in a filing or other action, the operating areas and individuals responsible for making such a decision, and how the investigative and decision-making process will be documented; and

합리적(reasonably designed)인 거래모니터링 프로그램(TMP)을 운영해야 한다.

3 NYCRR 504.3(b)[7]에 따라 OFAC에서 금지하는 거래를 적발(filtering)하기 위한 프로그램을 구축·운영해야 한다.

(3) 가상통화 관련 규제

가상통화 관련 규제는 NYCRR Title 23 Financial Services, Part 200 Virtual Currencies에서 규정하고 있으며, 이에 위반시 뉴욕 금융감독청(DFS)은 뉴욕 금융서비스법에 §408(a)(2)[8]에 따라 민사제재금을 부과한다.

23 NYCRR 200.15(Anti-money laundering program)에 따라 위험평가에 기반한 AML 프로그램을 구축·유지해야 하고, 23 NYCRR 200.15(h)[9]에 따라 고객확

---

(8) be subject to an on-going analysis to assess the continued relevancy of the detection scenarios, the underlying rules, threshold values, parameters, and assumptions.

7) (b) Each regulated institution shall maintain a Filtering Program, which may be manual or automated, reasonably designed for the purpose of interdicting transactions that are prohibited by OFAC, and which shall include the following attributes, to the extent applicable:
   (1) be based on the risk assessment of the institution;
   (2) be based on technology, processes or tools for matching names and accounts4, in each case based on the institution's particular risks, transaction and product profiles;
   (3) end-to-end, pre- and post-implementation testing of the Filtering Program, including, as relevant, a review of data matching, an evaluation of whether the OFAC sanctions list and threshold settings map to the risks of the institution, the logic of matching technology or tools, model validation, and data input and program output;
   (4) be subject to on-going analysis to assess the logic and performance of the technology or tools for matching names and accounts, as well as the OFAC sanctions list and the threshold settings to see if they continue to map to the risks of the institution; and
   (5) documentation that articulates the intent and design of the Filtering Program tools, processes or technology.

8) (a) In addition to any civil or criminal liability provided by law, the superintendent may, after notice and hearing, levy a civil penalty:
   (2) not to exceed one thousand dollars for any other violation of this chapter or the regulations issued thereunder, provided that there shall be no civil penalty under this section for violations of article five of this chapter or the regulations issued thereunder;

9) (h) Each licensee shall also maintain, as part of its anti-money laundering program, a customer identification program.

인의무 등을 부담하며, 23 NYCRR 200.15(e)(3)[10]에 따라 자금세탁, 탈세, 기타 불법·범죄 관련 거래모니터링(TM)을 실시하고 연방법령 등에 따른 SARS를 이행해야 하며, 23 NYCRR 200.15(b)[11]에 따라 리스크평가 및 이에 맞는 AML프로그

---

(1) Identification and verification of account holders. When opening an account for, or establishing a service relationship with, a customer, each licensee must, at a minimum, verify the customer's identity, to the extent reasonable and practicable, maintain records of the information used to verify such identity, including name, physical address, and other identifying information, and check customers against the Specially Designated Nationals ("SDNs") list maintained by the Office of Foreign Asset Control ("OFAC"), a part of the U.S. Treasury Department. Enhanced due diligence may be required based on additional factors, such as for high risk customers, high-volume accounts, or accounts on which a suspicious activity report has been filed.

(2) Enhanced due diligence for accounts involving foreign entities. licensees that maintain accounts for non-U.S. persons and non-U.S. licensees must establish enhanced due diligence policies, procedures, and controls to detect money laundering, including assessing the risk presented by such accounts based on the nature of the foreign business, the type and purpose of the activity, and the anti-money laundering and supervisory regime of the foreign jurisdiction.

(3) Prohibition on accounts with foreign shell entities. licensees are prohibited from maintaining relationships of any type in connection with their virtual currency business activity with entities that do not have a physical presence in any country.

(4) Identification required for large transactions. Each licensee must require verification of the identity of any accountholder initiating a transaction with a value greater than $3,000.

10) (3) Monitoring for suspicious activity. Each licensee shall monitor for transactions that might signify money laundering, tax evasion, or other illegal or criminal activity.

(i) Each licensee shall file suspicious activity reports ("SARs") in accordance with applicable Federal laws, rules, and regulations.

(ii) Each licensee that is not subject to suspicious activity reporting requirements under Federal law shall file with the superintendent, in a form prescribed by the superintendent, reports of transactions that indicate a possible violation of law or regulation within 30 days from the detection of the facts that constitute a need for filing. Continuing suspicious activity shall be reviewed on an ongoing basis and a suspicious activity report shall be filed within 120 days of the last filing describing continuing activity.

11) (b) Each licensee shall conduct an initial risk assessment that will consider legal, compliance, financial, and reputational risks associated with the licensee's activities, services, customers, counterparties, and geographic location and shall establish, maintain, and enforce an anti-money laundering program based thereon. The licensee shall conduct additional assessments on an annual basis, or more frequently as risks change, and shall modify its anti-money laundering program as appropriate to reflect any such changes.

램을 운영해야 한다.

(4) 사이버보안 규제

사이버보안 규제는 NYCRR Title 23 Financial services, Part 500 Cyber-seurity requirements for financial services companies에서 인가를 받은 송금업자 및 가상화폐 사업자(BitLicense) 등의 사이버보안 사항을 규정하고, 이에 위반 시 뉴욕 금융감독청(DFS)은 뉴욕 금융서비스법 §408(a)(2)에 따라 민사제재금을 부과한다.

23 NYCRR 500.17[12])에 따라 정부기구, 자율규제기관, 기타 감독기관에 보고가 필요한 보안사고 또는 정상적 영업에 중요한 영향을 미치는 보안사고 발생시 72시간 이내 뉴욕 금융감독청(DFS)에 보고의무를 규정하고 있다.

---

12) (a) Notice of cybersecurity event.

Each covered entity shall notify the superintendent as promptly as possible but in no event later than 72 hours from a determination that a cybersecurity event has occurred that is either of the following:

(1) cybersecurity events impacting the covered entity of which notice is required to be provided to any government body, self-regulatory agency or any other supervisory body; or

(2) cybersecurity events that have a reasonable likelihood of materially harming any material part of the normal operation(s) of the covered entity.

제 5 장

민감정보 및 고유식별정보의 처리

금융정보분석원장(금융정보분석원장의 권한을 위탁받은 자 포함)은 ⅰ) 법 제4조에 따른 불법재산 등으로 의심되는 거래의 보고 등에 관한 사무(제1호), ⅱ) 법 제4조의2에 따른 금융회사등의 고액 현금거래 보고에 관한 사무(제2호), ⅲ) 법 제7조 제1항·제2항, 같은 조 제3항 제3호·제4호 및 같은 조 제4항·제6항에 따른 신고·변경신고 및 그 갱신 등에 관한 사무(제2의2호), ⅳ) 법 제9조에 따른 외국환거래자료 등의 통보에 관한 사무(제3호), ⅴ) 법 제10조에 따른 수사기관 등에 대한 정보 제공에 관한 사무(제4호), ⅵ) 법 제10조의2에 따른 특정금융거래정보 제공사실의 통보에 관한 사무(개인정보 보호법 시행령 제18조 제2호에 따른 범죄경력자료에 해당하는 정보는 제외)(제4의2호), ⅶ) 법 제11조에 따른 외국금융정보분석기구와의 정보 교환 등에 관한 사무(제5호), ⅷ) 법 제13조에 따른 자료 제공의 요청 등에 관한 사무(제6호), ⅸ) 법 제15조에 따른 감독·검사에 관한 사무(제7호), ⅹ) 법 제15조의2에 따른 외국 금융감독·검사기관과의 업무협조 등에 관한 사무(제8호)를 수행하기 위하여 불가피한 경우 개인정보 보호법 시행령 제18조 제2호에 따른 범죄경력자료에 해당하는 정보, 신용정보법 제2조 제1호의2 가목 2)의 정보가 포함된 자료를 처리할 수 있다(영16).

금융회사등의 의무

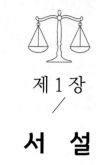

제 1 장

서 설

제1절 자금세탁방지제도의 구성체계

우리나라의 자금세탁방지제도는 ⅰ) 의심거래보고제도(STR: Suspicious Transaction Report), ⅱ) 고액현금거래보고제도(CTR: Currency Transaction Report), ⅲ) 고객확인제도(CDD: Customer Due Diligence)로 구성 운영되고 있다.

Ⅰ. 의심거래보고제도

의심거래보고(STR)는 특정 자금이 범죄 활동의 수익이거나 테러자금조달과 관련되는 것으로 의심되거나 또는 의심할 만한 합당한 근거가 있는 경우 보고기관의 담당자로 하여금 해당 거래를 금융정보분석원에 보고하도록 하는 제도를 말한다.

Ⅱ. 고액현금거래보고제도

고액현금거래보고제도(CTR)는 1천만원 이상 거래에 주목하여 하루 1천만원 이상 현금거래 시 금융정보분석원에 보고하는 제도이다. 즉 은행, 증권회사, 보험회사 등 금융기관에서 동일인이 현금으로 하루에 1천만원 이상 입출금 거래 시 금융기관이 해당 거래내역을 금융정보분석원에 보고 하는 제도이다(2006년 5천만원, 2008년 3천만원, 2010년 2천만원, 2019년 1천만원으로 보고범위 확대).

Ⅲ. 고객확인제도

고객확인제도(CDD)는 금융기관이 고객과 거래 시 고객의 신원, 실제 소유자 여부, 거래 목적 등을 파악하는 등 합당한 주의를 기울이는 제도이다.

* 자금세탁방지제도 체계

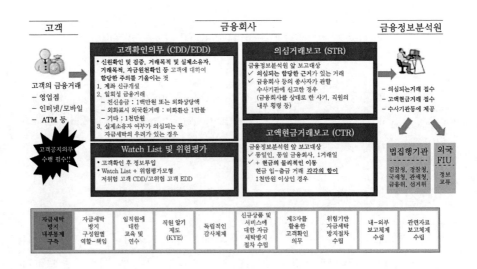

제2절 자금세탁방지제도의 내용

Ⅰ. 의심거래보고제도

1. 개념

의심거래보고제도(STR)란 금융거래(카지노에서의 칩 교환 포함)와 관련하여 수수한 재산이 불법재산이라고 의심되는 합당한 근거가 있거나 금융거래의 상대방이 자금세탁행위를 하고 있다고 의심되는 합당한 근거가 있는 경우 이를 금융정보분석원에게 보고하도록 한 제도이다.

2. 기본체계

(1) 보고의 대상 및 미보고 시 제재

금융회사등은 금융거래와 관련하여 수수한 재산이 불법재산이라고 의심되는 합당한 근거나 금융거래의 상대방이 자금세탁행위나 공중협박자금조달행위를 하고 있다고 의심되는 합당한 근거가 있는 경우 및 범죄수익은닉규제법 제5조 제1항 및 테러자금금지법 제5조 제2항에 따라 관할 수사기관에 신고한 경우 지체 없이 의무적으로 금융정보분석원에 의심거래보고를 하여야 한다.

의심거래보고를 하지 않는 경우에는 관련 임직원에 대한 징계 및 기관에 대한 시정명령과 과태료 부과 등 제재 처분을 받을 수 있다. 특히 금융회사가 금융거래의 상대방과 공모하여 의심거래보고를 하지 않거나 허위보고를 하는 경우에는 6월의 범위내에서 영업정지처분도 받을 수 있다.

또한 의심거래보고를 허위보고 하는 경우 1년 이하의 징역 또는 1천만원 이하의 벌금, 미보고 하는 경우 3천만원 이하의 과태료 제재를 받을 수 있다.

(2) 보고의 방법 및 절차

영업점 직원은 업무지식과 전문성, 경험을 바탕으로 고객의 평소 거래상황, 직업, 사업내용 등을 고려하여 취급한 금융거래가 의심거래로 의심되면 그 내용을 보고책임자에게 보고한다.

보고책임자는 「특정 금융거래정보 보고 및 감독규정」("감독규정")의 [별지서식]에 의한 의심스러운 거래보고서에 보고기관, 거래상대방, 의심스러운 거래내용, 의심스러운 합당한 근거, 보존하는 자료의 종류 등을 기재하여 온라인으로 보고하거나 문서 또는 이동식저장장치로 제출하되, 긴급한 경우에는 우선 전화나 FAX로 보고하고 추후 보완할 수 있다.

(3) 보고 정보의 법집행기관에 대한 제공

금융회사등 보고기관이 의심스러운 거래(의심거래)의 내용에 대해 금융정보분석원에 보고하면, 금융정보분석원은 ⅰ) 보고된 의심거래내용과 ⅱ) 외환전산망 자료, 신용정보, 외국 FIU의 정보 등 자체적으로 수집한 관련자료를 종합·분석한 후 불법거래 또는 자금세탁행위와 관련된 거래라고 판단되는 때에는 해당 금융거래자료를 검찰청·경찰청·해양경찰청·국세청·관세청·금융위원회·선거관리위원회 등 법집행기관에 제공하고, 법집행기관은 거래내용을 조사·수사하여 기소 등의 법조치를 하게 된다.

Ⅱ. 고액현금거래보고제도

1. 개념

고액현금거래보고제도(CTR)는 일정금액 이상의 현금거래를 금융정보분석원에 보고하도록 한 제도이다.

1일 거래일 동안 1천만원 이상의 현금을 입금하거나 출금한 경우 거래자의 신원과 거래일시, 거래금액 등 객관적 사실을 전산으로 자동 보고하도록 하고 있다. 따라서 금융회사가 자금세탁의 의심이 있다고 주관적으로 판단하여 의심되는 합당한 사유를 적어 보고하는 의심거래보고제도(STR)와는 구별된다.

우리나라는 2006년에 이 제도를 처음 도입하였으며(특정금융정보법 제4조의2, 시행일자: 2006. 1. 18.), 도입 당시는 보고기준금액을 5천만원으로 하였으나, 2008년부터는 3천만원, 2010년부터는 2천만원, 2019년 7월부터는 1천만원으로 단계적으로 인하하여 운영하고 있다.

2. 도입 목적

고액현금거래보고제도는 객관적 기준에 의해 일정금액 이상의 현금거래를 보고하도록 하여 불법자금의 유출입 또는 자금세탁이 의심되는 비정상적 금융거래를 효율적으로 차단하려는데 목적이 있다. 현금거래를 보고하도록 한 것은 1차적으로는 출처를 은닉·위장하려는 대부분의 자금세탁거래가 고액의 현금거래를 수반하기 때문이며, 또한 금융회사 직원의 주관적 판단에 의존하는 의심거래보고제도만으로는 금융기관의 보고가 없는 경우 불법자금을 적발하기가 사실상 불가능하다는 문제점을 해결하기 위한 것이다. 국제적으로는 모든 국가가 이 제도를 도입하고 있는 것은 아니며, 각국이 사정에 맞게 도입·운영하고 있다.

우리나라는 금융거래에서 현금거래 비중이 높은 점 때문에 자금세탁방지의 중요한 장치로서 도입 필요성이 강하게 제기되어 왔다. 이 제도가 자금세탁거래를 차단하는데 효율적이라는 점이 인정됨에 따라 FATF 등 자금세탁방지 관련 국제기구는 각국이 이러한 제도를 도입할 것을 적극 권고하고 있다.

3. 외국사례

미국을 시작으로 호주, 캐나다 등 주로 선진국 FIU에서 도입·운영하여 왔으나 최근 들어 대만, 과테말라, 슬로베니아, 파나마, 콜롬비아, 베네수엘라 등으로 그 도입이 점차 확대되어 가고 있다. 보고대상기관은 대부분의 국가에서 은행, 증권회사, 보험회사 등 모든 업종의 금융기관으로 하고 있다. 보고기준금액은 자금세탁 등 불법자금 유통을 효과적으로 차단할 수 있는 범위내에서 현금거래성향, 수준 등을 고려하여 각국이 결정하므로 국가에 따라 다르나, 미국, 호주, 캐나다 등 주요국에서는 1만 달러(자국화폐기준)를 기준금액으로 하고 있다.

각국은 분할거래를 통해 고액현금거래보고제도를 회피하는 것을 방지하기 위해 일정기간 동안의 다중거래는 단일거래로 판단하여 그 합이 보고기준금액을 넘을 경우에도 보고하도록 하는 장치를 두고 있다.

한편 미국, 캐나다 등에서는 보고와 관련된 비용부담을 줄이고, 자료의 실효성을 제고하기 위해 자금세탁 위험성이 상대적으로 낮은 정부기관 또는 금융기관 등과 거래는 금융회사가 스스로 판단하여 보고대상에서 제외할 수 있도록 하는 보고면제제도를 운영하고 있다. 반면 우리나라는 고액현금거래보고 면제대상

기관을 법령(특정금융정보법 시행령)에 명시하고, 이 대상기관의 현금거래는 고액
현금거래보고를 면제하도록 하는 "면제대상 법정 지정방식"을 채택하고 있다.

예를 들면 ⅰ) 미국의 경우 기준금액은 USD 10,000 이상이고, 보고대상기
관은 은행, 증권브로커와 딜러, 자금서비스업, 카지노 등이고, ⅱ) 캐나다의 경우
기준금액은 CAD 10,000 이상이고, 보고대상기관은 은행, 신탁회사, 생명보험회
사, 증권딜러, 환전업자, 회계사(법인), 부동산 중개인, 카지노 등이며, ⅲ) 호주의
경우 기준금액은 AUD 10,000 이상이고, 보고대상기관은 은행, 보험회사 및 보험
중개인, 금융서비스업, 신탁회사, 변호사 또는 법무법인, 카지노 등이다.

4. 정보제공 사실의 통보

고액현금거래정보(CTR) 제공사실 통보제도는 특정금융정보법 제10조의2 제
1항에 따라 금융정보분석원이 법집행기관의 요청에 의해 고액현금거래정보(CTR)
를 제공한 경우, 제공한 날로부터 10일 이내에 제공한 거래정보의 주요 내용, 사
용목적, 제공받은 자 및 제공일 등을 명의인에게 통보하는 제도이다.

구체적으로 살펴보면 ⅰ) 통보대상은 특정금융정보법 제10조의2에 따른 명
의인(거래자 또는 사업자)이고, ⅱ) 통보방법은 국민비서서비스를 통한 전자적 통
보, 등기우편으로 한다.

통보방법과 관련한 통보절차는 ⅰ) 국민비서서비스를 이용한 전자적 통보는
금융정보분석원이 통보대상자가 국민비서서비스에 가입되어 있고, "고액거래정
보 제공사실 통보" 알림서비스를 신청한 경우 국민비서서비스를 통해 통보대상
자의 휴대전화번호로 안내문을 발송하며, 통보대상자는 고액현금거래정보 제공
사실 안내문 알람을 카카오톡, 네이버앱 등으로 확인한 후, [상세보기]를 터치하
면 본인인증을 거쳐 "고액현금거래정보 당사자 통보 상세내역" 전자문서를 열람
할 수 있다. ⅱ) 등기우편을 이용한 통보는 통보대상자가 국민비서서비스에 가입
되어 있지 않거나, 국민비서서비스에서 발송된 안내문(전자문서)을 확인하지 않은
경우 금융정보분석원에서 통보대상자에게 등기우편을 발송한다.

Ⅲ. 고객확인제도

1. 개념

고객확인제도(CDD)는 금융회사등이 고객과 거래시 고객의 신원을 확인·검증하고, 실제 소유자, 거래목적, 자금의 원천을 확인하도록 하는 등 금융거래 또는 금융서비스가 자금세탁 등 불법행위에 이용되지 않도록 고객에 대해 합당한 주의를 기울이도록 하는 제도를 말한다.

고객확인제도는 금융회사 입장에서는 금융회사가 고객의 수요에 맞는 금융서비스를 제공하면서도 정확한 고객확인을 통해 자금세탁의 위험성을 최소화하고 금융회사의 평판 위험을 줄일 수 있는 장치로서 인식되고 있다. 또한 고객확인제도는 자금세탁방지 측면에서는 금융회사가 평소 고객에 대한 정보를 파악·축적함으로써 고객의 의심거래 여부를 파악하는 토대를 제공한다.

금융회사등은 고객이 신원확인 등을 위한 정보 제공을 거부하여 고객확인을 할 수 없는 경우에는 계좌개설 등 해당 고객과의 신규 거래를 거절하고, 이미 거래관계가 수립되어 있는 경우에는 해당 거래를 종료하여야 한다. 또한 이와 같이 신규 거래를 거절하거나 기존 거래관계를 종료한 경우에는 의심거래보고 여부를 검토하여야 한다.

실명확인제도는 금융실명법에 따라 고객의 성명과 주민등록번호를 확인하는 것을 말하는 데 반하여 고객확인제도는 특정금융정보법에 따라 고객의 성명과 주민등록번호 이외에 주소, 연락처, 실제 소유자도 확인하여야 한다. 나아가 고위험 고객에 대하여는 강화된 고객확인(EDD: Enhanced Due Diligence)을 하여야 하기 때문에 성명, 주민등록번호, 주소, 연락처, 실제 소유자 이외에 거래목적, 자금의 원천 등도 확인하여야 한다.

고객확인제도는 금융회사 입장에서 자신의 고객이 누구인지 정확하게 알고 범죄자에게는 금융서비스를 제공하지 않도록 하는 정책이라 하여 고객알기(KYC: Know Your Customer)라고도 한다.

2. 고객확인 대상

금융회사는 계좌의 신규개설이나 일정 금액 이상의 일회성 금융거래시 고객의 신원을 확인해야 하는바, 그 구체적인 내용은 다음과 같다.

(1) 계좌의 신규개설

계좌의 신규개설이란 금융거래를 개시할 목적으로 금융회사등과 계약을 체결하는 것으로, 예금계좌, 위탁매매계좌 등의 신규개설 이외에 보험·공제계약·대출·보증·팩토링 계약의 체결, 양도성예금증서, 표지어음 등의 발행, 펀드 신규가입, 대여금고 약정 및 보관어음 수탁 등도 이에 포함된다.

(2) 일회성 금융거래의 금액

일회성 금융거래란 금융회사등에 개설된 계좌에 의하지 않은 금융거래를 의미하는 것으로 무통장입금(송금), 외화송금 및 환전 외에 자기앞수표의 발행 및 지급, 보호예수, 선불카드 매매 등이 이에 포함된다.

3. 고객확인 내용

(1) 고객별 신원확인

고객별 신원확인 사항(특정금융정보법 시행령 제10조의4)은 다음과 같다. ⅰ) 개인의 경우 실지명의(금융실명법 제2조 제4호의 실지명의), 주소, 연락처이고, ⅱ) 영리법인의 경우 실지명의, 업종, 본점 및 사업장 소재지, 연락처, 대표자 성명, 생년월일 및 국적이며, ⅲ) 비영리법인 및 기타 단체의 경우 실지명의, 설립목적, 주된 사무소 소재지, 연락처, 대표자 성명, 생년월일 및 국적이며, ⅳ) 외국인 및 외국단체의 경우 앞의 분류에 의한 각각의 해당사항, 국적, 국내 거소 또는 사무소 소재지이다.

(2) 실제 소유자

금융회사등은 고객을 최종적으로 지배하거나 통제하는 사람(실제 소유자)의 실지명의 및 국적을 확인하여야 한다. 고객이 법인 또는 단체일 경우 실제 소유자에 관한 사항으로서 ⅰ) 25% 이상의 지분을 소유한 자를 확인하여야 하고(1단계), ⅱ) 앞의 ⅰ) 사항을 확인할 수 없는 경우, 최다출자자, 임원 등 과반수를 선임한 자, 그 밖에 해당 법인 또는 단체를 사실상 지배하는 자 중 어느 한 사람을 확인해야 하며, ⅲ) 전항(ⅰ, ⅱ)의 사항을 확인할 수 없는 경우에는 법인 또는 단체의 대표자에 관한 사항을 확인하여야 한다.

4. 강화된 고객확인

금융정보분석원은 2008년 12월 22일부터 "강화된 고객확인제도(EDD)"를 시행하고 있다. 강화된 고객확인제도는 고객별·상품별 자금세탁 위험도를 분류하고 자금세탁위험이 큰 경우에는 더욱 엄격한 고객확인, 즉 금융거래 목적 및 거래자금의 원천 등을 확인하도록 하는 제도이다.

해당 제도의 시행으로 금융회사는 고객과 거래유형에 따른 자금세탁 위험도를 평가하고 위험도에 따라 차등화된 고객확인을 실시함으로써 자금세탁 위험이 낮은 고객에 대해서는 고객확인에 수반되는 비용과 시간을 절약하는 반면, 고위험 고객 또는 고위험 거래에 대해서는 강화된 고객확인을 실시함으로써 자금세탁위험을 보다 효과적으로 관리할 수 있게 되었다. 즉 위험기반 접근법(Risk-based Approach)에 기초하여 보다 효율적으로 자금세탁을 방지할 수 있게 되었다.

따라서 금융회사등은 자금세탁행위 등의 위험이 높은 것으로 평가된 고객에 대하여 금융거래의 목적, 거래자금의 원천 등 추가적인 정보를 확인하여야 한다.

Ⅳ. 범죄수익 몰수

특정범죄를 조장하는 경제적 요인을 근원적으로 제거하기 위해서는 범죄로 인하여 취득한 모든 경제적 이익을 범죄인으로부터 박탈할 필요가 있다.

이를 위하여 FATF 40개 권고사항 제4항은 각국이 자금세탁된 재산, 자금세탁에 의하여 취득한 수익, 자금세탁에 사용되거나 사용될 예정인 도구 또는 이들 재산의 가치에 상당하는 재산을 몰수할 수 있도록 하는 조치 등 UN의 비엔나협약 및 팔레모협약(the Vienna and Palermo Conventions)이 규정한 사항을 법률로 규정하여 시행하도록 권고하고 있다.

그러나 형법의 몰수규정은 범죄행위로 인하여 발생하였거나 이로 인하여 취득한 물건과 그 대가로 취득한 물건(형법 제48조 제1항 제2호·제3호)만 몰수의 대상으로 규정하고 있기 때문에 범죄수익등의 철저한 박탈을 기하기 어려울 뿐만 아니라 국제적 기준에도 미흡하다고 할 것이다. 범죄수익은닉규제법은 위와 같은 국제적 기준에 대응하여 제8조(범죄수익등의 몰수) 및 제9조(몰수의 요건 등)의 규정을 마련하여 특정범죄에 대한 몰수제도를 강화하였다.

또한 우리나라는 특정 재산의 몰수에 대체하여 이에 상당한 재산을 몰수하는 소위 대체재산(substitute property) 몰수제도가 인정되지 않고 있으므로 우리나라 법체계 아래서 이러한 목적을 달성할 수 있도록 하기 위하여 범죄수익은닉규제법 제10조에 추징규정을 마련하였다.

범죄수익은닉규제법 제8조는 동법 제2조에 규정된 특정범죄와 제3조의 범죄수익등 은닉죄, 제4조의 범죄수익등 수수죄에 대한 부가형으로서 몰수를 규정하고 있다. 본조의 규정에 의하여 범죄수익등을 몰수하기 위해서는 특정범죄 또는 자금세탁범죄에 대한 공소가 제기되고 공소사실에 대하여 유죄가 선고되어야 한다. 제8조 제1항은 몰수의 대상재산으로 자금세탁범죄 여부와 관계없이 범죄수익 및 범죄수익에서 유래한 재산, 그리고 자금세탁범죄와 관련이 있는 재산을 규정하고 있다.

몰수의 요건으로는 당해 재산이 범인(공범 포함) 이외의 자에게 귀속되지 아니하여야 하나, 다만 제3자가 범죄 후 그 정을 알고, 즉 제8조 제1항의 재산에 해당한다는 사실을 알고 취득한 경우에는 몰수할 수 있다. 그러나 지상권·저당권 그 밖의 권리가 존재하는 재산을 몰수하는 경우에는 선의의 제3자의 이익을 보호하기 위하여 제3자가 범죄 전에 그 권리를 취득하거나 범죄 후에 그 정을 알지 못하고 그 권리를 취득한 때에는 그 권리를 존속시킨다.

위 규정에 따라 몰수할 재산을 사실상 또는 법률상의 이유로 몰수가 불가능하거나 또는 그 재산의 성질, 사용 상황, 그 재산에 관한 범인 이외의 자의 권리 유무 기타의 사정으로 이를 몰수하는 것이 상당하지 않다고 인정되는 때에는 그 가액을 범인으로부터 추징할 수 있다.

외국의 형사사건에 관하여 외국으로부터 몰수·추징 확정재판의 집행 또는 몰수·추징을 위한 재산보전의 공조 요청이 있는 경우에는 일정한 제한사유(동법 제11조)에 해당하는 경우를 제외하고 공조할 수 있다.

한편 마약류범죄와 관련된 범죄수익(불법수익)에 대해서는 마약거래방지법이 몰수·추징에 관하여 동일한 규정을 두고 있다.

* FATF 권고사항

R 4. 몰수와 잠정조치

각국은 비엔나 협약(Vienna Convention), 팔레모 협약(Palermo Convention) 및 테러자금조달금지 협약(Terrorist Financing Convention)에 명시된 조치와 유사한 법적조치 등의 조치를 취하여 자국의 권한당국이 선의의 제3자의 권한을 침해하지 않으면서 다음 명시된 사항을 동결이나 압수 및 몰수할 수 있도록 하여야 한다: (a) 세탁된 재산, (b) 자금세탁 혹은 전제범죄의 범죄수익, 또는 해당 범죄에 사용되었거나 사용될 의도인 수단, (c) 테러리즘, 테러행위 혹은 테러조직의 범죄수익 또는 이들의 자금조달에 사용되었거나 사용될 의도인, 또는 사용을 위해 할당된 재산 또는 (d) 이에 상응하는 가치가 있는 재산.

해당 조치사항은 다음과 같은 권한을 포함하여야 한다: (a) 몰수 대상 재산을 확인, 추적, 평가할 권한, (b) 해당 재산의 거래, 이전 또는 처분을 막기 위하여 동결 및 압수 등의 잠정조치를 취할 권한, (c) 몰수대상 재산을 국가가 동결, 압수 혹은 회복할 권리를 방해하는 행위를 저지 혹은 무효화시키기 위한 대책을 취할 권한과 (d) 적절한 수사권한.

각국은 자국법이 허용하는 범위에서, 범죄수익, 범죄수단 등을 유죄판결 없이 몰수할 수 있도록 하는 조치(기소전몰수제도)나, 범죄자에게 몰수 대상 재산의 정당한 원천을 밝히도록 요구하는 조치의 적용을 고려하여야 한다.

R 4. Confiscation and provisional measures

Countries should adopt measures similar to those set forth in the Vienna Convention, the Palermo Convention, and the Terrorist Financing Convention, including legislative measures, to enable their competent authorities to freeze or seize and confiscate the following, without prejudicing the rights of bona fide third parties: (a) property laundered, (b) proceeds from, or instrumentalities used in or intended for use in money laundering or predicate offences, (c) property that is the proceeds of, or used in, or intended or allocated for use in, the financing of terrorism, terrorist acts or terrorist organisations, or (d) property of corresponding value.

Such measures should include the authority to: (a) identify, trace and evaluate property that is subject to confiscation; (b) carry out provisional measures, such as freezing and seizing, to prevent any dealing, transfer or disposal of such property; (c) take steps that will prevent or void actions that prejudice the country's ability to freeze or seize or recover property that is subject to confiscation; and (d) take any appropriate investigative measures.

Countries should consider adopting measures that allow such proceeds or instrumentalities to be confiscated without requiring a criminal conviction (non-conviction based confiscation), or which require an offender to demon-strate the lawful origin of the property alleged to be liable to confiscation, to the extent that such a requirement is consistent with the principles of their domestic law.

제3절 자금세탁 의심거래 사례

I. 은행

국내은행의 경우 수신, 여신, 외환 및 고액자산관리 등 거의 모든 금융업무를 취급하고 있어 자금세탁 위험이 내재하고 있다. 외국은행 국내지점도 국내은행과 유사한 업무를 영위하고 있을 뿐만 아니라 국경 간 거래가 대량으로 발생하는 등 자금세탁 위험이 상존한다.[1]

1. 수신업무 관련 의심거래 사례

(1) 현금거래

현금거래는 합리적 이유 없이 거액 현금에 의한 입·출금 거래가 빈번히 일어나는 거래이다. 예를 들면 20대 초반 남자가 A은행 B지점에서 1억 원의 현금을 인출해 가면서 현금인출 사유에 대해 명확한 답변을 회피하였다. 고객파일 확

---

1) 관계부처합동(2018), "국가 자금세탁·테러자금조달 위험평가"(2018. 11), 44-46쪽.

인결과 거래실적이 미미하고, 직업도 명확하지 않으며, 신용관리대상자로 등록되어 있어 의심거래보고를 하였다.

(2) 수표거래

수표거래는 출처 불분명 거액 현금으로 자기앞수표 발행, 다종·다량의 거액 자기앞수표를 현금으로 지급하는 것을 말한다. 예를 들면 A은행 B지점에 기존 거래가 없던 20대 초반의 여자가 현금 1억 원을 갖고 내점하여 1천만 원권 10매 자기앞수표 발행을 요청, 현금출처에 대해 명확한 답변을 회피하고, 금액도 나이에 비해 거액인 점 등이 의심되어 의심거래보고를 하였다.

(3) 주금납입거래

주금납입거래는 자금출처가 불법재산일 개연성이 있는 것으로 추정되는 주식 납입금 입출금거래를 말한다. 예를 들면 신설법인 주식인수 대리인이 A은행 B지점에서 주금납입자금으로 1억 원의 현금을 납입 의뢰하였다. 주금납입은 자기앞수표나 주주들의 인수자금이 입금된 계좌에서 인출되는 것이 통상적인데 위와 같이 현금으로 납입되는 경우에는 그 합리성이 적어 이유를 갑에게 문의하였으나, 모른다고 하면서 답변을 회피하여 의심거래보고를 하였다.

(4) 일시적 거래

일시적 거래는 당일 거액의 자금을 입금하고 잔액증명서 발급 후 익일 전액 인출하는 거래이다. 예를 들면 거래가 빈번하지 않은 갑의 계좌로 타행 인터넷뱅킹을 통해 다수인으로부터 10억 원의 자금이 입금되었고, 갑은 신원미상의 중년 남자 2명과 함께 방문하여 잔액증명서 발급을 요청하였다. 잔액증명서 발급용도 문의에 갑은 사업상 필요하다고만 할 뿐 구체적인 답변을 회피하고, 다음날 전액을 수표 1장으로 인출하여, 신원미상의 남자에게 전달하였다. 타인의 자금을 이용한 잔액증명서 발급요청으로 의심되어 보고하였다.

(5) 다수거래

다수거래는 단기간에 빈번히 거액이 입·출금 해지·중단되거나, 거래중지 계좌에 거액 자금이 빈번하게 입출금되는 거래이다. 예를 들면 A은행 B지점에 기존 거래가 없던 30대 중반의 남자 갑이 계좌를 개설한 지 1시간 후 상기 계좌에 입금확인을 요청하여 거래내역을 확인해 보니 C은행으로부터 3억 원이 입금되어 있었고, 갑은 상기계좌를 해지하여 전액 현금으로 출금 요청한바, 의심스러워 보고하였다.

2. 여신업무 관련 의심거래 사례

(1) 담보대출

취득 경위가 의심스러운 거액예금을 담보로 한 대출 거래이다. 예를 들면 A은행 B지점에 평소 거래가 없던 김공명이 C은행 발행 자기앞수표 1억 원권 5매 5억 원을 가지고 내점하여 정기예금을 신규 가입하였다. 며칠 후 동 정기예금을 담보로 3억원 대출을 신청하고. 자금 사용처 등 문의에 답변을 회피하며, 대출금을 전액 현금으로 D은행 정미남 명의 계좌로 송금하였다, 김공명의 직업, 평소 거래상황 등에 비추어 거액의 거래로서, 예금 후 대출받아 제3자에게 송금한 점과 자금출처 등이 의심스러워 보고하였다.

(2) 거액의 대출금 단기 상환

거액의 부동산을 담보로 한 대출금을 출처가 의심스러운 현금 등으로 단기간에 상환하는 거래이다. 예를 들어 A은행 B지점에 내점하여 A은행 발행 1천만 원권 자기앞수표 30매로 대출금 상환을 요청하였다. 동 대출금은 1주일 전에 A은행 B지점에서 부동산을 담보로 받은 대출인데, 섭외 차원에서 대출금리 및 기간 등에 불만 등 상환 동기 문의에 고객은 명확한 답변을 회피하였다. 자기앞수표는 6개월 전 발행된 것으로 취득 경위에 대해 제3자로부터 빌린 돈이라고만 할 뿐 명확한 답변을 회피하였다. 수표발행 의뢰인 확인결과 20대 초반 여자가 발행하였고 대출 후 단기간에 대출금을 상환한 점, 상환 자금의 출처도 의심되는 점 등 때문에 의심거래보고에 따라 보고하였다.

(3) 거액의 대출금 제3자 상환

거액의 대출을 경제적 합리성 없는 제3자가 대리인 자격으로 상환하는 거래이다. 예를 들어 A은행 B지점에 홍황당이 내점하여 대리인이라고 하면서 자신의 보통예금계좌에서 2억 원을 현금 인출하여 정갑길 명의의 대출금 상환을 요청하였다. 상환 사유와 관계 등을 문의한바, 명확한 답변을 회피하였다. 관계가 불명확한 제3자가 대출금을 상환하고, 자금도 대리인의 계좌에서 현금 출금하여 상환, 당초 대출금의 실제 차주 및 상환 자금의 출처에 의심이 있고 직원의 질문에 명확한 답변도 하지 않아 의심스러워 보고하였다.

(4) 미성년자 채무인수

미성년자 명의의 채무인수 거래이다. 예를 들면 A은행 B지점에 평소 거래가 없던 갑이 방문하여 시가 10억 원 상당의 아파트를 담보로 6억 원의 대출을 받았다. 며칠 후 갑이 다시 방문하여 미성년 자녀 명의로의 채무인수를 요청하였다. 동 아파트 등기부등본을 통해 자녀 명의로의 소유권 변경 및 전세권 설정 사실을 확인하고, 채무양도·양수 절차를 수행하였다. 자녀(채무인수인)의 채무상환 능력이 의심되어 자녀계좌의 거래내역을 확인한바, 대출 이후 여러 차례 부친 명의로 자녀계좌에 일정금액이 현금으로 입금되는 등 의심되어 보고하였다.

3. 외환업무 관련 의심거래 사례

(1) 법인 자금 송금

법인 또는 법인의 대표자 명의 계좌에서 인출한 자금을 직원명의로 계속해서 송금하는 거래이다. 예를 들면 (주)○○상사의 경리과장 갑 등 3인은 A은행 B지점에 내점하여 (주)○○상사 계좌에서 출금한 금액을 미국의 병에게 각각 미화 5만 불씩 송금을 요청한바, 동일인 계좌에서 출금된 자원으로 수인 명의 분산송금 사유와 송금목적을 문의하였으나 답변을 회피하여 의심거래보고 하였다.

(2) 해외이주비 송금

제3자가 해외이주 예정자의 이주비를 대리 송금하는 거래이다. 예를 들면 대리인 갑은 A은행 B지점에서 약 2개월 간 을 등 5명의 해외이주비 미화 3백만 불의 송금거래를 하였는바, 송금지역과 수취인 계좌를 확인해 보니 해외이주 지역과 수취계좌 개설지역이 달랐으며 수취인 계좌가 2명의 계좌로 특정되어 있어 의심스러운 거래로 보고하였다.

(3) 환전

경제적 합리성 없이 반복적 또는 다수인·대량의 환전거래이다. 예를 들면 A은행 B지점에 평소 거래가 없던 갑이 현금 및 타행수표 등으로 미화 1만 달러 이하의 환전을 요청하였고, 이후 약 2개월에 걸쳐 거의 매일 환전하여 총액이 미화 약 35만 달러에 달하였는바, 그 거래목적이 의심스러워 보고하였다.

(4) 보증신용장

비정상적인 거래를 통한 국내 거주자의 예금을 담보로 해외체류자에게 Stand-by L/C를 발급하여 사실상의 재산도피로 볼 수 있는 거래이다. 예를 들면 A은행 B지점은 갑, 을, 병 명의의 예금 각 2.5억 원(총 7.5억 원)을 담보로 캐나다 거주 병 등 가족 3명을 수혜자로 3건의 Stand-by L/C(CAD 658천 달러)를 발급하였다. 담보예금의 자기앞수표 발행처와 일자가 동일하고 일련번호가 연속되어, 동 거래가 실제 담보예금주를 감추고 Stand-by L/C 담보대출을 통하여 국내재산을 외국으로 반출하기 위한 거래로 의심되어 보고하였다.

(5) 해외직접투자

해외직접투자 목적의 송금으로서 투자자의 자금원 또는 투자 상대방으로 보아 그 적정성이 의심되거나 그 투자목적의 경제적 합리성이 의심되는 거래이다. 예를 들면 중소 식품업체인 (주)○○는 외국 식품제조기술 습득방안의 하나로 해당국가의 ○○○ Co.의 주식을 취득하고자 A은행 B지점에 해외직접투자 신고를 하였고, 최초 송금시 주식의 취득단가는 주당 미화 7달러였으나, 2차 송금시에는 주당 미화 15달러로 변경하는 등 일관성이 없는 점이 의심되어 ○○○ Co.의 장외거래 가격 확인결과 주당 0.1달러에 불과, (주)○○의 투자가 의심되어 보고하였다.

(6) 수입

사전송금방식 수입으로 거액의 외화송금 후 합리적 이유 없이 장기간 수입신고를 하지 않는 거래이다. 예를 들면 법인 갑은 수입계약서를 제시하며 거액의 외화송금을 요청하고, 평소 거래규모나 거래실적 대비 거액이므로 자금의 출처를 물으니 업체 직원은 대답을 회피하였다. 이후 추가 거래가 없이, 수개월 후 수입거래 추가 유치를 위해 사무실로 전화하였으나 사용하지 않는 전화번호로 안내되었고, 담당자도 연락이 되지 않았다. 동 법인의 외화송금 자금 인출계좌를 보니 당일 타행에서 제3자가 송금한 자금이었고, 관련 수입신고도 없었다. 수입거래를 가장한 외화도피 거래로 의심되어 보고하였다.

II. 증권회사

1. 증권매매 거래를 통한 자금세탁

범죄수익으로 주식, 채권 등 매입 후, 입·출고하는 방법으로 범죄수익 취득 사실을 은닉하거나 범죄수익 발생 원인에 관한 사실을 가장하는 경우가 있다. 펀드, CMA, 랩어카운트 등 다양한 상품과 신탁, 투자일임업 등을 고액자산가들이 자금세탁 수단으로 이용하는 경향이 있다.[2]

(1) 주식 실물 출고

평소 거래가 빈번하지 않았던 고객이 거액의 증권 매입을 의뢰하면서 매입대금은 현금으로 결제하고 실물인도를 요청하였다. 이 과정에서 증권 실물 용도를 물어보며 실물인도에 따른 분실위험 및 보관의 불편함을 설명하고 증권예탁원에 예탁할 것을 권유하였으나 별 반응 없이 재차 실물인도를 요청하였다.

(2) 주식매도대금의 지속적인 현금인출

저축형 상품을 거래하던 안정적 성향의 고객이 최근에 영업점을 방문하여 기존 계좌를 폐쇄하고 새로운 계좌를 만들어 주식거래를 시작하였다. 은행으로부터 이체된 자금과 대출금을 이용하여 활발한 주식거래를 하다가 일시에 보유주식을 전량 매도하였다.

(3) 타인명의 계좌의 개설·사용

증권매매 거래를 위해 증권회사에 계좌를 보유하고 있는 고객이 증권사에 제공한 정보와 고객의 평상시 거래내역에 대해 관심을 가지고 지켜본 결과 계좌

---

2) 관계부처합동(2018), 49-51쪽.

명의인이 직접 계좌를 운용하는 것이 아니고 타인에 의해서 계좌가 운용되는 것이라는 의심을 가지고 있던 중 고객이 내점하여 계좌운영을 직접 운용하는지 물어보았으나 고객으로부터 납득할 만한 설명을 듣지 못하였다.

2. 국경 간 주식거래 등을 통한 자금세탁

한국인이 해외 페이퍼컴퍼니를 통해 외국인 기관투자자로 위장하여 탈세, 시세조종행위 등 불공정거래를 할 우려가 있다.

(1) 위장 외국인에 의한 불공정거래

국내 투자자가 외국인 투자자의 매매를 추종하는 경향이 있다는 점을 악용, 외국인 투자자로 위장하여 시세조종행위, 부정거래행위를 용이하게 하거나, 국내 기업의 관계자가 외국인 투자자로 위장하여 미공개 중요정보를 이용하여 부당이득을 취득하는 경우가 있다.

> (사례 1) 국내기업의 대표이사 甲은 해외 페이퍼컴퍼니를 통해 역외펀드에 자금을 송금하여 수천 회의 허수주문 및 고가매수 주문을 통하여 자사 주식의 시세를 끌어올렸다.
> (사례 2) 국내기업 대표이사 乙은 해외 페이퍼컴퍼니를 통해 보유하고 있던 자사주식을 부도 직전에 대량으로 매도하여 수십억 원의 손실을 회피하였다.

(2) 탈세

주식 양도차익에 대한 과세를 회피하거나 법인세, 종합소득세 등 각종 세금 회피하는 경우이다. 丙은 조세회피지역에 다수의 페이퍼컴퍼니를 설립하고 외국인 투자자를 가장하여 국내 주식을 매매하여 거액의 시세차익을 남겼으나, 주식 양도 차익에 대하여 세금을 미납부하였다.

(3) 비자금 조성

수출입 거래를 조작하거나 증권 불공정거래, 탈세 등을 통하여 해외 페이퍼 컴퍼니에 자금을 은닉하는 경우이다. 국내 수출기업 대표이사 丁은 일부 수입거래에 대하여 관세청 신고를 누락하고 관련 수입 대금을 본인이 조세회피지역에 설립한 페이퍼컴퍼니로 송금하여 비자금을 조성하였다.

Ⅲ. 보험회사

보험회사는 현금거래가 빈번하지 않고, 장기성 상품을 취급하고 있어 다른 금융권에 비해 자금세탁 위험은 낮은 편이나, 보험계약 후 단기간 내 해약, 계약자·수익자 명의변경 등을 통한 자금세탁이 가능하고, 위탁모집에 따른 고객확인 취약 가능성이 크다.[3]

1. 보험계약 악용

장기성 금융상품인 보험계약을 고액 일시납 계약 후 단기간에 해약하는 계약을 체결하고, 법인의 대표자가 보험계약을 통해 비자금을 조성 또는 회사자금을 횡령 또는 탈세에 이용되기도 한다.

횡령의 경우는 법인 고객이 거액의 보험계약 체결 후 계약자를 법인대표로 변경하고, 변경된 계약자가 보험계약을 단기간에 해지하여 해약환급금을 수령하는 경우이다. 탈세에 이용하는 경우는 부모가 거액보험 가입 후 자녀의 중도인출 서비스로 보험금을 대리로 현금으로 수령하고, 모 명의의 보험계약을 자녀 명의로 계약자 변경 후 자녀가 해지하고 만기 수령하는 경우이다.

2. 보험약관대출 이용

보험계약의 해약환급금 범위 내에서 대출(보험계약대출)이 가능하고 이를 이용한 자금세탁이 가능하다.

고액으로 체결한 보험계약을 실효시킨 후 일정 기간이 지나 부활시키고, 이후 고액의 보험계약대출을 실행한 다음 다시 보험계약을 실효시키는 방법이다.

3. 보험사기

자살, 살인 등 고의에 의한 사고, 허위입원, 사고내용 조작 등을 다양한 유

---

3) 관계부처합동(2018), 53쪽.

형의 보험사기가 발생하여 불법자금화하는 경향이 있다.

Ⅳ. 신용카드회사

신용카드회사는 수신업무를 취급하지 않아 자금세탁 위험이 현저히 낮으나, 신용카드와 대출업무가 자금세탁에 이용될 수 있다.[4]

1. 카드깡

기업·개인사업자가 자기매출을 유령 카드가맹점 매출로 꾸며 세금을 회피하거나, 가맹점과 결탁해 회사매출을 불법적으로 현금화하는 경우이다.

카드깡이란 실물 거래없이 물건을 산 것처럼 해서 결제하고 결제한 금액에서 일정 수수료를 제하고 현금을 돌려받는 불법 대출유형으로, 온라인쇼핑몰에 유령판매점을 만들어 카드깡 이용 후 폐업하는 사례가 있었다.

2. 선불카드

기업이 마케팅 명목으로 선불카드를 대량 구입하고, 매도하여 현금을 취득하여 뇌물 공여하고, 리베이트 제공 등 불법 목적으로도 이용할 수 있다.

3. 대출업무

은행 대출과 상이한 점이 없어 대출을 이용한 일반적으로 자금세탁이 가능할 수 있다.

Ⅴ. 가상자산

1. 거래의 익명성

가상자산은 AML/CFT에서 취약점을 가지며, 그 중 가장 큰 위험성은 "가상자산거래의 익명성"이다. 가상자산거래는 인터넷 공간에서 IP추적 등을 통해 궁극적으로는 추적이 가능하나 실질적으로는 추적이 불가능하여 익명성이 보장된다. 이러한 특성 때문에 범죄자들은 가상자산으로 범죄수익을 조성하거나 자금

---

4) 관계부처합동(2018), 58쪽.

세탁 목적으로 가상자산거래를 악용한다.

마약대금 등 불법자금을 가상자산 취급업소를 통해 국내로 반입한 사례이다. 즉 가상자산 취급업자 계좌에서 단기간에 수십억원의 자금이 특정 개인 또는 특정 법인 명의 계좌로 이체된 후 현금으로 인출되었다. 또한 마약대금 등 불법자금의 국내 반입, 수출대금 과소신고한 후 가상자산으로 대금을 지급하는 조세포탈 및 관세법 위반 등 의심 사례도 발견되었다.

2. 유사수신 행위에 악용

가상자산의 최초발행(ICO: Initial Coin Offering)을 범죄자들이 ICO를 가장하여 유사수신행위를 통한 범죄수익 조성 목적으로 악용하는 것이 가능하며, 실제로도 국내에서 ICO를 가장한 유사수신행위 사례가 다수 발생하였다.

가상자산 투자 명목으로 일반인들로부터 투자자금을 모금한 사례이다. 즉 특정 개인이 다수의 일반인들로부터 이체받은 자금을 가상자산 취급업자에게 송금한 후, 다시 특정 개인이 가상자산 취급업소로부터 자금을 이체받아 다수의 일반인들에게 송금하였다. 가상자산에 대한 지식이 부족한 일반인들을 상대로 단기 고수익 보장 등 정보를 기망하는 사기, 유사수신행위 등 의심사례도 발견되었다.

3. 기타 사기수단 악용

가상자산 채굴기 투자 명목 또는 채굴기 판매업체로 가장하여 일반인들로부터 자금을 모집하는 사기행위에도 악용되는 경우이다.

가상자산 채굴기 투자 명목 등으로 일반인들로부터 자금을 모집한 후 편취한 사례이다. 즉 해외송금 경험이 전혀 없는 일반인들에게 컴퓨터 수입대금 명목으로 해외 법인계좌에 자금을 송금하도록 하여 편취하였다. 또한 채굴기 판매업체로 가장하고 투자 수익금을 지급하겠다고 기망하여 자금을 편취하는 사기, 다단계판매 등 의심사례도 발견되었다.

Ⅵ. 전자금융업자

1. 자금세탁 위험요인

전자금융거래법에 의한 전자금융업은 회사별 자체망을 이용하여 선불전자지급수단을 이동시키므로 자금의 이동 경로 추적이 어렵고, 법령상 선불전자지급수단의 보유한도(200만원)와 관계없이 충전과 양도를 반복할 경우 자금이체가 제한 없이 가능하며, 비대면거래 방식을 사용함에 따라 정확한 고객정보 확인에 한계가 있을 수 있는 점 등이 주요 자금세탁 위험요인으로 지적되었다. 전자금융업자를 통한 자금세탁 위험거래 유형을 아래서 소개한다.[5]

2. 가상계좌를 활용한 자금세탁 위험

전자금융업자가 구매 또는 충전용으로 고객에게 할당하는 가상계좌는 누구나 입금할 수 있고 실입금자의 실명 및 계좌번호를 알 수 없는 특성이 있어 자금세탁 위험에 노출될 수 있다.

제3자가 구매용 가상계좌에 무통장입금하여 거액의 물품 구매 후 본인의 은행계좌로 환불받는 방식 또는사기 피해자들이 머니충전용 가상계좌로 입금한 편취금원으로 머니를 충전한 후 이를 환급받는 방식 등으로 제3자의 금전을 수취하는 유형의 자금세탁에 악용될 소지가 있다.

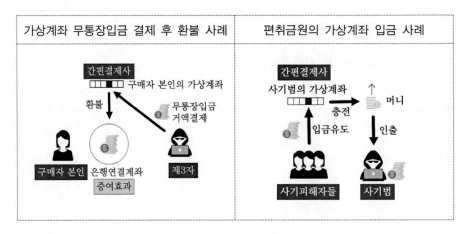

가상계좌 무통장입금 결제 후 환불 사례	편취금원의 가상계좌 입금 사례

5) 금융감독원(2023), "전자금융업이 자금세탁의 통로로 활용되지 않도록 자금세탁방지 의무의 충실한 이행을 유도해 나가겠습니다", 금융감독원 보도자료(2023. 9. 6).

3. 가상자산의 편법적인 현금화 위험

가상자산을 편법적으로 현금화하는 과정에서, 전자금융업자가 자금세탁 위험에 노출될 수 있다.

전자금융업자와 제휴관계가 없는 코인 결제대행업체를 이용하여 가상자산으로 물품을 구매하거나 물품 환불을 통해 현금화하는 등 가상자산사업자가 준수하고 있는 트래블룰을 회피하고자 하는 자금세탁에 악용될 소지가 있다.

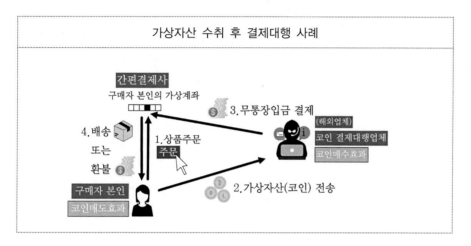

가상자산 수취 후 결제대행 사례

4. 구매행위를 가장한 자금세탁 위험

전자금융업은 구매 실질이 없는 자가매출, 위장가맹점에서의 반복결제 등 허위매출 방식 또는 환금성이 높은 상품을 구매한 뒤 현금화하는 방식과 같은 자금세탁 위험에 노출될 수 있다.

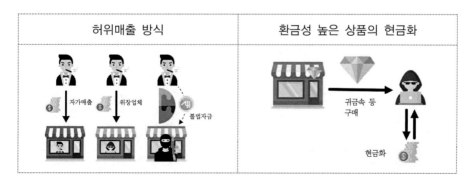

제 2 장

의심거래보고

의심되는 거래("의심거래")란 특정금융정보법 제4조 제1항에 규정한 금융거래를 말한다.

* 의심거래보고(STR) 정의 및 체계

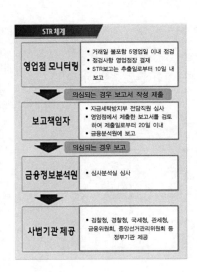

✔ 금융거래 관련하여
   불법재산, 불법 차명거래,
   자금세탁행위나
   공중협박자금조달행위로
   의심되는 합당한 근거가 있는 경우
   금융정보분석원(KoFIU)에 보고
   [종합적 판단에 근거함]
✔ 보고시기 : 지체없이 보고

STR체계

| 영업점 모니터링 | • 거래일 불포함 5영업일 이내 점검
• 점검사항 영업점장 결재
• STR보고는 추출일로부터 10일 내 보고 |

의심되는 경우 보고서 작성 제출

| 보고책임자 | • 자금세탁방지부 전담직원 심사
• 영업점에서 제출한 보고서를 검토하여 제출일로부터 20일 이내
• 금융분석원에 보고 |

의심되는 경우 보고

| 금융정보분석원 | • 심사분석실 심사 |

| 사법기관 제공 | • 검찰청, 경찰청, 국세청, 관세청, 금융위원회, 중앙선거관리위원회 등 정부기관 제공 |

제1절 보고대상과 보고내용

Ⅰ. 보고대상

금융회사등은 다음의 어느 하나에 해당하는 경우에는 지체 없이 그 사실을 금융정보분석원장에게 보고하여야 한다(법4①).

1. 불법재산으로 의심되는 금융거래

금융회사등은 금융거래등과 관련하여 수수(授受)한 재산이 불법재산이라고 의심되는 합당한 근거가 있는 경우에는 지체 없이 그 사실을 금융정보분석원장에게 보고하여야 한다(법4①(1)).

2. 불법 차명거래로 의심되는 금융거래

금융회사등은 금융거래등의 상대방이 금융실명법 제3조 제3항을 위반하여 불법적인 금융거래등을 하는 등 자금세탁행위나 공중협박자금조달행위를 하고 있다고 의심되는 합당한 근거가 있는 경우에는 지체 없이 그 사실을 금융정보분석원장에게 보고하여야 한다(법4①(2)). 즉 특정금융정보법 제2조 제4호, 제5호 및 제6호에 따른 불법재산의 은닉, 자금세탁행위, 공중협박자금조달행위 및 강제집행의 면탈, 그 밖에 탈법행위를 목적으로 금융실명법 제3조 제3항을 위반하여 타인의 실명으로 불법적인 금융거래를 하는 등 자금세탁행위나 공중협박자금조달행위를 하고 있다고 의심되는 합당한 근거가 있는 경우에 보고하여야 한다.

3. 관련 법률에 따라 관할 수사기관에 신고한 금융거래

금융회사등은 범죄수익은닉규제법 제5조 제1항 및 테러자금금지법 제5조 제2항에 따라 금융회사등의 종사자가 관할 수사기관에 신고한 경우에는 지체 없이 그 사실을 금융정보분석원장에게 보고하여야 한다(법4①(3)).[1]

---

1) 은행 실무는 첫째 특정금융정보법 제4조 제1항 제3호에 따라 금융회사를 상대로 한 사기(보험사기, 수표사기 등), 임직원의 내부 횡령 등의 사건이 발생하여 수사기관에 신고한 경우와 범죄수익은닉규제법에 따라 금융회사를 상대로 한 3억원 이상의 사기, 횡령 등의 사건을 인지한 경우도 보고대상으로 하고 있다.

　　범죄수익은닉규제법 제5조 제1항은 "금융회사등에 종사하는 사람은 금융거래등과 관련하여 수수한 재산이 범죄수익등이라는 사실을 알게 되었을 때 또는 금융거래등의 상대방이 제3조의 죄에 해당하는 행위를 하고 있다는 사실을 알게 되었을 때에는 다른 법률의 규정에도 불구하고 지체 없이 관할 수사기관에 신고하여야 한다."고 규정한다.

　　테러자금금지법 제5조 제2항은 "금융회사등의 종사자는 금융거래등과 관련하여 수수한 재산이 공중협박자금 또는 대량살상무기확산자금이라는 사실을 알게 되거나 금융거래등의 상대방이 허가를 받지 아니하고 금융거래등이나 그에 따른 지급·영수를 하고 있다는 사실 또는 테러자금금지법 제6조(벌칙) 제1항의 죄에 해당하는 행위를 하고 있다는 사실을 알게 된 때에는 다른 법률에도 불구하고 지체 없이 관할 수사기관에 그 사실을 신고하여야 한다."고 규정한다.

▍관련 유권해석: 금융위원회 210053, 2023. 8. 17 [보험사기, 보험증서 위조 관련 STR 보고기준 질의]

　[1] 질의요지

　▫ 보험회사가 보험사기, 보험증서 위·변조 등의 범죄사실을 인지하여 수사기관에 신고하였으나, 금융거래와 관련하여 보험금 지급 면책, 회사에 금전적 손해가 없는 경우 등에도 수사기관 신고건은 특정금융정보법 제4조 제1항 제3호에 따라 의심거래 보고(STR) 의무가 발생하는지 여부

　[2] 회답

　▫ 보험금 지급 면책 등으로 회사에 금전적 손해가 없더라도 보험사기, 보험증서 위·변조 등의 범죄사실을 인지하여 신고한 경우 금융거래등과 관련하여 수수한 보험료 등이 보험사기 등과 관련된 불법재산이라고 의심되는 합당한 근거가 있거나 금융거래등의 상대방이 자금세탁행위나 공중협박자금조달행위를 하고 있다고 의심되는 합당한 근거가 있는 경우에 해당할 수 있고, 범죄수익은닉규제법 제3조의 죄인 범죄수익의 발생 원인에 관한 사실을 가장하는 등의 행위를 하고 있다고 보아 의심하여 관할 수사기관에 신고한 경우에 해당할 가능성이 있으므로 금융정보분석원장에게 의심거래보고를 이행할 필요가 있다고 보입니다.

---

[3] 이유

□ 금융회사등은 특정금융거래법 제4조 제1항 제1호에 따라 금융거래등과 관련하여 수수(授受)한 재산이 불법재산이라고 의심되는 합당한 근거가 있는 경우, 제2호에 따라 금융거래등의 상대방이 금융실명법 제3조 제3항을 위반하여 불법적인 금융거래등을 하는 등 자금세탁행위나 공중협박자금조달행위를 하고 있다고 의심되는 합당한 근거가 있는 경우, 제3호에 따라 범죄수익은닉규제법 제5조 제1항 및 테러자금금지법 제5조 제2항에 따라 금융회사등의 종사자가 관할 수사기관에 신고한 경우에는 지체 없이 그 사실을 금융정보분석원장에게 보고하여야 합니다.

• 범죄수익은닉규제법 제5조 제1항은 특정금융정보법 제2조 제1호에 따른 금융회사등에 종사하는 사람은 같은 법 제2조 제2호에 따른 금융거래등과 관련하여 수수한 재산이 범죄수익등이라는 사실을 알게 되었을 때 또는 금융거래등의 상대방이 제3조의 죄에 해당하는 행위를 하고 있다는 사실을 알게 되었을 때에는 다른 법률의 규정에도 불구하고 지체 없이 관할 수사기관에 신고하여야 한다고 규정하고, 범죄수익은닉규제법 제3조 제1항은 ㉠ 범죄수익등의 취득 또는 처분에 관한 사실을 가장한 자, ㉡ 범죄수익의 발생 원인에 관한 사실을 가장한 자, ㉢ 특정범죄를 조장하거나 적법하게 취득한 재산으로 가장할 목적으로 범죄수익등을 은닉한 자를 처벌대상으로 규정하고 제2항은 각 범죄의 미수범, 제3항은 각 범죄를 예비, 음모한 자를 처벌하도록 하고 있습니다.

• 따라서 금융거래등과 관련하여 보험회사가 보험사기, 보험증서 위변조 등의 범죄사실을 인지하여 신고한 경우 금융거래등과 관련하여 수수(授受)한 보험료 등이 불법재산이라고 의심되는 합당한 근거가 있거나(특정금융정보법 제4조 제1항 제1호), 금융거래등의 상대방이 자금세탁행위나 공중협박자금조달행위를 하고 있다고 의심되는 합당한 근거가 있는 경우에 해당할 수 있고(특정금융정보법 제4조 제1항 제2호), 범죄수익의 발생 원인에 관한 사실을 가장한 자의 미수범이나, 예비, 음모한 자에 해당하는 등 범죄수익은닉규제법 제5조 제1항에 따라 금융회사등의 종사자가 관할 수사기관에 신고한 경우에 해당(특정금융정보법 제4조 제1항 제3호)할 가능성이 있어 의심거래

보고의무가 있다고 보입니다.

ㅁ 따라서 보험금 지급 면책 등으로 회사에 금전적 손해가 없더라도 보험사기, 보험증서 위·변조 등의 범죄사실을 인지하여 신고한 경우 금융거래등과 관련하여 수수한 보험료 등이 보험사기 등과 관련된 불법재산이라고 의심되는 합당한 근거가 있거나 금융거래등의 상대방이 자금세탁행위나 공중협박자금조달행위를 하고 있다고 의심되는 합당한 근거가 있는 경우에 해당할 수 있고, 범죄수익은닉규제법 제3조의 죄인 범죄수익의 발생 원인에 관한 사실을 가장하는 등의 행위를 하고 있다고 보아 의심하여 관할 수사기관에 신고한 경우에 해당할 가능성이 있으므로 금융정보분석원장에게 의심거래보고를 이행할 필요가 있다고 보입니다.

4. 보고대상거래 정리

실무상 보고되는 보고대상 금융거래를 정리하면 다음과 같다. 즉 ⅰ) 의심되는 거래(STR)는 현금, 대체, 계좌이체 등을 불문하고 거래가 의심될 경우 보고하여야 하고, ⅱ) 고액현금거래(CTR)는 현금거래 사실을 보고하는 것으로 준법감시 담당자가 실제 현금으로 점검 완료 후 자동으로 보고되며, STR은 고액현금거래뿐만 아니라, 어떠한 거래든 의심될 경우 별도로 직원이 작성하여 보고하여야 하며, ⅲ) 고액현금거래보고를 회피하고자 분할거래를 하는 사실을 인지 시에는 반드시 STR을 보고하여야 하며, ⅳ) 금액을 확인할 수 없는 경우(대여금고 약정, 권종 교환, 계좌신규 상담 후 거절 고객 등)에도 STR을 보고하여야 하며, ⅴ) 동일 거래에 대해서는 중복보고가 되지 않으며, ⅵ) 보고대상 금융거래의 예로 대포통장 이용 계좌, 불법 게임 머니 이용 계좌, 차명거래 등을 들 수 있다.

** FATF 권고사항

의심거래의 보고(Reporting of suspicious transactions)

R 20. 의심거래보고

금융기관은 (특정) 자금(funds)이 범죄수익이거나 테러자금조달과 연관이 있다고 의심되는 경우 또는 의심할만한 합당한 정황(resonable ground to suspect)이 있는 경우, 법률에 따라 그 의심내용을 금융정보분석원(FIU: Financial Intelligence Unit)에 보고할 의무가 있다.

20. Reporting of suspicious transactions

If a financial institution suspects or has reasonable grounds to suspect that funds are the proceeds of a criminal activity, or are related to terrorist financing, it should be required, by law, to report promptly its suspicions to the financial intelligence unit (FIU).

Ⅱ. 의심되는 거래 판단기준

보고를 할 때에는 그 의심되는 합당한 근거를 분명하게 밝혀야 한다(법4③).

1. 분할거래의 판단

금융회사등이 금융거래등의 상대방이 금액을 분할하여 금융거래등을 하고 있다고 의심되는 경우에는 금융거래등의 상대방 수, 거래횟수, 거래 점포 수, 거래 기간 등을 고려하여 당해 금융거래등이 의심되는 거래 보고대상 금융거래등인지를 판단하여 금융정보분석원장에게 보고해야 한다(감독규정4①).

분할거래 여부는 금융거래 상대방의 수, 거래횟수, 거래기간, 거래점포 수 등을 종합적으로 고려하여 당해 거래가 보고대상 금융거래인지를 판단하여야 한다.

분할거래는 금융거래 상대방이 다수의 점포(계좌)를 이용하거나 여러 날에 걸쳐 금액을 분할하여 거래하거나 다수인이 금융거래의 상대방이 되어 금액을 분할하여 거래하는 경우이다.

2. 종합적 판단

의심되는 거래의 해당여부는 고객확인 이행을 통해 확인·검증된 고객의 신원 확인사항, 실제 당사자 여부 및 거래목적, 금융거래 과정에서 취득한 고객의 직업, 주소, 소득, 평소 거래상황, 사업내용, 기타 고객확인 과정에서 취득한 정보를 감안하여 업무지식이나 전문성, 경험 등을 바탕으로 종합적으로 판단하여야 한다.

의심되는 거래 판단 시에는 불법재산 수수 등의 전제가 되는 구체적인 특정한 범죄의 존재 사실까지 확인할 필요는 없으며, 당해 거래가 불법재산 수수나 자금세탁행위 또는 공중협박자금조달행위로 의심되는 합당한 근거가 있으면 보고대상으로 판단한다.

종합적 판단을 해야 하는 경우로는 ⅰ) 직업 및 사업내용 등이 명확히 파악되지 않는 고객이 다수의 타인명의의 계좌를 소지하고, 거액의 금융거래를 하는 경우, ⅱ) 미성년자 명의로 개설된 계좌에서 거액의 금융거래가 발생하는 경우, ⅲ) 평소 평이한 금융거래 형태를 유지하고 있는 개인 및 중소기업 등의 계좌에서 거액의 금융거래가 발생하고, 자금의 실제 당사자 여부를 확인하는 과정에서 의심이 있는 경우, ⅳ) 금융거래자의 요청에 의하여 현금거래로 처리하는 거래로써, 평소 금융거래 형태와 상이한 거액의 금융거래 또는 분할거래를 하고 있다는 의심이 있는 경우 등을 들 수 있다.

3. 의심되는 거래 태도 및 특징

의심되는 거래 태도 및 특징을 들어보면 ⅰ) 신원노출 기피 또는 거래자에 대한 비밀요구, ⅱ) 거래에 대한 합당한 답변 불제공 또는 자금출처가 불분명한 거래, ⅲ) 업력이나 업체 규모, 개인 능력에 비해 과다한 거래실적, ⅳ) 언행, 행색과 거래 금액 간의 부조화, ⅴ) 어색하고 불안한 태도 및 언행, ⅵ) 정치인 등 중요 인물 관련 거래, ⅶ) 사전 거래가 없는 고객의 의심스러운 거래 요청, ⅷ) 의심스러운 동행자 참여 거래, ⅸ) 불특정 다수와의 거래, ⅹ) 계약자 또는 수익자의 번번하거나 갑작스러운 변경 등이다.

4. 의심되는 거래유형

(1) 거래유형 관련

의심되는 거래유형의 들어보면 ⅰ) 갑작스러운 거래 패턴의 변화, ⅱ) 원격지 거래, 교환 거래, 분할거래, 현금 집착 거래, ⅲ) 거액 입금 후 당일 또는 익일 중 인출 거래, ⅳ) 의심스러운 무기명 증서(CD, CP등) 관련 거래, ⅴ) 계좌개설 없이 거액의 환전 요구 또는 외국으로의 송금, ⅵ) 취득 경위가 의심스러운 담보로 한 대출, ⅶ) 주금납입거래 또는 예금잔액증명서 발급요청 거래, ⅷ) 다중거래, 빈번한 입출금, ⅸ) 의심스러운 대여금고 약정 또는 보호예수거래, ⅹ) 법인자산 또는 타인 자산 담보 거래, xi) 무관업종 또는 의심스러운 재산에 대한 보험청약거래 등이다.

(2) 계좌정보 관련

계좌정보 관련 의심되는 거래유형을 들어보면 ⅰ) 타인 명의 또는 계좌의 이용, ⅱ) 특별한 사유 없이 복수의 계좌개설, ⅲ) 의심스러운 계약·계약해지, ⅳ) 단발성 계좌의 이용 등이다.

5. 재보고

금융회사등은 금융정보분석원장에게 의심되는 거래 보고대상 금융거래등을 보고한 후에도 당해 보고와 관련된 금융거래등의 상대방이 의심되는 거래 보고대상 금융거래등을 하고 있다는 의심되는 경우에는 이를 금융정보분석원장에게 보고하여야 한다(감독규정4②).

6. 효율적 확인 방안 마련 의무

금융회사등은 전산시스템를 개발하고 전자금융거래에 대해 주의를 기울여 금융거래등이 의심되는 거래 보고대상 금융거래등인지 효율적으로 확인할 수 있는 방안을 강구하도록 노력하여야 한다(감독규정4③).

7. 거래유형 제공

금융정보분석원장은 금융회사등이 취급하는 금융거래등이 금융거래등에 해당하는지를 판단하는 데 참고할 수 있도록 명백한 경제적 합리성이 없거나 합법적 목적을 갖지 않은 고액의 현금거래, 타인명의 계좌를 이용한 거래 등 자금세탁행위와 공중협박자금조달행위의 가능성이 높은 거래유형을 금융회사등에 제공할 수 있다(영8).

* 의심되는 거래 여부 판단기준 및 작성 원칙

① 판단기준

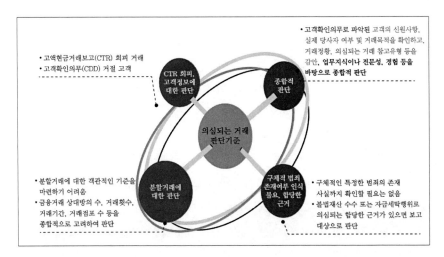

② 작성 원칙

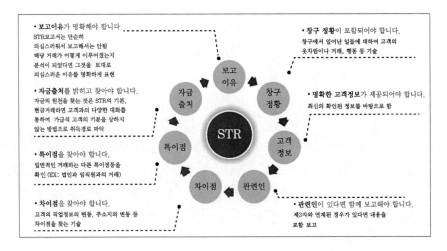

Ⅲ. 보고내용과 보고방법

1. 의의

금융회사등 보고기관은 자신이 취급하는 금융거래에 대하여 보고책임자가 자체적으로 파악한 내용 또는 그 임직원으로부터 보고된 내용과 자체적으로 파악한 관련자료 등을 종합적으로 검토한 후 "의심되는 거래 보고대상 금융거래"로 판단한 경우에는 시간적으로 지체함이 없이 그 사실을 금융정보분석원장에게 보고하여야 한다(영7).

이 경우 보고책임자는 의심스러운 거래보고서에 따라 보고기관, 거래상대방, 거래의 내용, 의심되는 합당한 근거, 금융회사등이 보존하는 당해 보고와 관련된 자료의 종류 등을 기재하여 온라인으로 보고해야 한다(감독규정6). 다만 긴급한 경우에는 전화 또는 FAX로 먼저 보고하고 추후 보완할 수 있다(감독규정12).

2. 보고내용

보고를 하는 금융회사등은 [별지 제1호 서식][2]의 의심스러운 거래보고서(카지노사업자의 경우 [별지 제1-1호 서식][3]의 의심스러운 거래보고서)(감독규정6①)에 따라 i) 보고를 하는 금융회사등의 명칭 및 소재지, ii) 보고대상 금융거래등이 발생한 일자 및 장소, iii) 보고대상 금융거래등의 상대방, iv) 보고대상 금융거래등의 내용, v) 의심되는 합당한 근거, vi) 금융거래등 상대방의 실지명의를 확인할 수 있는 자료, vii) 보고대상이 된 금융거래등 자료, viii) 금융회사등이 의심되는 합당한 근거를 기록한 자료를 보고해야 한다(영7①, 감독규정7①).

3. 보고방법

(1) 평상시 보고방법

보고를 하는 금융회사등은 위의 보고내용을 문서·전자기록매체 또는 온라인의 방법으로 보고해야 한다(영7①, 감독규정6② 본문). 다만, 온라인 보고를 하는 경우에도 전자화가 곤란한 첨부서류는 문서 또는 플로피디스크 등의 형태로 직

---

2) 부록 참조할 것.
3) 부록 참조할 것.

접 제출하거나 우편에 의해 제출할 수 있다(감독규정6② 단서).

(2) 긴급한 경우의 보고방법

금융회사등은 보고할 경우 자금세탁방지 목적을 달성할 수 없는 때에는 전화 또는 팩스에 의한 방법으로 보고를 할 수 있다(감독규정12①). 전화 또는 팩스에 의한 방법으로 보고를 한 때에는 금융회사들은 보고사항을 의심스로운 거래보고서 서식에 의하여 문서, 플로피디스크 등 전자기록매체 또는 온라인으로 다시 보고하여야 한다(감독규정12③).

(3) 긴급한 보고와 공무원 신분 확인 및 보고내용의 기록 · 보존

금융회사등은 전화 또는 팩스에 의한 방법으로 보고를 하고자 하는 경우에는 보고를 받으려고 하는 자가 금융정보분석원의 소속 공무원인지를 확인하여야 하며, 보고를 받는 공무원의 성명 · 보고일자 및 보고내용 등을 기록 · 보존하여야 한다(감독규정12②).

(4) 관련자료 사본 첨부보고

금융회사등이 보고를 함에 있어 보고내용의 분석에 필요하다고 인정하는 경우에는 의심스러운 거래보고서에 ⅰ) 금융거래등 상대방의 실지명의를 확인할 수 있는 자료, ⅱ) 보고대상이 된 금융거래등 자료, ⅲ) 금융회사등이 의심되는 합당한 근거를 기록한 자료(감독규정7①, 법5의4①(1))인 주요 관련자료의 사본을 첨부하여 보고할 수 있다(감독규정7②).

4. 보고책임자에 대한 통보

금융정보분석원장은 보고서를 접수한 경우 전자우편 등을 통해 보고책임자에게 그 사실을 통보하여야 한다(감독규정6③).

5. 금융회사등의 주의의무

금융회사등은 보고를 하는 경우에는 합당한 이유없이 정상적인 금융거래등에 관한 자료가 첨부되지 않도록 주의를 기울여야 한다(감독규정6④).

Ⅳ. 보고절차

1. 내부보고

실무상 은행의 모든 임직원은 보고대상 거래인 경우에는 은행 내부의 보고방법에 따라 지체 없이 보고책임자에게 보고하고 있다. 은행의 모든 임직원은 신고대상 거래를 인지하였을 경우에는 지체 없이 관할 수사기관에 신고하고, 신고서 사본을 첨부하여 보고책임자에게 보고하고 있다.

자금세탁방지등의 업무 담당자는 모니터링 Rule에 의해 추출된 의심되는 거래와 자금세탁방지섹션 담당 직원이 검토 요청한 의심되는 거래에 대하여 자금세탁방지등 시스템을 통해 검토하여 의심되는 거래보고서를 작성하며, 검토 결과는 자금세탁방지등 시스템을 통하여 자금세탁방지섹션에 보고한다

영업점 및 본부 부서의 직원이 업무 수행 중 의심되는 거래로 판단되는 거래에 대하여는 자금세탁방지등 시스템을 통해 지체없이 의심되는 거래보고서를 작성하여 보고한다.

2. 외부보고

보고를 함에 있어서 금융회사등은 자신이 취급하는 금융거래등에 대하여 보고업무를 담당할 자로 임명된 자("보고책임자")가 자체적으로 파악한 내용 또는 그 임직원으로부터 보고된 내용과 자체적으로 파악한 관련자료등을 종합적으로 검토한 후 금융정보분석원장에게 보고하는 금융거래등("의심되는 거래 보고대상 금융거래등")으로 결정한 날로부터 3영업일 이내에 보고하여야 한다(감독규정3).

내부보고를 받은 보고책임자는 내부보고 사항을 검토하여 보고가 필요하다고 판단되는 사안에 대하여 금융정보분석원장에게 지체 없이 보고하고 있다. 여기서 "지체 없이 보고"란 보고책임자가 영업점 보고내용 및 인지한 정보 등을 종합적으로 검토하여 의심되는 거래로 결정한 날로부터 3영업일 이내에, 시간적으로 지체 없이 금융정보분석원장에게 보고하는 것을 말한다.

자금세탁방지섹션 담당직원은 의심되는 거래보고서를 검토하고 금융정보분석원에 보고를 위한 최종 의심되는 거래보고서를 작성하여 보고책임자의 승인을 요청하며, 보고책임자는 자금세탁방지섹션의 의심되는 거래보고서를 최종 심사

하고 승인하고 있다.

자금세탁방지섹션은 승인된 의심되는 거래보고서를 온라인, 봉인된 문서, 전화 또는 FAX 등으로 금융정보분석원에 결정한 날로부터 3영업일 이내에 보고하고 있다.

Ⅴ. 구분 보존의무

금융회사등은 보고를 한 때에는 해당 보고서와 법 제5조의4 제1항 제1호 각 목의 자료인 금융거래등 상대방의 실지명의를 확인할 수 있는 자료(가목), 보고 대상이 된 금융거래등 자료(나목), 금융회사등이 의심되는 합당한 근거를 기록한 자료(다목)를 다른 금융거래등에 관한 자료와 구분하여 보존해야 한다(영10의9①).

Ⅵ. 보고서의 보정

1. 형식적 요건 흠결과 보정

금융정보분석원 소속 공무원은 금융회사등으로부터 제출받은 의심스러운 거래보고서의 형식적 요건에 흠결이 있을 때에는 당해 금융회사등에 대하여 보정을 요구할 수 있다(감독규정8① 본문). 다만, 그 흠결이 경미한 때에는 금융회사등으로부터 그 내용을 확인하여 직권으로 보정할 수 있다(감독규정8① 단서).

2. 신분확인과 내용의 기록 · 보존

금융회사등이 보정 또는 내용의 확인을 요구받은 경우에는 이를 요구한 금융정보분석원 소속 공무원의 신분을 확인하고 그 내용을 기록 · 보존하여야 한다(감독규정8②).

제2절 관련 자료의 열람·복사

Ⅰ. 열람·복사의 제한

금융정보분석원장은 금융회사등으로부터 보고받은 사항을 분석할 때에는 보고받은 사항이 의심거래보고 요건에 해당하는지를 심사하기 위하여 필요한 경우에만 금융회사등이 보존하는 관련 자료를 열람하거나 복사할 수 있다(법4⑤).

Ⅱ. 임점과 신분증 제시

금융정보분석원 소속 공무원이 금융회사등이 보존하는 관련 자료를 열람하거나 복사하고자 하는 경우에는 당해 금융회사등에 임점하여 금융정보분석원장 명의의 문서 및 신분증을 제시한 후 관련 자료를 열람하거나 복사하여야 한다(감독규정16① 본문). 다만, 긴급한 경우에는 전화 또는 팩스의 방법으로 열람 또는 복사할 수 있다(감독규정16① 단서).

Ⅲ. 신분확인과 자료의 기록·보존

금융회사등이 관련자료의 열람 또는 복사를 요구받은 경우에는 이를 요구한 금융정보분석원 소속 공무원의 신분을 확인하고 그 공무원의 성명, 요구일자 및 관련 자료 등을 기록·보존하여야 한다(감독규정16②).

제3절 비밀유지 및 면책 규정

Ⅰ. 비밀유지의무

1. 누설금지 원칙

금융회사등에 종사하는 사람은 의심거래보고를 하려고 하거나 보고를 하였을 때에는 그 사실을 그 보고와 관련된 금융거래의 상대방을 포함하여 다른 사람에게 누설해서는 아니 된다(법4⑥ 본문).

이는 FATF 권고사항 제21조 (b)항을 법제화한 것으로서 해당 조항은 의심거래보고 또는 관련 정보가 금융정보분석원에 보고된 사실을 공개("tipping-off")하지 않도록 이를 법으로 금지할 것을 규정하고 있다.

이 규정은 의심거래보고제도에 필수적인 것으로서 의심거래보고 정보 누설시 정보 수집 및 조사에 부정적 영향을 미치고, 개인은 이를 회피하기 위해 자산을 빠르게 처분할 가능성 등이 있으므로 이를 금지했다는 점에 의의가 있다. 또한 의심거래보고 대상이 된 거래당사자의 평판과 밀접하고, 특히 명확한 근거규정이 없는 상황에서 외국기관과 정보가 공유될 경우 양국의 정보 보호 규정이 상이함으로 인해 해당 정보가 목적과는 관계없는 곳에 활용되거나 유출될 우려 등도 존재하므로 이를 막기 위한 조치라고 볼 수 있다.[4]

2. 누설금지 예외(정보 공유)

ⅰ) 자금세탁행위와 공중협박자금조달행위를 방지하기 위하여 같은 금융회사등의 내부에서 그 보고 사실을 제공하는 경우(제1호), ⅱ) 금융분석원의 업무(법3①)에 상당하는 업무를 수행하는 외국의 기관("외국금융정보분석기구")에 대하여 해당 외국의 법령에 따라 보고에 상당하는 보고를 하는 경우(제2호)에는 그러하지 아니하다(법4⑥ 단서).

---

4) 금융정보분석원(2018a), 24쪽.

▌관련 유권해석:

① 유권해석 사례집 06번: 의심거래보고 정보 공유/법 제4조 제6항

Q: 질의 ⅰ) 자금세탁방지팀에서 금융정보분석원 앞으로 보고 완료한, 영업점 직원이 작성한 STR 보고서 중 "혐의거래로 판단한 사유 관련" 항목만 (STR 보고서 전체가 아님) 자금세탁방지팀에서 외환업무부로 송부하고, 송부 받은 '혐의거래로 판단한 사유 관련' 항목을 외환업무부에서 다른 기준(예시: 특이유형거래적출기준)과 보고형식으로 편집하여 금융감독원 외환조사팀에 보고하는 것(예시: 특이유형거래보고서)이 법에 위배가 될지요?

질의 ⅱ) 준법지원부에서 금융정보분석원 앞으로 보고하고 있는 STR보고서뿐만 아니라 보고사실조차 외환업무부에 제공하지 않고, 준법지원부와 외환업무부가 각각 별개의 추출 기준(보고금액, 유형 등)으로 적출할 경우, 이미 구축한 자금세탁방지시스템을 함께 이용하는 것은 가능한지요?

A: 질의 ⅰ)에 관하여: 영업점 직원이 작성한 STR보고서 또는 이를 자금세탁방지팀에서 수정·보완하여 FIU에 보고한 STR보고서 중에서 "의심거래로 판단한 사유" 관련 항목을 특이유형거래보고서에 기재하는 방식은 그 보고체계상 의심거래 보고를 하려고 하거나 보고를 한 사실이 누설되는 결과가 되므로 특정금융정보법 제4조에 위반된다고 할 것입니다.

질의 ⅱ)에 관하여: 의심거래보고 적출기준과 특이유형거래 적출기준을 다르게 하거나(양자가 유사할 수는 있음) 적출된 거래를 별도로 처리되게 하는 방식 등을 사용함으로써 자금세탁방지시스템과는 상관관계가 없는 별도의 특이유형거래 보고 적출·보고 시스템을 구성하는 것이 적절하다고 판단됩니다.

② 유권해석 사례집 07번: 의심거래보고 정보 공유/법 제4조 제6항

Q: 저희는 한국에서 영업 중인 외국은행 지점입니다. 저희 본점 및 지역본부에서는 그룹 차원의 리스크 관리를 위해 저희에게 혐의거래(STR) 정보 공유를 요청하고 있습니다. 그러나 법 제4조 제6항에 따라 외국은행의 본점 및 지역본부는 동일 금융회사의 내부로 간주되지 않아 정보를 공유하지 못하고 있는 실정입니다. 본점 및 지역본부를 동일 금융회사의 내부로 인정하여 STR 정보를 공유하도록 할 수는 없는지요?

A: 고객의 거래가 의심거래보고에 해당하여 당국에 보고된 사실이 알려질 경우, 결과적으로 실제 자금세탁에 해당하지 않을 수 있음에도 불구하고 의심거래보고 자체로 해당 고객은 개인 신용하락 등 경제적 피해를 입을 우려가 있습니다. 이에 특정금융정보법은 정보 공유를 엄격히 제한하고 있습니다.

구체적으로 보면 법은 이러한 취지에 따라 정보공유가 가능한 범위를 금융사 내부*로 엄격히 한정하고, 의심거래정보 등을 재판에서 증거로서 사용할 수 없도록 하는 등의 규정을 두고 있습니다(특정금융정보법 제9조 제3항).

* 점포 → 금융회사 본점 준법감시인(보고책임자)

또한 일부 외국이 의심거래보고 대상 고객을 고위험으로 평가하고 금융거래를 제한할 수 있는 등의 소지가 있어, 이른바 '낙인 효과'로 개인 경제활동에 피해가 발생할 우려가 있음도 고려해야 할 것입니다.

③ 유권해석 사례집 08번: 비금융업자 · 전문직의 자금세탁방지의무/법 제4조 제6항 및 제2조

Q: 저는 외국에서 공부하고 있는 유학생입니다. 공부를 하는 중에 특정금융정보법에 관하여 궁금한 점이 있어서 문의 드립니다.

질의 ⅰ) 만약 금융거래와 관련하여 수수한 재산이 불법재산이라고 의심되는 합당한 근거가 있거나 금융거래의 상대방이 자금세탁행위나 공중협박자금조달행위를 하고 있다고 의심되는 합당한 근거가 있는 고객이 변호사나 세무사에게 자문을 의뢰할 경우, 변호사나 세무사가 금융감독원 또는 수사기관(경찰, 검찰)에 신고 또는 고발하여야 할 의무가 있는지 궁금합니다.

질의 ⅱ) 또 만약에 신고 또는 고발의무가 있다면 어느 법에 의하여 이런 의무가 발생하는지, 또한 이러한 의무가 있는 직업 전문인의 범위를 알고 싶습니다.

질의 ⅲ) 특정금융정보법 제4조에서 보고의 의미에 고발도 포함이 되는지 알고 싶습니다.

A: 질의 ⅰ) 및 ⅱ)에 관하여: 특정금융정보법 제4조에 따른 의심거래보고의 의무는 동법 제2조 제1호에 정의된 "금융회사등"에 부과되어 있으며, 현행법(법률 제14839호, 2017. 7. 26. 시행)에 의하면 "금융회사등"에는 변호사

나 세무사가 포함되어 있지 않습니다. 따라서 현행법상 변호사나 세무사가 고객과의 관계에서 불법재산 등이 의심되는 경우라도 그 사실을 금융감독원이나 수사기관에 신고 또는 고발해야 할 의무는 없습니다.

질의 iii)에 관하여: 고발은 고소권자나 범인 이외의 사람이 수사기관에 대해 범죄사실을 신고하여 그 소추를 구하는 의사표시를 의미하고, 금융정보분석원은 특정금융정보법 제3조에 따라 자금세탁방지 및 테러자금조달금지를 위한 의심거래정보 등의 정리·분석 및 제공 업무, 금융회사등의 자금세탁방지 업무 등에 대한 감독·검사 업무 등을 담당하는 기관으로써 수사기관이라 할 수 없으므로 동법 제4조에 따른 의심거래보고에서 보고의 의미에 고발이 포함된다고 보기는 어렵다고 할 것입니다.

④ 금융위원회 180115, 2018. 4. 20 [혐의거래 관련 정보 공유 가능 여부]

[1] 질의요지

▫ 특정금융정보법 제4조 제6항에서 "혐의거래보고 정보는 금융거래의 상대방을 포함하여 다른 사람에게 누설되어서는 안 된다."라고 되어 있는데, 금융범죄와 관련하여 혐의거래가 보고되고 그 사유로 거래관계가 종료된 고객인 경우, 혐의거래보고 했다는 사실을 제공함이 없이 Global Exit List에 해당 고객의 정보(법인명, 법인설립일 및 법인등록번호이며, 이는 전부 법인등기부등본에 나오는 공개정보임)를 등록하는 것이 가능한지 여부

[2] 회답

▫ 특정금융정보법은 고객의 거래가 의심거래보고에 해당하여 당국에 보고된 사실이 알려질 경우, 결과적으로 실제 자금세탁에 해당하지 않을 수 있음에도 불구하고 의심거래보고 자체로 해당 고객은 개인 신용하락 등 경제적 피해를 입을 우려가 있어 정보공유를 엄격히 제한함(같은 법 제4조 제6항).

• 구체적으로 보면 법은 이러한 취지에 따라 정보공유가 가능한 범위를 금융사 내부(점포→보고책임자)로 엄격히 한정하고, 의심거래정보 등을 재판에서 증거로서 사용할 수 없도록 하는 등의 규정을 두고 있음(같은 법 제9조 제3항).

▫ 질의하신 Global Exit List(이하 "GEL")에 등록하는 것이 특정금융정보

법 제4조 제6항을 위반하는지와 관련하여 보면, 고객이 GEL에 등록되는 유형은 자금세탁, 테러자금조달 외에 총 10종의 금융범죄(사기, 뇌물, 마약 등)로 다양하며, GEL 등록시 그룹에서 공유되는 정보는 해당 법인 고객의 법인명, 법인설립일, 법인등록번호 등 법인등기부등본에 나오는 공개정보로서 의심거래보고 여부나 의심거래 내용은 공유되지 않음.

• 따라서 GEL 등록시 상기 정보 외에 의심거래 내용, 의심거래 보고여부 및 이를 추정할 수 있는 정보가 공유되지 않는 한 GEL 등록은 특정금융정보법 제4조 제6항을 위반하지 않는다고 볼 것임.

Ⅱ. 손해배상책임의 면제

의심거래보고를 한 금융회사등(금융회사등의 종사자 포함)은 고의 또는 중대한 과실로 인하여 거짓 보고를 한 경우 외에는 그 보고와 관련된 금융거래등의 상대방 및 그의 관계자에 대하여 손해배상책임을 지지 아니한다(법4⑦).

이는 FATF 권고사항 제21조 (a)항을 법제화한 것으로서 의심거래보고로 인해 손해배상 책임을 질 우려가 있는 경우, 보고기관의 금융정보분석원에 대한 보고가 줄어들 가능성 등을 고려한 규정이다.[5]

** FATF 권고사항
R 21. 정보누설과 비밀유지
금융기관과 금융기관의 이사, 임원(officers) 및 직원(employees)은:
(a) 선의에 의하여(in good faith) FIU에 의심거래보고를 한 경우, 비록 그 전제된 범죄가 무엇인지 정확히 알지 못한 경우 및 불법행위가 실제 일어났는지 여부와 관계없이, 계약이나 그 어떠한 법률, 규정 또는 행정적 조치(administrative provision)에 의하여 부과된 정보누설 금지의무를 위배하더라도 형사 또는 민사상의 책임을 지지 않는다.
(b) 의심거래보고 또는 관련 정보가 FIU에 보고되었다는 사실을 공개

---

5) 금융정보분석원(2018a), 24쪽.

(disclosing, 소위 "누설(tipping-off)")하지 않도록 법으로 금지하여야 한다.

R 21. Tipping-off and confidentiality

Financial institutions, their directors, officers and employees should be:

(a) protected by law from criminal and civil liability for breach of any restriction on disclosure of information imposed by contract or by any legis‒ lative, regulatory or administrative provision, if they report their suspicions in good faith to the FIU, even if they did not know precisely what the under‒ lying criminal activity was, and regardless of whether illegal activity actually occurred; and

(b) prohibited by law from disclosing ("tipping-off") the fact that a sus‒ picious transaction report (STR) or related information is being filed with the FIU.

제4절 위반시 제재

Ⅰ. 형사제재

법 제4조 제5항의 요건에 해당하지 아니함에도 불구하고 직권을 남용하여 금융회사등이 보존하는 관련 자료를 열람·복사하거나 금융회사등의 장에게 금융거래등 관련 정보 또는 자료의 제공을 요구한 자는 5년 이하의 징역 또는 5천만원 이하의 벌금에 처한다(법16(1)).

Ⅱ. 과태료

법 제4조 제1항 제1호·제2호를 위반하여 보고를 하지 아니한 자에게는 3천만원 이하의 과태료를 부과한다(법20②(1)).

제 3 장

고액현금거래보고

* 고액현금거래보고(CTR) 정의 및 체계

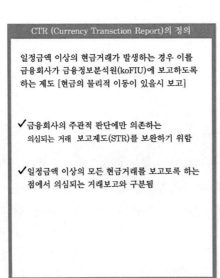

CTR (Currency Transction Report)의 정의

일정금액 이상의 현금거래가 발생하는 경우 이를
금융회사가 금융정보분석원(koFIU)에 보고하도록
하는 제도 [현금의 물리적 이동이 있을시 보고]

✓ 금융회사의 주관적 판단에만 의존하는
  의심되는 거래 보고제도(STR)를 보완하기 위함

✓ 일정금액 이상의 모든 현금거래를 보고토록 하는
  점에서 의심되는 거래보고와 구분됨

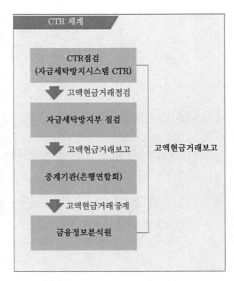

CTR 체계

CTR점검
(자금세탁방지시스템 CTR)

⬇ 고액현금거래점검

자금세탁방지부 점검

⬇ 고액현금거래보고

증계기관(은행연합회)   고액현금거래보고

⬇ 고액현금거래 증계

금융정보분석원

제1절 고액현금의 지급·영수거래

동일인 기준으로 1거래일 동안 지급한 금액의 합계 또는 영수한 금액의 합계가 특정금융정보법 시행령에서 정하는 금액 이상인 경우에는 고액현금거래보고로 보고하여야 한다. 또한 금융거래자가 고액현금거래보고를 회피할 목적으로 금액을 분할하여 금융거래를 하고 있다고 의심되는 합당한 근거가 있는 경우에는 의심되는 거래로 보고하여야 한다.

Ⅰ. 고액현금거래보고제도의 효용성

고액현금거래보고(CTR)란 일정 금액(1천만원 이상의 현금, 외국통화 제외) 이상의 현금거래를 금융정보분석원에 보고하도록 하는 제도를 말한다. 의심거래보고는 금융회사등 보고기관의 주관적 판단에 기초하므로 고액현금거래보고는 객관적 기준에 의해 일정 금액 이상의 현금거래는 반드시 이를 보고하도록 함으로써 불법 금융거래를 차단하는 효과를 제고하기 위한 목적을 가지고 있다.[1]

Ⅱ. 보고대상

1. 현금등의 지급·영수

금융회사등은 1천만원 이상의 현금(외국통화는 제외)이나 현금과 비슷한 기능의 지급수단으로서 "대통령령으로 정하는 것"("현금등")을 금융거래등의 상대방에게 지급하거나 그로부터 영수(領收)한 경우에는 그 사실을 30일 이내에 금융정보분석원장에게 보고하여야 한다(법4의2① 본문, 영8의2①).

여기서 "대통령령으로 정하는 것"이란 금융거래등을 하는 카지노사업자가 지급 또는 영수하는 수표 중 권면액이 100만원을 초과하는 수표를 말한다(영8의3 본문). 다만, 카지노사업자가 그 수표를 지급하거나 영수하면서 실지명의를 확인한 후 실지명의 및 수표번호를 기록·관리하는 경우는 제외한다(영8의3 단서).

---

1) 금융정보분석원(2018a), 32쪽.

2. 보고대상 정리

CTR 보고대상을 정리하면 다음과 같다. 즉 보고대상은 금융회사에서 동일인이 1거래일 동안 지급하거나 영수한 금액을 각각 별도로 합산해서 기준금액 이상일 때의 모든 현금거래이다. ⅰ) 현금(외국통화 제외)의 지급 또는 영수(입금 등)거래(지급 또는 영수란 현금의 물리적 이동을 의미함), ⅱ) 금융회사 창구거래뿐만 아니라 현금자동입출금기상의 현금입출금, 야간금고에서의 현금입금 등도 포함한다.

그러나 고객의 요청으로 대체거래를 현금거래로 처리하는 경우 보고대상에서 제외한다[(의심되는 거래보고(STR)로 적극 검토하여 보고].

Ⅲ. 보고 제외대상

1. 보고 제외기관

다음의 어느 하나에 해당하는 경우, 즉 ⅰ) 다른 금융회사등(카지노사업자와 가상자산사업자는 제외＝영8의4)과의 현금등의 지급 또는 영수(제1호), ⅱ) 국가, 지방자치단체와의 현금등의 지급 또는 영수(제2호)는 보고 제외대상이다(법4의2①단서).

또한 물리적인 현금의 이동이 없는 금융거래임에도 불구하고 금융거래 상대방의 일방적 요구에 의해 현금으로 처리한 거래는 보고하지 아니한다.

2. 보고 제외기관의 점검

은행 실무상 자금세탁방지섹션은 보고 제외기관에 대하여 연 1회 이상 점검하고 있다.

Ⅳ. 보고기준금액

1. 합산 대상

보고기준금액인 1천만원의 금액을 산정할 때에는 금융회사등이 "동일인 명의”로 이루어지는 1거래일 동안의 금융거래등에 따라 지급한 금액을 합산하거나 영수한 금액을 합산한다(영8의2② 본문). 다만, 카지노사업자가 금융거래등을 하는 경우에는 거래 1건당 지급하거나 영수하는 금액을 기준으로 산정한다(영8의2② 단서).

위에서 “동일인 명의”란 금융실명법에 따른 실지명의(“실명”)가 동일한 것을 말한다(영8의2③). 금융실명법에 따른 실지명의(“실명”)란 주민등록표상의 명의, 사업자등록증상의 명의, 그 밖에 명의를 말한다(금융실명법2(4), 동법 시행령3). 실지명의를 구체적으로 구분하면 다음과 같다.

(1) 실지명의(실명)
(가) 개인

개인의 경우는 주민등록표에 기재된 성명 및 주민등록번호를 말한다. 다만, 재외국민의 경우에는 여권에 기재된 성명 및 여권번호(여권이 발급되지 아니한 재외국민은 재외국민등록법에 의한 등록부에 기재된 성명 및 등록번호)를 말한다(동법 시행령3(1)).

(나) 법인

법인(국세기본법에 의하여 법인으로 보는 법인격없는 사단 등을 포함)의 경우는 법인세법에 의하여 교부받은 사업자등록증에 기재된 법인명 및 등록번호를 말한다. 다만, 사업자등록증을 교부받지 아니한 법인은 법인세법에 의하여 납세번호를 부여받은 문서에 기재된 법인명 및 납세번호를 말한다(동법 시행령3(2)).

(다) 비법인 단체

법인이 아닌 단체의 경우는 당해 단체를 대표하는 자의 실지명의를 말한다. 다만, 부가가치세법에 의하여 고유번호를 부여받거나 소득세법에 의하여 납세번호를 부여받은 단체의 경우에는 그 문서에 기재된 단체명과 고유번호 또는 납세번호를 말한다(동법 시행령3(3)).

(라) 외국인

외국인의 경우는 출입국관리법에 의한 등록외국인기록표에 기재된 성명 및 등록번호를 말한다. 다만, 외국인등록증이 발급되지 아니한 자의 경우에는 여권 또는 신분증에 기재된 성명 및 번호를 말한다(동법 시행령3(4)).

(2) 실지명의(실명) 확인방법

금융거래를 할 때 실지명의("실명")는 다음의 구분에 따른 증표·서류에 의하여 확인한다(동법 시행령4의2①).

(가) 개인

개인의 경우는 ⅰ) 주민등록증 발급대상자는 주민등록증으로 확인한다(동법 시행령4의2①(1) 가목 본문). 다만, 주민등록증에 의하여 확인하는 것이 곤란한 경우에는 국가기관, 지방자치단체 또는 교육기본법에 따른 학교의 장이 발급한 것으로서 실지명의의 확인이 가능한 증표 또는 주민등록번호를 포함한 주민등록표 초본과 신분을 증명할 수 있는 증표에 의하여 확인한다(동법 시행령4의2①(1) 가목 단서). ⅱ) 주민등록증 발급대상자가 아닌 자는 주민등록번호를 포함한 주민등록표 초본과 법정대리인의 가목의 증표 또는 실지명의의 확인이 가능한 증표·서류(영4의2①(1) 나목)로 확인한다. ⅲ) 재외국민은 여권 또는 재외국민등록증(동법 시행령4의2①(1) 다목)으로 확인한다(동법 시행령4의2①(1)).

(나) 법인

법인의 경우는 사업자등록증이나 납세번호를 부여받은 문서 또는 그 사본으로 확인한다(동법 시행령4의2①(2)).

(다) 비법인 단체

법인이 아닌 단체의 경우는 해당 단체를 대표하는 자의 실지명의를 확인할 수 있는 증표·서류(동법 시행령4의2①(3) 본문)로 확인한다. 다만, 부가가치세법에 의하여 고유번호를 부여받거나 소득세법에 의하여 납세번호를 부여받은 단체의 경우에는 고유번호 또는 납세번호를 부여받은 문서나 그 사본에 의하여 확인한다(동법 시행령4의2①(3) 단서).

(라) 외국인

외국인의 경우는 외국인등록증, 여권 또는 신분증으로 확인한다(동법 시행령4의2①(4)).

(마) 실명을 확인하기 곤란한 경우

앞의 개인의 경우 등 4가지 방법으로 실지명의를 확인하기 곤란한 경우는 관계기관의 장의 확인서·증명서 등 금융위원회가 정하는 증표·서류로 확인한다(동법 시행령4의2①(5)).

2. 합산 제외대상

보고기준금액의 산정시에 금액을 합산함에 있어서 ⅰ) 100만원 이하의 원화 송금(무통장입금 포함) 금액, ⅱ) 100만원 이하에 상당하는 외국통화의 매입·매각 금액, ⅲ) 금융실명법 제3조 제2항 제1호, 동법 시행령 제4조 제1항 제2호에서 정하는 공과금 등을 수납한 금액, ⅳ) 법원공탁금, 정부·법원보관금, 송달료를 지출한 금액, ⅴ) 은행지로장표에 의하여 수납한 금액, ⅵ) 100만원 이하의 선불카드 거래 금액을 제외한다(영8의2④, 감독규정9).

따라서 보고 기준금액 산정시 제외대상은 ⅰ) 100만원 이하의 원화 송금(무통장입금 포함) 금액, ⅱ) 100만원 이하에 상당하는 외국통화의 매입, 매각 금액, ⅲ) 금융실명법에서 정하는 공과금 등을 수납하는 경우, ⅳ) 법원공탁금, 정부·법원 보관금, 송달료를 지출한 금액, ⅴ) 은행 지로장표에 의하여 수납한 금액, ⅵ) 100만원 이하의 선불카드 거래금액이다.

* 보고기준금액 산정 예시

거래 사례	보고여부	비고
甲 은행에서 A가 본인 명의의 2개의 계좌를 이용, 오전에 A계좌에서 현금 5백만원, 오후에 B계좌에서 현금 5백만원을 각각 인출한 경우	보고(지급)	지급액 1천만원
甲 은행에서 A가 1개의 계좌를 이용, 오전에 현금 1천만원 입금, 오후에 5백만원 출금한 경우	보고(입금)	영수액 1천만원(보고) 지급액 5백만원(보고안됨)
甲 은행에서 A가 오전에 본인 계좌에 현금 5백만원을 입금하고, 오후에 같은 은행에서 현금 5백만원을 무통장입금으로 乙 은행의 B계좌에 송금한 경우	보고(입금)	영수액 1천만원
甲 은행에서 A가 오전에 본인 계좌에 900만원을 현금 입금하고, 오후에는 B에게 현금 1백만원을 무통장 송금한 경우	미보고	영수액 900만원 (100만원 송금은 합산제외 －비실명거래)
乙 은행에서 B가 1개의 계좌를 이용하여 오전에 현금 900만원을 통장 입금하고, 오후에 현금 1백만원 통장입금하는 경우	보고(입금)	영수액 1천만원

Ⅴ. 보고내용과 보고방법

1. 보고내용

보고를 하는 금융회사등은 [별지 제2호 서식][2]의 고액 현금거래 보고서(카지노사업자의 경우 [별지 제2-1호 서식][3]의 고액 현금거래 보고서)(감독규정11①)에 따라 ⅰ) 보고하는 금융회사등의 명칭 및 소재지, ⅱ) 현금의 지급 또는 영수가 이루어진 일자 및 장소, ⅲ) 현금의 지급 또는 영수의 상대방, ⅳ) 현금의 지급 또는 영수의 내용, ⅴ) 무통장입금에 의한 송금시 수취인 계좌에 관한 정보를 보고하여야 한다(영8의6①, 감독규정11②).

2. 보고방법

(1) 평상시 보고방법

보고를 하는 금융회사등은 보고사항을 온라인·문서·전자기록매체의 방법으로 보고하여야 한다(영8의6①, 감독규정11②).

(2) 긴급한 경우의 보고방법

금융회사등은 보고할 경우 자금세탁방지 목적을 달성할 수 없는 때에는 전화 또는 팩스에 의한 방법으로 보고를 할 수 있다(감독규정12①). 전화 또는 팩스에 의한 방법으로 보고를 한 때에는 보고사항을 의심스러운 거래보고서 서식에 의하여 문서, 플로피디스크 등 전자기록매체 또는 온라인으로 다시 보고하여야 한다(감독규정12③).

(3) 긴급한 보고와 공무원 신분 확인 및 보고내용의 기록·보존

금융회사등은 전화 또는 팩스에 의한 방법으로 보고를 하고자 하는 경우에는 보고를 받으려고 하는 자가 금융정보분석원의 소속 공무원인지를 확인하여야 하며, 보고를 받는 공무원의 성명·보고일자 및 보고내용 등을 기록·보존하여야 한다(감독규정12②).

---

2) 부록 참조할 것.
3) 부록 참조할 것.

Ⅵ. 보고절차

1. 내부보고

은행 실무상 준법감시 담당자는 고액현금거래 추출 절차를 통해 추출한 고액현금거래와 자금세탁방지등의 담당직원이 검토 요청한 대체 의심거래 등을 자금세탁방지등 시스템을 통해 검토하고 있다.

준법감시 담당자는 추출된 고액현금거래와 대체 의심거래 등을 검토한 결과 정정이 필요한 경우에는 자금세탁방지등 시스템을 통하여 자금세탁방지섹션에 보고하고 있다

2. 외부보고

은행 실무상 자금세탁방지섹션은 준법감시 담당자가 고액현금거래 정정(제외, 추가, 수정) 요청한 내역을 검토하여 보고책임자의 승인을 요청한다. 보고책임자는 고액현금거래 정정 건에 대하여 최종 심사하고 승인한다.

고액현금거래는 거래 발생일로부터 27일 이내에 확정하여 거래 발생일로부터 30일 이내에 금융정보분석원으로 보고하여야 한다. 자금세탁방지섹션은 최종 확정된 고액현금거래 내역을 온라인, 봉인된 문서, 전화 또는 FAX 등으로 금융정보분석원에 보고하여야 한다.

> ▋ 관련 유권해석
> ① 금융위원회 200292, 2020. 11. 13 [외국인 전용 국내카지노에서 해외신용카드 수납관련 질의사항]
> [1] 질의요지
> ㉠ 외국인 전용 국내카지노에서 해외발행 신용카드·직불카드 또는 체크카드의 수납 시 여신전문금융업법 제2조(정의) 제3호 다목에 위배되는지 여부
> ㉡ 해외에서 발행한 신용카드 및 직불카드(debit card) 또는 체크카드(check card)로 카지노에서 결제시 승인금액이 1,000만원의 고액일 경우 카지노 사업자에게 특정금융정보법상 고액현금거래보고 의무와 승인한도 금액이 있는지 여부

ⓒ 외국인 전용 국내카지노에서 고객이 해외 발행 신용카드로 결제하여 국내카드사가 USD로 승인·매입 후 국내카지노에 USD로 대금이 입금되는 경우, 카지노고객에게 잔여 칩 등을 USD로 환불하여 주는 행위가 특정금융정보법에 저촉되는지 여부

[2] 회답

ⓐ 여신전문금융업법 제2조 제3호 다목에 따라 국내카지노가 ⅰ) 관광진흥법에 따라 허가를 받았으며 ⅱ) 외국인만을 대상으로 ⅲ) 외국에서 신용카드업에 상당하는 영업을 영위하는 자가 발행한 신용카드만으로 거래하는 경우에는 신용카드 수납이 가능합니다.

ⓑ 금융회사등과 금융거래 상대방 사이에 현금등의 물리적인 이동이 없는 방식으로 거래가 이루어진 경우, 해당 거래는 특정금융정보법 제4조의2에 따른 고액현금거래 보고대상이 아닙니다. 더불어 특정금융정보법은 신용카드등의 승인한도에 대해서 규정하고 있지는 않습니다.

ⓒ 특정금융정보법은 금융거래를 이용한 자금세탁행위와 공중협박자금조달행위를 규제하는 데 필요한 특정금융거래정보의 보고 및 이용 등에 관한 사항을 규정함으로써 범죄행위를 예방하고 나아가 건전하고 투명한 금융거래 질서를 확립하는 데 이바지하기 위한 법으로, 금융회사등과 고객 사이의 신용카드 결제나 환불 등의 행위의 허용이나 금지 여부를 규정하고 있진 않습니다.

• 다만, 카지노사업자나 전자금융업자를 비롯한 금융회사등은 금융거래의 상대방에 대한 고객확인을 수행하고 자금세탁행위나 공중협박자금조달행위를 하고 있다고 의심되는 합당한 근거가 있는 경우 그 사실을 금융정보분석원장에게 보고하는 등 특정금융정보법에 따른 자금세탁방지의무를 성실히 이행해야 할 것입니다.

[3] 이유

ⓐ 여신전문금융업법 제2조 제3호 다목에서는 게임산업법 제2조 제1호의2에 따른 사행성게임물의 이용 대가 및 이용에 따른 금전의 지급을 신용카드 결제금지 대상으로 규정하되, 예외적으로 외국인이 관광진흥법에 따라 허가받은 카지노영업소에서 외국에서 신용카드업에 상당하는 영업을 영위하는

자가 발행한 신용카드로 결제하는 것은 허용하고 있습니다.

• 따라서 국내카지노가 ⅰ) 관광진흥법에 따라 허가를 받았으며 ⅱ) 외국인만을 대상으로 ⅲ) 외국에서 신용카드업에 상당하는 영업을 영위하는 자가 발행한 신용카드만으로 거래하는 경우에는 신용카드 수납이 가능합니다.

ⓒ 특정금융정보법 제4조의2 및 동법 시행령 제8조의2에 따라 금융회사등은 1천만원 이상의 현금등을 금융거래의 상대방에게 지급하거나 그로부터 영수한 경우에는 그 사실을 30일 이내에 금융정보분석원장에게 보고하여야 합니다.

• 이때, 현금등의 지급이나 영수라 함은 금융거래에 수반하여 금융회사등과 금융거래 상대방 사이에서 현금등이 물리적으로 이동하는 것을 말하며,

• 현금등의 지급과 영수를 수반하는 금융거래를 취급한 당해 금융기관등은 보고기관으로써 해당 고액 현금거래 보고를 수행해야 합니다.

② 금융위원회 200130, 2020. 10. 21 [고액현금거래 보고의무의 범위]

[1] 질의요지

▫ 전자금융업자가 은행의 송금서비스를 이용하여 1천만원 이상의 전자지급결제대행에 따른 신용카드대금 정산금을 지급하는 경우 특정금융정보법 제4조의2에 따른 고액현금거래보고를 이행해야 하는지 여부

[2] 회답

▫ 전자금융업자가 은행의 송금서비스를 이용하여 1천만원 이상의 전자지급결제대행에 따른 신용카드대금 정산금을 지급하는 경우, 이는 금융거래 상대방에게 직접 현금등을 지급한 경우가 아니므로 해당 전자금융업자는 특정금융정보법에 제4조의2에 따른 고액현금거래보고를 하지 않아도 됩니다.

[3] 이유

▫ 특정금융정보법 제4조의2 및 동법 시행령 제8조의2에 따라 금융회사등은 1천만원 이상의 현금등을 금융거래의 상대방에게 지급하거나 그로부터 영수한 경우에는 그 사실을 30일 이내에 금융정보분석원장에게 보고하여야 합니다.

• 이 경우 보고대상은 고객이 현금등을 직접 금융회사등에 지급하거나 금

융회사등으로부터 받는 거래가 대상이며, 계좌간 이체 등은 대상이 아닙니다.

□ 따라서 전자금융업자가 은행의 송금서비스를 이용하여 1천만원 이상의 전자지급결제대행에 따른 신용카드대금 정산금을 지급하는 경우, 이는 금융 거래 상대방에게 직접 현금등을 지급한 경우가 아니므로 해당 전자금융업자 는 특정금융정보법에 제4조의2에 따른 고액현금거래보고를 하지 않아도 됩 니다.

③ 금융위원회 210465, 2022. 4. 20 [고액현금거래보고 대상의 명확한 해석]

[1] 질의요지

카지노사업자가 고객으로부터 ❶보관 혹은 ❷게임참여"를 목적으로 현금 을 영수하고 보관증을 발행·지급하여 주는 행위, ❸현금을 영수하고 발행· 지급해준 보관증을 영수하고 카지노에서 베팅에 사용되는 칩을 지급하는 행 위, ❹현금을 영수하고 바우처를 지급하는 행위 및 ❺바우처를 영수하고 현 금을 지급하는 행위가 특정금융정보법 제4조의2에 따른 고액현금거래보고 대상이 되는지 여부

[2] 회답

㉠ 카지노사업자가 고객으로부터 ❸현금을 영수하고 발행·지급해준 보관 증을 영수하고 카지노에서 베팅에 사용되는 칩을 지급하는 행위는 특정금융 정보법 제4조의2의 다른 요건을 충족하는 경우, 동조에 따른 고액현금거래보 고 대상이 될 수 있을 것입니다.

㉡ 카지노사업자가 고객으로부터 ❶보관 혹은 ❷게임참여를 목적으로 현 금을 영수하고 보관증을 발행·지급하여 주는 행위 및 ❹현금을 영수하고 바 우처를 지급하는 행위 및 ❺바우처를 영수하고 현금을 지급하는 행위의 경우 카지노사업자의 보고대상인 금융거래등에 해당하지 않아 특정금융정보법 제 4조의2에 따른 고액현금거래보고 대상이 아니라고 판단됩니다.

• 다만, 카지노사업자는 금융거래의 상대방에 대한 고객확인을 수행하고 자금세탁행위나 공중협박자금조달행위를 하고 있다고 의심되는 합당한 근거 가 있는 경우 그 사실을 금융정보분석원장에게 보고하는 등 특정금융정보법 에 따른 자금세탁방지의무를 성실히 이행해야 할 것입니다.

[3] 이유

☐ 특정금융정보법 제4조의2 및 시행령 제8조의2에 따라 금융회사등은 1천만원 이상의 현금등을 금융거래등의 상대방에게 지급하거나 그로부터 영수한 경우에는 그 사실을 30일 이내에 금융정보분석원장에게 보고하여야 합니다.

☐ 또한, 동법 제2조 제2호 다목은 카지노사업자의 영업장에서 현금 또는 수표를 대신하여 쓰이는 것으로서 대통령령으로 정하는 것과 현금 또는 수표를 교환하는 거래를 금융거래등으로 규정하고 있습니다. 또한 동법 시행령 제3조 제2항은 카지노사업자의 영업장에서 현금 또는 수표를 대신하여 쓰이는 것으로서 대통령령으로 정하는 것을 관광진흥법 제25조에 따라 문화체육관광부 장관이 정하여 고시하는 카지노에서 베팅에 사용되는 도구인 칩으로 규정하고 있습니다.

• 카지노사업자 고액현금거래보고 서식(「특정금융거래정보 보고 및 감독규정」[별지 2의1])도 보고대상인 거래자는 칩스의 환전 또는 구매의 상대방이며, 거래 종류를 칩스환전과 칩스구매로 나누어 하나를 선택하여 기재토록 하며,

– 칩스의 환전이란 칩스를 현금 또는 수표로 교환하는 것, 칩스구매란 현금 또는 수표를 칩스로 교환하는 것을 의미한다고 규정하고 있습니다.

☐ 카지노사업자가 고객으로부터 ❸현금을 영수하고 발행·지급해준 보관증을 영수하고 카지노에서 베팅에 사용되는 칩을 지급하는 행위는 특정금융정보법 제4조의2의 다른 요건을 충족하는 경우, 동조에 따른 고액현금거래보고 대상이 될 수 있을 것입니다.

• 해당 행위의 경우 고객이 카지노에 현금 보관증을 제공하고 수취한 현금을 카지노에 지급하여 카지노에서 베팅에 사용되는 도구인 칩을 구매하는 행위와 동일한 행위로 볼 수 있으며, 따라서 특정금융정보법 제2조 제2호 다목에 따른 카지노사업자의 금융거래에 해당한다고 해석할 수 있겠습니다.

☐ 카지노사업자가 고객으로부터 ❶보관 혹은 ❷게임참여를 목적으로 현금을 영수하고 보관증을 발행·지급하여 주는 행위 및 ❹현금을 영수하고 바우처를 지급하는 행위 및 ❺바우처를 영수하고 현금을 지급하는 행위의 경우

카지노사업자의 보고대상인 금융거래등에 해당하지 않아 특정금융정보법 제
4조의2에 따른 고액현금거래보고 대상이 아니라고 판단됩니다.

• 보관증·바우처는 직접 게임 베팅에 사용하려면 칩으로 교환하여야 하
며 이는 카지노에서 베팅에 사용되는 도구인 칩과는 상이한 것임을 의미하
는바, 카지노사업자의 보관증·바우처와 현금의 교환행위는 카지노에서 베팅
에 사용되는 도구인 칩과 현금 또는 수표를 교환하는 거래인 금융거래등에
해당한다고 해석하기 어렵기 때문입니다.

④ 금융위원회 180310, 2018. 10. 25 [특정금융정보법 시행령 제8조의2, 제
   8조의3 유권해석요청]

[1] 질의요지

▢ 카지노사업자가 지급 또는 영수한 금액이 수표와 현금을 혼합하여 2천
만 원(현행 1천만 원) 이상이며 수표를 지급하거나 영수하면서 실지명의를
확인한 후 수표관리대장에 실지명의 및 수표번호를 기록·관리하고 수표 스
캔본을 보관한 경우, 다음 두 가지 사례에서 카지노사업자에게 고액현금거래
보고 의무가 있는지 여부

㉠ 고객이 권면액이 100만원 미만인 수표 1,000만원 및 현금 1,000만원으
로 칩을 구입한 경우

㉡ 고객이 권면액이 100만원 이상인 수표 1,000만원 및 현금 1,000만원으
로 칩을 구입한 경우

[2] 회답

▢ 특정금융정보법은 금융회사등이 2천만 원(현행 1천만 원) 이상의 현금
을 지급 또는 영수한 경우 그 사실을 금융정보분석원에 보고하도록 하고 있
음(제4조의2). 예외적으로 카지노사업자의 경우에는 현금 외에 권면액이 100
만원을 초과하는 수표를 지급 또는 영수하는 경우에도 고액현금거래보고 기
준금액 산정시 이를 산입하도록 하고 있음(동법 시행령 제8조의3 본문). 다
만 이러한 경우에도 카지노사업자가 그 수표를 지급하거나 영수하면서 실지
명의를 확인한 후 실지명의 및 수표번호를 기록·관리하는 때에는 기준금액
산정시 수표로 지급 또는 영수한 금액도 산입하지 않을 수 있도록 규정함(동

법 시행령 제8조의3 단서).

□ 사례 ㉠의 경우 권면액이 100만원 미만인 수표인 경우에는 고액현금거래보고 대상 기준금액 산정시 이를 합산하지 않고(특정금융정보법 시행령 제8조의3 단서) 현금 1,000만원만이 고려되므로 해당 거래는 고액현금거래보고 의무 대상이 아니라고 할 것임.

□ 사례 ㉡의 경우 권면액이 100만원 이상인 수표의 경우에는 기준금액 산정시 수표금액을 합산하도록 하고 있으나(특정금융정보법 시행령 제8조의3 본문), 카지노사업자가 고객의 수표를 지급·영수하면서 실지명의를 확인한 후 이를 수표대장에 기록·관리하는 경우에는 이를 산입하지 않을 수 있도록 규정하고 있으므로(동법 시행령 제8조의3 단서) 해당 거래 역시 고액현금거래보고 의무 대상 거래는 아니라고 할 것임.

⑤ 유권해석 사례집 09번: 고액현금거래 보고기간/법 제4조의2

Q: 저는 증권회사에서 자금세탁방지 업무를 담당하고 있습니다. 특정금융정보법 제4조의2 제1항에 따르면 금융회사는 고액현금거래가 있는 경우에는 그 사실을 30일 이내에 금융정보분석원에 보고하도록 하고 있습니다. 그런데 보고기간의 말일이 공휴일인 경우에는 만료일자가 언제인지가 불분명한 것 같습니다. 언제까지 보고를 해야 30일 이내에 보고를 한 것이라고 볼 수 있을까요?

A: 법 제4조의2 제1항에 따라 금융회사등은 현금등을 지급하거나 영수한 금융거래일로부터 30일 이내에 금융정보분석원에 보고할 의무가 있는 것이 원칙입니다.

그러나 고액현금거래보고 기간(30일)의 말일이 토요일 또는 공휴일인 경우에는 예외적으로 보고기한은 민법 제155조,[4) 제161조[5)에 따라 그 말일인 토요일 또는 공휴일의 다음날까지라고 할 것입니다. 예를 들어 거래일이

---

4) 제155조(본장의 적용범위) 기간의 계산은 법령, 재판상의 처분 또는 법률행위에 다른 정한 바가 없으면 본장의 규정에 의한다.
5) 제161조(공휴일 등과 기간의 만료점) 기간의 말일이 토요일 또는 공휴일에 해당한 때에는 기간은 그 익일로 만료한다.

2017년 2월 9일인 경우 보고기한은 원칙적으로는 30일 종료시점인 2017년 3월 11일(토)이 됩니다. 그러나 3월 11일은 토요일, 그 다음 날은 공휴일이므로 그 익일인 3월 13일(월)이 보고기한이라고 할 수 있습니다.

⑥ 유권해석 사례집 10번: 고액현금거래보고 대상 여부/법 제4조의2, 법 제2조 제1호

Q: 저는 신탁회사를 운영하고 있습니다. 신탁부동산에서 발생하는 분양대금을 관리하면서 부득이한 사유로 위탁자 또는 기타 거래업체에 사업비를 현금으로 지급해야 할 경우가 생겼는데 이러한 경우도 고액현금거래보고 대상에 해당되는지요?

A: 네, 그렇습니다. 부동산 신탁회사가 사업비를 위탁자 또는 기타거래에 현금으로 지급하는 거래는 금융회사등(법 제2조 제1호 마목 자본시장법에 따른 신탁업자)이 금융거래의 상대방에게 현금을 지급하는 행위이므로 고액현금거래보고 대상에 해당합니다. 다만, 2천만 원(현행 1천만 원) 이상인 경우에만 보고대상이 되므로 사업비가 2천만 원(현행 1천만 원) 이상인 경우여야 보고대상에 해당한다고 할 것입니다.

⑦ 유권해석 사례집 11번: 고액현금거래보고 대상 여부/법 제4조의2, 법 제2조 제1호

Q: 甲회사는 乙보험사에 단체보험을 가입하였는데 乙보험사와의 보험계약이 만료되기 전에 파산신청을 하게 되었습니다. 이에 甲사는 채권자인 丙 및 丁과의 화의신청을 위해 확정일자를 부여한 채권양도 통지서를 乙보험사에 제공하며, 해지하는 단체보험의 미경과 보험료를 丙과 丁의 계좌로 환급처리해줄 것을 요청하였습니다. 이에 乙보험사는 丙에게 2,500만원, 丁에게 1,000만원을 환급 처리하였습니다. 이런 경우에도 특정금융정보법상 정하는 고액현금거래보고 대상에 포함이 되는지요?

A: 네, 고액 현금거래보고 대상에 포함될 수 있습니다. 보험회사가 단체보험의 미경과 보험료를 보험계약자의 채권자에게 2천만 원(현행 1천만 원) 이상 현금으로 지급할 경우, 해당 거래는 금융회사등(법 제2조 제1호 카목 보

험업법에 따른 보험회사)이 금융거래의 상대방에게 현금을 지급하는 행위이
므로 고액현금거래보고 대상에 해당할 수 있습니다. 따라서 사안의 경우 乙
보험사가 2천만 원 이상인 2,500만원을 丙에게 현금으로 지급하였다면 丙과
의 거래는 고액현금거래보고 대상에 포함된다고 할 것입니다.

   * CTR 유의사항(실무)
  − 실제현금이 수반되지 않는 거래는 반드시 대체로 처리
  − 당행 자기앞수표 거래의 경우 현금을 지급하는 경우를 제외하고 대체로 처리
  − 송금거래(자/타행 포함) 시 임의의 제3자 명의로 송금하지 않도록 유의(금
    액산출 왜곡우려)
  − 의도적인 분할거래를 인지하였을 때에는 내용을 파악하여 STR 적극 검토
  − 제외요청사유 "전산오조작": 취소거래가 원칙이나 취소거래가 용이하지 못
    할 경우
  − 실제현금이 수반되지 않는 거래 → 5영업일 안에 지점장 결재가 완료되어
    야 경평 미감점
  − 제외요청사유 "현금처리요청": 고객의 현금처리 요청거래로 STR보고 필수
  − 실제현금 거래임에도 불구 STR보고 하고 "고객요청"으로 제외요청하는 경
    우 빈번 → 주의

제2절 보고 회피 목적의 분할거래

Ⅰ. 보고대상

   금융회사등은 금융거래등의 상대방이 고액현금거래보고를 회피할 목적으로
금액을 분할하여 금융거래등을 하고 있다고 의심되는 합당한 근거가 있는 경우
에는 그 사실을 금융정보분석원장에게 보고하여야 한다(법4의2②).

Ⅱ. 보고내용과 보고방법

영 제7조 제1항의 규정은 법 제4조의2 제2항의 규정에 의한 보고에 관하여 이를 준용한다(영8의6②). 아래서는 준용규정을 살펴본다.

1. 보고내용

보고를 하는 금융회사등은 [별지 제1호 서식]의 의심스러운 거래보고서(카지노사업자의 경우 [별지 제1-1호 서식]의 의심스러운 거래보고서)(감독규정6①)에 따라 ⅰ) 보고를 하는 금융회사등의 명칭 및 소재지, ⅱ) 보고대상 금융거래등이 발생한 일자 및 장소, ⅲ) 보고대상 금융거래등의 상대방, ⅳ) 보고대상 금융거래등의 내용, ⅴ) 법 제4조 제3항의 규정에 의한 의심되는 합당한 근거(제5호), ⅵ) 금융회사등이 보존하는 당해 보고와 관련된 자료("관련자료")의 종류를 보고해야 한다(영8의6②, 영7①, 감독규정7①).

2. 보고방법

(1) 평상시 보고방법

보고를 하는 금융회사등은 위의 보고내용을 문서·전자기록매체 또는 온라인의 방법으로 보고해야 한다(영8의6②, 영7①, 감독규정6② 본문). 다만, 온라인 보고를 하는 경우에도 전자화가 곤란한 첨부서류는 문서 또는 플로피디스크 등의 형태로 직접 제출하거나 우편에 의해 제출할 수 있다(감독규정6② 단서).

(2) 긴급한 경우의 보고방법

금융회사등은 보고할 경우 자금세탁방지 목적을 달성할 수 없는 때에는 전화 또는 팩스에 의한 방법으로 보고를 할 수 있다(감독규정12①). 전화 또는 팩스에 의한 방법으로 보고를 한 때에는 금융회사들은 보고사항을 의심스로운 거래보고서 서식에 의하여 문서, 플로피디스크 등 전자기록매체 또는 온라인으로 다시 보고하여야 한다(감독규정12③).

(3) 긴급 보고와 공무원 신분 확인 및 보고내용의 기록·보존

금융회사등은 전화 또는 팩스에 의한 방법으로 보고를 하고자 하는 경우에

는 보고를 받으려고 하는 자가 금융정보분석원의 소속 공무원인지를 확인하여야
하며, 보고를 받는 공무원의 성명·보고일자 및 보고내용 등을 기록·보존하여야
한다(감독규정12②).

(4) 관련 자료 사본 첨부보고

금융회사등이 보고를 함에 있어 보고내용의 분석에 필요하다고 인정하는 경
우에는 의심스러운 거래보고서에 감독규정 제7조 제1항의 규정에 의해 열거한
주요 관련자료의 사본을 첨부하여 보고할 수 있다(감독규정7②).

3. 보고책임자에 대한 통보

금융정보분석원장은 보고서를 접수한 경우 전자우편 등을 통해 보고책임자
에게 그 사실을 통보하여야 한다(감독규정6③).

4. 금융회사등의 주의의무

금융회사등은 보고를 하는 경우에는 합당한 이유없이 정상적인 금융거래등
에 관한 자료가 첨부되지 않도록 주의를 기울여야 한다(감독규정6④).

Ⅲ. 보고절차

보고를 함에 있어서 금융회사등은 자신이 취급하는 금융거래등에 대하여 보
고업무를 담당할 자로 임명된 자("보고책임자")가 자체적으로 파악한 내용 또는
그 임직원으로부터 보고된 내용과 자체적으로 파악한 관련자료등을 종합적으로
검토한 후 금융정보분석원장에게 보고하는 금융거래등("의심되는 거래 보고대상 금
융거래등")으로 결정한 날로부터 3영업일 이내에 보고하여야 한다(감독규정3).

제3절 중계기관의 지정 · 운영

Ⅰ. 의의

금융정보분석원장은 ⅰ) 전국은행연합회(제1호), ⅱ) 한국금융투자협회(제2호), ⅲ) 상호저축은행중앙회(제3호)를 고액 현금거래 보고에 관한 자료를 중계하는 기관("중계기관")으로 지정 · 운영할 수 있다(법4의2③).

Ⅱ. 중계기관 지정의 고시

금융정보분석원장은 중계기관을 지정한 때에는 이를 고시하여야 한다(영8의7①).

Ⅲ. 중계기관을 통한 고액현금거래의 보고

금융회사등은 중계기관을 거쳐 고액현금거래를 금융정보분석원장에게 보고할 수 있다(영8의7②).

Ⅳ. 업무처리기준의 제정

1. 의의

금융정보분석원장은 중계기관의 업무처리기준을 정할 수 있으며, 중계기관으로 하여금 그 세부운영기준을 정하게 할 수 있다(영8의7③).

특정금융정보법 시행령 제8조의7에 따라 중계기관으로 지정받은 자가 준수하여야 할 구체적 사항을 정함으로써 고액 현금거래 보고 업무의 안정성, 효율성 및 신뢰성을 확보함을 목적으로 「중계기관 업무처리기준」(금융정보분석원 훈령 제43호)이 시행되고 있다(중계기관 업무처리기준1, 이하 "업무처리기준").

2. 중계기관의 업무

중계기관은 ⅰ) 신규 보고기관 연계, 통·폐합 등 보고기관 변경에 따른 조치(제1호), ⅱ) 중계기관 보고망 관리 및 보고채널 모니터링(제2호), ⅲ) 중계 시스템 및 네트워크 등의 장애발생 시 ㉠ 장애조치 매뉴얼에 따른 신속한 복구(가목), ㉡ 금융정보분석원에 장애원인 및 장애복구 조치 내역서 보고(나목), ㉢ 보고기관 네트워크 장애에 대한 지원체계 운영(다목)의 업무(제3호)를 수행한다(업무처리기준3).

위에서 "보고기관"이란 고액 현금거래 정보 등을 금융정보분석원에 보고하는 금융회사 등을 말한다(업무처리기준2(1)).

3. 보안점검 실시와 그 결과의 보고

중계기관은 보고망의 안정적인 운영관리 및 외부 침해행위 등을 방지하기 위하여 연 1회 이상 보안점검을 실시하고, 그 결과를 금융정보분석원에 보고하여야 한다(업무처리기준4).

4. 시정조치의 요청

금융정보분석원장은 중계기관의 원활한 업무처리를 위해 필요한 경우 중계기관에 적절한 조치를 취할 것을 요청할 수 있다(업무처리기준5).

5. 중계서비스 휴지의 통지

중계기관이 중계서비스를 휴지하려면 휴지하려는 날의 30일 전까지 휴지기간을 정하여 이를 문서(전자문서 포함)로 보고기관에 통지하고 그 사실을 금융정보분석원에 알려야 한다(업무처리기준6 본문). 여기서 중계서비스란 보고기관이 보고업무를 수행할 수 있도록 전용선을 통해 금융정보분석원과 통신할 수 있는 환경을 제공하는 서비스를 말한다(업무처리기준2(2)).

다만, 천재지변이나 그 밖의 부득이한 사유로 통지를 할 수 없는 경우에는 중계기관 인터넷 홈페이지에 30일 이상 게시하는 것으로 통지에 갈음할 수 있다(업무처리기준6 단서).

Ⅴ. 중계기관장의 세부운영기준 제정과 통지

중계기관의 장은 세부운영기준을 정한 경우에는 그 내용을 지체 없이 금융정보분석원장에게 알려야 한다(영8의7④).

* STR과 CTR 비교

구분	STR	CTR
제도내용	금융회사는 자금세탁행위를 하고 있다고 의심되는 금융거래 내용을 금융정보분석원(KoFIU)에 보고	금융회사는 자금세탁 여부에 관계없이 기준금액 이상 현금거래 내용을 금융정보분석원(KoFIU)에 보고
법령상 보고대상	﹣불법재산이라고 의심되거나 자금세탁 의심이 있는 금융거래 ﹣관련 법률에 따라 관할 수사기관에 신고한 금융거래	﹣고액 현금의 지급, 영수거래 ﹣CTR 보고회피 목적 분할거래
기준금액	없음(금액에 상관없이 보고) (2013. 11. 14.자로 변경)	1천만원 이상 (외화제외) (2019. 7. 1.자로 변경)
판단기준	금융회사 종사자의 업무지식, 전문성, 경험 등을 바탕으로 의심거래 정황을 고려 주관적 판단	일률적/객관적 기준(금액)에 따라 보고
보고시기	의심되는 거래로 판단되는 때로부터 지체없이 보고	금융거래 발생 후 30일 이내 보고
장점	﹣금융회사 직원의 전문성 활용 ﹣정확도가 높고 활용도가 큼	﹣자금세탁행위 예방효과 ﹣분석 자료로 참고
단점	﹣정확도 금융회사 의존도가 높음 ﹣참고유형 제시 등 어려움	﹣정확도 금융회사 의존도가 낮음 ﹣금융회사의 추가비용 발생

제 4 장

금융회사등의 조치 등

제1절 관련 규정

금융회사등은 의심거래보고 및 고액현금거래보고를 원활하게 하고 금융회사등을 통한 자금세탁행위와 공중협박자금조달행위를 효율적으로 방지하기 위하여 ⅰ) 의심거래보고 및 고액현금거래보고 업무를 담당할 자("보고책임자")의 임명 및 내부 보고체제의 수립(제1호), ⅱ) 자금세탁행위와 공중협박자금조달행위의 방지를 위하여 해당 금융회사등의 임직원이 직무를 수행할 때 따라야 할 절차 및 업무지침의 작성·운용(제2호), ⅲ) 자금세탁행위와 공중협박자금조달행위의 방지를 위한 임직원의 교육 및 연수(제3호)의 조치를 하여야 한다(법5①).

아래서는 제1호, 제2호, 제3호를 나누어 살펴본다.

제2절 보고책임자의 임명과 보고체제 수립

금융회사등은 의심거래보고 및 고액현금거래보고를 원활하게 하고 금융회사등을 통한 자금세탁행위와 공중협박자금조달행위를 효율적으로 방지하기 위하여 의심거래보고 및 고액현금거래보고 업무를 담당할 자("보고책임자")의 임명 및 내부 보고체제의 수립하여야 한다(법5①(1)).

I. 보고책임자 임면 통보와 등록

1. 보고책임자 임면 통보

금융회사등은 보고책임자를 임면한 때에는 그 사실을 금융정보분석원장에게 통보하여야 한다(영9①). 보고책임자는 금융회사등의 자금세탁방지등의 업무를 총괄하고 보고대상 거래인 의심거래와 고액현금거래에 대하여 금융정보분석원장에게 보고업무를 수행하는 자를 말한다.

은행 실무에 따르면 은행은 금융거래정보의 원활한 보고와 자금세탁행위 및 공중협박자금조달행위를 효율적으로 방지하기 위해 일정 자격과 직위를 갖춘 자를 선정하여 보고책임자 1인을 임명하여야 하며, 임면한 때에는 그 사실을 금융정보분석원장에게 통보하여야 한다. 보고책임자는 준법감시인으로 한다. 보고책임자가 불가피한 사유로 업무를 수행할 수 없는 경우에는 자금세탁방지섹션장이 대행한다.

2. 보고책임자 등록

보고책임자를 임면한 금융회사등은 [별지 제3호 서식]의 보고책임자 임면통보서에 의하여 당해 내용을 금융정보분석원 홈페이지를 통해 등록하여야 한다(감독규정17).

* [별지 제3호 서식] 보고책임자 임면 통보서

보고책임자 임면 통보서		
금융기관등 명 :		
	신 보고책임자[1]	구 보고책임자[1]
성 명		
직 위		
소 속 부 서		
임 명 일 자		
전 화 번 호		
이 메 일 주 소		

　「특정금융거래정보의 제공 및 이용 등에 관한 법률」 제5조 및 같은 법 시행령 제9조의 규정에 따라 위와 같이 통보합니다.

년　　월　　일

통보자 직위　　　성명　　　　(인)

금융정보분석원장 귀하

주 : 1) 보고책임자가 복수인 경우 칸을 나누어서 작성

Ⅱ. 보고체제 수립

1. 의의

금융회사등은 의심거래보고 및 고액현금거래보고를 위해 자신의 지점 등 내부에서 보고책임자에게 보고하는 내부보고체제와 이를 금융정보분석원에 보고하는 외부보고체제를 수립하여야 한다(업무규정81).

2. 내부보고체제

(1) 내부보고체제의 수립 및 운용

(가) 내부보고체제 수립

1) 내부보고체제 수립의무

금융회사등은 보고대상 금융거래등이 창구직원 등으로부터 보고책임자에게 신속·원활하게 보고될 수 있도록 내부보고체제를 수립하여야 한다(감독규정19①).

2) 내부보고체제 수립시 참고사항

금융회사등이 내부보고체제를 수립하는 때에는 ⅰ) 지점 직원이 의심되는 거래 등 보고서를 작성하여 지점의 담당책임자[1])에게 보고하고 담당책임자는 이를 검토하여 보고책임자에게 보고(제1호), ⅱ) 지점 직원이 의심되는 거래 등 보고서를 작성하여 보고책임자에게 보고(제2호), ⅲ) 지점 직원이 의심되는 거래 등 발생 사실을 보고서 작성 없이 보고책임자에게 직접 보고(제3호)의 방법을 참고할 수 있다(업무규정82①).

3) 보고책임자의 보고서 작성자 겸직 금지

금융회사등이 내부보고체제를 수립하는 경우 보고 여부 검토자 또는 보고책임자는 보고서 작성자가 될 수 없다(업무규정82② 본문). 다만, 소규모 금융회사등의 경우에는 그러하지 아니하다(업무규정82② 단서).

(나) 보고책임자의 내부보고체제 점검

보고책임자는 내부보고체제, 업무지침 운용 및 교육·연수 상황을 상시 점

---

1) 담당책임자라 함은 부점 소속 직원의 자금세탁방지등의 업무에 대한 교육 및 상담을 수행하고, 자금세탁방지등과 관련된 업무이행에 대한 지도 및 점검을 하는 등 부점의 자금세탁방지등과 관련된 업무전반을 수행하는 직원을 말한다.

검하여 금융회사등의 보고가 원활히 이루어질 수 있도록 하여야 한다(감독규정19②).

(다) 보고담당자 변경 등 등록·관리

보고책임자는 보고담당자 변경 등 정보의 변동이 있는 경우 금융정보분석원 홈페이지를 통해 이를 즉시 갱신하여야 하며, 필요한 경우 당해 기관 보고담당자 등을 금융정보분석원 홈페이지에 등록·관리할 수 있다(감독규정19③).

(2) 내부보고체제 수립의 예외
(가) 보고책임자의 겸임 금융회사

다음의 금융회사등, ⅰ) 여신전문금융업법에 의한 신기술사업투자조합(제1호), ⅱ) 중소기업창업지원법에 의한 중소기업창업투자조합(제2호), ⅲ) 산업발전법에 의한 기업구조조정조합(제3호)의 보고책임자는 당해 금융회사등을 관리 또는 운용하는 금융회사등의 보고책임자가 겸임한다(감독규정18②).

(나) 환전영업자의 보고책임자

영 제2조 제10호의 규정에 의한 환전영업자의 보고책임자는 환전영업자가 금융정보분석원장에게 별도로 보고책임자를 통보한 경우를 제외하고는 한국은행 총재에게 등록한 대표자를 보고책임자로 본다(감독규정18③ 전단). 이 경우 한국은행총재는 등록된 대표자의 인적사항을 금융정보분석원장에게 통보하여야 한다(감독규정18③ 후단).

3. 외부보고체제

금융회사등은 수립된 내부보고체제에 따라 보고서를 작성한 경우 이를 보고책임자가 금융정보분석원장에게 보고할 수 있는 외부보고체제를 수립하여야 한다(업무규정83).

제3절 직무수행 절차 및 업무지침의 작성·운용

금융회사등은 의심거래보고 및 고액현금거래보고를 원활하게 하고 금융회사등을 통한 자금세탁행위와 공중협박자금조달행위를 효율적으로 방지하기 위하여 자금세탁행위와 공중협박자금조달행위의 방지를 위하여 해당 금융회사등의 임직원이 직무를 수행할 때 따라야 할 절차 및 업무지침을 작성·운용하여야 한다(법5①(2)).

Ⅰ. 업무지침의 정의

업무지침이라 함은 금융회사등이 자신의 업무특성 또는 금융기법의 변화를 고려하여 자신이 자금세탁행위 및 공중협박자금조달행위에 이용되지 않도록 하기 위한 정책과 이를 이행하기 위한 구체적이고 적절한 조치 등을 서술한 내부지침을 말한다(감독규정24①).

Ⅱ. 업무지침의 내용

업무지침에서는 의심되는 거래 보고, 고객확인의무에 관하여 고객 및 거래 유형별로 자금세탁의 위험 정도에 따른 적절한 조치내용·절차·방법 등을 정할 수 있다(감독규정24②).

Ⅲ. 직무수행 절차 및 업무지침의 포함사항

직무수행 절차 및 업무지침은 ⅰ) 금융거래등에 내재된 자금세탁행위와 공중협박자금조달행위의 위험을 식별, 분석, 평가하여 위험도에 따라 관리 수준을 차등화하는 업무체계의 구축 및 운영에 관한 사항, ⅱ) 자금세탁행위와 공중협박자금조달행위의 방지 업무를 수행하는 부서로부터 독립된 부서나 기관에서 그 업무수행의 적절성, 효과성을 검토·평가하고 이에 따른 문제점을 개선하기 위한 업무체계의 마련 및 운영에 관한 사항, ⅲ) 의심되는 거래 보고 또는 고액현금거래 보고를 효과적으로 수행하기 위해 필요한 금융거래등에 대한 감시체계의 구축 및 운영에 관한 사항, iv) 고객확인의무에서 고객확인을 위해 고객의 자금세탁행위 및 공중협박자금조달행위의 위험을 평가하는 절차 및 방법에 관한 사항, v) 금융회사등이 다른 금융회사등을 통해 고객확인을 이행하는 경우에 준수해야 할 절차 및 방법에 관한 사항, vi) 신규 금융상품 및 서비스를 제공하기 전 자금세탁행위와 공중협박자금조달행위의 위험을 평가하기 위한 절차 및 방법에 관한 사항, vii) 금융회사등이 대한민국 외에 소재하는 자회사 또는 지점의 자금세탁행위와 공중협박자금조달행위 방지 의무의 이행을 감시하고 관리하기 위한 절차 및 방법에 관한 사항, viii) 그 밖에 자금세탁행위 및 공중협박자금조달행위를 효율적으로 방지하기 위해 금융정보분석원장이 정하여 고시하는 사항을 포함하여야 한다(법5③, 영9②).

Ⅳ. 직무수행 절차 및 업무지침 준수 여부 감독

금융회사등은 임직원이 직무를 수행할 때 직무수행 절차 및 업무지침을 준수하는지 여부를 감독하여야 한다(법5④).

제4절 임직원의 교육 및 연수

Ⅰ. 의의

금융회사등은 의심되는 거래 보고 및 고액현금거래 보고를 원활하게 하고 금융회사등을 통한 자금세탁행위와 공중협박자금조달행위를 효율적으로 방지하기 위하여 자금세탁행위와 공중협박자금조달행위의 방지를 위한 임직원의 교육 및 연수 조치를 하여야 한다(법5①(3)).

Ⅱ. 교육 및 연수 실시

1. 교육 및 연수프로그램 수립과 운용

금융회사등은 교육 및 연수프로그램을 수립하고 운용하여야 한다(업무규정7①).

2. 보고책임자의 교육 및 연수 실시 의무

보고책임자는 교육 및 연수를 연 1회 이상 실시하여야 한다(업무규정7②).

Ⅲ. 교육내용

1. 교육 및 연수 실시

금융회사등은 직위 또는 담당 업무 등 교육대상에 따라 적절하게 구분하여 교육 및 연수를 실시하여야 한다(업무규정8①).

2. 교육 및 연수 필수적 포함사항

금융회사등은 교육 및 연수를 실시하는 경우 ⅰ) 자금세탁방지등에 관한 법규 및 제도의 주요내용(제1호), ⅱ) 자금세탁방지등과 관련된 내부정책 및 절차(제2호), ⅲ) 의심되는 거래의 유형 및 최근 동향(제3호), ⅳ) 고객확인의 이행과 관련한 고객 유형별 업무처리 절차(제4호), ⅴ) 의심되는 거래 및 고액현금거래보고 업무처리 절차(제5호), ⅵ) 자금세탁방지등과 관련된 임직원의 역할 등(제6호)이 포함되도록 하여야 한다(업무규정8②).

Ⅳ. 교육방법 등

1. 교육방법

금융회사등은 교육 및 연수를 집합, 전달, 화상 등 다양한 방법으로 실시할 수 있다(업무규정9①).

2. 교육 및 연수의 일자 · 대상 · 내용 등 기록 · 보존

금융회사등은 교육 및 연수를 실시한 경우에 교육 및 연수의 일자 · 대상 및 내용 등을 기록 · 보존하여야 한다(감독규정20, 업무규정9②).

제5절 내부통제 구축

Ⅰ. 금융회사 지배구조 감독규정

금융회사 지배구조 감독규정 제11조 제2항에 의하면 금융회사는 특정금융정보법 제2조 제4호에 따른 자금세탁행위 및 같은 조 제5호에 따른 공중협박자금조달행위("자금세탁행위등")를 방지하기 위한 다음의 사항(금융투자업자 중 투자자문업자는 제외)인 ⅰ) 특정금융정보법 제2조 제2호에 따른 금융거래에 내재된 자금세탁행위 등의 위험을 식별, 분석, 평가하여 위험도에 따라 관리 수준을 차등화하는 자금세탁 위험평가체계의 구축 및 운영(가목), ⅱ) 자금세탁행위등의 방지 업무를 수행하는 부서로부터 독립된 부서 또는 외부전문가가 그 업무수행의 적절성, 효과성을 검토 · 평가하고 이에 따른 문제점을 개선하기 위한 독립적 감사체계의 마련 및 운영(나목), ⅲ) 소속 임직원이 자금세탁행위등에 가담하거나 이용되지 않도록 하기 위한 임직원의 신원사항 확인 및 교육 · 연수(다목)를 내부통제기준에 포함하여야 한다(금융회사 지배구조 감독규정11②(6)).

Ⅱ. 구성원별 역할 및 책임

1. 이사회의 역할 및 책임

(1) 금융회사등의 이사회의 역할 및 책임 부여의무

금융회사등은 경영진이 설계 · 운영하는 자금세탁방지와 공중협박자금 · 대량살상무기확산자금조달금지("자금세탁방지등") 활동과 관련하여 이사회에 역할과 책임을 부여하여야 한다(업무규정4①).

(2) 이사회 역할과 책임의 필수적 포함사항

이사회의 역할과 책임에는 ⅰ) 경영진이 자금세탁방지등을 위해 설계·운영하는 내부통제 정책에 대한 감독책임(제1호), ⅱ) 자금세탁방지등과 관련한 경영진과 감사(또는 감사위원회)의 평가 및 조치결과에 대한 검토와 승인 등(제2호)이 포함되어야 한다(업무규정4②).

2. 경영진의 역할 및 책임

(1) 금융회사등의 경영진의 역할 및 책임 부여의무

금융회사등은 경영진에게 자금세탁방지등의 활동에 관한 역할과 책임을 부여하여야 한다(업무규정5①).

(2) 경영진 역할과 책임의 필수적 포함사항

경영진의 역할과 책임에는 ⅰ) 자금세탁방지등을 위한 내부통제 정책[계열회사(공정거래법 제2조 제3호에 따른 계열회사)와 자회사(상법 제342조의2에 따른 자회사)를 보유한 금융회사등의 경우 계열회사와 자회사를 포함하는 내부통제 정책을 의미]의 설계·운영·평가(제1호), ⅱ) 자금세탁방지등을 위한 내부통제 규정 승인(제2호), ⅲ) 내부통제 정책의 준수책임 및 취약점에 대한 개선조치 사항의 이사회 보고(제3호), ⅳ) 내부통제 정책 이행과정에서 발견된 취약점을 개선할 책임(제4호), ⅴ) 자금세탁방지등의 효과적 수행에 필요한 전문성과 독립성을 갖춘 일정 직위 이상의 자를 보고책임자로 임명 및 그 임면사항을 금융정보분석원장에게 통보 등(제5호), ⅵ) 경영진의 승인을 거친 정책·통제·절차에 관한 사항(제6호)이 포함되어야 한다(업무규정5②).

3. 보고책임자의 역할 및 책임

(1) 의심거래 또는 고액현금거래의 보고

금융회사등의 보고책임자는 의심되는 거래 또는 고액현금거래를 금융정보분석원장에게 보고하여야 한다(업무규정6①).

(2) 고객확인의무 수행 관련 업무 총괄

금융회사등의 보고책임자는 법 제5조의2에 따른 고객확인의 이행과 관련된 업무를 총괄한다(업무규정6②).

(3) 금융회사등의 보고책임자에 대한 역할과 책임 부여의무

금융회사등은 자금세탁방지등을 위한 내부통제 정책의 설계·운영 및 평가와 관련하여 보고책임자에게 역할과 책임을 부여하여야 한다(업무규정6③).

(4) 보고책임자의 역할과 책임 필수적 포함사항

금융회사등은 자금세탁방지등을 위한 내부통제 정책의 설계·운영 및 평가와 관련하여 보고책임자에게 역할과 책임을 부여하는 경우의 그 역할과 책임에는 ⅰ) 관련 규정 및 세부 업무지침의 작성 및 운용(제1호), ⅱ) 직무기술서 또는 관련규정 등에 임직원별 자금세탁방지등의 업무와 관련한 역할과 책임 및 보고체계 등 명시(제2호), ⅲ) 전자금융기술의 발전, 금융 신상품의 개발 등에 따른 자금세탁행위 및 공중협박자금·대량살상무기확산자금 조달("자금세탁행위등") 유형과 기법에 대한 대응방안 마련(제3호), ⅳ) 직원알기제도의 수립 및 운영(제4호), ⅴ) 임직원에 대한 교육 및 연수(제5호), ⅵ) 자금세탁방지등의 업무와 관련된 자료의 보존책임(제6호), ⅶ) 자금세탁방지등의 운영상황 모니터링 및 개선·보완(제7호), ⅷ) 자금세탁방지등 시스템·통제활동의 운영과 효과의 정기적 점검 결과 및 그 개선사항의 경영진 보고(제8호), ⅸ) 금융거래 규모 등 자체 여건을 감안한 전담직원[2] 배치(제9호), ⅹ) 기타 자금세탁방지등과 관련하여 필요한 사항 등(제10호)이 포함되어야 한다(업무규정6④).

(5) 금융정보분석원과의 업무협조 및 정보교환

금융회사등의 보고책임자는 금융정보분석원과의 업무협조 및 정보교환 등을 위해 적절한 조치를 취하여야 한다(업무규정6⑤).

보고책임자의 금융정보분석원과의 업무협조 및 정보교환 등을 위한 조치에는 ⅰ) 특정금융거래정보의 분석을 위해 금융정보분석원장이 문서에 의해 외국환거래 등을 이용한 금융거래 관련 정보 또는 자료의 제공을 요청하는 경우 그

---

2) 전담직원은 보고책임자의 지시에 따라 자금세탁방지등의 업무를 수행하는 전담부서의 직원을 말한다. 여기서 전담부서는 보고책임자의 업무를 보조하는 조직으로서, 보고책임자가 수행하는 금융회사등의 자금세탁방지등의 업무를 효율적으로 운영하도록 실무적으로 지원하는 부서를 말한다.

제공(제1호), ⅱ) 의심되는 거래보고 및 고액현금거래보고와 관련한 내부보고체
계 운용상황의 점검·개선사항에 대하여 금융정보분석원과의 정보교환 등(제2호)
이 포함되어야 한다(업무규정6⑥).

Ⅲ. 직원알기제도

1. 의의

직원알기제도(KYE: Know Your Employee)란 금융회사등이 자금세탁행위등에
자신의 임직원이 이용되지 않도록 하기 위해 임직원을 채용(재직 중 포함)하는 때
에 그 신원사항 등을 확인하고 심사하는 것을 말한다(업무규정10).

2. 절차 수립

(1) 절차와 방법 수립의무

금융회사등은 직원알기제도의 이행과 관련된 절차와 방법을 수립하여야 한
다(업무규정11①).

(2) 적절한 조치

금융회사등은 수립된 관련 절차 등이 원활하게 운용될 수 있도록 적절한 조
치를 취하여야 한다(업무규정11②).

Ⅳ. 독립적 감사체계

1. 의의

독립적 감사체계란 금융회사등이 자금세탁방지등의 업무를 수행하는 부서
와는 독립된 부서에서 그 업무수행의 적절성, 효과성을 검토·평가하고 이에 따
른 문제점 등을 개선하기 위해 취하는 절차 및 방법 등을 말한다(업무규정12①).
이에 따라 금융회사등은 독립적인 감사를 실시하기 위한 체계를 구축·운영
하여야 한다(업무규정12②).

2. 감사 주체

(1) 감사 또는 감사위원회

금융회사등은 감사 또는 감사위원회로 하여금 독립적 감사를 실시하도록 하여야 한다(업무규정13①).

(2) 업무평가의 전문성

금융회사등은 독립적 감사를 실시하는 자로 하여금 자금세탁방지등의 업무평가를 위해 관련 전문성을 갖출 수 있도록 적절한 조치를 취하여야 한다(업무규정13②).

(3) 내부부서 또는 외부전문가 활용

금융회사등은 감사부서 외의 내부부서(자금세탁방지등의 업무를 담당하는 부서는 제외) 또는 외부전문가로 하여금 독립적 감사를 실시하게 할 수 있다(업무규정13③).

3. 감사 주기

금융회사등은 독립적 감사를 연 1회 이상 실시하여야 한다(업무규정14 본문). 다만, 영업점에 대해서는 자금세탁방지등의 이행수준과 자금세탁행위등의 위험도를 고려하여 감사주기를 따로 정할 수 있다(업무규정14 단서).

4. 감사 방법 및 범위

(1) 실지감사의 방법

금융회사등은 실지감사의 방법으로 독립적 감사를 실시하여야 한다(업무규정15① 본문). 다만, 영업점에 대해서는 실지감사·서면·모니터링 등의 방법을 활용하여 실시할 수 있다(업무규정15① 단서).

(2) 감사의 필수적 포함사항

금융회사등이 실시하는 독립적 감사는 자금세탁방지등의 업무수행의 적절성과 효과성 등을 검토·평가하고 그에 따른 의견을 제시할 수 있도록 ⅰ) 자금세탁방지등 관련정책, 절차 및 통제활동 등의 설계·운영의 적정성 및 효과성(제1호), ii) 자금세탁방지등 모니터링 시스템의 적정성(제2호), iii) 관련업무의 효율적 수행을 위한 인원의 적정성 등(제3호)이 포함되어야 한다(업무규정15②).

5. 결과보고

금융회사등의 감사 또는 감사위원회는 감사를 실시한 후 그 결과를 이사회에 보고하고 감사범위·내용·위반사항 및 사후조치 등을 기록·관리하여야 한다(업무규정16).

Ⅴ. 신규 상품 및 서비스에 대한 자금세탁방지 절차 수립

1. 위험요소 관리·경감 조치의무

금융회사등은 i) 금융회사 자체 및 금융거래 등에 내재된 자금세탁행위등의 위험(제1호), ii) 신규 금융상품 및 서비스(새로운 기술 및 지급·결제 수단의 이용에 따른 것을 포함) 등을 이용한 자금세탁행위등의 위험(제2호)의 어느 하나에 해당하는 사항을 식별하고 확인·평가·이해하기 위한 정책과 절차를 수립·운영하여야 하며, 위험요소를 관리·경감하기 위한 적절한 조치를 취하여야 한다(업무규정17).

2. 신규 상품 및 서비스에 대한 사전 위험평가

은행 실무상 상품 및 서비스 개발 관련 부서는 신상품 및 신규 서비스 출시 전, "신규 상품 및 서비스에 대한 사전 위험평가 체크리스트"에 따라 자금세탁 등의 위험을 평가하여야 한다.

해당 상품 및 서비스별 자금세탁 위험 속성 값은 보고책임자의 승인을 거쳐 자금세탁방지등 시스템에 반영하여 자금세탁 등의 위험평가에 적용하여야 한다.

* 신규상품 및 서비스에 대한 사전 위험평가 체크리스트

1. 신규 상품 및 서비스 기본 정보			
검토요청 부서명			
검토자명	검토년월일		
신규 상품 및 서비스 명			
신규 상품 및 서비스 가입대상			
신규 상품 및 서비스 내용/특징			

2. 기존 상품 및 서비스 유사성 검토			
유사 상품 및 서비스 검토 요청 부서명			
유사 상품 및 서비스 명			
상품 및 서비스 유사성 검토			
가. 고유위험 특성 검토		여부(Y/N)	비고
1) 신규 상품 및 서비스와 주 고객층 및 거래국가가 유사한 기존 상품 및 서비스가 존재하는가?			
2) 신규 상품 및 서비스와 특성과 유사한 기존 상품 및 서비스가 존재하는가?			
▶ 상기 검토결과에 대한 부연 설명			
나. 통제효과성 검토		여부(Y/N)	비고
1) 기존 유사 상품 및 서비스와 업무 프로세스가 동일한가?			
2) 기존 유사 상품 및 서비스와 징구서류가 동일한가?			
3) 별도의 계정계 화면개발 없이 기존 유사 상품 및 서비스와 동일한 화면을 사용하는가?			
4) 신규 상품 및 서비스의 거래 모니터링을 위하여 기존 룰 활용이 가능한가?			
▶ 상기 검토결과에 대한 부연 설명			
기존 상품 및 서비스 유사성 검토 결과			

3. 신규 상품 및 서비스 상세정보	
신규 상품 및 서비스 프로세스	
징구서류	

4. 신규 상품 및 서비스 위험평가			
4.1 신규 상품 및 서비스 고유위험 평가			
가. 고객 및 국가		여부(Y/N)	비고
1) 외국인 또는 비거주자가 계약자로 등록될 수 있는가?			
2) 계약자 이외에 다수 고객확인 수행대상이 존재하는가? (예, 보증인, 수익자 등-법인 대표자 및 대리인은 제외)			
3) 계약자와 실제 수익자가 상이하거나 향후 계약내용에 따라 거래자가 달라질 수 있는가? (예, 신탁 등)			
4) 특정금융정보법에서 정의하고 있는 고객확인 대상 금융거래 중 주로 일회성 금융거래로 거래되는가?			
5) 계약에 대한 양수양도가 자유로운가?			
나. 업무환경-상품특성		여부(Y/N)	비고
1) 익명성-가치의 귀속이 무기명으로 이루어지거나 가치의 귀속 대상이 명시되지 않을 위험이 있는가? (예, 무기명 증서식, 수표 등)			
2) 이동성-가치의 형태가 실물에 기초하고 있어, 휴대나 반출이 자유롭게 이루어질 위험이 있는가? (예, 수표, 실물 발행 채권, 신용카드 등)			
3) 신속성-가치의 이동 시 직원과의 대면 없이 이루어질 위험이 있는가? (예, 인터넷 뱅킹, 폰뱅킹 등)			
4) 거래추적-신규상품 및 서비스의 구조가 복잡하거나 상품 및 서비스의 거래를 추적하기 어렵거나, 가치의 귀속 대상을 판단하기 어려울 위험이 있는가? (예, 파생상품 등)			
5) 해외거래-가치의 유입 또는 유출이 국내 외에 해외에서도 자유롭게 이용될 위험이 있는가?			

(예, 환거래, 전신송금 등)		
6) 고위험 상품–FATF, 자금세탁방지 업무규정 등에서 고위험 상품 및 서비스로 분류하는 상품 및 서비스에 해당될 위험이 있는가? 〈FATF 권고사항〉–환거래, 전신공금, 비대면 거래, 전자금융 거래, PB 거래, MVTS 거래 (머니그램 등) 등 〈업무규정〉– 양도성 예금증서(무기명), 환거래 서비스, 비대면 거래 등		
7) 가상계좌–신규상품 및 서비스 이용시 가상계좌를 사용하여 거래 상대방을 추적하기 어려울 위험이 있는가?		
다. 업무환경–채널특성	여부(Y/N)	비고
1) 신규상품 및 서비스에 대한 판매 및 가입경로가 창구 이외의 다양한 채널로 가능한가?		
4.2 신규 상품 서비스 통제효과성 평가(신규 상품 및 서비스를 고객에게 제공하기 전까지 완료)		
가. 업무 프로세스	여부(Y/N)	비고
1) 신규상품 및 서비스 업무 프로세스 수립 시 고객확인절차를 포함하고 있는가? – 고객확인절차: 고객에 대한 확인 및 검증, 실소유자에 대한 확인 및 검증, 요주의 리스트 확인, 위험평가 수행, EDD 절차 수행 등		
2) 신규상품 및 서비스 거래시 고객확인 수행대상을 명확히 구분하고 있는가? – 고객확인 수행대상: 계약자, 법인대표자, 대리인, 보증인, 수익자 등		
3) 신규상품 및 서비스 가입 시 고객으로부터 수취하는 정보 및 금융거래 시 발생하는 데이터에 대한 기록보존연한이 5년 이상으로 설정되어 있는가? – EDMS 스캔문서 대상 및 보존기간(고객확인 및 분석에 필요한 정보누락 여부 확인), 기타 서류 보존 방법 등		
나. 전산개발(거래 모니터링 포함)	여부(Y/N)	비고
1) 신규상품 및 서비스가 고객확인 대상인 경우 계정계 시스템에 고객확인 대상 거래로 포함되어 있는가? – 계정계 시스템 수행절차: 고객에 대한 필수 및 검증 정보 등록, 실소유자에 대한 필수 및 검증정보 등록, 요주의 리스트 확인, 위험평가 수행, 위험도에 따라 추가정보 등록 등		
2) KYC 위험평가 누락을 방지하고 정확한 위험평가 수행을 위하여 신규상품 과목코드, 신규상품 위험속성을 모두 등록하여 관리하고 있는가?		
3) 신규상품 및 서비스가 일회성 금융거래 상품인 경우 이를 연결합산대상에 등록하여 관리하고 있는가?		
4) 신규상품 및 서비스를 구분하고 거래를 추적할 수 있도록 계정계 시스템에서 거래로그를 구분하고 있는가?		
5) 신규상품 및 서비스와 관련된 거래를 모니터링하기 위한 룰을 운영하고 있는가? – 기존 룰 수정, 추가 룰 개발 등		

4.3 신규 상품 및 서비스 위험평가			
4.3.1 신규 상품 및 서비스 고유위험 평가	배점	평가점수	평가등급
가. 고객 및 국가	0	0	
나. 업무환경–상품특성	0	0	
다. 업무환경–채널특성	0	0	
고유위험 평가 결과	0	0	
4.3.1 신규 상품 및 서비스 통제효과성 평가	배점	평가점수	평가점수
가. 업무 프로세스	0	0	
나. 전산개발(거래 모니터링 포함)	0	0	
통제효과성 평가 결과			
신규 상품 및 서비스 위험평가 결과			

5. 신규 상품 및 서비스 자금세탁위헌 종합의견

5.1 종합의견

5.2 전사 위험평가 변동사항

Ⅵ. 자금세탁방지제도 이행 평가

1. 종합평가

금융정보분석원장은 자금세탁방지제도의 원활한 정착과 적극적 이행을 유도하기 위하여 매년 금융회사등의 자금세탁방지제도 이행현황 등에 대하여 종합적인 평가를 실시하여야 한다(업무규정18).

2. 위험관리수준 평가

(1) 위험관리체계의 운영

금융회사등은 자신의 자금세탁 행위등의 위험을 확인·평가·이해("위험평가등")하기 위해 ⅰ) 위험평가등의 결과를 문서화(제1호), ⅱ) 전반적 위험의 수준과 위험의 완화를 위해 적용되어야 할 적절한 조치의 수준과 종류를 결정하기에 앞서 관련된 모든 위험요소들을 고려(제2호), ⅲ) 위험평가등의 결과를 지속적으로 최신 상태로 유지(제3호), ⅳ) 위험평가등의 정보를 금융정보분석원장 및 검사수탁기관의 장에게 제공하기 위한 적절한 운영체계 구축(제4호), ⅴ) 업무규정 제28조부터 제31조까지(제28조의 위험평가, 제29조의 국가위험, 제30조의 고객유형 평가, 제31조의 상품 및 서비스 위험)의 내용을 위험평가등에 반영(제5호)의 조치들을 포함하여 적절한 조치를 취해야 한다(업무규정19①).

(2) 위험에 대한 대응

금융회사등은 자신의 자금세탁행위등의 위험을 관리하고 경감하기 위해서 ⅰ) 경영진의 승인을 거친 정책·통제·절차("통제등")를 구비(제1호), ⅱ) 통제등의 시행 여부를 감시하고 필요한 경우 통제등을 강화(제2호), ⅲ) 자금세탁행위등의 위험이 높은 것으로 확인된 분야에 대해 강화된 조치 수행(제3호), ⅳ) 신규 금융상품 및 서비스에 대한 자금세탁방지 및 FATF 지정위험위험국가 고객에 대한 자금세탁행위등의 위험을 평가할 수 있는 절차 수립·운영사항 반영(제4호)의 조치를 취해야 한다(업무규정19②).

(3) 조치사항의 반영과 준수

자금세탁행위와 공중협박자금조달행위의 방지를 위하여 임직원이 직무를 수행할 때 따라야 할 절차 및 업무지침의 작성·운용 사항 중 금융거래등에 내재된 자금세탁행위와 공중협박자금조달행위의 위험을 식별, 분석, 평가하여 위험도에 따라 관리 수준을 차등화하는 업무체계의 구축 및 운영에 관한 의무이행과 관련하여 업무규정 제19조 제1항 및 제2항의 내용을 반영하고 준수하여야 한다(업무규정19③).

(4) 위험관리수준의 주기적 평가

금융정보분석원장은 금융회사등이 자신의 금융거래 등에 내재된 자금세탁행위등의 위험에 상응하여 적절한 조치를 취하고 있는지 주기적으로 평가("위험관리수준 평가")하여야 한다(업무규정19④).

실무상 은행은 자금세탁행위등의 위험에 대하여 지속적인 위험평가를 연 1회 이상 실시하고 있다.

(5) 보고 조치와 보고의무

금융정보분석원장은 위험관리수준 평가를 위해 필요한 내용을 금융회사등이 보고하도록 조치할 수 있으며, 금융회사등은 금융정보분석원장이 정하여 통보한 방법 및 기한 등에 따라 보고하여야 한다(업무규정19⑤ 본문). 다만, 금융정보분석원장이 검사수탁기관의 장과 협의하여 달리 정하는 경우에는 그에 따른다(업무규정19⑤ 단서).

(6) 위험관리수준 평가결과의 활용

금융정보분석원장은 위험관리수준 평가결과를 검사수탁기관의 장과 공유하고 감독, 검사 및 교육에 활용하여야 하며, 금융정보분석원장 및 검사수탁기관장은 금융회사등에 대한 검사계획 수립, 검사의 강도 및 빈도를 결정할 때 i) 각 금융회사등의 위험 특성에 대한 평가를 통해 파악한 금융회사등의 자금세탁행위등의 위험과 관련 정책, 내부통제 및 절차 위험(제1호), ii) 국가위험평가 등을 통해 확인된 자금세탁행위등의 위험(제2호), iii) 우리나라에 존재하는 자금세탁행위등의 위험(제3호), iv) 금융회사등의 특성. 특히 금융회사등의 다양성, 수, 위험기반접근법에 따라 금융회사등에 허용된 재량의 수준(제4호)을 고려하여야 한다(업무규정19⑥).

(7) 점검 및 검사 실시

금융정보분석원장 및 검사수탁기관장은 주기적인 자금세탁방지행위등과 관련 위험관리수준 평가 등에 기반한 점검 및 검사를 실시하고, 금융회사등의 경영 또는 운영 관련 중요한 사안이 발생했을 때에는 적시에 점검 및 검사를 실시하여야 한다(업무규정19⑦).

제6절 위반시 제재

법 제5조 제1항을 위반하여 같은 항 각 호에 따른 조치를 하지 아니한 자에게는 1억원 이하의 과태료를 부과한다(법20①(1)).

제 5 장
/
고객확인의무

제1절 고객확인의 개념과 종류

고객확인을 수행할 대상 고객은 거래당사자인 본인뿐만 아니라 다른 개인, 법인 또는 그 밖의 단체를 위한 것임을 표시하여 금융거래를 하는 대리인 및 실제 소유자를 포함한다.

I. 고객확인의 개념

고객확인이란 금융회사등이 고객과 금융거래를 하는 때에 자신이 제공하는 금융상품 또는 서비스가 자금세탁행위등에 이용되지 않도록 법 제5조의2에 따라 고객의 신원확인 및 검증, 거래 목적 및 실제 소유자 확인 등 고객에 대하여 합당한 주의를 기울이는 것을 말한다(업무규정20①).

고객확인제도(CDD)란 금융회사등이 고객과 거래시 고객의 신원을 확인·검증하고, 실제 소유자, 거래 목적, 자금의 원천을 확인하도록 하는 등 금융거래 또는 금융서비스가 자금세탁 등 불법행위에 이용되지 않도록 고객에 대해 합당한 주의를 기울이도록 하는 제도를 말한다.[1] 고객알기제도(KYC: Know Your Customer)라고도 한다.

Ⅱ. 고객공지의무

1. 문서와 자료 공지

금융회사등은 고객에게 고객확인을 위해 필요한 문서와 자료 등을 공지하여야 한다(업무규정36①). 이에 따라 고객확인의무 수행 시 고객확인 및 검증을 위한 고객의 정보와 이를 검증하기 위한 문서, 자료 등이 필요하다는 것을 고객에게 공지하여야 한다.

2. 고객공지 포함사항

금융회사등이 공지하는 때에는 ⅰ) 고객확인의 법적 근거(제1호), ⅱ) 고객확인에 필요한 정보, 문서, 자료 등(제2호), ⅲ) 고객이 정보 등의 제출을 거부하거나, 검증이 불가능한 경우에 금융회사등이 취하는 조치 등(제3호)의 내용이 포함되도록 하여야 한다(업무규정36②).

3. 고객공지의 방법

은행 실무상 고객공지는 구두, 고객확인서, 전자적 수단, 또는 안내문, 게시물 등을 활용할 수 있다. 은행 실무는 고객확인의무 이행시 "고객확인서" 및 "리플렛" 등을 통해 고객확인에 필요한 정보, 문서, 자료 등을 공지하고 있다.

▌관련 유권해석: 유권해석 사례집 34번: 고객공지의무의 운영 취지 및 형태/ 업무규정 제36조

Q: 업무규정 제36조상 고객공지의무의 운영 취지 및 형태가 궁금합니다.

A: 업무규정 제36조상 고객공지의무란 고객에게 고객확인을 위해 필요한 자료 및 정보를 얻는 과정에서 고객과의 창구 마찰을 방지하기 위해 고객에

---

[1] 금융정보분석원(2018a), 40쪽.

게 고객확인의 법적 근거 및 필요 정보 등을 제공하라는 의미입니다. 이는 홈페이지 게시, 약관 기재 등 불특정다수의 공지도 될 수 있지만 핵심은 창구에서 고객의 요청시 동 내용을 설명해 주는 것이라 할 수 있습니다.

* 고객공지 안내문 · 게시문 등

Ⅲ. 고객의 분류

실무상 자금세탁 위험도에 따른 고객 분류도 있다. 금융회사등과 거래하는 고객에 대해서는 요주의 목록(Watch List) 등재 여부, 고객유형 위험지수 및 거래유형 위험지수 등을 감안한 자금세탁 위험도를 고려하여 다음과 같이 분류한다.

1. 저위험 고객

저위험 고객은 신원확인 및 검증을 수행하여야 하는 고객을 말한다.

2. 고위험 고객

고위험 고객은 신원확인 및 검증 이외에 추가정보를 확인하여야 하는 고객을 말한다.

Ⅳ. 고객확인의 종류

1. 간소화된 고객확인: 저위험 고객

(1) 원칙

간소화된 고객확인(simplified CDD)이란 고객확인 조치를 이행하는 금융회사 또는 금융정보분석원 등 정부에서 실시한 위험평가 결과 자금세탁행위등의 위험이 낮은 것으로 평가된 고객 또는 상품 및 서비스에 한하여 고객확인을 위한 절차와 방법 중 일부(고객 신원확인 제외)를 적용하지 않을 수 있음을 말한다(업무규정20② 본문).

(2) 예외

다음의 경우, 즉 ⅰ) 외국인인 고객이 자금세탁방지 국제기구("FATF") 권고사항을 도입하여 효과적으로 이행하고 있는 국가의 국민(법인 포함)이 아닌 경우(제1호), ⅱ) 자금세탁등이 의심되거나 위험이 높은 것으로 평가되는 경우(제2호)에는 간소화된 고객확인 절차와 방법 등을 적용할 수 없다(업무규정20② 단서).

▌관련 유권해석: 유권해석 사례집 14번: 간소화된 고객확인의 근거/업무규정 제20조 제2항

Q: FATF 국제기준에 세계적인 금융회사나 주식시장에 상장한 대기업 등과 같이 자금세탁 및 테러자금조달 위험성이 낮은 경우 간소화된 고객확인을 할 수 있도록 하는 근거규정이 있는지요?

A: FATF는 자금세탁 및 테러자금조달 위험성이 낮다고 판단되는 경우에는 금융회사등이 간소화된 고객확인을 이행하도록 허용하고 있으며, 자금세탁 및 테러자금조달 위험성이 낮은 사례로서 다음과 같은 내용을 제시하고 있습니다(FATF 권고사항 제10조 주석 16.이하 참조).

ⅰ) FATF 권고사항에 따라 자금세탁 및 테러자금조달 방지 의무사항을 준수하며 이행 여부를 효과적으로 감독받고 있는 금융회사 및 비금융사업자·

전문직(DNFBP[2])), ii) 증권거래소에 등록되어 있으며 실소유자에 관하여 적절한 투명성을 유지할 공시의무가 있는 상장기업, iii) 행정기관 또는 공기업, iv) 연간 보험료 납부액이 USD/EUR 1,000 미만이거나 1회 납부액이 USD/EUR 2,500 미만인 생명보험, ⅴ) 해약조항이 없고 보험증권이 담보로 사용될 수 없는 조건의 연금보험, vi) 피고용자에게 퇴직금을 지급하는 연금, 퇴직연금 또는 유사한 보험계약으로서, 보험료는 급여에서 공제되는 방식으로 지불되며 이익의 양도를 허용하지 않는 보험

2. 강화된 고객확인: 고위험 고객

강화된 고객확인(EDD)이란 고객확인 조치를 이행하는 금융회사등 또는 정부에서 실시한 위험평가 결과 자금세탁행위등의 위험이 높은 것으로 평가된 고객 또는 상품 및 서비스에 대하여 업무규정 제38조부터 제40조에 따른 고객의 신원확인 및 검증 이외에 제41조부터 제42조 및 제4장에 따른 추가적인 정보를 확인하는 것을 말한다(업무규정20③). 이에 관한 상세한 내용은 후술한다.

▎관련 유권해석: 유권해석 사례집 12번: 고객확인 및 검증의 의미/법 제5조의2, 업무규정 제20조

Q: 고객확인제도에서 의미하는 고객확인 및 검증이란 구체적으로 무슨 의미인가요?

A: 고객확인제도란 금융회사등이 제공하는 금융거래 또는 서비스가 자금세탁 등의 불법행위에 이용되지 않도록 고객에 대하여 합당한 주의를 기울이라는 제도입니다.

여기서 고객확인 및 검증이란 금융회사등이 문서나 질문 등을 통해 고객으로부터 정보를 획득하여 확인(Identify)하는 과정과 고객으로부터 획득한 정보를 객관적이고 신뢰할 수 있는 문서·자료·정보 등을 통해 검증(Verification)하는 과정을 의미합니다. 즉 금융회사등은 소정의 양식(고객확인서 등)에 의해 필요

---

2) Designated Non-Financial Businesses and Professions(FATF 권고기준 제22조 및 제23조 참조)

한 정보를 요구하거나 고객과의 문답 등을 통해 기록함으로써 고객확인을 이행할 수 있으며, 이를 검증하기 위하여 어떠한 문서·자료·정보를 요구할 것인가에 대하여 금융회사 내규나 지침 등에 반영하여 관리해야 합니다.

검증시 고객이 제시한 정보와 금융회사등이 기존에 보유하고 있는 정보간에 차이가 있는 경우에는 이러한 차이를 확인하여 기록·관리해야 합니다.

V. 고객확인대상 금융거래

1. 고객확인 대상

고객확인(법5의2① 각호)에 관한 의무는 금융거래등에 적용된다(영10의2① 본문).

2. 고객확인 면제대상

금융회사등은 금융거래등의 성질상 그 적용이 적절하지 않거나 자금세탁행위와 공중협박자금조달행위에 이용될 가능성이 현저히 적은 금융거래등으로서 금융정보분석원장이 정하여 고시하는 금융거래등의 경우에는 금융정보분석원장이 정하여 고시하는 바에 따라 법 제5조의2 제1항 제1호에 따른 고객확인 조치의 전부 또는 일부를 하지 않을 수 있다(영10의2①).

여기서 "금융정보분석원장이 정하는 거래"라 함은 다음의 어느 하나에 해당하는 거래를 말한다(감독규정21).

1. 금융실명법 제3조 제2항 제1호, 동법 시행령 제4조 제1항 제2호에서 정하는 각종 공과금 등의 수납
2. 금융실명법 제3조 제2항 제3호, 동법 시행령 제4조 제2항, 제3항에서 정하는 채권의 거래3)

---

3) 채권의 거래는 다음의 특정채권, 즉 ⅰ) 고용 안정과 근로자의 직업능력 향상 및 생활 안정 등을 위하여 발행되는 중소벤처기업진흥공단이 발행하는 채권, 예금보험기금채권, 부실채권정리기금채권, ⅱ) 외국환평형기금 채권으로서 외국통화로 표시된 채권, ⅲ) 중소기업의 구조조정 지원 등을 위하여 발행되는 중소벤처기업진흥공단이 발행하는 채권, 예금보험기금채권, 부실채권정리기금채권, ⅳ) 증권금융회사가 발행한 사채, ⅴ) 그 밖에 국

3. 법원공탁금, 정부·법원보관금, 송달료의 지출

4. 보험기간의 만료시 보험계약자, 피보험자 또는 보험수익자에 대하여 환급금이 발생하지 아니하는 보험계약

5. 발행권면 최고한도 5만원 이하인 전자화폐(전자금융거래법16① 단서, 동법 시행령11①)의 발행

6. 발행권면 최고한도 50만원인 선불전자지급수단(전자금융거래법23①(1), 동법 시행령13①) 본문)의 발행

▌관련 유권해석:

① 유권해석 사례집 20번: 고객확인 면제/법 제5조의2, 영 제10조의2 제1항, 제10조의6, 감독규정 제21조

Q: 공과금 납부를 위해 계좌에서 2천만 원 이상을 인출하였습니다. 이 경우에도 고객확인 대상이 되나요?

A: 공과금 등의 수납거래는 「특정 금융거래정보 보고 및 감독규정」("감독규정") 제21조 제1호에 따라 금액에 관계없이 고객확인의무가 면제됩니다. 또한 계좌에서 인출한 경우에는 특정금융정보법 제10조의6 제2항에 따라 금융회사등이 고객확인을 한 후에 같은 고객과 다시 금융거래를 하는 때에 해당하므로 고객확인을 생략할 수 있습니다.

② 유권해석 사례집 21번: 고객확인 면제/법 제5조의2, 영 제10조의2 제1항, 감독규정 제21조

Q: 감독규정 제21조 제4호에 의하면 보험기간 만료시 보험계약자, 피보험자 또는 보험수익자에 대해 환급금이 발생하지 않는 보험계약에 대해서는 고객확인의무가 면제되어 있습니다. 이와 관련하여 만약 보험기간 만료시에는 환급금이 발생하지 않으나, 보험계약 중도 해지시 중도 환급금이 발생하는 보험계약의 경우에는 금융회사의 고객확인의무가 존재하는지 궁금합니다.

A: 보험기간 만기시 환급금이 발생하지 않더라도 중도 해지시 중도 환급

민생활 안정과 국민경제의 건전한 발전을 위하여 발행되는 중소벤처기업진흥공단이 발행하는 채권, 예금보험기금채권, 부실채권정리기금채권으로서 법률 제5493호 금융실명거래 및 비밀보장에 관한 법률 시행일(1997년 12월 31일) 이후 1998년 12월 31일 사이에 재정경제부장관이 정하는 발행기간·이자율 및 만기 등의 발행조건으로 발행된 채권의 거래(금융실명법3②(3), 동법 시행령4②)와 수표거래(동법 시행령4③)를 말한다.

금이 발생한다면 고객확인 대상으로 보는 것이 타당합니다. 만기시 환급금이 발생하지 않는 보험계약에 대해 고객확인의무가 면제되는 것은 자금세탁행위나 공중협박자금조달행위에 이용될 가능성이 현저히 적기 때문인데, 이는 환급금이 미발생하는 거래 형태에 주된 이유가 있다고 볼 수 있습니다. 따라서 중도 해지시 환급금이 발생하는 경우에는 만기시에 환급금이 발생하는지와는 상관없이 고객확인 대상 거래에 해당한다고 볼 것입니다.

③ 유권해석 사례집 33번: 보험계약 체결시 고객확인의 범위/법 제5조의2, 영 제10조의2, 감독규정 제21조

Q: 저는 보험회사 직원입니다. 보험계약 체결시 고객확인의 범위는 어디까지인가요?

A: 보험계약에서 보험회사는 보험계약자 및 보험수익자에 대해 고객확인을 해야 하며 이러한 고객확인 과정에서 특정금융정보법 제5조의2 제1항 제1호 나목 및 동법 시행령 제10조의5에 따라 당해 고객을 최종적으로 지배하거나 통제하는 사람이 있으면 그 실제 소유자에 관한 사항을 확인하여야 합니다.

④ 금융위원회 210068, 2023. 8. 21 [보험기간 만료 시에 환급금이 발생하지 아니하는 보험인 경우 고객확인의무를 면하되 중도해지 신청 전이나 신청 후 또는 해지환급금 지급 전 고객확인을 이행하는 것의 허용 여부 질의]

[1] 질의요지

ㅁ「특정 금융거래정보 보고 및 감독규정」("감독규정") 제21조 제4호에 따르면 보험기간의 만료 시 보험계약자, 피보험자 또는 보험수익자에 대하여 환급금이 발생하지 아니하는 보험계약은 고객확인이 면제되는바, 만료 시에는 환급금이 발생하지 않지만 중도해지 시 환급금이 발생하지 않는 보험계약에 대하여 고객확인의무를 면제하되, 중도해지 시 환급금이 발생하는 보험계약의 경우 중도해지 신청 전후로 해지환급금 지급전에 고객확인의무를 이행하는 것이 허용되는지 여부

[2] 회답

ㅁ 만기시에 환급금이 발생하지 않는 보험계약이더라도 중도해지 시 환급

금이 발생하는 이상 자금세탁위험을 방지하기 위한 고객확인의무는 필수적으로 적용되고, 타인을 위한 보험이 아닌 일반적인 보험계약의 경우 금융거래등이 이루어지기 전에 고객확인을 하여야 하므로 보험계약 체결시 고객확인이 필요합니다. 다만, 보험계약자와 보험수익자가 다른 타인을 위한 보험계약의 경우 환급금을 지급하는 때 또는 환급금에 관한 청구권이 행사되는 때 고객확인이 가능하다고 보입니다.

[3] 이유

ㅁ 특정금융정보법 제5조의2 제1항에서는 금융회사등의 고객확인의무를 규정하고, 같은 법 시행령 제10조의2 제1항 단서에서는 "금융거래 성질상 그 적용이 적절하지 않거나 자금세탁등에 이용될 가능성이 현저히 적은 거래" 등에 대해서는 고객확인을 하지 않을 수 있다고 규정하며 구체적인 사항은 감독규정에 위임하고 있습니다.

• 감독규정 제21조 제4호에 따르면 "보험기간의 만료시 보험계약자, 피보험자 또는 보험수익자에 대하여 환급금이 발생하지 아니하는 보험계약"은 고객확인의무가 면제됩니다. 다만, 보험기간 만기시 환급금이 발생하지 않더라도 중도 해지시 중도 환급금이 발생한다면 고객확인 대상으로 보입니다.

• 만기시 환급금이 발생하지 않는 보험계약에 대해 고객확인의무가 면제되는 것은 자금세탁행위나 공중협박자금조달행위에 이용될 가능성이 현저히 적기 때문인데, 이는 환급금이 미발생하는 거래 형태에 주된 이유가 있다고 볼 수 있습니다. 따라서 중도 해지시 환급금이 발생하는 경우에는 고객확인 대상 거래에 해당된다고 보는 것이 타당합니다.

ㅁ 한편, 특정금융정보법 시행령 제10조의6 제1항 본문은 금융회사등은 금융거래가 이루어지기 전에 고객확인을 하여야 한다고 규정하고 있습니다. 다만, 동법 시행령 제10조의6 제1항 단서 및 감독규정 제23조 제2호에 따라 상법 제639조에서 정하는 타인을 위한 보험의 경우 금융거래가 이루어진 후 환급금을 청구권자에게 지급하는 때 또는 환급금에 관한 청구권이 행사되는 때 고객확인을 할 수 있다고 보고 있습니다.

• 즉 보험계약자와 보험수익자가 다른 타인을 위한 보험계약의 경우 환급금에 관한 청구권이 행사되는 때 고객확인이 가능합니다.

□ 따라서 만기시에 환급금이 발생하지 않는 보험계약이더라도 중도해지시 환급금이 발생하는 이상 자금세탁위험을 방지하기 위한 고객확인의무는 필수적으로 적용되고, 타인을 위한 보험이 아닌 보험계약의 경우 금융거래등이 이루어지기 전에 고객확인을 하여야 하므로 보험계약 체결시 고객확인이 필요합니다. 다만, 보험계약자와 보험수익자가 다른 타인을 위한 보험계약의 경우 환급금을 청구권자에게 지급하는 때 또는 환급금에 관한 청구권이 행사되는 때 고객확인이 가능하다고 보입니다.

⑤ 금융위원회 190237, 2020. 1. 15 [「선불전자지급수단+선불카드」 성격의 결제수단이 특금법에 따른 고객확인 면제 및 실명확인 간소화 대상에 포함되는지 여부]

[1] 질의요지

□ 전자금융거래법에 따른 선불전자지급수단("선불전자지급수단")과 여신전문금융업법에 따른 선불카드("선불카드")를 결합한 성격의 결제수단("본건 상품")을 이용하는 고객에 대해 특정금융정보법 제5조의2 제1항 각 호에 따른 확인("고객확인")시 선불전자지급수단에 준하는 방법으로 고객확인이 가능한지 여부

[2] 회답

□ 금융회사등은 선불전자지급수단과 선불카드를 결합한 성격의 결제수단을 이용하는 고객에 대해 고객확인을 이행하는 경우 선불카드와 관련한 금융거래에 준하여 고객확인을 해야 합니다.

[3] 이유

□ 선불전자지급수단의 경우 고객확인 이행 및 방식에 있어서 일정한 예외를 규정하고 있습니다(특정금융정보법 제5조의2 제1항 각 호, 같은 법 시행령 제10조의2 제1항·제10조의4 제1호, 감독규정 제21조 제6호·제23조의2 제1항).

□ 그러나 선불전자지급수단 및 선불카드의 성격을 동시에 띠고 있는 본건 상품의 경우 선불전자지급수단에 한정하여 적용되는 위 규정에 따른 고객확인은 적용되기 어렵다고 할 것입니다.

> • 따라서 본건 상품 고객에 대해 두 가지 금융거래(선불전자지급수단 및 선불카드 발행)에 대한 고객확인을 모두 포괄할 수 있는 수준의 의무이행을 위해서는 선불카드와 관련한 금융거래에 준하는 방법으로 고객확인을 이행해야 합니다.

Ⅵ. 관련 규정

금융회사등은 금융거래등을 이용한 자금세탁행위 및 공중협박자금조달행위를 방지하기 위하여 합당한 주의(注意)로서 다음의 구분에 따른 조치를 하여야 한다(법5의2① 전단).

1. 고객이 계좌를 신규로 개설하거나 대통령령으로 정하는 금액 이상으로 일회성 금융거래등을 하는 경우: 다음 각 목의 사항을 확인
   가. 대통령령으로 정하는 고객의 신원에 관한 사항
   나. 고객을 최종적으로 지배하거나 통제하는 자연인("실제 소유자")에 관한 사항. 다만, 고객이 법인 또는 단체인 경우에는 대통령령으로 정하는 사항
2. 고객이 실제 소유자인지 여부가 의심되는 등 고객이 자금세탁행위나 공중협박자금조달행위를 할 우려가 있는 경우: 다음 각 목의 사항을 확인
   가. 제1호 각 목의 사항
   나. 금융거래등의 목적과 거래자금의 원천 등 금융정보분석원장이 정하여 고시하는 사항(금융회사등이 자금세탁행위나 공중협박자금조달행위의 위험성에 비례하여 합리적으로 가능하다고 판단하는 범위에 한정)
3. 고객이 가상자산사업자인 경우: 다음 각 목의 사항을 확인
   가. 제1호 또는 제2호 각 목의 사항
   나. 제7조 제1항 및 제2항에 따른 신고 및 변경신고 의무의 이행에 관한 사항
   다. 제7조 제3항에 따른 신고의 수리에 관한 사항
   라. 제7조 제4항에 따른 신고 또는 변경신고의 직권 말소에 관한 사항
   마. 다음 1) 또는 2)에 해당하는 사항의 이행에 관한 사항
      1) 예치금(가상자산사업자의 고객인 자로부터 가상자산거래와 관련하여 예치받은 금전)을 고유재산(가상자산사업자의 자기재산)과 구분하여 관리

2) 정보통신망법 제47조 또는 개인정보 보호법 제32조의2에 따른 정보
  보호 관리체계 인증("정보보호 관리체계 인증")의 획득

아래서는 위 각호의 사항을 살펴본다. 즉 제1호의 고객이 계좌를 신규로 개설하거나 대통령령으로 정하는 금액 이상으로 일회성 금융거래등을 하는 경우의 확인사항(제2절 일반적인 고객확인의무), 제2호의 고객이 실제 소유자인지 여부가 의심되는 등 고객이 자금세탁행위나 공중협박자금조달행위를 할 우려가 있는 경우의 확인사항(제3절 강화된 고객확인의무), 제3호의 고객이 가상자산사업자인 경우의 확인사항(제4절 가상자사업자인 고객에 대한 확인의무)의 내용을 살펴본다.

제2절 일반적인 고객확인의무

금융회사등은 금융거래등을 이용한 자금세탁행위 및 공중협박자금조달행위를 방지하기 위하여 합당한 주의(注意)로서 고객이 계좌를 신규로 개설하거나 "대통령령으로 정하는 금액" 이상으로 일회성 금융거래등을 하는 경우 ⅰ) 대통령령으로 정하는 고객의 신원에 관한 사항(가목), ⅱ) 고객을 최종적으로 지배하거나 통제하는 자연인("실제 소유자")에 관한 사항(다만, 고객이 법인 또는 단체인 경우에는 대통령령으로 정하는 사항)(나목)을 확인하여야 한다(법5의2①(1)).

여기서는 제1호의 고객이 계좌를 신규로 개설하거나 "대통령령으로 정하는 금액" 이상으로 일회성 금융거래등을 하는 경우, 제1호 가목의 대통령령으로 정하는 고객의 신원에 관한 사항, 제1호 나목의 고객을 최종적으로 지배하거나 통제하는 자연인("실제 소유자")에 관한 사항(다만, 고객이 법인 또는 단체인 경우에는 대통령령으로 정하는 사항)(나목)을 차례로 살펴본다.

Ⅰ. 계좌의 신규개설

금융회사등은 고객이 계좌를 신규로 개설하는 경우 ⅰ) 대통령령으로 정하는 고객의 신원에 관한 사항(가목), ⅱ) 고객을 최종적으로 지배하거나 통제하는

자연인("실제 소유자")에 관한 사항(다만, 고객이 법인 또는 단체인 경우에는 대통령령으로 정하는 사항)(나목)을 확인하여야 한다(법5의2①(1)).

1. 의의

계좌의 신규개설은 금융거래등을 개시할 목적으로 금융회사등과 계약을 체결하는 것으로 한다(영10의2② 전단). 즉 계속적으로 금융거래를 개시할 목적으로 계약을 체결하는 것이다. 계좌 신규개설의 경우에는 거래 금액에 관계없이 고객확인의무를 수행해야 한다.

2. 계좌 신규개설의 예시

계좌의 신규개설은 ⅰ) 예금계좌, 위탁매매계좌 등의 신규 개설(제1호), ⅱ) 보험·공제계약·대출·보증·팩토링 계약의 체결(제2호), ⅲ) 양도성 예금증서, 표지어음 등의 발행(제3호), ⅳ) 펀드 신규 가입(제4호), ⅴ) 대여금고 약정, 보관어음 수탁을 위한 계약(제5호), ⅵ) 기타 영 제10조의2 제2항에 따른 금융거래를 개시할 목적으로 금융회사등과 계약을 체결하는 것(제6호)을 포함한다(업무규정22).

▌관련 유권해석:

① 금융위원회 190046, 2020. 10. 5 [비조치의견서 의뢰]

[1] 질의요지

㉠ 단기비자로 입국한 외국인 관광객을 대상으로 충전이 가능한 기명식 선불카드 발급이 가능한지 여부

㉡ 특정금융정보법상 금융회사등이 고객에게 충전이 가능한 기명식 선불카드를 발급하는 경우

• 동 발급이 같은 법 제5조의2 제1항 제1호에 따른 고객확인 대상 중 "계좌를 신규로 개설"하는 경우에 해당하는지 아니면 "일회성 금융거래"에 해당하는지 여부

㉢ 1원이 충전된 상태의 추가 충전이 가능한 기명식 선불카드 발급 가능 여부

[2] 회답

㉠ 여신전문금융업법은 신용카드업자가 발행하는 선불카드의 발급 자격에 대해 별도로 규정하고 있지 않으므로, 관련 법령을 준수할 경우 단기비자로 입국한 외국인 관광객을 대상으로도 충전이 가능한 기명식 선불카드 발급이 가능합니다.

㉡ 금융회사등이 충전이 가능한 기명식 선불카드를 발급하는 것은 "계좌를 신규로 개설"하는 경우에 해당하므로 특정금융정보법 제5조의2에 따라 고객확인을 이행하여야 합니다.

㉢ 신용카드업자가 1원이 충전된 상태의 추가 충전이 가능한 기명식 선불카드를 발급하는 것에 대해 여신전문금융업법에서 별도로 제한하고 있지 않습니다.

[3] 이유

㉠ 여신전문금융업법 제2조 제8호에 따라 선불카드는 신용카드업자가 대금을 미리 받고 이에 해당하는 금액을 기록하여 발행한 증표로서 카드소지자가 가맹점에 제시하여 기록된 금액의 범위에서 결제할 수 있게 한 증표입니다.

• 여신전문금융업법 및 하위규정에서는 선불카드의 발급 가능 조건 등에 명시해둔 바가 없으므로 단기비자로 입국한 외국인들 역시 관련 법령을 준수할 경우 신용카드업자에게 선불카드 금액에 상응하는 대금을 지급하고 기명식 선불카드 발급이 가능할 것으로 판단됩니다.

㉡ 특정금융정보법 시행령 제10조의2 제2항에서는 법 제5조의2 제1항 제1호 각 목 외의 부분에 따른 "계좌의 신규개설"은 금융회사등과 금융거래를 개시할 목적으로 계약을 체결하는 것을 의미한다고 규정하고 있으며, "일회성 금융거래"는 금융회사 등과 계속하여 거래할 목적으로 계약을 체결하지 않은 고객에 의한 금융거래를 의미한다고 규정하고 있습니다.

• 충전이 가능한 기명식 선불카드는 일회성으로 사용하는 것이 아니라 충전을 통하여 계속적으로 사용 가능한 형태이므로, 이는 계속적 금융거래를 목적으로 계약을 체결하는 "계좌의 신규개설"에 해당한다고 보는 것이 타당하다고 할 것입니다. 이에 따라 해당 금융회사 등은 특정금융정보법 제5조의2에 따라 고객확인을 이행하여야 합니다.

ⓒ 여신전문금융업법 및 하위규정은 1원이 충전된 상태의 기명식 선불카드 발급을 제한하고 있지 않으므로 발급이 가능합니다.

• 다만, 선불카드의 무분별한 발급으로 카드사의 경영상태를 부실하게 할 수 있는 모집행위나, 여행사 등에 대한 과도한 서비스 제공 등으로 건전한 영업질서를 해치는 행위는 여신전문금융업법에 따라 금지될 수 있습니다.

② 금융위원회 200106, 2020. 8. 20 [역외펀드 또는 역외일임투자의 고객확인의무 은행권 적용 여부]

[1] 질의요지

□ (1) 역외펀드, 역외일임 CDD 관련 공문(기획행정실-228, 2019. 2. 8.) 이 국내은행에도 동일하게 적용되는지 여부 (2) 해당 공문이 금융투자협회에만 송부됨에 따라 공문을 받지 못한 국내은행이 공문의 내용에 따른 CDD를 수행하지 못하였을 때의 불이익 여부 (3) 국내은행에 적용이 된다면 역외펀드와 역외일임을 구분하는 내부통제 절차를 갖추어야 하는지 여부

[2] 회답

□ 해당 해석은 업권을 달리하여 적용하지 않음에 따라 국내은행에도 동일하게 적용되며, 역외펀드와 역외일임을 구분하여 고객확인을 수행하여야 합니다.

[3] 이유

□ 특정금융정보법 제5조의2 제1항에서는 금융회사등은 금융거래시 고객의 신원에 관한 사항과 실제 소유자에 관한 사항을 확인하도록 규정하고 있습니다.

• 역외펀드 또는 역외일임투자와 같이 외국에서 외국 법령에 따라 조성된 자금의 국내 투자시 고객확인이 되는 고객에 대한 구체적인 업무 가이드라인 제시 차원에서 금융정보분석원은 2019년 2월에 역외펀드와 역외일임 고객확인 대상이 되는 고객 및 실제 소유자에 대한 해석을 제시한 바 있습니다.

□ 해당 공문은 개별 업권에 상관없이 동일 기능 동일 규제 원칙에 따라 본 해석을 적용하는 취지로 금융투자상품업자를 담당하는 금융투자협회에 송부되었는바, 유사한 상품 판매에 관여하거나 기능을 수행하는 국내은행에

도 동일하게 적용됩니다.

· 고객확인과 관련하여 위반에 따른 제재 여부에 대하여는 사안별로 상이함에 따라 일반적으로 해석하기 어려우며, 소명이 필요한 경우 감독 또는 검사자에 설명하여야 할 것입니다.

· 또한 고객확인 관련하여 역외펀드와 역외일임을 구분하는 내부통제 절차 마련에 업권별로 차이를 두지 않으므로 국내은행 역시 역외펀드와 역외일임을 구분하여 고객확인을 수행하여야 합니다.

Ⅱ. 기준금액 이상의 일회성 금융거래

금융회사등은 고객이 "대통령령으로 정하는 금액" 이상으로 일회성 금융거래등을 하는 경우 ⅰ) 대통령령으로 정하는 고객의 신원에 관한 사항(가목), ⅱ) 고객을 최종적으로 지배하거나 통제하는 자연인("실제 소유자")에 관한 사항(다만, 고객이 법인 또는 단체인 경우에는 대통령령으로 정하는 사항)을 확인하여야 한다(법5의2①(1)).

1. 일회성 금융거래의 의의

일회성 금융거래등은 금융회사등과 계속하여 거래할 목적으로 계약을 체결하지 않은 고객에 의한 금융거래등으로 한다(영10의2② 후단). 즉 일회성 금융거래는 계속하여 거래할 목적으로 계약을 체결하지 않은 고객에 의한 금융거래를 말한다.

2. 일회성 금융거래등의 금액

일회성 금융거래등의 금액인 위의 "대통령령으로 정하는 금액"이란 다음의 구분에 따른 금액을 말한다(영10의3①).

(1) 카지노사업자의 영업장에서의 거래(제1호)

카지노사업자의 영업장에서의 거래(법2(2) 다목)의 경우에는 3백만원 또는 "그에 상당하는 다른 통화로 표시된 금액"4)이다(영10의3①(1)).

(2) 가상자산거래(제1의2호)

가상자산거래(법2(2) 라목)의 경우에는 1백만원에 상당하는 가상자산의 금액이다(영10의3①(1의2) 전단). 이 경우 "가상자산의 현금 환산 기준"[5]은 금융정보분석원장이 정하여 고시한다(영10의3①(1의2) 후단).

(3) 전신송금(제2호)

전신송금의 경우에는 1백만원 또는 그에 상당하는 다른 통화로 표시된 금액이다(영10의3①(2)).

(4) 외화표시 외국환거래 및 기타 거래(제3호)

그 밖의 일회성 금융거래등의 경우에는 ⅰ) 외국통화로 표시된 외국환거래의 경우에는 1만 미합중국달러 또는 그에 상당하는 다른 통화로 표시된 금액이고(가목), ⅱ) 앞의 가목 외의 금융거래등의 경우에는 1천만원(나목)이다(영10의3①(3)).

(5) 혼합된 금융거래

위 각호에 규정된 거래가 혼합된 금융거래등에 대해서는 각호의 금융거래등으로 구분하여 금융거래등의 금액을 적용한다(감독규정22①).

3. 일회성 금융거래의 예시

일회성 금융거래는 ⅰ) 무통장 입금(송금), 외화송금 및 환전(제1호), ⅱ) 자기앞수표의 발행 및 지급(제2호), ⅲ) 보호예수(봉함된 경우 기준금액 미만으로 봄)(제3호), ⅳ) 선불카드 매매(제4호)를 포함한다(업무규정23①). 또한 금융회사등과 계속하여 거래할 목적으로 계약을 체결하지 않은 고객에 의한 기타 금융거래도 일회성 금융거래에 해당된다.

---

4) "그에 상당하는 다른 통화로 표시된 금액"을 미합중국달러로 환산할 경우에는 현찰매매율 또는 전신환매매율 등 실제 거래된 환율을 적용하여 환산한다(감독규정22②).

5) "가상자산의 현금 환산 기준"이란 가상자산의 매매·교환 거래체결 시점 또는 가상자산사업자가 가상자산의 이전을 요청받거나 가상자산을 이전받은 시점에서 가상자산사업자가 표시하는 가상자산의 가액을 적용하여 원화로 환산하는 것을 말한다(감독규정26①).

4. 연결거래(합산거래)

(1) 의의

일회성 금융거래에는 기준금액 이상의 단일 금융거래뿐만 아니라 동일인 명의의 일회성 금융거래로서 7일 동안 합산한 금액이 영 제10조의3에 의한 기준금액(원화의 경우 2천만 원, 외화의 경우 미화환산 1만 불 상당액＝감독규정23(3)) 이상인 금융거래("연결거래")를 포함한다(업무규정23②).

연결거래(합산거래)는 7일 동안 동일인 명의로 이루어지는 일회성 금융거래 등의 합계액이 기준금액(원화의 경우 2천만 원, 외화의 경우 미화환산 1만 불 상당액) 이상인 경우를 말한다(감독규정23(3)).

(2) 고객확인 시점: 거래 후 확인

연결거래의 경우에는 당해 거래당사자가 동 거래를 한 이후 최초 금융거래 시 고객확인을 하여야 한다(업무규정23③, 감독규정23(3)).

5. 일회성 금융거래의 금액산정 기준

금융거래등의 금액을 산정할 때에 금융거래등의 대상이 되는 재산의 액면금액과 실지거래금액이 다른 경우에는 실지거래금액에 의한다(영10의3②).

실무상 이용되는 일회성 금융거래의 금액산정 기준을 정리하면 ⅰ) 액면금액과 실제거래금액이 다른 경우에는 실지거래금액을 적용하고, ⅱ) 금액을 확인할 수 없는 경우에는 기준금액 미만으로 간주하며, ⅲ) 원화와 외화가 혼합된 거래일 경우에는 각각의 거래로 구분하여 기준금액을 적용하며, 외화 환전과 같이 원화 및 외화거래가 동시에 발생하는 경우 그중 한 거래가 기준금액에 해당되면 그 금액을 적용하며, ⅳ) 미화 이외의 외국통화의 경우에는 현찰매매율 또는 전신환매매율 등 실제 거래된 환율을 적용하여 미화로 환산한다.

> ▌관련 유권해석:
> ① 유권해석 사례집 16번: 일회성 금융거래의 의미/법 제5조의2, 업무규정 제23조
> Q: 1천만 원 이상의 일회성 금융거래는 고객확인의무 적용 대상인 것으로

알고 있습니다. 이때 일회성 금융거래의 정확한 의미가 무엇인가요?

A: "일회성 금융거래"라 함은 금융회사등에 개설된 계좌에 의하지 아니한 금융거래를 말하며, 무통장입금(송금), 외화송금·환전, 자기앞수표 발행 및 지급 등을 예로 들 수 있습니다.

한편 일회성 금융거래에는 1천만 원(외국환거래의 경우 1만 미합중국달러) 이상의 단일 금융거래 외에, 동일인 명의의 일회성 금융거래로서 7일 동안 합산한 금액이 2천만 원 이상인 연결거래가 포함됩니다. 이러한 연결거래의 경우 고객확인의무 시점이 언제인지가 모호할 수 있으나 연결거래 이후 최초로 금융거래를 수행하는 시점에 고객확인을 수행하면 됩니다(특정 금융거래정보 보고 및 감독규정 제23조 제3호).

② 유권해석 사례집 17번: 자기앞수표 거래에서의 고객확인/법 제5조의2

Q: 다음의 두 가지 사안이 고객확인 대상인지가 궁금합니다.

질의 ⅰ) 고객이 통장거래를 통해 천만 원 이상을 출금한 후 곧바로 자기앞수표를 발행했습니다. 이러한 경우에도 고객확인 대상이 될 수 있을까요?

질의 ⅱ) 만약 출금을 하지 않고 통장에서 바로 자기앞수표를 발행(대체거래)한다면 고객확인 대상이라고 볼 수 있는지요?

A: 질의 ⅰ)의 경우와 같이 현금으로 출금한 후 다시 자기앞수표를 발행하는 경우에는 "단절된 거래"로서 고객확인 대상이 됩니다. 질의 ⅱ)와 같은 대체거래는 일회성 금융거래라고 볼 수 없습니다. 즉 통장거래를 통해 1천만 원 이상의 자기앞수표를 발행할 때 대체 처리되어 현금 수수없이 자기앞수표를 발행하는 경우에는 특정금융정보법에서 규정하는 일회성 금융거래라고 볼 수 없으므로 고객확인 대상이라고 볼 수 없습니다.

③ 금융위원회 200448, 2021. 3. 18 [PG 지급대행 서비스 고객확인의무 대상 질의]

[1] 질의요지

□ 전자지급결제대행("PG")업자가 PG 업무에 따른 가맹점정산대금을 지급하는 과정에서, 가맹점정산대금을 가맹점이 아니라, 가맹점이 지정하는 제

3자("제3자")에게 지급하는 경우 제3자에 대한 고객확인이 필요한지 여부

　[2] 회답

　□ PG업자가 PG 업무에 따른 가맹점정산대금을 가맹점이 아닌 가맹점이 지정하는 제3자에게 지급하는 경우 제3자는 특정금융정보법에 따른 고객확인 대상으로 볼 수 있습니다.

　• 다만, 질의하신 제3자에게 가맹점정산대금을 지급하는 거래는 특정금융정보법 및 동법 시행령에 따른 일회성 금융거래(금융회사등과 계속하여 거래할 목적으로 계약을 체결하지 않은 고객에 의한 금융거래, 특정금융정보법 시행령 제10조의2 제2항)에 해당하는 것으로 판단되며, 특정금융정보법 제5조의2, 특정금융정보법 시행령 제10조의3 등 관련 조항에 따라 고객확인을 수행하면 될 것입니다.

　[3] 이유

　□ 전자금융거래법에 따르면 "전자지급결제대행"이란 전자적 방법으로 재화의 구입 또는 용역의 이용에 있어서 지급결제정보를 송신하거나 수신하는 것 또는 그 대가의 정산을 대행하거나 매개하는 것이라고 하고 있습니다.

　• 질의하신 가맹점정산대금의 지급은 재화의 구입 또는 용역의 이용대가의 정산에 해당하여 전자지급결제대행 업무의 일부로 판단되며, 가맹점정산대금을 지급받는 제3자는 PG업자의 고객으로서 고객확인이 필요한 대상에 해당합니다.

Ⅲ. 고객 신원확인 및 검증

　금융회사등은 고객이 계좌를 신규로 개설하거나 "대통령령으로 정하는 금액" 이상으로 일회성 금융거래등을 하는 경우 "대통령령으로 정하는 고객의 신원에 관한 사항"을 확인하여야 한다(법5의2①(1) 가목).

　여기서 "대통령령으로 정하는 고객의 신원에 관한 사항"이란 다음의 구분에 따른 사항을 말한다(영10의4 제1호부터 제4호까지).

1. 원칙

(1) 신원확인과 정확성 검증

금융회사등은 고객과 금융거래를 하는 때에는 그 신원을 확인하여야 하며 신뢰할 수 있고 독립적인 문서·자료·정보 등을 통하여 그 정확성을 검증하여야 한다(업무규정37①).

(2) 거래관계의 목적 및 성격 이해와 정보 확보

금융회사등은 고객과 금융거래를 하는 경우에는 거래관계의 목적 및 성격을 이해하고, 필요한 경우 관련 정보를 확보하여야 한다(업무규정37②).

(3) 법인·단체 고객의 사업 성격 등 이해

금융회사등은 법인 및 단체(영리법인, 비영리법인, 외국법인, 신탁 및 그 밖의 단체를 포함한다. 이하 "법인·단체") 고객에 대해서 영위하는 사업의 성격, 지배구조 및 통제구조 등을 이해하여야 한다(업무규정37③).

2. 고객확인

(1) 개인 고객

실무상 은행은 일반개인, 개인사업자, 고액자산가, 외국의 정치적 주요인물, 임의단체(고유번호나 납세번호가 없는 단체)와 같은 고객유형에 대하여 개인 고객에 대한 고객확인을 수행한다.

(가) 개인 고객의 신원정보

개인의 경우에는 실지명의, 주소, 연락처(전화번호 및 전자우편주소)가 고객의 신원에 관한 사항이다(영10의4(1)).

금융회사등이 확인하여야 하는 개인 고객(외국인 포함, 이하 "개인 고객")의 신원정보는 ⅰ) 성명(제1호), ⅱ) 생년월일 및 성별: 외국인 비거주자의 경우에 한함(제2호), ⅲ) 실명번호(제3호), ⅳ) 국적: 외국인의 경우에 한 함(제4호), ⅴ) 주소 및 연락처: 단, 외국인 비거자의 경우에는 실제 거소 또는 연락처(제5호), ⅵ) 직업 또는 업종 등 금융회사등이 자금세탁행위등의 방지를 위하여 필요로 하는 사항(제6호)이다(업무규정38①).

은행 실무상 확인하고 있는 개인 고객에 대한 신원확인 정보는 ⅰ) 고객명, ⅱ) 실명번호, ⅲ) 여권번호(외국인의 실명번호를 여권조합번호로 선택한 경우), ⅳ) 국적, 성별, 생년월일(외국인인 경우), ⅴ) 주소 및 연락처(외국인 비거주자인 경우 실제 거소 또는 연락처), ⅵ) 직장정보(직업구분, 직장명, 직장주소, 연락처 등 포함), ⅶ) 직업 또는 업종(개인사업자인 경우), ⅷ) 설립목적(임의단체인 경우), ⅸ) 기타 자금세탁행위등의 방지를 위하여 필요로 하는 사항이다.

그러나 전자금융거래의 경우 임직원이 확인하여야 하는 신원확인 정보는 성명, 생년월일 및 성별 등 금융정보분석원장이 정하여 고시하는 사항으로 한다. 이에 관하여는 아래서 살펴본다.

(나) 전자금융거래의 경우 실지명의에 관한 사항

전자금융거래의 경우 "금융정보분석원장이 정하여 고시하는 고객"에 대해서는 실지명의 대신 성명, 생년월일 및 성별 등 "금융정보분석원장이 정하여 고시하는 사항"이다(영10의4(1)).

아래서는 "금융정보분석원장이 정하여 고시하는 고객"과 "금융정보분석원장이 정하여 고시하는 사항"을 살펴본다.

1) 금융정보분석원장이 정하여 고시하는 고객

"금융정보분석원장이 정하여 고시하는 고객이란 법 제5조의2 제1항 제2호(강화된 고객확인의무)에 해당하지 아니한 고객으로서 다음의 어느 하나에 해당하는 자(전자금융거래법 제28조 제1항 단서 및 같은 조 제2항 단서에 따른 은행법에 따른 은행과 금융회사를 포함)와 전자금융거래를 하는 고객을 말한다(감독규정22의2①).

1. 전자금융거래법 제28조 제1항[6]
2. 전자금융거래법 제28조 제2항 제1호부터 제4호[7]
3. 전자금융거래법 시행령 제15조 제3항 제1호 및 제2호[8]

---

6) ① 전자화폐의 발행 및 관리업무를 행하고자 하는 자는 금융위원회의 허가를 받아야 한다. 다만, 은행법에 따른 은행 그 밖에 대통령령이 정하는 금융회사는 그러하지 아니하다.
7) ② 다음의 업무를 행하고자 하는 자는 금융위원회에 등록하여야 한다. 다만, 은행법에 따른 은행 그 밖에 대통령령이 정하는 금융회사는 그러하지 아니하다
   1. 전자자금이체업무
   2. 직불전자지급수단의 발행 및 관리
   3. 선불전자지급수단의 발행 및 관리
   4. 전자지급결제대행에 관한 업무
   5. 그 밖에 대통령령이 정하는 전자금융업무

2) 금융정보분석원장이 정하여 고시하는 사항

금융정보분석원장이 정하여 고시하는 사항은 다음에서 규정하는 사항을 말한다(감독규정22의2②).

1. 성명, 생년월일 및 성별
2. 정보통신망법 제23조의2 제2항[9])에 따른 대체수단 활용으로 생성된 연계정보
3. 전자금융거래를 위해 전자금융업자에 제공한 계좌번호(계좌번호가 없는 경우에는 참조가능한 번호)

* 개인 고객 필수 확인 정보

구분	필수확인사항
내국인	성명, 실명번호, 국적, 주소, 전화번호, 직업구분, 이메일
외국인	성명, 실명번호, 국적, 주소, 전화번호, 직업구분, 이메일, 영문명, 생년월일, 여권번호(여권조합번호일 때 필수)

(2) 법인 · 단체 고객

실무상 은행은 영리법인, 비영리법인, 금융회사, 공공기관, 국가·지방자치단체, 임의단체(고유번호나 납세법호가 있는 단체)와 같은 법인고객에 대하여 고객확인을 수행한다.

(가) 영리법인

영리법인의 경우에는 실지명의, 업종, 본점 및 사업장의 소재지, 연락처, 대표자의 성명, 생년월일 및 국적이 고객의 신원에 관한 사항이다(영10의4(2)).

(나) 비영리법인 그 밖의 단체

비영리법인 그 밖의 단체의 경우에는 실지명의, 설립목적, 주된 사무소의 소재지, 연락처, 대표자의 성명, 생년월일 및 국적이 고객의 신원에 관한 사항이다(영10의4(3)).

---

8) 1. 전자상거래법 제13조 제2항 제10호에 따라 결제대금을 예치받는 업무
   2. 수취인을 대행하여 지급인이 수취인에게 지급하여야 할 자금의 내역을 전자적인 방법으로 지급인에게 고지하고, 자금을 직접 수수하며 그 정산을 대행하는 업무
9) ② 제1항 제3호에 따라 주민등록번호를 수집·이용할 수 있는 경우에도 이용자의 주민등록번호를 사용하지 아니하고 본인을 확인하는 방법("대체수단")을 제공하여야 한다.

(다) 외국인 및 외국단체

외국인 및 외국단체의 경우에는 앞의 개인 고객, 영리법인, 비영리법인 그 밖의 단체의 분류에 따른 각 해당 사항, 국적, 국내의 거소 또는 사무소의 소재지가 고객의 신원에 관한 사항이다(영10의4(4)).

(라) 법인·단체 고객의 신원정보

금융회사등이 확인하여야 하는 법인·단체 고객의 신원정보는 ⅰ) 법인(단체)명(제1호), ⅱ) 실명번호(제2호), ⅲ) 본점 및 사업장의 주소·소재지(외국법인인 경우 연락가능한 실제 사업장 소재지)(제3호), ⅳ) 대표자 또는 대표이사·이사 등 고위 임원에 대한 정보: 개인고객의 신원확인 사항에 준함(제4호), ⅴ) 업종(영리법인인 경우), 회사 연락처(제5호), ⅵ) 설립목적(비영리법인인 경우)(제6호), ⅶ) 신탁의 경우 위탁자, 수탁자, 신탁관리인 및 수익자에 대한 신원정보(제7호)이다(업무규정38②).

은행 실무상 확인하여야 하는 신원확인 정보는 ⅰ) 법인(단체)명, ⅱ) 실명번호, ⅲ) 법인등록번호, ⅳ) 업종, ⅴ) 본점 및 사업장의 주소·소재지(외국법인인 경우 국적 및 연락 가능한 실제 사업장 소재지), ⅵ) 본점 및 사업장 연락처, ⅶ) 설립목적(비영리법인인 경우), ⅷ) 대표자 또는 대표이사·이사 등 고위임원의 성명, 생년월일 및 국적, ⅸ) 신탁의 경우 위탁자, 수탁자, 신탁관리인 및 수익자에 대한 신원정보와 같으며 사업자등록증, 등기사항증명서 등의 문서를 통하여 법인 또는 법률관계가 실제로 존재하는지 여부를 확인하여야 한다

위에서 대표자에 대한 정보는 ⅰ) 회사 관계자에 의한 확인, ⅱ) 인터넷 검색, 외부 정보제공기관을 통한 확인, ⅲ) 여권, 자국 신분증 및 운전면허증, 기타 법률적으로 인정 가능한 자료에 의한 확인, ⅳ) 기타 외부 공시된 자료에 의한 확인 등의 방법으로 확인할 수 있다.

* 법인 고객 필수 확인 정보

구분	필수확인사항
영리법인	사업자명, 실명번호, 국적, 사업장주소, 사업장전화번호, 본사주소, 본사전화번호, 업종, 대표자실명번호
비영리법인	사업자명, 실명번호, 국적, 사업장주소, 사업장전화번호, 본사주소, 본사전화번호, 설립목적, 대표자실명번호

* 비영리단체(단체) 설립목적 확인 및 서류 보관

종류	설립목적 확인 방법		비고
	구분	내용	
교육기관	서류징구	정관, 법인설립 허가증, 법인등기부등본, 보육시설 허가증 등	
교육기관	웹사이트 제공 정보확인	어린이집: 아이사랑보육포털 (www.childcare.go.kr) 유치원: 유치원 알리미 (www.childschoolinfo.mest.go.kr) 초·중·고등학교: 학교알리미 (www.schoolinfo.mest.go.kr) 대학교: 대학알리미 (www.academyinfo.mest.go.kr) 교육기관 전체: 교육부, 각 시도 교육청	관련서류 합철
종교단체	서류징구	정관, 법인설립허가증, 법인등기부등본, 비영리민간단체 등록증, 회칙, 소속증명서(관련협회의 설립목적은 문화체육관광부 홈페이지 확인)	계좌신규시 ☞거래신청서
종교단체	웹사이트 제공 정보확인	문화체육관광부(www.mcst.go.kr) 각 종교단체협회 홈페이지를 통해 소속기관 확인(예, 대한불교천태종, 한국기독교장로회 총회 등)	일회성거래시 ☞관련 거래전표
사회복지법인등	서류징구	정관, 법인설립허가증, 법인등기부등본, 비영리민간단체 등록증, 회칙, 사회복지시설 신고증 등	재이행, EDD고객 ☞고객확인서
사회복지법인등	웹사이트 제공 정보확인	문화체육관광부(www.mcst.go.kr), 보건복지부(www.mw.go.kr), 신용정보회사 (CRETOP, KISLINE 등)	
입주자대표회의 (관리사무소)	서류징구	정관, 공동주택관리규약, 회칙 등	
종친회, 동창회, 경로당 등	서류징구	정관, 규약, 회칙 등	

▌ 관련 유권해석

① 유권해석 사례집 37번: 리스거래에서의 고객확인의무/법 제5조의2 제1항 제1호, 영 제10조의2 제2항, 영 제10조의4, 영 제3조

Q: 저는 시설대여업자로서 고객들과 리스거래를 하고 있습니다. 그리고 해당 거래는 금융리스가 아닌 운용리스에 해당합니다. 운용리스는 그 실질이

사실상 임대차와 비슷해서 금융거래라고 보기는 어렵다고 보입니다.

질의 ⅰ) 그럼에도 불구하고 저희에게 고객확인의무가 있는 것인지요?

질의 ⅱ) 또한 고객확인의무가 적용될 경우 FATF 권고기준에 따라 지배구조 파악 등 실소유주 확인을 해야 하는 것인지요?

A: 질의 ⅰ)에 관하여: 특정금융정보법 제5조의2 및 동법 시행령 제10조의2에 따르면 금융회사등은 고객이 계좌를 신규로 개설(금융거래를 개시할 목적으로 금융회사등과 계약을 체결하는 것)할 경우 고객확인의무가 있습니다.

귀하가 여신전문금융업자의 하나인 시설대여업자로서 리스계약을 체결하는 것은 금융회사등이 금융거래 개시 목적으로 계약을 체결하는 것에 해당(특정금융정보법 시행령 제3조 제1항 제2호)하므로 고객확인의무가 적용됩니다. 이때 고객이 영리법인이라면 동법 시행령 제10조의4에 따라 법인의 실지명의(법인명, 법인등록번호), 업종, 본점 및 사업장의 소재지, 연락처, 대표자의 성명이 확인대상이 됩니다.

질의 ⅱ)에 관하여: '16. 1. 1. 특정금융정보법 개정으로 고객확인의무 발생시 금융회사등은 고객의 신원에 관한 사항 및 고객을 최종적으로 지배하거나 통제하는 자연인인 실제 소유자를 확인할 의무가 있습니다. 따라서 귀하에게 고객확인의무가 발생한 경우에는 FATF 권고기준에 따라 고객의 실제소유자를 확인해야 합니다.

또한 고객의 자금세탁 위험도가 높다고 판단할 경우에는 신원에 관한 사항 및 실제 소유자 외에 금융거래의 목적과 거래자금의 원천 등을 추가적으로 확인해야 합니다.

② 금융위원회 220136, 2023. 8. 17 [외국법인 대표자 실지명의 확인 관련 문의]

[1] 질의요지

▫ 금융회사의 고객인 해외법인에 대한 고객확인의무 이행 과정에서 해당 법인의 소재국의 개인정보 관련 법률을 이유로 법인 대표자의 성명, 생년월일 및 국적 등을 확인하기 어려운 경우에도 관련 대표자 정보 수집을 위해 최선의 노력을 다했다는 내용을 문서화할 경우 고객확인의무 이행을 다했다고 볼 수 있는지 질의

[2] 회답

□ 특정금융정보법 제5조의2 제1항 제1호 가목 및 동법 시행령 제10조의4 제2호 내지 제4호에 따라 특정금융정보법상 금융회사등은 법인인 고객에 대한 특정금융정보법 소정의 고객확인의무 이행 시 대표자의 성명, 생년월일 및 국적을 확인해야 합니다.

[3] 이유

□ 특정금융정보법상 제5조의2는 금융회사등에게 고객확인의무를 부과하고 있으며, 고객확인이란 금융거래를 이용한 자금세탁행위 및 공중협박자금조달행위를 방지하기 위하여 고객에 대하여 합당한 주의(注意)를 기울이는 것을 의미합니다.

□ 특정금융정보법 제5조의2 제1항 제1호 가목에서는 금융회사등이 계좌를 신규로 개설하거나 대통령령의 정하는 금액 이상의 일회성 금융거래를 하는 경우 대통령령으로 정하는 고객의 신원에 관한 사항을 확인하도록 규정하고 있으며, 동법 시행령 제10조의4 제2호 내지 제4호에서는 법인인 고객에 대한 고객확인 시 국내·해외법인 또는 단체에 대해서 공통적으로 대표자의 성명, 생년월일 및 국적을 확인할 것을 명확히 규정*하고 있습니다.

* 동명이인 간 식별을 위한 필요 최소한의 정보를 법령에 규정[특정금융정보법 시행령(대통령령 제28687호) 개정이유 및 '17. 11. 23.자 금융위 보도자료 「특정금융거래보고법 시행령 개정안 및 「특정금융거래정보 보고 등에 관한 검사 및 제재규정(안)」 입법예고」 참조].

□ 따라서 금융회사등은 특정금융정보법령에 따라 법인인 고객에 대한 고객확인의무 이행 시 반드시 대표자의 성명, 생년월일 및 국적을 확인해야 할 것입니다.

3. 대리인에 대한 고객확인

(1) 의의

다른 개인, 법인 또는 그 밖의 단체를 위한 것임을 표시하여 금융거래등을 하는 자(영10의4(1))인 대리인에 관한 사항도 확인사항이다.

이에 따라 금융회사등은 영 제10조의4 제1호에 의해 개인 및 법인·단체 고객을 대신하여 금융거래를 하는 자("대리인")에 대해서는 그 권한이 있는지를 확인하고, 해당 대리인에 대해서도 고객확인을 하여야 한다(업무규정38③).

(2) 대리인 권한 확인 방법

은행 실무상 개인을 대신하여 금융거래를 하는 자("대리인")에 대해서는 다음의 "대리인의 권한 확인 방법"에서 정한 바에 따라 그 권한이 있는지를 확인하고, 해당 대리인에 대해서도 고객확인을 이행하여야 한다.

* 대리인 권한 확인 방법

(가) 다음의 경우에는 "금융실명거래 업무해설"(은행연합회: 2016. 8)에 준하여 대리인의 권한을 확인한다.

① 계좌 신규개설

② 1천만원(외화인 경우 미화 환산 1만불 상당액) 미만의 일회성 거래

(나) 1천만원(외화인 경우 미화환산 1만불 상당액) 이상의 일회성 거래는 다음 중 하나의 서류를 징구하는 방법으로 대리인의 권한을 확인한다.

구분	대리인 권한 확인 방법에서 정한 서류 등
개인의 대리인(택 1)	위임장(인감증명서 첨부) 의뢰인(위임인) 신분증(사본가능) 가족관계확인 서류 의뢰인(위임인) 인감증명서(개인) 창구 담당자 확인 서명(전화확인 등) 대리인 권한 확인서 등
법인의 대리인(택 1)	위임장(인감증명서 첨부) 법인의 대리인 지정 공문 재직증명서 사원증 건강보험증(직장가입자用) 명함 사업장 방문 사업자등록증 및 대표자 실명확인증표 창구 담당자 확인 서명(전화확인 등) 대리인 권한 확인서 등

▌ 관련 유권해석

① 금융위원회 180359, 2018. 10. 25 [대리인의 고객확인 수행 시점 및 정보
제공 거부 시 금융회사의 조치]

[1] 질의요지

▢ 대리인의 고객확인의무 수행 시점 및 계좌주의 고객확인 생략 시(계속
거래) 대리인의 고객확인도 생략이 가능한지 여부

▢ 대리인의 고객확인 거부시 계좌명의인의 고객확인과 동일하게 보아 거
래거절 조항을 적용할 수 있는지 여부

[2] 회답

▢ 특정금융정보법은 고객이 계좌를 신규로 개설하거나 2천만(현행 1천
만)원 이상으로 일회성 금융거래를 하는 경우에는 금융회사로 하여금 고객
의 신원에 관한 사항을 확인하도록 규정하고 있음(법 제5조의2 제1항).

• 한편 기존고객에 대해서는 시행령 제10조의6 제2항 본문에 따라 원칙
적으로 고객확인이 생략됨. 다만, ㉠ 특정금융정보법 시행령 제10조의6 제2
항 단서에서 규정하고 있는 바와 같이 기존 확인사항이 사실과 일치하지 아
니할 우려가 있거나 그 타당성에 의심이 있는 경우, ㉡ 업무규정 제25조 제2
항에 언급하는 때에 해당하는 경우 및 ㉢ 업무규정 제34조의 재이행주기가
도래한 경우에는 고객확인을 다시 이행하여야 함.

▢ 또한 금융회사등은 업무규정 제38조 제3항 및 특정금융정보법 시행령
제10조의4 제1호에 따라 고객을 대신하여 금융거래를 하는 자("대리인")가
있으면 그 대리인에 대해서도 고객확인을 하도록 함.

• 즉 상기 규정에 따라 금융회사등은 본인에 대해 고객확인을 하는 경우
본인 고객을 대신하여 거래하는 대리인이 있으면 그 대리인에 대해서도 고
객확인을 하여야 함.

▢ 위와 같이 본인에 대해서 고객확인의무가 발생하지 않은 경우에는 대
리인에 대해서도 고객확인의무는 발생하지 않음. 다만 기존 대리인이 아닌
새로운 대리인이 고객을 대신하여 거래하는 경우에는 상기 기존고객에 대한
고객확인의무 발생 사유 중 ㉠ "기존의 확인사항이 사실과 일치하지 아니할

우려가 있거나 그 타당성에 의심이 있는 경우"에 해당하여 본인에 대해서는 고객확인을 생략하더라도 그 새로운 대리인에 대해서는 위험평가 및 고객확인의무를 이행해야 함.

- 이때 본인이 정보제공을 거부하는 경우에는 금융회사등은 특정금융정보법 제5조의2 제4항에 따라 신규 고객인 경우에는 신규 거래를 거절하거나, 이미 거래관계가 수립되어 있는 경우에는 해당 거래를 종료해야 함.

② 금융위원회 200071, 2020. 10. 16 [가족관계에 있는 대리인이 계좌를 신규개설할 경우 본인(예금주)의 실명확인증표 필요 여부]

[1] 질의요지

□ 가족관계에 있는 대리인이 내방하여 계좌의 신규 개설시 대리인의 실명확인증표와 가족관계확인서류 외에 본인(예금주)의 실명확인증표 필요 여부

[2] 회답

□ 대리인을 통한 계좌의 신규개설시 대리인 권한이 있는지 확인하고 대리인뿐 아니라 본인의 실명확인증표를 징구하여 본인 및 대리인의 신원을 확인하고 검증하여야 합니다.

[3] 이유

□ 특정금융정보법 제5조의2 및 동법 시행령 제10조의4에 따라 금융회사등은 고객이 계좌를 신규로 개설하는 경우 고객확인의무가 있으며, 대리인을 통한 계좌의 신규개설시 대리인 권한이 있는지 확인하고 본인 및 대리인의 신원을 확인·검증할 것을 규정하고 있습니다.

- 이는 특정금융정보법상에 규정된 고객확인으로서 금융실명법상에 규정된 실명확인과는 별개의 의무사항입니다.

□ 이에 따라 대리인을 통한 계좌의 신규개설시 특정금융정보법상 고객확인의무를 이행하기 위하여 대리인뿐 아니라 본인의 실명확인증표도 징구하여 본인 및 대리인의 신원을 확인하고 검증하여야 합니다.

4. 법인 · 단체 고객의 실제 존재 확인

금융회사등은 법인 · 단체 고객의 경우에는 그 설립 사실을 증명할 수 있는 법인등기부등본 등의 문서 등을 통하여 법인 또는 법률관계가 실제로 존재하는지 여부를 확인하여야 한다(업무규정38④).

5. 고객의 검증사항 및 검증방법

(1) 개인 고객의 검증

(가) 검증사항

금융회사등이 검증하여야 하는 개인 고객의 신원확인 정보는 i) 성명(제1호), ii) 생년월일: 외국인 비거주자의 경우에 한함(제2호), iii) 실명번호(제3호), iv) 국적: 외국인의 경우에 한함(제4호), ⅴ) 주소 및 연락처: 단, 외국인 비거주자의 경우 실제 거소 또는 연락처(제5호)이다(업무규정39①).

은행 실무상 확인한 신원확인 정보 중 i) 고객명, ii) 실명번호, iii) 여권번호(외국인의 실명번호를 여권조합번호로 선택한 경우), iv) 국적, ⅴ) 생년월일(외국인 비거주자인 경우), vi) 주소 및 연락처(외국인 비거주자인 경우 실제 거소 또는 연락처), vii) 설립목적(임의단체인 경우)에 대하여는 검증을 하여야 한다.

(나) 검증방법

은행 실무상 검증은 다음의 어느 하나의 방법으로 하고 있다. 즉 i) 문서적 방법: 주민등록등본, 재직증명서, 이름과 주소가 명시되어 있는 전기 · 가스 · 수도 요금청구서 또는 영수증 등 공공기관에서 발행한 문서 등을 통하여 검증하는 방법, ii) 비문서적 방법: 1382 전화조회, 전자정부 홈페이지를 통한 주민등록증 진위확인, 도로교통공단 또는 경찰청 홈페이지를 통한 운전면허증 진위확인, 신용정보기관을 통한 확인, 외국인 실명증표 인증 관리시스템 등을 통하여 검증하는 방법으로 한다.

(다) 검증 생략

자금세탁등의 위험이 낮은 경우로서 i) 주민등록증 또는 운전면허증과 같이 고객의 사진이 부착되어 있으면서 업무규정 제39조 제1항의 검증사항(연락처는 제외)을 모두 확인할 수 있는 실명확인증표로 고객의 신원을 확인한 경우(제1호), ii) 학생 · 군인 · 경찰 · 교도소재소자 등에 대해 금융실명법상의 실명확인서류 원본에 의해 실명을 확인한 경우(제2호)의 방법으로 고객의 신원을 확인한 때에는 업무규정 제37조 제1항에 따른 검증을 이행한 것으로 볼 수 있다(업무규정 39② 전단). 이 경우 금융실명법상 실명확인증표의 진위여부에 주의를 기울여야한다(업무규정39② 후단).

(라) 추가 조치

금융회사등은 개인 고객이 업무규정 제39조 제2항의 적용대상이 아닌 때에는 검증하여야 하는 신원확인정보에 대하여 정부가 발행한 문서 등에 의해 검증하는 등 추가적인 조치를 취하여야 한다(업무규정39③).

* 개인 고객 필수 검증방법

내용	검증방법
1. 비문서적방법	1. 1382 전화 / 8. 신분증진위확인(9860) / 2. 운전면허시험관리단조회 / V. 가족관계증명서진위확인 / W. 주민등록등본진위확인 / 3. 음성녹취 / 4. 신용정보조회(NICE·KCB·Cretop 등) / 5. 사업자휴폐업조회/ 6. 전자공시시스템조회 / 9. 외국인실명증표인증관리(0217) / 7. 기타
2. 문서적방법	A. 실명증표 2개 확인 / B. 주민등록등본 / C. 재직증명서 / D. 공과금영수증 / E. 법인등기부등본 / F. 정관 / G. 감사보고서 / H. 기타[예: 가족관계증명서, 전역증, 인감증명서, 의료보험증, 출국사실증명 등]
3. 검증생략	① 위험평가 결과 저위험 + 필수 검증사항을 모두 확인 가능한 실명확인증표로 고객의 신원정보를 확인한 경우 [예: 주민등록증, 운전면허증, 학생증(성명, 실명번호, 주소가 기재된 경우만)] ② 학생, 군인(나라사랑카드포함), 경찰, 교도소 재소자 등에 대하여 금융실명법의 유권해석에 의한 실명확인 서류 원본에 의해 실명확인을 수행한 경우
4. 재이행대상 CDD	대리인에 의한 일회성금융거래 시(본인이 내점하지 않은 경우) [가급적 지양 – 사전 자금세탁방지섹션 문의]

▌ 관련 유권해석

① 유권해석 사례집 31번: 대출거래에서의 고객확인/업무규정 제39조

Q: 질의 ⅰ) 신규대출시 고객확인사항에 해당하는 정보가 대출서류 작성 항목에 있으면 따로 관련 서류를 징구하지 않고 구두로 확인하여 전산에 등록하면 될까요?

질의 ⅱ) 신규대출 거래고객이 아니고 기존 대출을 연장할 경우에는 고객확인의무 생략이 가능한지 궁금합니다.

A: 질의 ⅰ)에 관하여: 대출서류에 고객확인사항이 모두 포함되어 있더라도 금융회사에는 검증의무가 있으므로 검증에 필요한 서류를 확보해야 합니다.

질의 ⅱ)에 관하여: 신규대출이 아닌 기존 대출연장의 경우에는 이미 고객확인을 이행한 고객이므로 고객확인 생략이 가능하나(특정금융정보법 시행령 제10조의6) 주요한 정보의 변경이나 리스크 변화가 있는 경우에는 고객확인을 실시해야 할 것입니다.

② 금융위원회 210015, 2021. 5. 14 ["은행 앱을 활용한 간편실명확인 서비스"를 이용한 고객확인 가능여부]

[1] 질의요지

□ 혁신금융서비스 지정된 "은행 앱을 활용한 간편 실명확인 서비스" 도입 시 사용되는 기제출된 신분증 이미지를 활용하여 고객확인을 수행할 경우 적절한 고객확인을 수행한 것으로 인정받을 수 있는지 여부

[2] 회답

◻ 업무규정 제39조 제2항의 자금세탁등의 위험이 낮은 경우로서 실명확인증표 확인 외에 특정금융정보법 제5조의2에 따른 고객확인을 이행하기 위한 기타 필요충분한 조치를 모두 취하는 것을 전제로

• 혁신금융서비스로 지정된 "은행 앱을 활용한 간편 실명확인 서비스"에 따라 기제출된 신분증(주민등록증, 운전면허증) 이미지를 활용하여 고객확인 수행시 적절한 고객확인을 수행한 것으로 볼 수 있습니다.

[3] 이유

◻ 업무규정 제37조 제1항에 따라 금융회사등은 고객과 금융거래를 하는 때에는 그 신원을 확인하여야 하며 신뢰할 수 있고 독립적인 문서·자료·정보 등을 통하여 그 정확성을 검증하여야 하며,

• 업무규정 제39조 제2항에서는 자금세탁등의 위험이 낮은 경우에는 주민등록증 또는 운전면허증과 같이 고객의 사진이 부착되어 있으면서 연락처를 제외한 검증사항을 모두 확인할 수 있는 실명확인증표로 고객의 신원을

확인한 경우 검증을 이행한 것으로 볼 수 있다고 규정하고 있습니다.

□ 주민등록증 또는 운전면허증을 활용하는 해당 혁신금융서비스는 사진이 부착되어 있고 연락처를 제외한 검증사항을 모두 확인할 수 있으며,

• 고객이 실명확인증표 원본을 제출하지 않더라도 해당 혁신금융서비스를 통해 실명확인이 가능하도록 특례를 부여한 점을 감안하여 동 서비스를 통해 실명확인증표 확인을 이행했다고 볼 수 있다 할 것인바,

• 자금세탁등의 위험이 낮은 경우 특정금융정보법 제5조의2에 따른 고객확인을 이행하기 위한 기타 필요충분한 조치를 모두 취하는 것을 전제로 혁신금융서비스 지정된 "은행 앱을 활용한 간편 실명확인 서비스"에 따라 기제출된 신분증(주민등록증, 운전면허증) 이미지를 활용하여 고객확인 수행시 적절한 고객확인을 수행한 것으로 볼 수 있습니다.

(2) 법인·단체 고객의 검증
(가) 검증사항

금융회사등이 검증하여야 하는 법인 고객의 신원확인 정보는 ⅰ) 법인(단체)명(제1호), ⅱ) 실명번호(제2호), ⅲ) 본점 및 사업장의 주소·소재지(외국법인인 경우 연락 가능한 실제 사업장 소재지)(제3호), ⅳ) 업종(영리법인인 경우)(제4호), ⅴ) 설립목적(비영리법인인 경우)(제5호)이다(업무규정40①).

은행 실무상 확인한 신원확인 정보 중 ⅰ) 법인(단체)명, ⅱ) 실명번호, ⅲ) 법인등록번호, ⅳ) 업종, ⅴ) 본점 및 사업장의 주소·소재지(외국법인인 경우 국적 및 연락 가능한 실제 사업장 소재지), ⅵ) 본점 및 사업장 연락처, ⅶ) 설립목적(비영리법인인 경우)에 대하여는 검증을 하여야 한다.

(나) 검증방법

은행 실무상 검증사항은 다음의 한 가지 방법으로 검증하여야 한다. 즉 ⅰ) 문서적 방법: 사업자등록증, 고유번호증, 사업자등록증명원, 등기사항증명서, 납세번호증, 영업허가서, 정관, 외국인투자등록증 등을 통하여 검증하는 방법, ⅱ) 비문서적 방법: 금융감독원 전자공시 조회, 국세청 홈페이지의 휴·폐업조회, 상용 기업정보 제공 데이터베이스를 통한 확인 등을 통하여 검증하는 방법에 의한다.

(다) 검증생략

금융회사등은 법인·단체 고객이 ⅰ) 국가기관, 지방자치단체, 공공단체(제1호), ⅱ) 법 제2조 및 제11조에 따른 감독·검사의 대상인 금융회사등(카지노사업자, 환전영업자, 소액해외송금업자, 대부업자 제외)(제2호), ⅲ) 주권상장법인 및 코스닥 상장법인 공시규정에 따라 공시의무를 부담하는 상장회사(제3호)에 해당하고 자금세탁행위등의 위험이 낮은 것으로 평가된 경우에 한해 제20조 제2항에 따른 간소화된 고객확인을 할 수 있다(업무규정40②).

(다) 추가 조치

금융회사등은 법인·단체 고객이 간소화된 고객확인의 적용대상이 아닌 때에는 검증하여야 하는 신원확인정보에 대하여 정부가 발행한 문서 등에 의해 검증하는 등 추가적인 조치를 취하여야 한다(업무규정40③).

* 법인 고객 필수 검증방법

내용	검증방법
1. 비문서적방법	1.1382 전화 / 8.신분증진위확인(9860) / 2.운전면허시험관리단조회 / 3.음성 녹취 / 4.신용정보조회(NICE·KCB·Cretop 등) / 5.사업자휴폐업조회/ 6.전자공시 시스템조회 / 9.외국인실명증표인증관리(0217) / 7.기타
2. 문서적방법	A.실명증표 2개 확인 / B.주민등록등본 / C.재직증명서 / D.공과금영수증 / E.법인등기부등본 / F.정관 /G.감사보고서 / H.기타[예:가족관계증명서, 전역증, 인감증명서, 의료보험증, 출국사실증명 등]
3. 검증생략	① 위험평가 결과 저위험 + 국가, 지방자치단체 및 공공단체인 경우 ② 위험평가 결과 저위험 + 공시 규정에 따라 공시의무 부담 상장회사인 경우 ③ 위험평가 결과 저위험 + 금융회사(카지노사업자 제외)
4. 재이행대상 CDD	대리인에 의한 일회성금융거래 시(대표자가 재점하지 않은 경우) [가급적 지양 - 사전 자금세탁방지섹션 문의]

6. 고객확인서

은행 실무상 고객확인서는 "개인, 개인사업자, 고유번호나 납세번호가 없는 임의단체용" 및 "법인, 고유번호나 납세번호가 있는 임의단체용"을 사용한다.

* 고객확인서(개인, 개인사업자, 고유번호나 납세번호가 없는 임의단체용)

『특정 금융거래정보의 보고 및 이용 등에 관한 법률』에 따라 고객은 당행과 거래시 고객확인 및 검증을 위하여 아래의 내용을 기재하여야 합니다. 당행은 기재된 정보를 검증하기 위하여 추가적인 자료를 요구할 수 있으며, 요구된 정보제출을 거부 또는 고객확인 및 검증이 충분히 이루어지지 않을 경우 금융거래가 지연되거나 거절될 수 있습니다. 고객이 제공하신 정보 또는 자료는 "금융실명거래 및 비밀보장에 관한 법률" 등 관련 법령에 따라 보호됩니다.

■ 기본정보

신원정보 확인									
성명	한글명		생년월일						
	영문명 (외국인 필수)								
외국인(추가)	국적		여권번호		생년월일	년 월 일	성별	□남 □여	
자택	주소								
	전화	( ) －							
휴 대 폰		( ) －		이메일		@			
직장 / 사업정보									
직업 구분	□급여소득자 □전문직 □자영업자 □공무원 □연금소득자 □주부 □학생 □기타( ) □무직								
직장/사업정보 (□해당사항 없음)	주소								
	전화	( )		FAX	( ) －				
	급여소득자	직장명		부서명		직위		업종	
	개인사업자	상호명		사업자등록번호					
		개업년월일		업종(업태/종목)		/			

■ 추가정보

거 래 목 적	재산현황	□10억원 미만 □10억원~100억원 미만 □100억원~1,000억원 미만 □1,000억원 이상
	급여소득자	□직장 대표자명 기재( )
	계좌 개설 (예금, 대출 등)	□급여 및 생활비 □저축 및 투자 □보험료 납부결제 □공과금 납부결제 □카드대금 결제 □대출원리금 상환 결제 □사업상 거래 □기타( )
	일회성거래(무통장 입금, 수표발행· 지급 등)	□물품 등 사업상 대금결제 □차입/부채상환 □상속/증여성거래 □기타( )
	거래 자금의 원천	□근로 및 연금소득 □퇴직소득 □사업소득 □부동산 임대소득 □부동산 양도소득 □금융소득(이자 및 배당) □상속/증여 □일시 재산 양도로 인한 소득 □기타( )
	실제소유자 여부	□예 □아니오(실제소유자 성명: 실명번호:)

※고객확인서 작성과 관련하여 상기 내용을 충분히 공지 받았음을 확인합니다.	작성자(대리인) 성명	(인/서명)

서 류 보 관	신원확인 서류	확인	신원검증 서류	확인	
	· 주민등록증	□	· 문서적 방법:	□	20 년 월 일
	· 운전면허증	□	실명증표 2개, 주민증록등본 등		
	· 여권	□	· 비문서적 방법		
	· 학생증	□	-1382 전화	□	
	· 기타( )	□	-신분증진위확인(9860)	□	
		□	-운전면허시험관리공단조회	□	
			-기타( )	□	

고객확인자	담당자	책임자

(유의사항) 고객께서 작성하신 상기 내용은 당행의 고객정보 및 신용카드 정보변경 등과 관련이 없습니다.

■ 외국의 정치적 주요인물 관련 추가정보

외국의 정치적 주요인물 관련 여부		□관련 있음 □관련 없음		
외국의 정치적 주요인물의 가족 / 밀접한 관계가 있는 인물(해당사항 없음)	관계 1	□본인(이하 생략) □배우자 □부모 □자녀 □형제자매 □친척 □기타( )		
	영문명 (외국인 필수)		성별	□남 □여
			생년월일	년 월 일
	실명번호		국적	
	여권번호		전화/휴대폰	( ) －
	자택주소			
	관계 2	□배우자 □부모 □자녀 □형제자매 □친척 □기타( )		
	영문명 (외국인 필수)		성별	남 여
			생년월일	년 월 일
	실명번호		국적	
	여권번호		전화/휴대폰	( ) －
	자택주소			
외국의 정치적 주요인물과 관련 있는 회사(□해당 사항 없음)	관계 1	□주주 □임원	지분율(%)	%
	회사명(영문명)		직위	
	실명번호		전화번호	( ) －
	주소			
	관계 1	□주주 □임원	지분율(%)	%
	회사명(영문명)		직위	
	실명번호		전화번호	( ) －
	주소			

※ 작성 공간이 부족한 경우 별지에 작성하여 제출하셔도 됩니다.

■ 임의단체에 관한 정보

단체설립일			조직구성원 수		설립목적		
비영리 확인		학술, 종교, 자선, 문화, 교육, 사회사업 등의 영리 아닌 사업을 목적으로 "기금"을 모집 또는 사용하였는가? □예(비영리단체) □아니오(비영리단체 해당안됨)					
기부 관련 정보	기준연도	년	모집자금총액 (연간)	백만원	운영자금총액 (연간)	백만원 집행자금총액 (연간)	백만원
	주요 기부자 정보 (연간 모집액의 5% 이상 기부자) (□해당사항 없음)	기부자	성명	한글명		실명번호	
				영문명(외국인 필수)		전화번호/휴대폰	
			주소				
	주요 기부자 정보 (연간 모집액의 5% 이상 기부자) (□해당사항 없음)	수혜자	성명	한글명		실명번호	
				영문명(외국인 필수)		전화번호/휴대폰	
			주소				

* 고객확인서(법인, 고유번호나 납세번호가 있는 임의단체용)

『특정 금융거래정보의 보고 및 이용 등에 관한 법률』에 따라 고객은 당행과 거래시 고객확인 및 검증을 위하여 아래의 내용을 기재하여야 합니다. 당행은 기재된 정보를 검증하기 위하여 추가적인 자료를 요구할 수 있으며, 요구된 정보제출을 거부 또는 고객확인 및 검증이 충분히 이루어지지 않을 경우 금융거래가 지연되거나 거절될 수 있습니다. 고객이 제공하신 정보 또는 자료는 "금융실명거래 및 비밀보장에 관한 법률" 등 관련 법령에 따라 보호됩니다.

■ 기본정보

법인(단체) 신원정보 확인					
법인(단체)명	한글명		사업자등록번호 (고유번호 및 납세번호 등 포함)		
	영문명 (외국인 필수)				
업종(업태/종목)			설립목적 (비영리법인, 단체)		법인등록 번호
본점 (외국법인은 해외 본점)	주소				
	전화	( ) －	FAX	( ) －	
사업장(국내)	주소				
	전화	( ) －	FAX	( ) －	
대표자 정보 ※대표자(공동대표 등)가 3인 이상일 경우 뒷면의 "대표자정보"란에 추가 기재 바랍니다.					
대표자 1	한글명		영문명(외국인 필수)		
	생년월일		국적		
대표자 2	한글명		영문명(외국인 필수)		
	생년월일		국적		
법인(단체) 일반정보					
설립일			홈페이지		
영리법인	기업규모	□대기업 □중소기업	상장 거래소	국내	□유가증권시장 □코스닥시장
	상장여부	□상장 □비상장		국외	□뉴욕증권거래소 □나스닥 □런던증권거래소 □홍콩증권거래소 □기타( )

■ 추가정보

거래 목적	계좌 개설 (예금, 대출 등)	□급여 및 운영비 □저축 및 투자 □보험료 납부결제 □공과금 납부결제 □카드대금 결제 □대출원리금 상환 결제 □사업상 거래 □기타( )
	일회성거래(무통장입금, 수표발행·지급 등)	□물품 등 사업상 대금결제 □차입/부채상환 □상속/증여성거래 □기타( )
	거래 자금의 원천	□사업소득 □부동산 임대소득 □부동산 양도소득 □금융소득(이자 및 배당) □상속/증여 □일시 재산 양도로 인한 소득 □기타( )

※고객확인서 작성과 관련하여 상기 내용을 충분히 공지 받았음을 확인합니다.　작성자(대리인) 성명　　　　(인/서명)

서류보관	신원확인 서류	확인	신원검증 서류	확인
	· 사업등록증	□	· 문서적 방법: 법인등기부등본, 정관 등	□
	· 사업자등록증명원	□		
	· 외국인투자신고수리서 또는 인가서	□	· 비문서적 방법	
			―국세청 휴폐업 조회	□
	· 학생증	□	―전자공시 조회	□
	· 기타( )		―KISLINE, CRETOP 등 조회	□
			―기타( )	□

20 년 　월　 일

고객확인자	담당자	책임자

고객께서 작성하신 상기 내용은 당행의 고객정보 및 신용카드 정보변경 등과 관련이 없습니다.

◨ 대표자 정보

대표자(공동대표자 등)가 3인 이상일 경우 앞면에 이어서 추가 기재 바랍니다.

대표자 3	한글명		영문명(외국인 필수)	
	생년월일		국적	
대표자 4	한글명		영문명(외국인 필수)	
	생년월일		국적	
대표자 5	한글명		영문명(외국인 필수)	
	생년월일		국적	

◨ 주요 주주 정보(해당사항 없음)

일정비율(금융기관대기업: 10%, 중소기업: 25%) 이상 지분을 가진 주주에 대해 아래 사항을 기재해 주십시오(참고) 대기업: 금융감독원에서 발표하는 "30대 주채무 계열" 중 상장기업

개인주주	성명	한글명			영문명				지분율	%
	실명번호				전화번호/휴대폰					
	자택주소									
	외국인(추가)	국적		여권번호		생년월일	년 월 일	성별	□남 □여	
법인주주	법인명 (단체명)	한글명		업종(비영리단체인 경우 설립목적추가)				지분율	%	
		영문명								
	실명번호				법인등록번호					
	본인(외국법인 은 해외본점)	주소								
		전화			FAX	(	)	-		
	사업장	주소								
		전화			FAX	(	)	-		

◨ 실제소유자(*최종 지배 또는 통제하는 '사람') 확인

2016년부터 금융회사는 '신규계좌 개설 등'의 경우 고객의 실제소유자를 확인하고, 고객이 정보제공을 거부할 경우 해당 거래 거절(근거: 「특정금융정보법」 제5조의2)

생략 대상	종류(택일)	「특정금융정보법」 '제10조의5'조항의 □국가 또는 지방단체, □공공단체, □금융회사, □사업보고서 제출대항 법인						
확인 대상	실제소유자 1	□최대지분소유자, □대표·임원의 과반수 선임자, □사실상 지배하는 자, □기타( )				확인서류		
		성명(외국인은 영문명)		생년월일		국적	지분율	%
	실제소유자 1 (필요시)	□최대지분소유자, □대표·임원의 과반수 선임자, □사실상 지배하는 자, □기타( )				확인서류		
		성명(외국인은 영문명)		생년월일		국적	지분율	%

◨ 비영리법인에 관한 정보

| 주요활동 국가 | | 조직구조 수령 여부 | □예   □아니오 |
| 제휴 비영리 기관명 | | 감독기관명 | |

◨ 임의단체에 관한 정보

| 비영리 확인 | 학설, 종교, 자선, 문화, 교육, 사회사업 등의 영리 아닌 사업을 목적으로 기금을 모집 또는 사용하였는가? □예(비영리단체)   □아니오(비영리단체 해당안됨) |

◨ 기부관련 정보(비영리법인, 비영리임의단체, 최근 회계연도 기준)

기준연도		년	모집자금총액 (연간)		백만원	운영자금총액 (연간)		백만원	집행자금총액 (연간)		백만원
주요 기부자 정보 (연간 모집액의 5% 이상 기부자) (□해당사항 없음)	기부자	성명	한글명					실명번호			
			영문명(외국인 필수)					전화번호/휴대폰			
		주소									
주요 기부자 정보 (연간 모집액의 5% 이상 기부자) (□해당사항 없음)	수혜자	성명	한글명					실명번호			
			영문명(외국인 필수)					전화번호/휴대폰			
		주소									

* 고객확인서 징구 관련(검증방법)

구분	고객확인 이행 대상		작성대상자	작성자	실명확인증표 종류 검증
개인	본인내점	1. 계좌 개설 2. 일회성 거래	본인	본인	징구실명확인증표 1. 비문서적 2. 문서적 8. 검증생략
	대리인내점	계좌 개설	의뢰인	대리인	
			대리인	대리인	
		일회성 거래	의뢰인	대리인	
			대리인	대리인	
법인	대표자내점	계좌 개설	법인	대표자(대리인)	징구실명확인증표 1. 비문서적 2. 문서적 8. 검증생략
			대리인	대표자	
		일회성 거래	법인	대표자(대리인)	
			대리인	대표자	
	대리인내점	1. 계좌 개설 2. 일회성 거래	법인	대리인	
			대리인	대리인	

검증방법		
1. 비문서적 방법	1	1382 전화확인
	8	신분증 진위확인(9860)
	2	운전면허시험관리단조회
	v	가족관계증명서 진위확인
	w	주민등록등본 진위확인
	3	음성녹취
	4	신용정보조회
	5	사업자휴폐조회
	6	전자공시시스템조회
	9	외국인실명증표인증관리(0217)
	7	기타
2. 문서적 방법	A	실명증표 2개 확인
	B	주민등록등본
	C	재직증명서
	D	공과금영수증
	E	법인등기부등본
	F	정관
	G	검사보고서
	H	기타
8. 검증생략		저위험 & 주민증 or 운전면허증 등

7. 고객유형 분류

은행 실무상 고객유형별 및 자금세탁 위험도에 따른 고객 분류는 다음의 "고객유형 분류"를 따른다.

고객유형별 및 자금세탁 위험도에 따라 고객에 대하여 요구되는 정보는 다르기 때문에 고객확인 및 검증을 수행하기 위해서 자금세탁 위험기반의 고객유형 분류가 필요하다. 다음은 자금세탁위험을 고려하여 고객으로부터 다르게 수집되는 정보에 따라 구별되는 고객유형과 업무규정 제4장 고위험군에 대한 강화된 고객확인에 해당하는 고위험고객 유형을 추가하여 재분류한 것이다.

고객유형 분류				
1단계	2단계	3단계	4단계	5단계
개인	개인	일반개인	내국인	거주자
				비거주자
			외국인	거주자
				비거주자

		개인사업자	내국인	거주자
				비거주자(*1)
			외국인	거주자
				비거주자(*1)
		고액자산가	내국인	거주자
				비거주자
			외국인	거주자
				비거주자
		외국의 정치적 주요인물	내국인	거주자
				비거주자
			외국인	거주자
				비거주자
	단체	임의단체 (고유번호나 납세번호가 없는 단체)	내국단체	거주자
				비거주자
			외국단체	거주자
				비거주자
법인	법인	영리 법인	내국법인	거주자
				비거주자
			외국법인	거주자
				비거주자
		비영리 법인	내국법인	거주자
				비거주자
			외국법인	거주자
				비거주자
		금융회사	내국법인	거주자
				비거주자
			외국법인	거주자
				비거주자
		공공기관	내국기관	거주자
				비거주자
			외국기관	거주자
				비거주자
	단체	국가, 지방자치단체	내국단체	거주자
				비거주자
			외국단체	거주자
				비거주자

		임의단체 (고유번호나 납세번호가 있는 단체)	내국단체	거주자
				비거주자
			외국단체	거주자
				비거주자

(*1) 부가세법 시행령 4조 5호/소득세법 120조에 의하면 비거주자의 사업자등록이 가능함

Ⅳ. 실제 소유자 확인

금융정보분석원은 차명거래 규제 강화 목적 및 FATF의 권고사항에 따라 고객을 최종적으로 지배하거나 통제하는 자연인("실제 소유자")에 관한 사항을 기본적 고객확인사항으로 규정한 특정금융정보법 개정안을 2016년 1월 1일부터 시행하였다.

금융회사등은 고객이 계좌를 신규로 개설하거나 "대통령령으로 정하는 금액" 이상으로 일회성 금융거래등을 하는 경우 고객을 최종적으로 지배하거나 통제하는 자연인("실제 소유자")에 관한 사항을 확인하여야 한다(법5의2①(1) 나목 본문). 다만, 고객이 법인 또는 단체인 경우에는 대통령령으로 정하는 사항을 확인하여야 한다(법5의2①(1) 나목 단서).

1. 신원확인과 검증

금융회사등은 고객을 궁극적으로 지배하거나 통제하는 자연인("실제소유자")이 누구인지를 신뢰할 수 있고 독립적인 관련 정보 및 자료 등을 이용하여 그 신원을 확인하고 검증하기 위한 합리적인 조치를 취하여야 한다(업무규정41①).

❚ 관련 유권해석

① 금융위원회 200172, 2020. 11. 6 [신용정보회사를 통해 조회한 주요 주주 현황 정보를 자금세탁방지 실제 소유자 확인 및 검증서류로 활용해도 무방한지 여부]

[1] 질의요지

□ 특정금융정보법 제5조의2 제1항 및 업무규정 제41조에 따른 실제 소유자 확인 검증 자료로 신용정보회사에서 조회된 자료(해당 자료가 최신 정보

임을 전제로 할 경우)를 이용할 수 있는지 여부

[2] 회답

□ 신용정보회사의 자료가 신용정보법을 준수하여 관련 정보의 정확성과 최신성을 확보하고 있다면 금융회사등은 실제 소유자 확인 및 검증 자료로 이를 활용할 수 있다고 할 것입니다.

[3] 이유

□ 특정금융정보법 제5조의2 제1항 제1호 나목에 따라 금융회사등은 고객 확인시 실제 소유자를 확인하여야 하며, 업무규정 제41조에 따라 금융회사등은 신뢰할 수 있고 독립적인 관련 정보 및 자료 등을 이용하여 신원을 확인하고 검증하기 위한 합리적인 조치를 취해야 합니다.

• 금융회사등은 이를 고려하여 실제 소유자를 확인할 수 있는 방법 및 자료 등 관련 절차를 자율적으로 마련할 수 있으며, 진위 여부 등에 대하여도 책임이 있습니다.

□ 신용정보회사의 자료가 신용정보법을 준수하여 관련 정보의 정확성과 최신성을 확보하고 있다면 금융회사등은 실제 소유자 확인 및 검증 자료로 이를 활용할 수 있다고 할 것입니다.

② 금융위원회 190288, 2022. 1. 4 [업무규정 제41조의 "검증"에 대한 법령 해석]

[1] 질의요지

□ 업무규정 제41조 제1항에 따라 확인된 실제 소유자에 대하여 개인 고객에 준하는 검증 조치를 취해야 하는지 여부

• 또한 검증의 수단으로서 정부가 발행한 문서 외에 인터넷 정보, 기업정보제공서비스 등을 활용할 수 있는지 여부

[2] 회답

□ 특정금융정보법 제5조의2 제1항 제1호 및 업무규정 제41조에 따라 금융회사등은 실제 소유자를 확인하고 검증하여야 하며, 이는 실제 소유자를 충실히 확인하는 차원의 이용 가능한 다양한 검증수단과 방법을 적용할 수 있다는 것을 의미하는 것으로서 반드시 실제 소유자인 자연인에 대한 실명

확인증표 확인 등 개인 고객에 준하는 검증까지 요구하는 것은 아닙니다.

□ 또한 금융회사등은 정부가 발행한 문서 외에도 신뢰할 수 있고 독립적인 문서·자료·정보 등을 통하여 실제 소유자를 검증하기 위한 합리적인 조치를 취할 수 있습니다.

[3] 이유

□ 특정금융정보법 제5조의2 제1항 제1호 나목에 따라 금융회사 등은 고객확인시 실제 소유자를 확인하여야 하며, 업무규정 제41조에 따라 금융회사 등은 신뢰할 수 있고 독립적인 관련정보 및 자료 등을 이용하여 신원을 확인하고 검증하기 위한 합리적인 조치를 취해야 합니다.

• 이는 금융회사등이 실제 소유자를 충실히 확인해나가는 과정을 통해 자금세탁 및 테러자금조달 방지 목적을 효과적으로 달성하기 위한 것이며, 반드시 실제 소유자인 자연인에 대한 실명확인증표 확인 등 개인 고객에 준하는 검증까지 요구하는 것은 아닙니다.

□ 또한 정부가 발행한 문서는 검증 수단 중 하나의 예시로서 금융회사등은 검증 자료의 신뢰성과 독립성이 확보될 수 있는 방법으로 실제 소유자를 검증하기 위한 합리적인 조치를 취하여야 할 것입니다.

2. 개인 고객의 실제 소유자

금융회사등은 법 제5조의2 제1항 제1호 나목 본문에 따라 개인인 고객의 실지명의로 금융거래등을 하기로 하는 약정 또는 합의를 한 다른 개인 등 고객을 최종적으로 지배하거나 통제하는 사람("실제 소유자")이 있으면 그 실제 소유자의 실지명의 및 국적(그 실제 소유자가 외국인인 경우로 한정)을 확인해야 한다(영10의5 ①).

개인 고객의 경우 실제 소유자가 따로 존재한다고 밝힌 경우 또는 타인을 위한 거래를 하고 있다고 의심될 경우에만 실제 소유자를 확인한다.

3. 법인·단체 고객의 실제 소유자

(1) 실제 소유자 확인 면제

(가) 확인 면제대상 법인·단체

법인 또는 단체인 고객이 다음의 어느 하나에 해당하는 경우에는 확인을 하지 아니할 수 있다(영10의5⑤).

1. 국가 또는 지방자치단체
2. 다음의 어느 하나에 해당하는 공공단체
　가. 공공기관운영법에 따른 공공기관
　나. 정부출연기관법 및 과기출연기관법에 따라 설립된 정부출연연구기관, 과학기술분야 정부출연연구기관 및 연구회
　다. 지방공기업법에 따라 설립된 지방직영기업·지방공사 및 지방공단
　라. 다음의 어느 하나에 해당하는 법인 중 자금세탁과 공중협박자금조달의 위험성이 없는 것으로 판단되어 금융정보분석원장이 지정하는 자[10)
　　1) 법률에 따라 정부로부터 출자·출연·보조를 받는 법인
　　2) 법률에 따라 설립된 법인으로서 주무부장관의 인가 또는 허가를 받지 않고 그 법률에 따라 직접 설립된 법인
3. 다른 금융회사등(카지노사업자 및 가상자산사업자는 제외)
4. 자본시장법 제159조 제1항[11)에 따른 사업보고서 제출대상법인

---

10) "금융정보분석원장이 지정하는 자"는 [별표 1]에 규정된 자를 말한다(감독규정10). [별표 1]은 다음과 같다. [별표 1] 금융정보분석원장이 지정하는 공공단체의 범위 (제10조 관련) 1. 한국은행, 2. 한국방송공사, 3. 한국교육방송공사, 4. 한국교직원공제회, 5. 국립대학병원 설치법에 의하여 설립된 국립대학병원, 6. 한국정보통신기술협회, 7. (재)유비쿼터스컴퓨팅사업단, 8. 소프트웨어공제조합, 9. 광주정보문화산업진흥원, 10. 강원정보문화진흥원, 11. 부산정보산업진흥원, 12. 인천광역시정보산업진흥원, 13. 전국은행연합회, 14. 한국증권업협회, 15. 생명보험협회, 16. 대한손해보험협회, 17. 한국여신전문금융업협회, 18. 자산운용협회, 19. 한국해양소년단연맹, 20. 한국항만연수원, 21. 한국해양오염방제조합, 22. 한국해운조합, 23. 한국선원복지고용센터, 24. 한국해양조사협회, 25. (재)한국항로표지기술협회, 26. 예술의전당

11) ① 주권상장법인, 그 밖에 대통령령으로 정하는 법인(이하 "사업보고서 제출대상법인"이라 한다)은 그 사업보고서를 각 사업연도 경과 후 90일 이내에 금융위원회와 거래소에 제출하여야 한다. 다만, 파산, 그 밖의 사유로 인하여 사업보고서의 제출이 사실상 불가능하거나 실효성이 없는 경우로서 대통령령으로 정하는 경우에는 사업보고서를 제출하지 아니할 수 있다.

(나) 실제 소유자 파악 조치

금융회사등은 시행령 제10조의5 제5항에도 불구하고 법인·단체 고객의 실제 거래당사자 여부가 의심되는 등 고객이 자금세탁행위등을 할 우려가 있는 경우 실제 소유자 여부를 파악하기 위하여 필요한 조치를 하여야 한다(업무규정41③).

(2) 실제 소유자의 단계별 확인
(가) 관련 규정

금융회사등은 법 제5조의2 제1항 제1호 나목 단서에 따라 법인 또는 단체인 고객의 실제 소유자로서 다음의 어느 하나에 해당하는 사람이 있으면 그 실제 소유자의 성명, 생년월일 및 국적을 확인해야 한다(영10의5② 전단). 이 경우 제1호에 해당하는 사람을 확인할 수 없는 때에는 제2호에 해당하는 사람을, 제2호에 해당하는 사람을 확인할 수 없는 때에는 제3호에 해당하는 사람을 각각 확인해야 한다(영10의5② 후단).

1. 해당 법인 또는 단체의 의결권 있는 발행주식총수(출자총액을 포함)의 25% 이상의 주식, 그 밖의 출자지분(그 주식, 그 밖의 출자지분과 관련된 증권예탁증권을 포함)을 소유하는 자("주주등")
2. 다음의 어느 하나에 해당하는 사람
   가. 해당 법인 또는 단체의 의결권 있는 발행주식총수를 기준으로 소유하는 주식, 그 밖의 출자지분의 수가 가장 많은 주주등
   나. 단독으로 또는 다른 주주등과의 합의·계약 등에 따라 대표자·업무집행사원 또는 임원 등의 과반수를 선임한 주주등
   다. 해당 법인 또는 단체를 사실상 지배하는 자가 가목 및 나목에 해당하는 주주등과 명백히 다른 경우에는 그 사실상 지배하는 자
3. 해당 법인 또는 단체의 대표자

아래서는 위 각호의 내용을 살펴본다. 다음의 경우 1단계에 해당하는 사람을 확인할 수 없는 때에는 2단계에 해당하는 사람을, 2단계에 해당하는 사람을 확인할 수 없는 때에는 3단계에 해당하는 사람을 각각 확인해야 한다(영10의5② 후단).

(나) 1단계: 25% 이상의 지분소유자

금융회사등은 법인 또는 단체인 고객의 실제 소유자로서 해당 법인 또는 단체의 의결권 있는 발행주식총수(출자총액을 포함)의 25% 이상의 주식, 그 밖의 출자지분(그 주식, 그 밖의 출자지분과 관련된 증권예탁증권을 포함)을 소유하는 사람("주주등")이 있으면 그 실제 소유자의 성명, 생년월일 및 국적을 확인해야 한다(영10의5②(1)).

(다) 2단계: 아래 ①, ②, ③ 중 택일(최대주주)

금융회사등은 법인 또는 단체인 고객의 실제 소유자로서 다음의 어느 하나에 해당하는 사람이 있으면 그 실제 소유자의 성명, 생년월일 및 국적을 확인해야 한다(영10의5②(2)).

> 가. 해당 법인 또는 단체의 의결권 있는 발행주식총수를 기준으로 소유하는 주식, 그 밖의 출자지분의 수가 가장 많은 주주등
> 나. 단독으로 또는 다른 주주등과의 합의·계약 등에 따라 대표자·업무집행사원 또는 임원 등의 과반수를 선임한 주주등
> 다. 해당 법인 또는 단체를 사실상 지배하는 자가 가목 및 나목에 해당하는 주주등과 명백히 다른 경우에는 그 사실상 지배하는 자

따라서 금융회사등은 1단계에 해당하는 사람을 확인할 수 없는 경우에는 2단계에 해당하는 사람을 확인해야 한다. 2단계에서 ① 최대 지분(증권)을 소유한 사람(위 가목), ② 대표자·업무집행사원 또는 임원 등의 과반수를 선임한 주주(자연인)(위 나목), ③ 법인·단체를 사실상 지배하는 자가 앞의 ①, ② 등과 다른 경우에는 그 사실상 지배하는 자(위 다목)를 택일하여 그 실제 소유자의 성명, 생년월일 및 국적을 확인해야 한다(영10의5②(2)).

시행령 제10조의5 제2항을 적용할 때 제2항 제1호 또는 제2호에 해당하는 자가 여러 명인 경우에는 의결권 있는 발행주식총수를 기준으로 소유하는 주식, 그 밖의 출자지분의 수가 가장 많은 주주등을 기준으로 확인해야 한다(영10의5④ 본문). 다만, 금융거래등을 이용한 자금세탁행위 및 공중협박자금조달행위를 방지하기 위하여 필요하다고 인정되는 경우에는 제2항 제1호 또는 제2호에 해당하는 자의 전부 또는 일부를 확인할 수 있다(영10의5④ 단서).

(라) 3단계: 법인 · 단체의 대표자

금융회사등은 2단계에 해당하는 사람을 확인할 수 없는 경우에는 3단계에 해당하는 사람을 확인해야 한다(영10의5② 후단).

금융회사등은 법인 또는 단체인 고객의 실제 소유자로서 해당 법인 또는 단체의 대표자가 있으면 그 실제 소유자의 성명, 생년월일 및 국적을 확인해야 한다(영10의5②(3)). 여기서 "대표자"는 법인 · 단체를 대표하는 자, 법인 · 단체 고객을 최종적으로 지배하거나 통제하는 자로서 대표이사 · 임원 등 고위경영진의 직책에 있는 자연인 등을 말한다(업무규정41②).

(3) 단계적 실제 소유자 확인: 재량 사항

(가) 확인대상

앞의 (2) 실제 소유자의 단계별 확인에도 불구하고 시행령 제10조의5 제2항 제1호 또는 제2호 가목에 따른 주주등이 다른 법인 또는 단체인 경우에는 그 주주등인 법인 또는 단체의 중요한 경영사항에 대하여 사실상 영향력을 행사할 수 있는 사람으로서 다음의 어느 하나에 해당하는 사람이 있으면 그 사람의 성명, 생년월일 및 국적을 확인할 수 있다(영10의5③ 전단). 이 경우 제1호 또는 제2호 가목에 해당하는 자가 또 다른 법인 또는 단체인 때에는 그 또 다른 법인 또는 단체에 대하여 다음의 어느 하나에 해당하는 사람의 성명, 생년월일 및 국적을 확인할 수 있다.

1. 의결권 있는 발행주식총수의 25% 이상을 소유하는 주주등
2. 다음의 어느 하나에 해당하는 자
   가. 의결권 있는 발행주식총수를 기준으로 소유하는 주식, 그 밖의 출자지분의 수가 가장 많은 주주등
   나. 단독으로 또는 다른 주주등과의 합의 · 계약 등에 따라 대표자 · 업무집행사원 또는 임원등의 과반수를 선임한 주주등
   다. 그 주주등인 법인 또는 단체를 사실상 지배하는 자가 가목 및 나목에 해당하는 주주등과 명백히 다른 경우에는 그 사실상 지배하는 자

(나) 확인기준

시행형 제10조의5 제3항을 적용할 때 제3항 제1호 또는 제2호에 해당하는 자가 여러 명인 경우에는 의결권 있는 발행주식총수를 기준으로 소유하는 주식, 그 밖의 출자지분의 수가 가장 많은 주주등을 기준으로 확인해야 한다(영10의5④ 본문). 다만, 금융거래등을 이용한 자금세탁행위 및 공중협박자금조달행위를 방지하기 위하여 필요하다고 인정되는 경우에는 제3항 제1호 또는 제2호에 해당하는 자의 전부 또는 일부를 확인할 수 있다(영10의5④ 단서).

* FATF 권고사항

R 10 고객확인제도(CDD)

CDD 조치는 다음과 같이 행해져야 한다:

(a) 신뢰성 있고 독립적인 문서, 데이터 또는 정보를 이용하여 고객을 확인하고 고객의 신원을 검증할 것

(b) 실소유자를 확인하고, 실소유자의 신원을 검증하기 위한 합리적인 조치를 취하여 금융기관이 실소유자가 누구인지 파악할 수 있어야 함. 법인 및 법률관계의 경우, 금융기관이 고객의 소유권과 지배구조를 파악하는 것을 포함함.

(c) 거래관계의 목적 및 성격을 이해하고, 필요시 이에 대한 정보를 확보할 것.

(d) 거래관계에 대한 지속적인 고객확인 절차 이행 및 거래관계 수립 이후 실시된 거래에 대한 면밀한 조사를 수행하여 고객, 고객의 사업 및 위험기록, 그리고 필요한 경우 자금출처에 대해 금융기관이 파악하고 있는 바가 실제 거래내용과 일치하도록 할 것.

금융기관은 (a)-(d)의 모든 고객확인 조치를 이행할 의무가 있으며, 이 때 본 권고사항에 대한 주석서와 권고사항 1(위험기반 접근법)에 대한 주석서에 따라 위험중심 접근법을 적용하여 해당 조치의 범위를 결정하여야 한다.

R 10. Customer due diligence

The CDD measures to be taken are as follows:

(a) Identifying the customer and verifying that customer's identity using reliable, independent source documents, data or information.

(b) Identifying the beneficial owner, and taking reasonable measures to verify the identity of the beneficial owner, such that the financial institution is satisfied that it knows who the beneficial owner is. For legal persons and arrangements this should include financial institutions understanding the ownership and control structure of the customer.

(c) Understanding and, as appropriate, obtaining information on the purpose and intended nature of the business relationship.

(d) Conducting ongoing due diligence on the business relationship and scrutiny of

transactions undertaken throughout the course of that relationship to ensure that the transactions being conducted are consistent with the institution's knowledge of the customer, their business and risk profile, including, where necessary, the source of funds.

Financial institutions should be required to apply each of the CDD measures under (a) to (d) above, but should determine the extent of such measures using a risk-based approach (RBA) in accordance with the Interpretive Notes to this Recommendation and to Recommendation 1.

* 실제 소유자 확인업무 수행절차
(1) 고객확인 수행시 점검사항(법인 및 단체)

고객확인(CDD/EDD) = ① 신원 확인 및 검증 + ② 설립목적·사실확인 + ③ 실제소유자 확인	
① 신원 확인 및 검증서류	− 신원확인서류·사업자등록증 또는 고유번호증 등 − 검증서류·등기사항전부증명서, 사업자등록증명원 등
② 설립목적·사실확인서류	법인등기사항전부증명서, 정관, 회칙, 규약, 공동주택관리규약 어린이집 인가증(＝보육시설 인가증) 소속증명서(종교단체), 비영리민간단체등록증
③ 실제소유자 확인서류	주주명부, 출자자명부 회칙(또는 정관) 및 회의록(또는 임명장, 당선통지서 등) 【상기 자료가 없는 경우】 실제소유자확인공문 또는 실제소유자확인서
※ 고객확인서 양식에 관련 서류들이 첨부되어 EDMS 스캔작업이 이루어지도록 조치	

(2) 실제 소유자 확인 절차

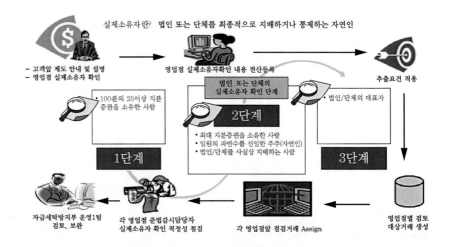

(3) 핵심 점검사항[신원확인/검증 + 설립목적/사실확인 + 실제 소유자 확인]

구분	고객확인의무 이행	징구해야 할 서류
관련 근거	• 특정금융정보법 -제5조의 2(고객확인의무), 제17조(과태료) • 특정금융정보법 시행령 -제10조의2(고객확인의무의 적용범위 등) -제10조의5(실제 소유자에 대한 확인) -제10조의6(고객확인의 절차 등)	• 실제 소유자 확인 생략 법인: ① 국가 및 지방자치단체, ② 공공단체 ③ 금융회사 ④ 사업보고서제출 법인 → 설립사실목적서류 징구로 종료 -생략법인 확인 사이트에서 조회되는 경우에만 가능하며, 조회후 출력 자료는 EDMS 센터로 집중 ① 국가기관, 지방자치단체 　gov.kr(정부24-정책/정보/기관정보) ② 공공단체 　alio.go.kr (공공기관 확인) 　cleaneye.go.kr(지방공기업 경영정보) ③ 금융회사 　(카지노사업자등 제외) 　fine.fss.or.kr(우측하단 "제도권금융") ④ 사업보고서 제출법인 　dart.fss.kr, 네이버 증권 검색 　(현재 주가 조회 가능업체)
실제 소유자의 정의	• 고객을 최종적으로 지배하거나 통제하는 자연인 -특정금융정보법 제5조의2①항1호나목 • 고객을 최종적으로 지배하거나 통제하는 자연인("실제 소유자")으로서 해당 금융거래를 통해 궁극적으로 혜택을 보는 개인 -자금세탁방지기구(FATF)의 정의	
고객확인 시기	• 계좌의 신규개설 • 일회성 금융거래 -전신송금: 100만원 또는 상당하	• 실제소유자 확인 미생략 법인: 고객확인

구분	내용
	는 외화 －외화표시 외국환거래: 미화환산 1만불 －기타: 1,000만원 • 실제 소유자 여부가 의심되는 등 자금세탁 우려가 있는 경우
고객확인 거절시 조치사항	• 신규 고객: 신규거래 거절＋의심 거래보고(STR) • 기존 고객: 거래관계 종료＋의심 거래보고(STR)
기존고객에 대한 고객확인 재이행시기	• 고위험군 고객: 1년 • 중·저위험군 고객: 3년 • 업무규정 제25조(기존고객)에서 정한 경우 1. 중요도가 높은 거래가 발생하는 경우 2. 고객확인자료 기준이 실질적으로 변한 경우 3. 계좌운영방식에 중요한 변화가 있는 경우 4. 고객에 대한 정보가 충분히 확보되지 않았음을 알게 된 경우
실제소유자 확인방법	• 개인 －타인을 위해 거래하고 있다고 의심되거나, 실제소유자가 따로 존재한다고 고객 스스로 밝힌 경우 실제소유자의 신원(성명, 주민번호)을 확인 • 법인 －1단계: 100분의 25 이상의 지분을 소유한 사람 －2단계: 아래 ①, ②, ③ 중 택일 ① 최대 지분(증권)을 소유한 사람 ② 대표자업무집행사원 또는 임원 등의 과반수를 선임한 주주(자연인) ③ 법인단체를 사실상 지배하는 자가 ①, ②에 해당하는 주주등과 다른 경우 －3단계: 해당 법인 또는 단체의 대표자

서 ＋ 기타서류 징구【설립사실(목적) 확인서류 ① ＋ 실제소유자 확인서류 ②】

• 설립사실(목적) 및 실제소유자 검증시 전산에 입력하는 방식에 따른 서류
－문서적 방법[전산 0230 입력시]
  은행의 제출 요청에 따라 고객이 제출한 자료

[설립사실검증]	[실제소유자검증]
51: 공동주택관리규약	51: 주주명부
52: 규약	54: 감사보고서
54: 법인등기부등본	99: 기타
55: 보육시설허가증	59: 정관
60: 회칙	99: 기타 (서류명 기재)

－비문서적 방법 [전산 0230 입력시]
  은행의 제출요청에도 고객이 자료를 주지 않아 은행 직원이 관련 Site를 통하여 해당 자료를 출력하여 고객앞 확인한 경우

[설립사실확인]	[실제소유자확인]
01: CRETOP	01: DART전자공시
02: KISLINE	02: KISLINE
03: 각 시도교육청	03: CRETOP
07: 아이사랑보육포탈	04: 한국기업데이터
08: 유치원알리미 사이트	
09: 학교알리미	49: 기타 (서류명)
49: 기타 (서류명 기재)	

과태료	• CDD미이행: 건당 1천8백만원 이하의 과태료 • EDD미이행: 건당 6천만원 이하의 과태료

┃ 관련 유권해석

① 금융위원회 190348, 2019. 12. 30 [실제 소유자 확인에 대한 문의]

[1] 질의요지

□ 고객인 법인의 주주가 25%가 넘는 주주 3인[예, 주주 갑(40% 소유), 주주 을(30% 소유), 주주 병(30% 소유)]인 경우, 업무규정에 따른 신원확인을 최대 주주인 주주 갑에 대해서만 수행하면 되는 것인지, 아니면 25%가 넘는 모든 주주에 대해서 신원확인을 수행하여야 하는지 여부

[2] 회답

□ 제시한 사례의 경우 25%가 넘는 주주 3인 중 지분율이 가장 높은 주주 갑에 대하여 실제 소유자에 대한 확인을 수행하여야 합니다. 다만, 금융거래를 이용한 자금세탁행위 등을 방지하기 위해 필요하다고 인정되는 경우에는 주주 3인의 전부 또는 일부를 확인할 수 있습니다.

[3] 이유

□ 특정금융정보법 시행령 제10조의5 제2항·제3항에서는 법인 또는 단체인 고객의 실제 소유자 확인시 의결권 있는 발행주식총수를 기준으로 소유하는 주식, 그 밖의 출자지분 등을 고려하여 단계적으로 확인하도록 규정하고 있으며,

• 동조 제4항에서는 제2항 제1호 또는 제2호나 제3항 제1호 또는 제2호에 해당하는 자가 여러 명인 경우에는 의결권 있는 발행주식총수를 기준으로 소유하는 주식, 그 밖의 출자지분의 수가 가장 많은 주주 등을 기준으로 확인할 것을 규정하고 있고, 금융거래를 이용한 자금세탁행위 및 공중협박자금조달행위("자금세탁행위 등")를 방지하기 위하여 필요하다고 인정되는 경우에는 제2항 제1호 또는 제2호나 제3항 제1호 또는 제2호에 해당하는 자의 전부 또는 일부를 확인할 수 있도록 규정하고 있습니다.

□ 이에 따라 사례의 경우 지분율 25%를 초과하는 주주가 3인(갑, 을, 병)

으로 여러 명이므로 지분율이 가장 높은 주주인 갑에 대하여 실제 소유자에 대한 확인을 수행하여야 할 것입니다. 다만, 금융거래를 이용한 자금세탁행위 등을 방지하기 위해 필요하다고 인정되는 경우에는 주주 3인의 전부 또는 일부를 확인할 수 있습니다.

② 유권해석 사례집 35번: SPC 회사와의 거래에서 고객 및 실제 소유자 확인/
　　법 제5조의2 제1항 제1호, 영 제10조의5

Q: 저는 금융회사 직원입니다. 페이퍼 컴퍼니인 SPC 회사가 대출을 하고자 하는 경우 고객확인 대상은 SPC 회사인가요, 아니면 SPC 회사를 통해 실제 대출이 집행되는 회사인가요?

A: 특정금융정보법 제5조의2 제1항 제1호는 고객이 계좌를 신규로 개설하거나 대통령령으로 정하는 금액 이상으로 일회성 금융거래를 하는 경우 고객의 신원에 관한 사항 및 고객을 최종적으로 지배하거나 통제하는 자연인("실제 소유자")에 관한 사항을 확인하도록 하고 있습니다.

이때 "계좌를 신규로 개설"이란 동법 시행령 제10조의2 제2항에 따라 고객이 금융거래를 개시할 목적으로 금융회사등과 계약을 체결하는 것을 의미합니다.

따라서 대출계약에서 금융거래를 개시할 목적으로 금융회사등과 계약을 체결하는 자에 대하여 고객확인을 해야 하므로 고객확인 대상은 SPC 회사가 될 것입니다.

이후 고객확인 과정에서 특정금융정보법 제5조의2 제1항 제1호 나목 및 동법 시행령 제10조의5에 따라 고객을 최종적으로 지배하거나 통제하는 사람이 실제 대출자라면 실제 소유자 확인시 실제 대출이 집행되는 회사 및 그 회사의 실제 소유자를 확인할 수 있을 것입니다.

③ 유권해석 사례집 36번: 리스거래에서의 고객확인의무/법 제5조의2 제1항
　　제1호, 영 제10조의5

Q: 저는 자동차 리스업자로서 고객들과 리스거래를 하고 있습니다. 그리고 대부분의 거래는 리스 기간 종료 후 소유권이 고객에게 넘어가는 금융리

스에 해당합니다. 그런데 A법인의 직원이 A법인 대표자인 甲이 실제로 이용할 것이라고 하면서 저희와 계약을 체결하고 다만 계약명의자는 A법인으로 한 경우 고객확인대상은 A법인인가요, 아니면 대표자 甲인가요?

A: 고객확인은 계약명의자인 A법인을 상대로 해야 합니다. 다만 이러한 고객확인 과정에서 특정금융정보법 제5조의2 제1항 제1호 나목 및 동법 시행령 제10조의5에 따라 고객을 최종적으로 지배하거나 통제하는 사람이 있으면 그 실제 소유자의 실지명의 및 국적(실제 소유자가 외국인인 경우에 한함)을 확인하여야 할 것이며 대표자 甲이 이에 해당할 여지가 있을 것입니다.

④ 유권해석 사례집 38번: 법인·단체 고객의 최대주주등이 금융회사등인 경우 실제 소유자 확인 면제 여부/법 제5조의2 제1항 제1호, 영 제10조의5

Q: 법인·단체 고객의 최대주주 등이 시행령 제10조의5 제5항 각 호 해당 금융회사등인 경우 실제 소유자 확인이 면제될 수 있는지요?

A: 실제 소유자 확인 단계에서 제5항 각 호에 해당하는 법인·단체가 확인되는 경우 그 법인·단체를 확인(실제 소유자란에 기재)한 것으로 실제 소유자 확인을 갈음할 수 있습니다.

동법 시행령 제10조의5 제5항은 금융회사의 고객이 정부, 지방자치단체, 금융회사, 공공단체, 사업보고서 제출대상법인인 경우 실제 소유자 확인을 면제할 수 있도록 규정하고 있는데, 시행령 제10조의5 제2항 제1호 및 제2호 가목에 해당하는 자가 동조 제5항에 규정된 실제 소유자 확인 면제대상인 경우 해당 최대주주등은 공시자료 등을 통해 적정한 투명성이 보장된다고 판단할 수 있으므로 시행령 제10조의5 제5항의 실제 소유자 확인 면제 취지를 동일하게 적용하는 것이 타당하다고 할 것입니다.

⑤ 유권해석 사례집 39번: 고객이 외국정부·공공기관 또는 외국 금융회사등인 경우 실제 소유자 확인 면제 여부/법 제5조의2 제1항 제1호, 영 제10조의5

Q: 고객이 외국 정부, 외국 공공기관 또는 외국 금융회사등인 경우에도 이들을 실제 소유자 확인 면제대상으로 간주하여 실제 소유자 확인을 생략할 수 있는지요?

A: 시행령 제10조의5 제5항은 적정한 투명성이 보장되는 국내 법인 또는 단체 고객의 경우에는 금융회사가 실제 소유자에 관한 사항을 확인해야 하는 부담을 경감하기 위한 취지로 규정된 것입니다.

따라서 외국 국가, 지방자치단체 및 금융회사에 한하여, 아래 항목의 예시와 같이 금융회사가 위험도 평가시 적절한 투명성이 보장되는 외국 법인 또는 단체라고 판단하였다면 실제 소유자에 관한 사항을 확인하지 않을 수 있습니다.

ⅰ) FATF(Financial Action Task Force)나 FSRB(FATF-Style Regional Body, 지역기구)의 상호 평가에 의해 효과적인 자금세탁방지 시스템을 갖춘 것으로 확인된 국가 및 지방자치단체

예) FATF 정회원 및 준회원(9개 FSRB)에서 FATF의 차등적 제재조치(counter measure 및 compliance document 발표 국가)에 포함된 국가를 제외한 국가

ⅱ) FATF 권고 또는 국내 자금세탁방지 규정과 동일한 수준의 자금세탁방지 규정을 준수하고 있음을 해당국의 금융당국 등으로부터 충실히 감독·모니터링 받고 있는 외국 금융회사

예) 위 ⅰ)의 국가의 금융회사로서 해당 국가의 금융당국으로부터 관련 제재를 받지 않는 금융회사

⑥ 유권해석 사례집 40번: 고객이 해외 상장회사·공공기관 또는 외국 금융회사의 해외 계열사 지점 및 법인인 경우 실제 소유자 확인 면제 여부/법 제5조의2 제1항 제1호, 영 제10조의5

Q: 금융정보분석원은 특정금융정보법 시행령 제10조의5 제5항에 규정된 실제 소유자 확인 면제대상 외에 실제 소유자 확인 면제대상을 외국국가·지방자치단체 및 외국 금융회사로 확대한 바 있습니다.

한편 다음과 같은 기관에 대해서도 그 투명성을 감안할 때 실제 소유자 확인을 면제하는 것이 가능할 것으로 보이는데 면제대상 범위에 아래 기관을 추가하는 것이 적절하지 않은지요?

(1) 해외상장회사

(2) FATF의 상호평가에 의해 효과적인 자금세탁방지 시스템을 갖춘 것으로 확인된 국가 소속 공공기관

(3) FATF의 상호평가에 의해 효과적인 자금세탁방지 시스템을 갖춘 것으로 확인된 국가 소속 외국 금융회사의 해외 계열사 지점 및 법인

A: 특정금융정보법 시행령 제10조의5 제5항은 적정한 투명성이 보장되는 국내 법인 또는 단체 고객에 대해서는 금융회사가 실제 소유자에 관한 사항을 확인해야 하는 부담을 경감하기 위한 취지로 규정된 것이라고 할 수 있습니다.

이러한 취지에 따라 각 기관에 대해 살펴보면 다음과 같습니다.

(1) 해외상장회사

ⅰ) FATF 회원국으로 상호평가에 의해 효과적인 자금세탁방지 시스템을 갖춘 것으로 확인된 해외국가의 증권거래소에 상장된 회사로서, ⅱ) 금융회사가 해외상장회사의 지분구조를 파악할 수 있음을 증빙하면 실제 소유자 확인이 면제됩니다.

(2) 해외 공공기관

해외 공공기관의 경우 공공기관의 범위, 관리·감독 체계, 지배구조 등 국가와의 관계 등에 대한 정보가 부족하므로 면제 대상에 포함시키기는 어렵습니다.

(3) 외국 금융회사의 해외 계열사 지점 및 법인

해외계열사의 본사(외국 금융회사)가 FATF의 상호평가에 의해 효과적 자금세탁방지 시스템을 갖춘 국가에 위치하여 해당 국가 금융당국의 관리·감독도 받는다는 사실을 증빙할 경우에는 면제가 가능합니다.

⑦ 유권해석 사례집 41번: 고객이 외국 보험회사인 경우 실제 소유자 확인 면제 여부/법 제5조의2 제1항 제1호, 영 제10조의5

Q: 저희는 재보험사(A)를 운영하고 있으며 저희의 고객은 국내외 보험사(또는 재보험사) 및 중개사(B)입니다. 저희는 만기환급금이 발생하지 않는 재보험거래를 하고 있기 때문에 보험사고 발생시에만 보험금이 지급되며, 따라서 이 과정에서 자금세탁 및 불법자금조달은 불가능하다고 보입니다.

그런데 특정금융정보법에서는 고객확인시 고객(B)의 실제 소유자의 성명, 생년월일 및 국적을 확인토록 하고 있는데, 동법 시행령 제10조의5 제5항 제3호에 따라 국내 보험사(금융회사)가 고객인 경우에는 실제 소유자 확인이 면제됩니다. 그렇다면 해외 보험회사가 고객인 경우에도 해당 회사가 자국에서 합법적으로 인허가 받은 회사인 경우에는 실제 소유자 확인을 면제할 수 있는 것인지요?

A: FATF 권고 또는 국내 자금세탁방지 규정과 동일한 수준의 자금세탁방지 규정을 준수하고 있는 국가의 금융당국 등으로부터 충실히 감독·모니터링 받고 있는 외국 금융회사의 경우에는 실제 소유자 확인의무 면제대상기관에 포함된다고 할 것입니다. 따라서 실제 소유자 확인을 면제할 수 있습니다.

예를 들어 FATF 상호평가에서 효과적 자금세탁방지 시스템을 갖춘 것으로 평가받는 국가의 금융당국으로부터 관리·감독을 받으며, 관련 제재를 받지 않은 사실을 증빙할 수 있다면 실제 소유자 확인 면제대상에 포함될 수 있을 것입니다.

Ⅴ. 특수한 고객확인

1. 타인을 위한 보험 관련 고객

보험업법에 따른 생명보험 등 상법 제639조에 따른 타인을 위한 보험에 따른 금융거래의 경우 고객은 보험계약자 및 수익자를 말한다(업무규정20④).

상법 제639조에서 정하는 타인을 위한 보험의 경우 보험금, 만기환급금, 그 밖의 지급금액을 그에 관한 청구권자에게 지급하는 때 또는 보험금, 환급금, 그 밖의 지급금액에 관한 청구권이 행사되는 때에 고객확인을 할 수 있다(영10의6① 단서, 감독규정23(2)).

2. 신탁과 금융거래를 하는 고객

금융회사등이 신탁법상 신탁("신탁")과 금융거래를 하는 경우 고객은 위탁자, 수탁자, 신탁관리인 및 수익자를 포함한다(금융회사등이 신탁에 대해 고객확인

을 이행하는 경우 신탁의 수탁자는 수탁인으로서의 지위를 금융회사등에 공개해야 한다)
(업무규정20⑤).

　　금융회사등은 신탁의 경우 위탁자, 수탁자, 신탁관리인 및 수익자에 대한 신
원정보를 확인해야 한다(업무규정38②(7)). 따라서 신탁의 경우 사업자등록증, 등
기사항증명서 등의 문서를 통하여 법인 또는 법률관계가 실제로 존재하는지 여
부를 확인하여야 한다.

▍관련 유권해석: 금융위원회 200177, 2021. 9. 28 [업무규정 제20조 제5항의
　적용범위]

　[1] 질의요지

　ㅁ 대주단 A은행(대리금융기관), B은행, SPC사, 차주인 시행사 갑, 부동산
신탁회사 C 간 법률관계에서, 부동산 신탁회사 C가 A은행에 계좌를 개설하
는 경우,

　　• B은행이 업무규정 제20조 제5항에 따라 C에 대한 고객확인의무를 이
행해야 하는지 여부

　[2] 회답

　ㅁ 부동산 신탁회사 C가 A 은행에 자금관리계좌를 개설하는 경우 특정금
융정보법에 따라 C에 대하여 고객확인의무를 이행해야 하는 자는 금융거래
등의 당사자인 A은행입니다.

　[3] 이유

　ㅁ 특정금융정보법에 따라 금융회사등은 고객이 신규 계좌를 개설할 때 고
객확인의무를 이행해야 합니다(제5조의2 제1항). 업무규정 제20조 제5항의
경우 금융회사등의 고객이 신탁법상 신탁인 경우에 대해 규정한 것입니다.

　　• 질의하신 사항은 부동산 신탁회사 C가 A은행에 자금관리를 위한 신규
계좌 개설 시 B 은행이 부동산 신탁회사 C에 대한 고객확인의무를 이행해야
하는지에 관한 것으로 보입니다.

　ㅁ 해당 사안의 경우 금융거래등의 당사자인 A은행이 부동산 신탁회사 C
에 대한 고객확인의무를 이행해야 하며, B은행의 경우 해당 계좌개설과 관련
된 고객확인의무를 이행할 필요는 없습니다.

---

3. 인수 및 합병

(1) 원칙: 고객확인의무

금융회사등은 인수·합병 등을 통해 새롭게 고객이 된 자에 대해서도 고객확인을 하여야 한다(업무규정26 본문).

(2) 예외: 고객확인의무의 생략

다음을 모두 충족하는 경우, 즉 ⅰ) 고객확인 관련 기록을 입수하고 피인수기관으로부터 법 제5조의2에 의한 고객확인 이행을 보증받은 경우(제1호), ⅱ) 앞의 제1호의 고객확인 관련 자료에 대한 표본추출 점검 등을 통해 적정하다고 판단되는 경우(제2호)에는 이를 생략할 수 있다(업무규정26 단서).

4. 해외지점 등에 대한 고객확인 등

(1) 해외지점 등에 대한 법령적용

특정금융정보법 및 동법 시행령의 규정은 외국환거래법에 의하여 허가·신고 등을 받은 금융회사등의 해외자회사 및 해외지점("해외지점 등")에도 적용된다(감독규정2①).

해외지점 등에서 이루어진 현금의 지급 또는 영수에 대하여는 고액현금거래보고(법4의2) 및 고액현금거래 보고의 기준금액(영8의2)의 규정을 적용하지 아니한다(감독규정2②).

해외지점 등이 현지법령 등에 의해 의심거래보고 또는 고객확인의무에 의한 확인조치를 할 수 없는 경우 금융회사등은 그 사실을 금융정보분석원장에게 통보하여야 한다(감독규정2③).

(2) 해외지점 등의 의무이행 여부 관리

금융회사등은 해외에 소재하는 자신의 지점 또는 자회사("해외지점 등")의 자금세탁방지등의 의무이행 여부를 관리하여야 한다(업무규정27①).

(3) FATF 권고사항의 불이행 등과 특별 주의의무

금융회사등은 FATF 권고사항이 이행되지 않거나 불충분하게 이행되고 있는 국가에 소재한 금융회사등의 해외지점 등에 대하여 자금세탁방지등과 관련된 기준이 준수되도록 특별한 주의를 기울여야 한다(업무규정27②).

(4) 국내법과 현지법상의 기준이 다를 경우의 높은 기준 적용의무

금융회사등은 해외지점 등에 적용되는 자금세탁방지등에 관한 국내법과 현지법상의 기준이 다를 경우에는 소재국의 법령 및 규정이 허용하는 범위 내에서 더 높은 기준을 적용하여야 한다(업무규정27③).

(5) 현지 국가의 기준이 국내 기준보다 낮은 경우의 추가 조치와 통보

금융회사등은 현지 국가의 자금세탁방지등의 기준이 국내 기준보다 낮은 경우 자금세탁행위등의 위험을 관리·경감할 수 있는 추가적인 조치를 취하고, 금융정보분석원에 이를 통지하여야 한다(업무규정27④).

(6) 요주의 인물 리스트 정보

금융회사등은 금융거래가 완료되기 전에 금융회사등의 주요 해외지점등 소재 국가의 정부에서 자금세탁행위등의 위험을 우려하여 발표한 금융거래제한 대상자 리스트와 같은 요주의 인물 리스트 정보와의 비교를 통해 당해 거래고객(대리인, 실제 소유자 및 법인·단체 고객의 경우 대표자를 포함)이 요주의 인물인지 여부를 확인할 수 있는 절차를 수립·운영하여야 한다(업무규정43①(4)).

(7) FATF 지정 위험국가 대응조치

금융회사등은 금융정보분석원장이 업무규정 제72조 제1항에 따른 조치 이외에 별도의 FATF 지정 위험국가에 소재하는 금융회사등의 해외지점등에 대한 감독·검사 및 업무규정 제12조에 따른 금융회사등의 독립적 감사 강화 등 대응조치(FATF 국제기준에 따른 대응조치 포함)를 취하도록 요청하는 경우 이를 이행하여야 한다(업무규정72②(1)).

(8) 국가위험

금융회사등이 국가위험을 평가하는 때에는 금융회사등의 주요 해외지점등 소재 국가의 정부에서 자금세탁행위등의 위험이 있다고 발표하는 국가리스트와 같은 공신력 있는 기관의 자료를 활용하여야 한다(업무규정29②(4)).

** FATF 권고사항

R 18. 해외지점과 자회사

금융기관은 FATF 권고사항을 이행하기 위하여 본국에서 이행되고 있는 AML/CFT 조치와 일관된 조치를 금융그룹의 자금세탁 및 테러자금조달 방지 프로그램을 통해 해외 지점과 지배지분 보유 자회사에 적용할 의무가 있다.

R 18. foreign branches and subsidiaries

Financial institutions should be required to ensure that their foreign branches and majority-owned subsidiaries apply AML/CFT measures con-sistent with the home country requirements implementing the FATF Recommendations through the financial groups' programmes against money laundering and terrorist financing.

5. 비대면거래

(1) 의의

비대면거래는 고객과의 대면없이 최초의 금융거래 계약을 체결하거나 금융거래 서비스를 제공하는 것을 말하며 인터넷, 모바일, 콜센터, 폰뱅킹, 자동화 기기(CD/ATM) 등의 채널을 포함한다.

(2) 거래 절차와 방법 마련

금융회사등은 비대면 거래와 관련된 자금세탁등의 위험에 대처하기 위한 절차와 방법을 마련하여야 한다(업무규정35①).

(3) 거래 절차와 방법 적용

금융회사등은 비대면에 의해 고객과 새로운 금융거래를 하거나 지속적인 고객확인을 하는 경우에 비대면 거래와 관련된 자금세탁등의 위험에 대처하기 위해 마련한 절차와 방법을 적용하여야 한다(업무규정35②).

(4) 신규 거래에 대한 고객확인

고객확인은 금융실명법 및 전자금융거래법에 따라 아래와 같이 "복수의 비대면 방식"으로 수행할 수 있으며, 이 경우 비대면 채널의 특성을 고려하여 "강화된 고객확인의무"를 준수한다. 은행 실무를 소개한다.

(가) 복수의 비대면 방식

다음의 가~마의 방식 중 2가지 이상의 방법과 바.에서 정한 내용을 통하여 다중의 검증과정을 거쳐 본인확인을 수행한다.

가. 거래자의 실명확인증표 사본을 제출받아 확인(필수)

나. 거래자와의 영상통화를 통해 확인

다. 전자금융거래법 제2조 제10호에 따른 접근매체 전달업무 위탁기관 등을 통하여 실명확인 증표를 확인

라. 금융실명법상 실명확인을 거쳐 거래자 명의로 다른 금융회사에 이미 개설된 계좌와의 거래를 통해 확인

마. 기타 가~라에 준하는 새로운 방식을 통하여 확인

　　금융실명법상 실명확인을 하고 거래자의 동의를 받아 전자금융거래법 제2조 제10호 라목에 따른 생체정보를 직접 등록받은 후 이와 대조하는 방식도 가능

바. 본인확인방식은 타 기관 확인결과(휴대폰 인증 등)를 활용하거나, 다수의 개인정보를 검증하는 등의 당행이 자체적으로 도입하고 있는 방식을 수행할 수 있다.

(나) 강화된 고객확인의무

비대면 채널의 특성상 자금세탁위험이 높은 점을 고려하여 고객의 신원확인 및 검증 이 외에 거래 목적, 자금 원천, 자산 현황, 실제 소유자 등 추가적인 정보를 확인한다.

(5) 기존고객에 대한 고객확인

기존고객에 대해서는 지속적인 고객확인에 해당하는 경우 상기 "신규 거래에 대한 고객 확인"에서 정한 방법으로 수행한다. 다만, "고객 재확인 주기 도래 고객"에 대한 고객확인은 실명확인증표 사본을 제출받고, 본인확인 방식은 휴대

폰 인증 및 계좌비밀번호 입력의 방법으로도 수행할 수 있다.

(6) 2008년 12월 22일 이전 기존 등록 고객에 대한 고객확인

2008년 12월 22일 이전에 고객확인을 수행한 기존 등록 고객 중 신원확인을 수행한(구 고객확인의무 수행일자가 기록되어 있는) 고객에 대해서는 사전 위험평가 결과에 따라 필요한 추가 정보를 비대면 채널을 통해 수집할 수 있다.

거래거절 대상 고객으로 구분된 기존 등록 고객에 대해서는 비대면 채널로 거래 수행을 허용하지 않으며, 거래 수행을 위해서는 창구 방문을 요청하여 창구와 같은 직접 대면 채널을 통해 고객확인을 수행한 후 거래 여부를 결정한다.

(7) 비대면 실명확인 가이드라인

2020년 1월 1일부터 금융회사가 법인 임·직원 등 대리인을 통해 비대면으로 법인의 계좌를 개설하거나, 외국인등록증을 활용해 외국인 고객의 계좌를 개설하는 것이 허용되었다. 비대면 실명확인 도입 이후(2015년 12월) 단계적으로 이용 기관 및 적용 대상 등을 확대해 금융소비자의 금융거래 편의를 제고하기 위한 것이다.[12)

그 내용은 ⅰ) 법인: 법인 대표자가 아닌 임·직원 등 대리인도 비대면 실명확인을 거쳐 법인 계좌를 개설할 수 있게 되고, 금융회사는 법인의 위임장 등 증빙자료를 통하여 대리인의 권한을 확인할 예정이며, ⅱ) 외국인: 외국인이 비대면으로 실명확인 후 계좌를 개설하는 경우 외국인등록증을 사용할 수 있다.

┃ 관련 유권해석

① 유권해석 사례집 47번: 인터넷 뱅킹을 이용한 고객확인/법 제5조의2 제1항 제2호

Q: 저는 대한은행에서 자금세탁방지업무를 담당하고 있습니다. 이미 영업점 대면거래를 통해 고객확인을 이행한 고객의 편리성과 접근성을 증대하기 위해 ⅰ) 인터넷뱅킹 시스템을 통한 지속적인 고객확인(고객확인 재이행)을 할 수 있는지, 또한 ⅱ) 해당 고객의 위험도가 증대하여 강화된 고객확인을

---

12) 금융위원회(2019), "비대면 실명확인 가이드라인 개편", 2019. 12. 23.자 보도자료.

해야 할 경우 강화된 고객확인 사항에 대해 인터넷 뱅킹 시스템을 이용해 확인할 수 있는지가 궁금합니다.

　A: 현재 업무규정 제34조(지속적인 고객확인)에서는 "금융기관등은 고객확인을 한 고객과 거래가 유지되는 동안 당해 고객에 대하여 지속적으로 고객확인을 하여야 한다."고 규정하면서 그 구체적인 방법으로는 ⅰ) 거래전반에 대한 면밀한 조사 및 이를 통해 금융기관등이 확보하고 있는 고객·사업·위험평가·자금출처 등 정보가 실제 거래내용과 일관성이 있는지, ⅱ) 특히 고위험군에 속하는 고객 또는 거래인 경우 현존 기록에 대한 검토를 통해 고객확인을 위해 수집된 문서, 자료, 정보가 최신이며 적절한 것인지를 확인할 수 있어야 한다고 규정하고 있습니다. 따라서 인터넷 뱅킹을 이용한 고객확인이 업무규정 제34조의 내용을 확인할 수 있는 요건을 구비하고 있다면 지속고객확인이 가능한 수단의 하나라고 할 수 있을 것입니다.

　② 유권해석 사례집 48번: 비대면거래에서의 고객확인/법 제5조의2 제1항 제2호

　Q: 금융회사는 실제 당사자 여부가 의심되는 등 고객이 자금세탁행위를 할 우려가 있는 경우에는 신원확인 외에 고객의 실제당사자 여부 및 금융거래 목적 등을 확인하고 있습니다.

　그러나 고객이 비대면계좌을 개설하고자 할 때 상기의 금융거래 목적 등에 대한 확인이 비대면으로 가능한지가 불분명하여 금융회사는 고객에게 내방을 안내하고 있는데 이것이 고객의 불편을 상당히 초래하고 있습니다. 금융회사의 금융거래 목적 확인등 고객확인의무를 비대면*으로 수행할 수는 없는지요?

　* 유선, 전자문서 등의 방법으로 확인 후 녹취, 전자서명 등으로 기록 유지 등

　A: 금융위원회는 유권해석('15. 12. 1.)을 통해 계좌개설시 금융실명법·전자금융거래법에 따른 실명확인을 "복수의 비대면방식"으로 수행할 수 있도록 허용한 바 있습니다.

　다만 실제 소유자 확인을 포함한 자금세탁방지 관련 고객확인제도는 비대면실명확인 방식에서 완화된 것은 아니며, 금융회사는 오프라인에 준하는 정

도의 고객확인을 온라인에서 비대면으로 자율적으로 실행할 수 있습니다.

이에 감독 또는 검사자들이 충분히 납득할 수 있도록 금융기관별로 오프라인에 준하는 정도의 합리적이고 객관적인 기준을 설정한 후 실행하는 것이 필요할 것입니다.

※ 복수의 비대면방식

(이중확인−필수) ㉠ 신분증 사본 제출, ㉡ 영상통화, ㉢ 접근매체 전달시 확인, ㉣ 기존계좌 활용 중 2가지를 의무 적용

(다중확인−권고) ㉤ 타 기관 확인결과 활용(휴대폰 인증 등), ㉥ 다수의 개인정보 검증까지 포함하여 이미 선택한 2가지를 제외하고 ㉠~㉥ 중 추가 확인

③ 금융위원회 210054, 2022. 3. 3 [고객확인의무 이행 관련 비조치의견 요청]

[1] 질의요지

□ 은행이 비대면 앱을 통해 특정금융정보법상 고객확인의무를 이행할 때에 실명확인증표로서 "여권"과 함께 하나의 방법(1) 주민등록 등본, 초본 또는 가족관계증명서, 2) 청소년증 등 금융실명거래업무해설 "실명확인증표의 예시"에 나열된 신분증 중 한 가지, 3) 학생증, 4) 외교부 여권진위확인시스템을 통한 여권 진위확인 중 하나)을 추가로 확인하는 방법으로 고객확인, 검증의무를 이행한 것으로 볼 수 있는지 여부

[2] 회답

□ 질의하신 사안의 경우 질의내용만으로는 종합적인 판단에 한계가 있으나 "여권"과 함께 하나의 방법(1) 주민등록 등본, 초본 또는 가족관계증명서, 2) 청소년증 등 금융실명거래업무해설 "실명확인증표의 예시"에 나열된 신분증 중 한 가지, 3) 학생증, 4) 외교부 여권진위확인시스템을 통한 여권 진위확인 중 하나)을 추가로 확인하는 것만으로는 특금법령에서 규정하는 고객확인을 모두 이행한 것으로 보기 어려울 수도 있을 것으로 판단됩니다. 다만, 구체적인 사실관계에 따라 법령해석 및 적용 여부 등이 달라질 수 있음을 양해하여 주시기 바랍니다.

[3] 이유

□ 비대면 계좌 개설 시 고객확인·검증과 관련하여 자금세탁방지 유권해석 사례집에 따르면, 고객확인사항 중 실명확인에 대해서는 "복수의 비대면 방식"을 통해 확인할 수 있도록 허용한 바 있으며 이에 따라 각 금융회사 등은 이를 준수하여 고객확인을 이행하여야 합니다. 또한 자금세탁방지 관련 고객확인제도는 비대면 실명확인 방식에서 완화된 것은 아니며, 실명확인 이외의 고객확인사항 및 강화된 고객확인에 따른 추가정보 확인시 금융회사는 오프라인에 준하는 정도의 고객확인을 온라인에서 비대면으로 자율적으로 실행할 수 있습니다. 이에 감독 또는 검사자들이 충분히 납득할 수 있도록 금융기관별로 오프라인에 준하는 정도의 합리적이고 객관적인 기준을 설정한 후 실행하는 것이 필요할 것입니다[자금세탁방지 유권해석사례집('18. 2월), 48번 등 참고]

* 복수의 비대면방식(이중확인－필수) ㉠ 신분증 사본 제출, ㉡ 영상통화, ㉢ 접근매체 전달시 확인, ㉣ 기존계좌 활용 중 2가지 의무 적용(다중확인－권고) ㉤ 타 기관 확인결과 활용(휴대폰 인증 등), ㉥ 다수의 개인정보 검증까지 포함하여 이미 선택한 2가지를 제외하고 ㉠~㉥ 중 추가 확인

※ 비대면 실명확인 증표: 주민등록증, 운전면허증, 여권, 외국인등록증("법인의 온라인 금융거래 활성화 등을 위한 '비대면 실명확인 가이드라인' 개편", '19. 12. 23.자 금융위원회 보도자료)

□ 이에 따라 비대면 계좌개설 시 실명확인이 이루어진 경우 금융회사등은 오프라인과 마찬가지로 자금세탁행위 등의 위험이 높지 않더라도 주소, 연락처 등 자금세탁방지 및 공중협박자금조달금지에 관한 업무규정("업무규정") 제38조 제1항에 따른 개인고객의 신원정보를 확인하여야 할 것이며, 이에 더하여 자금세탁행위 등의 위험이 높은 것으로 평가된 개인 고객에 대하여는 업무규정 제39조 제3항에 따라 주소, 연락처를 정부가 발행한 문서 등에 의해 검증해야 할 뿐만 아니라 업무규정 제42조에 제1항에 따라 거래의 목적, 거래자금의 원천 등 업무규정 제42조 제2항의 추가적인 정보를 확인하여야 할 것입니다.

□ 이러한 측면에서 FATF는 비대면거래에서 자금세탁 위험이 높은 점을

감안하여 보다 강화된 고객확인조치를 적용토록 권고하고 있습니다. 따라서 금융회사는 FATF에서 권고하는 내용*을 충분히 고려하여 운영할 필요가 있습니다.

　* 금융거래의 목적 및 거래자금의 원천 확인(고객확인서 징구 요구) 등

　④ 금융위원회 210180, 2023. 8. 21 [비대면 보험거래 유형별 "복수 비대면 방식" 실명확인의 적용방법(자금세탁방지)]

　[1] 질의요지

　ㅁ 특정금융정보법 제5조의2 등에 따른 금융회사등의 고객확인의무와 관련, 보험회사의 금융거래 중 비대면 창구를 활용한 신규거래 또는 유지거래 시 고객에 대한 실명확인 방법으로 복수의 비대면 방식에 따른 이중확인 및 강화된 고객확인이 필수로 적용되는지 여부

　ㅁ 복수의 비대면 방식이 필수 적용되지 않는 거래의 경우 이중확인 방식 1가지 및 다중확인 방식 1가지를 조합해서 사용해도 되는지 여부

　ㅁ 이 경우 은행공동망을 통한 예금주 체크 또는 카카오페이인증서 인증과 기존계좌 활용 인증의 효과가 동일한 지 여부

　[2] 회답

　ㅁ 보험회사의 금융거래 중 비대면 창구를 활용한 신규거래 또는 유지거래 시 고객에 대한 실명확인 방법으로 복수의 비대면 방식에 따른 이중확인 및 강화된 고객확인이 적용된다고 보입니다.

　• 또한, 비대면거래시 복수의 비대면 방식이 아닌 방법은 비대면실명확인 관련 구체적 적용방안에서 허용하는 것으로 보이지 않으므로 고객확인에서 적용이 어렵다고 보입니다.

　ㅁ 다만, 특정금융정보법 제5조의2 등에 따른 금융회사등의 고객확인의무 준수여부는 구체적인 제반사정 등에 따라 달리 판단될 수 있다는 점을 양지하여 주시기 바랍니다.

　[3] 이유

　ㅁ 특정금융정보법 제5조의2 제1항 제1호에 따라 신규계좌개설 등의 경우 고객의 신원 및 실제 소유자에 관한 사항을 확인하여야 하고, 동법 시행령

제8조의2 제3항에서 동일인 명의란 금융실명법에 따른 실지명의("실지명의")가 동일한 것을 말한다고 정하고 있으며, 고객의 신원에 관한 사항이란 동법 시행령 제10조의4에 따라 개인의 경우 실지명의, 주소, 연락처를 확인하도록 규정하고 있어 신원확인시 실지명의는 금융실명법에 따른 실지명의임을 명시하고 있습니다.

• 업무규정 제37조 제1항에 따라 금융회사등은 고객과 금융거래를 하는 때에는 그 신원을 확인하여야 하며 신뢰할 수 있고 독립적인 문서·자료·정보 등을 통하여 그 정확성을 검증하여야 하고, 업무규정 제38조 제1항에 따라 금융회사등이 확인하여야 하는 개인 고객의 신원정보는 성명, 생년월일 및 성별(외국인 비거주자의 경우 한함), 실명번호, 국적(외국인의 경우에 한함), 주소 및 연락처(단, 외국인 비거자의 경우에는 실제 거소 또는 연락처), 직업 또는 업종 등 금융회사등이 자금세탁행위등의 방지를 위하여 필요로 하는 사항을 포함합니다. 또한, 업무규정 제39조 제1항에 따라 금융회사등이 검증하여야 하는 개인고객의 신원확인 정보는 성명, 생년월일(외국인 비거주자의 경우에 한함), 실명번호, 국적(외국인의 경우에 한함), 주소 및 연락처(단, 외국인 비거주자의 경우 실제 거소 또는 연락처)이며, 제2항에 따라 자금세탁등의 위험이 낮은 경우로서 주민등록증 또는 운전면허증과 같이 고객의 사진이 부착되어 있으면서 제1항의 검증사항(연락처는 제외)을 모두 확인할 수 있는 실명확인증표로 고객의 신원을 확인한 경우 방법으로 고객의 신원을 확인한 때에는 제37조 제1항에 따른 검증을 이행한 것으로 볼 수 있습니다. 이 경우 금융실명법상 실명확인증표의 진위 여부에 주의를 기울여야 합니다. 금융회사등은 개인고객이 제2항의 적용대상이 아닌 때에는 제1항에 따라 검증하여야 하는 신원확인정보에 대하여 정부가 발행한 문서 등에 의해 검증하는 등 추가적인 조치를 취하여야 합니다.

• 또한, 업무규정 제35조 제1항에 따라 금융회사등은 비대면거래와 관련된 자금세탁등의 위험에 대처하기 위한 절차와 방법을 마련하여야 하고, 제2항에 따라 금융회사등은 비대면에 의해 고객과 새로운 금융거래를 하거나 지속적인 고객확인을 하는 경우에 제1항에 따른 절차와 방법을 적용하여야 합니다. 따라서, 비대면거래에서도 고객확인 및 실제 소유자 확인을 포함한

자금세탁방지 관련 고객확인 제도는 오프라인에 준하는 정도의 고객확인을 실행하여야 합니다.

• 이를 위해 유권해석 사례집('18. 2월)에 제시하였듯이, 금융실명법 유권해석인 비대면실명확인 관련 구체적 적용방안에서 제시한 비대면거래 시 ㉠~㉤ 중 2가지를 의무 적용하여야 하며, 그 외 추가적으로 ㉠~㉆ 중 이미 선택한 2가지를 제외한 방식으로 추가 확인하고 특정금융정보법에 따른 강화된 고객확인의무(EDD)를 준수하도록 하고 있습니다.

* 복수의 비대면방식 [자금세탁방지 유권해석사례집('18. 2월), 48번 등] (이중확인－필수) ㉠ 신분증 사본 제출, ㉡ 영상통화, ㉢ 접근매체 전달시 확인, ㉣ 기존계좌 활용, ㉤ 기타 이에 준하는 새로운 방식(바이오인증 등) 중 중 2가지 의무 적용(다중확인－권고) ㉥ 타 기관 확인결과 활용(휴대폰 인증 등), ㉆ 다수의 개인정보 검증까지 포함하여 이미 선택한 2가지를 제외하고 ㉠~㉆ 중 추가 확인

□ 따라서 보험회사의 금융거래 중 비대면 창구를 활용한 신규거래 또는 유지거래 시 고객에 대한 실명확인 방법으로 복수의 비대면 방식에 따른 이중확인 및 강화된 고객확인이 적용된다고 보입니다.

• 또한, 비대면거래시 복수의 비대면 방식이 아닌 방법은 비대면실명확인 관련 구체적 적용방안에서 허용하는 것으로 보이지 않으므로 고객확인에서 적용이 어렵다고 보입니다.

6. 제3자를 통한 고객확인 이행

(1) 의의

(가) 제3자를 통한 고객확인의 의의

제3자를 통한 고객확인이란 금융회사등이 금융거래를 할 때마다 자신을 대신하여 타인인 제3자로 하여금 고객확인 하도록 하거나 타인인 제3자가 이미 당해 고객에 대하여 고객확인을 통해 확보한 정보 등을 자신의 고객확인에 갈음하여 이를 활용하는 것을 말한다(업무규정52①).

(나) 국외에 소재하는 제3자를 통한 고객확인의 금지

금융회사등은 국외에 소재하는 제3자를 통한 고객확인은 허용되지 아니한다(업무규정52②).

(2) 이행요건

금융회사등이 제3자를 통해 고객확인을 하고자 하는 경우 금융회사등과 제3자는 ⅰ) 제3자를 통해 고객확인을 하는 금융회사등은 제3자로부터 고객확인과 관련된 필요한 정보를 즉시 제공받을 것(제1호), ⅱ) 제3자를 통해 고객확인을 하는 금융회사등은 요청시 제3자로부터 고객신원정보 및 기타 고객확인과 관련된 문서사본 등의 자료를 지체없이 제공받을 것(제2호), ⅲ) 금융회사등은 제3자가 자금세탁방지등과 관련하여 감독기관의 규제 및 감독을 받고 있고, 고객확인을 위한 조치를 마련하고 있는 자인지를 확인할 것(제3호), ⅳ) 제3자를 통해 고객확인을 하는 금융회사등은 제3자가 국외에 거주하는 자인 경우 FATF의 권고사항을 도입하여 효과적으로 이행하고 있는 국가에 거주하는 자에 한하며, 그 국가가 동 권고사항을 적절하게 준수하는지를 점검할 것(제4호)의 요건을 충족하여야 한다(업무규정53).

(3) 최종책임

고객확인을 제3자가 하는 경우 최종책임은 당해 금융회사등에 있다(업무규정54).

제3자를 통하여 고객확인을 이행하고자 하는 자는 보고책임자의 사전승인을 받아야 하는 것이 실무이다.

* FATF 권고사항

R 17. 제3자 의존

각국은 아래에 제시된 기준이 충족되는 경우에 금융기관이 고객확인 조치의 (a)-(c)의 조항을 행하거나 새로운 거래를 개시하는 업무를 제3자에게 위탁할 수 있도록 할 수 있다. 이러한 위탁이 허용된 경우, 고객확인 조치에 대한 최종책임은 제3자에게 업무를 위탁한 금융기관에 있다.

충족되어야 할 기준은 다음과 같다:

(a) 제3자에게 고객확인을 위탁한 금융기관은 권고사항 10에 명시되어 있는 고객확인 조치 중 (a)-(c)의 조항에 명시되어 있는 필수정보를 즉시 획득하여야 한다.

(b) 금융기관은 제3자에게 고객확인 정보의 복사본과 기타 고객확인 수행과 관련된 문서를 요구 시, 이를 지체 없이 제공받을 수 있도록 만족할만한 수준의 조치를 적절히 취하여야 한다.

(c) 금융기관은 제3자가 (감독당국의) 규제, 감독, 또는 모니터링을 받으며, 권고사항 10과 11에 따른 고객확인과 기록보존 의무에 준수하는 조치를 만족할만한 수준으로(satisfy itself) 취하고 있다는 점을 확인하여야 한다.

(d) 조건을 충족하는 제3자가 소재할 수 있는 국가를 결정할 때 각국은 해당 국가의 위험정보를 고려하여야 한다.

금융기관과 고객확인을 위탁 받는 제3자가 같은 금융그룹의 계열사이고, (i) 해당 금융그룹이 권고사항 10, 11, 12에 따른 고객확인과 기록보존의무 및 권고사항 18에 따른 자금세탁방지 및 테러자금조달금지 프로그램을 실시하는 경우, 그리고 (ii) 고객확인과 기록보존의무 및 AML/CFT 프로그램의 효과적인 이행이 전 그룹 차원으로 권한당국의 감독을 받고 있다면, 관련 권한당국은 해당 금융기관이 금융그룹의 프로그램을 통해 상기 (b)와 (c)의 기준을 충족하고 있다고 볼 수 있으며, 더 높은 국가적 위험이 금융그룹의 AML/CFT 정책으로 적절하게 경감되는 경우 기준 (d)는 위탁을 위한 필수전제조건이 아니라고 판단할 수 있다.

R 17. Reliance on third parties

Countries may permit financial institutions to rely on third parties to perform elements (a)-(c) of the CDD measures set out in Recommendation 10 or to introduce business, provided that the criteria set out below are met. Where such reliance is permitted, the ultimate responsibility for CDD measures remains with the financial institution relying on the third party.

The criteria that should be met are as follows:

(a) A financial institution relying upon a third party should immediately obtain the necessary information concerning elements (a)-(c) of the CDD measures set out in

Recommendation 10.

(b) Financial institutions should take adequate steps to satisfy themselves that copies of identification data and other relevant documentation relating to the CDD requirements will be made available from the third party upon request without delay.

(c) The financial institution should satisfy itself that the third party is regulated, supervised or monitored for, and has measures in place for compliance with, CDD and record-keeping requirements in line with Recommendations 10 and 11.

(d) When determining in which countries the third party that meets the conditions can be based, countries should have regard to information available on the level of country risk.

When a financial institution relies on a third party that is part of the same financial group, and (i) that group applies CDD and record-keeping requirements, in line with Recommendations 10, 11 and 12, and programmes against money laundering and terrorist financing, in accordance with Recommendation 18; and (ii) where the effective implementation of those CDD and record-keeping requirements and AML/CFT programmes is supervised at a group level by a competent authority, then relevant competent authorities may consider that the financial institution applies measures under (b) and (c) above through its group programme,

and may decide that (d) is not a necessary precondition to reliance when higher country risk is adequately mitigated by the group AML/CFT policies.

▌ 관련 유권해석

① 유권해석 사례집 49번: 제3자 고객확인에서의 법적 책임/업무규정 제52조, 제53조, 제54조

Q: 당사는 보험사로서 은행, 증권회사 등을 통해 모집되는 보험계약에 대한 고객확인 업무를 해당 금융회사에 위탁하고 있습니다. 그러나 해당 금융회사는 개인정보 유출 우려 및 고객확인에 대한 최종책임은 보험사에 있다는 이유로 고객확인 정보를 보험사에 즉각적으로 제공해주지 않고 있습니다. 이에 고객확인업무 위탁에 따라 수탁자가 고객확인을 수행한 경우에는 그 법적 책임도 수탁자와 분담하도록 할 수는 없는지요?

A: 제3자를 통한 고객확인이란 금융회사가 자신을 대신하여 제3자로 하여금 고객확인업무를 수행하도록 하거나, 제3자가 이미 당해 고객에 대한 고객확인을 통해 확보한 정보를 자신의 고객확인에 갈음하여 활용하는 것을 말합니다.

국제기준에서 제3자 고객확인을 허용하는 이유는 금융회사 및 고객의 편의를 위해 동일한 수준의 자금세탁방지 제도를 운영하는 제3자가 수행한 고객확인 정보에 대해서는 본인의 책임 하에 동 정보를 활용할 수 있도록 하기 위함입니다. 따라서 제3자가 고객확인을 제대로 이행하지 못하고 있다고 판단되거나 고객확인 정보의 지체없는 제공을 거부하는 경우에는 금융회사가 직접 고객확인을 수행하여야 하며 제3자 고객확인이 성립할 수 없습니다.

건의하신 바와 같이 은행, 증권회사 등을 통해 방카슈랑스 상품을 판매하는 경우 제3자 고객확인이 성립하기 위해서는 "판매제휴 계약" 체결뿐만이 아니라 "고객확인의무 대행"에 대해서도 업무 위수탁 계약이 체결되어야 합니다.

위수탁 계약에 의해 은행·증권회사 등 타 금융회사가 고객확인업무를 대행하는 경우에도 특정금융정보법상 고객확인의무 이행과 관련한 최종적인 책임은 업무를 위탁한 당해 금융회사(보험사)에 있으며, 이는 FATF 국제기준 및 우리 법규에도 업무규정 제54조에 반영된 사항입니다.

② 금융위원회 200037, 2020. 10. 26 [금융회사등의 고객확인의무에 대한 위탁 가능 여부 및 위탁을 위한 이행요건 확인 요청]

[1] 질의요지

□ 특정금융정보법 제5조의2에 규정된 고객확인의무를 ㉠ 타 금융회사등에 위탁할 수 있는지 여부 및 ㉡ 업무규정 제53조에 따른 이행요건의 세부내용*

* 동 규정 제53조 제1호의 고객확인과 관련된 정보에 주민등록증 사본이 포함되는지 여부 및 동조 제2호의 자료를 금융회사등의 요청이 있는 경우에만 제공하면 되는지 여부

[2] 회답

□ 업무규정 제53조의 요건을 충족할 경우 제3자인 타 금융회사등에 위탁하여 고객확인을 할 수 있으며,

• 주민등록증 사본 등 고객확인과 관련된 문서사본의 경우에는 업무규정 제53조 제2호에 따라 금융회사등의 요청 시 제3자로부터 지체없이 제공받아야 합니다.

[3] 이유

□ 제3자를 통한 고객확인이란 금융회사가 자신을 대신하여 제3자로 하여금 특정금융정보법상 고객확인 업무를 수행하도록 하거나, 제3자가 이미 당해 고객에 대한 고객확인을 통해 확보한 정보를 자신의 고객확인에 갈음하여 활용하는 것을 의미합니다(업무규정 제52조).

• 업무규정 제53조 제3호에 따라 제3자는 자금세탁방지등과 관련하여 감독기관의 규제 및 감독을 받고 있고, 고객확인을 위한 조치를 마련하고 있어야 합니다.

• 또한, 제3자를 통한 고객확인의 경우 업무규정에 따른 이행요건을 준수해야 할 필요가 있으며(업무규정 제53조), 특히 제3자 고객확인이 성립하기 위해서는 고객확인 의무 대행에 대해서도 업무 위수탁 계약이 체결되어야 합니다.

□ 업무규정 제53조 제1호에서 규정하고 있는 "고객확인과 관련된 필요한 정보"는 특정금융정보법 제5조의2에 규정된 고객확인의무를 이행하기 위하여 금융회사등이 확인하여야 하는 정보를 의미하는 것이며,

> • 업무규정 제53조 제2호에 따라 주민등록증 사본 등 고객확인과 관련된 문서사본의 경우 금융회사등의 요청이 있는 경우 제3자로부터 지체없이 제공받아야 합니다.
>
> • 이는 문언 그대로 금융회사등이 관련 문서사본을 요청할 경우 제3자는 지체없이 이를 제공해야 하는 것이며, 타 금융회사가 제3자로서 고객확인 업무를 대신하는 경우에도 특정금융정보법상 고객확인의무 이행과 관련한 최종적인 책임은 업무를 위탁한 당해 금융회사등에 있으므로(업무규정 제54조) 금융회사등은 이를 고려하여 고객확인의무를 이행하여야 할 것입니다.

제3절 강화된 고객확인의무

Ⅰ. 관련 규정

금융회사등은 금융거래등을 이용한 자금세탁행위 및 공중협박자금조달행위를 방지하기 위하여 합당한 주의(注意)로서 고객이 실제 소유자인지 여부가 의심되는 등 고객이 자금세탁행위나 공중협박자금조달행위를 할 우려가 있는 경우 다음 각 목의 사항을 확인하여야 한다(법5의2①(2)).

> 가. 제1호 각 목의 사항(＝고객의 신원에 관한 사항 및 실제 소유자에 대한 확인사항)
> 나. 금융거래등의 목적과 거래자금의 원천 등 금융정보분석원장이 정하여 고시하는 사항(금융회사등이 자금세탁행위나 공중협박자금조달행위의 위험성에 비례하여 합리적으로 가능하다고 판단하는 범위에 한정)

금융회사등은 고객확인을 한 사항이 의심스러운 경우에는 그 출처를 신뢰할 만한 문서·정보 그 밖의 확인자료를 이용하여 그 진위 여부를 확인해야 한다(영10의2③ 전단). 이 경우 금융회사등은 그 확인자료 및 확인방법을 업무지침(법5의2① 후단)에 반영하여 운용하여야 한다(영10의2③ 후단).

Ⅱ. 강화된 고객확인의 개념과 효용성

1. 강화된 고객확인의 개념

강화된 고객확인이란 고객확인 조치를 이행하는 금융회사등 또는 정부에서 실시한 위험평가 결과 자금세탁행위등의 위험이 높은 것으로 평가된 고객 또는 상품 및 서비스에 대하여 제38조부터 제40조에 따른 고객 신원확인 및 검증 이외에 업무규정 제41조부터 제42조 및 제4장(고위험군에 대한 강화된 고객확인)에 따른 추가적인 정보를 확인하는 것을 말한다(업무규정20③).

강화된 고객확인의 세부적인 확인 내용·절차·방법 등은 업무규정에서 규정하고 있다.

2. 강화된 고객확인의 효용성

금융정보분석원은 2008년 12월 22일부터 "강화된 고객확인제도(EDD)"를 시행하였다. 강화된 고객확인제도는 고객별·상품별 자금세탁 위험도를 분류하고 자금세탁위험이 큰 경우에는 더욱 엄격한 고객확인, 즉 금융거래 목적 및 거래자금의 원천 등을 확인하도록 하는 제도이다.[13]

해당 제도의 시행으로 금융회사는 고객과 거래유형에 따른 자금세탁 위험도를 평가하고 위험도에 따라 차등화된 고객확인을 실시함으로써 자금세탁 위험이 낮은 고객에 대해서는 고객확인에 수반되는 비용과 시간을 절약하는 반면, 고위험 고객 또는 고위험 거래에 대해서는 강화된 고객확인을 실시함으로써 자금세탁위험을 보다 효과적으로 관리할 수 있게 되었다. 즉 위험기반 접근법(Risk-based Approach)에 기초하여 보다 효율적으로 자금세탁을 방지할 수 있게 된 것이다.

Ⅲ. 고객의 신원확인 및 실제 소유자 확인

금융회사등은 고객이 실제 소유자인지 여부가 의심되는 등 고객이 자금세탁행위나 공중협박자금조달행위를 할 우려가 있는 경우 법 제5조의2 제1항 제1호

---

13) 금융정보분석원(2018a), 83쪽.

각 목의 사항을 확인해야 한다(법5의2①(2) 가목). 즉 금융회사등은 고객의 신원확인과 실제 소유자 확인을 하여야 한다.

1. 고객의 신원확인 및 검증

이에 관하여는 앞의 제2절 일반적인 고객확인의무 부분에서 살펴보았다.

2. 실제 소유자 확인

이에 관하여는 앞의 제2절 일반적인 고객확인의무 부분에서 살펴보았다.

(1) 신원확인과 확인과 검증

금융회사등은 고객을 궁극적으로 지배하거나 통제하는 자연인("실제소유자")이 누구인지를 신뢰할 수 있고 독립적인 관련정보 및 자료 등을 이용하여 그 신원을 확인하고 검증하기 위한 합리적인 조치를 취하여야 한다(업무규정41①).

(2) 실제 소유자 여부의 판단

금융회사등은 시행령 제10조의5 제5항(법인·단체 고객의 실제 소유자 확인 면제 규정)에도 불구하고 법인·단체 고객의 실제 거래당사자 여부가 의심되는 등 고객이 자금세탁행위등을 할 우려가 있는 경우 실제소유자 여부를 파악하기 위하여 필요한 조치를 하여야 한다(업무규정41③).

Ⅳ. 추가 확인정보의 범위

1. 고위험 고객에 대한 추가정보 확인

금융회사등은 자금세탁행위등의 위험이 높은 것으로 평가된 고객에 대하여 금융거래의 목적 등 추가적인 정보를 확인하여야 한다(업무규정42①).

2. 고위험 개인 고객에 대한 추가정보

금융회사등이 개인 고객에 대하여 확인하여야 할 추가정보는 ⅰ) 직업 또는 업종(개인사업자)(제1호), ⅱ) 거래의 목적(제2호), ⅲ) 거래자금의 원천(제3호), ⅳ)

기타 금융회사등이 자금세탁 우려를 해소하기 위해 필요하다고 판단한 사항(제4호)이다(업무규정42②).

　　은행은 실무상 고위험으로 평가된 개인 고객에 대하여 ⅰ) 거래의 목적, ⅱ) 거래자금의 원천, ⅲ) 부서명, 직위 등의 직장정보, ⅳ) 재산현황, ⅴ) 사업체 설립일 등(개인사업자인 경우)의 추가정보를 확인하고 있다.

3. 고위험 법인·단체 고객에 대한 추가정보

　　금융회사등이 법인·단체 고객에 대하여 확인하여야 할 추가정보는 ⅰ) 법인구분 정보(대기업, 중소기업 등), 상장정보(거래소, 코스닥 등), 사업체 설립일, 홈페이지(또는 이메일) 등 회사에 관한 기본 정보(제1호), ⅱ) 거래자금의 원천(제2호), ⅲ) 거래의 목적(제3호), ⅳ) 금융회사등이 필요하다고 판단하는 경우 예상거래 횟수 및 금액, 회사의 특징이나 세부정보 등(주요상품·서비스, 시장 점유율, 재무정보, 종업원 수, 주요 공급자, 주요 고객 등)(제4호)이다(업무규정42③).

　　은행 실무상 고위험으로 평가된 법인 고객에 대하여 ⅰ) 거래의 목적, ⅱ) 거래자금의 원천, ⅲ) 법인구분 정보(대기업, 중소기업 등), 상장정보(상장거래소 등), ⅳ) 회사의 특징이나 그에 대한 세부사항 등의 추가정보를 확인하고 있다.

4. 고위험 고객에 대한 부당한 권리침해 방지의무

　　금융회사등이 업무규정 제42조 제1항 내지 제3항을 이행하고자 할 때에는 고객에게 부당한 권리침해나 불편이 발생하지 않도록 주의하여야 한다(업무규정42④).

　▌관련 유권해석: 유권해석 사례집 42번: 대출거래에서의 강화된 고객확인/업무규정 제42조

　Q: 업무규정 제42조에 따라 금융회사등이 자금세탁 등의 위험이 높은 것으로 평가된 고객에 대하여 확인해야 할 추가 정보 중 "거래자금의 원천"과 관련하여 다음 두 가지가 궁금합니다.

　질의 ⅰ) 대출고객의 경우에도 해당 항목을 확인해야 하는지요?

　질의 ⅱ) 확인해야 할 경우 구체적인 확인사항이 무엇인지요?

A: 자금세탁 위험이 높은 고객에 대하여 특정금융정보법 제5조의2에서 정하는 고객의 신원사항과 실제 소유자에 관한 사항 이외에 추가적으로 확인하여야 할 사항을 동법과 업무규정에서 정함에 있어 "금융거래의 종류"에 따라 구분하고 있지 않으므로 대출고객의 경우에도 동 항목의 작성을 생략할 수 있는 법적 근거는 없다고 할 것입니다.

즉 고객의 자금세탁 위험이 높은 경우에는 특정금융정보법 제5조의2 제1항 제2호 나목 및 업무규정 제42조에 따라 금융거래의 목적과 거래자금의 원천을 확인하도록 하고 있으므로 ⅰ) 대출고객의 경우에도 "거래자금의 원천" 항목을 확인해야 하며, ⅱ) 기입내용은 "기타(은행의 대출금)" 등으로 작성할 수 있습니다.

Ⅴ. 요주의 인물 여부 확인

1. 요주의 인물 리스트 정보와 확인절차 수립 · 운영의무

금융회사등은 금융거래가 완료되기 전에 ⅰ) 테러자금금지법에서 금융위원회가 고시하는 금융거래제한대상자 리스트(제1호), ⅱ) UN에서 지정하는 제재대상자(제2호), ⅲ) 업무규정 제69조 각 호에 따른 FATF지정 위험국가의 국적자(개인, 법인 및 단체 포함) 또는 거주자(제3호), ⅳ) 금융회사등의 주요 해외지점등 소재 국가의 정부에서 자금세탁행위등의 위험을 우려하여 발표한 금융거래제한 대상자 리스트(제4호), ⅴ) 외국의 정치적 주요인물 리스트 등(제5호)과 같은 요주의 인물 리스트 정보와의 비교를 통해 당해 거래고객(대리인, 실제 소유자 및 법인 · 단체 고객의 경우 대표자를 포함)이 요주의 인물인지 여부를 확인할 수 있는 절차를 수립 · 운영하여야 한다(업무규정43①).

2. 거래거절 등

금융회사등은 고객이 요주의 인물에 해당하는 때에는 당해 고객과의 거래를 거절하거나 거래관계 수립을 위해 고위경영진의 승인을 얻는 등 필요한 조치를 취하여야 한다(업무규정43②).

* 요주의 리스트(Watch List) 필터링

고객정보를 요주의 리스트와 비교·확인 → 거래 고객이 요주의 인물인지 여부 확인

Watch List 관리대상 분류			조치사항	전결권자
Watch List	PEP	외국의 정치적 주요인물	EDD 대상	준법감시인
	금융거래등 제한대상자	테러자금금지법상	거래거절	
		주요 국외점포 소재 국가의 정부 발표		
	UN 발표리스트	UN 테러리스트 등		
	FATF	고위험국가	EDD 대상	부점장
		이행취약국가		
		조세회피국가		준법감시인
	기타	준법감시인이 정한 국가(이란,북한,시리아,쿠바)		
		OFAC (Office of Foreign Asset Control)	거래거절	

(자금세탁 위험이 높다고 판단되는 고객, 국가, 상품 등에 대해 확인)

3. 요주의 인물 여부 확인절차

은행 임직원은 금융거래가 완료되기 전에 요주의 목록(Watch List)과의 비교를 통해 당해 거래고객(대리인, 실제 소유자 및 법인·단체 고객의 경우 대표자 포함)이 요주의 인물인지 여부를 확인하여야 한다.

요주의 목록(Watch List)과의 비교는 모든 고객에 대하여 수행하며, 거래 당사자가 요주의 목록(Watch List)에 등재된 인물로 판명되는 경우에는 요주의 목록(Watch List)에 따라 거래거절 대상, 강화된 고객확인 대상, 고객 위험평가시 위험평가 요소 반영대상으로 분류하여 처리한다.

요주의 목록(Watch List) 및 요주의 인물에 대한 거래 허용에 관한 전결권자는 다음의 "요주의 목록(Watch List)"에서 정한 바에 따른다.

* 요주의 목록(Watch List)

요주의 인물 구분	워치리스트이름	확인시 액션	거래허용 전결권자	외부기관 허가
외국의 정치적 주요인물	PEP	EDD대상	준법감시인	
금융거래등 제한대상자	테러자금금지법상 금융거래등제한대상자	거래거절	준법감시인	금융위원 회 또는 한국 은행총재 의 허가
	주요 국외점포 소재 국가의 정부 발표 금융거래등제한대상자	거래거절	준법감시인	
UN 발표 리스트	UN테러리스트-Cote d'Ivoire List	거래거절	준법감시인	
	UN테러리스트-Sudan List	거래거절	준법감시인	
	UN테러리스트-Democratic Republic of Congo List	거래거절	준법감시인	
	UN테러리스트-Iraq List	거래거절	준법감시인	
	UN테러리스트-Liberia List	거래거절	준법감시인	
	UN테러리스트-North Korea List	거래거절	준법감시인	
	UN테러리스트-Somalia and Eritrea Sanctions List	거래거절	준법감시인	
	UN테러리스트-Libya List	거래거절	준법감시인	
	UN테러리스트-Somalia List	거래거절	준법감시인	
	UN-ISIL (Da'esh) and Al-Qaida Sanctions List	거래거절	준법감시인	
	UN-Central African Republic List	거래거절	준법감시인	
	UN-Vessels Prohibited from Port Entry	거래거절	준법감시인	
	UN-Designated Vessels	거래거절	준법감시인	
	UN-Guinea-Bissau List	거래거절	준법감시인	
	UN-Iran List	거래거절	준법감시인	
	UN-Yemen List	거래거절	준법감시인	
	UN-South Sudan List	거래거절	준법감시인	
	UN-Taliban Sanctions List	거래거절	준법감시인	
	UN SC Sanctions Committees Arms Embargoes	거래거절	준법감시인	
	UN-Mali List	거래거절	준법감시인	

	South Korea Ministry of Strategy and Finance (MOSF) List	거래거절	준법감시인
FATF 고위험 국가	FATF Public Statement (Higher-risk countries)	EDD대상	준법감시인
FATF 이행 취약국가	FATF ON-GOING (Non-compliance)	EDD대상	부점장
기타	기타 준법감시인이 정한 국가	EDD대상	준법감시인
	관세청 조세회피국가	EDD대상	부점장
	조세회피국가(OECD) 1단계 평가	EDD대상	부점장
	조세회피국가(OECD) 2단계 평가(Non-compliant)	EDD대상	부점장
	INCSR-마약관련 국가 (Major Illicit Drug Producing, Drug-Transit Countries)	EDD대상	부점장
	OFAC-Country Sanctions	EDD대상	부점장
	OFAC-Specially Designated National List	거래거절	준법감시인
	OFAC-Specially Designated Terrorist List	거래거절	준법감시인
	OFAC-Specially Designated Global Terrorist List	거래거절	준법감시인
	OFAC-Specially Designated Narcotics Trafficker List	거래거절	준법감시인
	OFAC-Principal Significant Foreign Narcotics Trafficker List	거래거절	준법감시인
	OFAC-Palestinian Legislative Council List (NS-PLC)	거래거절	준법감시인
	OFAC-Blocked Pending Investigation	거래거절	준법감시인
	OFAC-Executive Order 13694	거래거절	준법감시인
	OFAC-Global Magnitsky Human Rights Accountability Act	거래거절	준법감시인
	OFAC-Human Rights Abuses Via Information Technology List	거래거절	준법감시인
	OFAC-Iran Human Rights List	거래거절	준법감시인
	OFAC-Iran Threat Reduction and Syria Human Rights Act of 2012	거래거절	준법감시인
	OFAC-Iranian Financial Sanctions Regulations	거래거절	준법감시인

OFAC-Islamic Revolutionary Guard Corps List	거래거절	준법감시인
OFAC-Sergei Magnitsky Rule of Law Accountability Act of 2012	거래거절	준법감시인
OFAC-WMD Proliferators & Supporters List	거래거절	준법감시인
OFAC-WMD Trade Control Regulations List	거래거절	준법감시인
OFAC-Countering America's Adversaries Through Sanctions Act of 2017 (CAATSA)-Section 224	거래거절	준법감시인
OFAC-Foreign Terrorist Organization List	거래거절	준법감시인
OFAC-Non-SDN Iranian Sanctions Act	거래거절	준법감시인
OFAC-Foreign Sanctions Evaders with Respect to Iran	거래거절	준법감시인
OFAC-Foreign Sanctions Evaders with Respect to Syria	거래거절	준법감시인
OFAC-Correspondent Account or Payable-Through Account Sanctions (CAPTA) List	거래거절	준법감시인
OFAC-Executive Order 13599	거래거절	준법감시인
OFAC-Executive Order 13622	거래거절	준법감시인
OFAC-Executive Order 13645	거래거절	준법감시인
OFAC-Executive Order 13662	거래거절	준법감시인
OFAC-Iran Freedom and Counter-Proliferation Act of 2012	거래거절	준법감시인
OFAC-Parastatal Entities of Iraq	거래거절	준법감시인
OFAC-Part 561 List	거래거절	준법감시인
FinCEN Section 311(Patriot Act)	거래거절	준법감시인
OFAC Advisory-Sanctions Risks Related to Petroleum Shipments involving Iran and Syria	거래거절	준법감시인
OFAC Advisory-North Korea Sanctions Advisory	거래거절	준법감시인
OFAC-Foreign Interference in a United States Election List	거래거절	준법감시인
OFAC-Hizballah International	거래거절	준법감시인

Financing Prevention Amendments Act of 2018		
OFAC-Nicaragua Human Rights and Anticorruption Act of 2018	거래거절	준법감시인
OFAC-Executive Order on the Situation in Syria	거래거절	준법감시인
OFAC-Caesar Syria Civilian Protection Act of 2019	거래거절	준법감시인
OFAC-Non-SDN Communist Military Companies List	거래거절	준법감시인

▌ 관련 유권해석

① 유권해석 사례집 43번: 요주의 인물 여부 확인/업무규정 제43조, 제64조 이하 및 제69조 이하

Q: 요주의 인물 리스트 필터링에서 매치되었으나 금융거래제한 대상자나 테러리스트가 아닌 고객이 있습니다. 이런 경우에는 어떤 방식의 고객확인이 이루어져야 하나요?

A: 요주의 인물 리스트 필터링 결과 ⅰ) "FATF 성명서(public Statement) 발표 대상 국가 또는 제도에 중대한 결함이 있으나 FATF 협력하여 결함을 해소하기 위해 지속 모니터링 중인 국가(Improving Global AmL/CFT Compliance: On-going Process)[14]"의 고객인 경우(업무규정 제43조 제1항 3호)에는 강화된 고객확인과 더불어 강화된 모니터링을 지속적으로 실시해야 합니다(업무규정 제69조 이하).

한편 필터링 결과 ⅱ) "외국의 정치적 주요인물(PEPs)[15]"로 판명된 경우 (업무규정 제43조 제1항 4호)에는 자금세탁의 위험이 높은 것으로 보아 거래관계 수립이나 지속을 위해서는 임원 등 고위경영진의 승인을 얻어야 합니다. 또한 강화된 고객확인을 이행해야 하며 거래모니터링을 강화해야 합니다 (업무규정 제64조 이하).

---

14) 현재 업무규정에서는 "비협조 국가리스트"라고 규정되어 있으나, FATF에서는 "Improving Global AML/CFT Compliance"라는 제목으로 해당 국가들을 발표하고 있으므로 본문에서는 비협조 국가리스트라는 표현 대신 원문을 번역하여 사용함.
15) Politically Exposed Persons(FATF 권고기준 제12조 참조).

② 유권해석 사례집 44번: 요주의 인물 여부 확인/업무규정 제43조

Q: 요주의 인물 여부 확인과 관련하여 궁금한 점이 있습니다.

질의 ⅰ) 업무규정 제43조 제1항 제3호의 "FATF에서 발표하는 비협조국가 리스트 및 FATF Statement에서 FATF 권고사항 이행취약국가로 발표한 리스트"가 해당 국가의 국적을 가진 고객(개인·법인·금융기관 등)을 포함하는지 여부가 궁금합니다.

질의 ⅱ) 또한 제43조 제2항에 따라 요주의 인물에 해당하는 고객과의 거래를 거절하거나 거래관계 수립을 위해 고위경영진의 승인을 얻어야 하는데, 이때 "고위경영진"의 범위가 궁금합니다.

A: 질의 ⅰ)에 관하여: "FATF 비협조 국가등"에는 국가뿐 아니라 해당 국가의 국적을 보유한 개인, 그 국가에 기반을 둔 법인 및 금융회사* 등이 포함됩니다.

* (예시) ❶ 해당 국가의 법령에 따라 설립된 법인 및 ❷ 해당 국가의 법령에 따라 설립되어 금융업을 영위하는 자(그 자의 자회사 및 지점을 포함) 등 관련 업무규정(제43조)의 입법취지, FATF 권고기준, FATF 성명서 내용(국가뿐 아니라 해당 국가 국적의 개인, 법인, 금융회사등에 대한 조치를 포함) 등에 비추어 볼 때, 해당 국가가 고객인 경우뿐 아니라 해당 국가의 국적을 보유한 개인, 그 국가에 기반을 둔 법인, 금융회사등도 포함된다고 할 것입니다.

질의 ⅱ)에 관하여: "고위경영진"이란 FATF 국제기준 및 해외 입법 사례를 비추어 볼 때 금융회사등의 영업 성질, 규모, 크기 등 금융회사등의 구체적 상황을 고려하여 결정할 사항이라 할 것입니다.

다만, 고위경영진의 승인을 요하는 업무규정의 주요 취지는 외국의 정치적 주요인물이 금융기관을 악용하는 자금세탁 등의 위험을 사전에 예방하자는 것이므로, 고위경영진은 자금세탁/테러자금조달 방지 주요 정책결정에 대한 권한이 있으며, 금융거래의 자금세탁/테러자금조달 위험 관련 이해도가 높은 자*를 요건으로 한다고 할 것입니다.

* (예시) 은행법상 은행의 경우 「금융회사지배구조법」 상 임원급 이상의 준법감시인

Ⅵ. 고위험군에 대한 강화된 고객확인

1. 고위험군

(1) 의의
(가) 고위험군의 의의

자금세탁행위등의 고위험군이란 업무규정 제30조 제3항 및 제31조 제3항에 따른 고객 또는 상품 및 서비스 등을 말한다(업무규정55①). 따라서 업무규정 제 30조 제3항의 고위험 고객 및 업무규정 제31조 제3항의 고위험 상품 및 서비스 는 고위험군에 해당한다. 고위험군은 다음과 같다.

1) 고위험 고객

고위험 고객은 ⅰ) 금융회사등으로부터 종합자산관리서비스를 받는 고객 중 금융회사등이 추가정보 확인이 필요하다고 판단한 고객(제1호), ⅱ) 외국의 정치 적 주요인물(제2호), ⅲ) 비거주자(다만, 자금세탁행위등의 위험도를 고려하여 달리 정 할 수 있다)(제3호), ⅳ) 대량의 현금(또는 현금등가물)거래가 수반되는 카지노사업 자, 대부업자, 환전영업자 등(영 제8조의4 제2호에 따른 "금융정보분석원장이 정하여 고시하는 자"도 이와 동일하다)(제4호), ⅴ) 고가의 귀금속 판매상(제5호), ⅵ) 금융 위원회가 공중협박자금조달금지법 제4조 제1항에 따라 고시하는 금융거래 제한 대상자(제6호), ⅶ) UN(United Nations) 결의 제1267호(1999년)·제1989호(2011년) 및 제2253호(2015), 제1718호(2006년), 제2231호(2015년), 제1988호(2011년)에 의 거 국제연합 안전보장이사회 또는 동 이사회 결의 제1267호(1999년)·제1989호 (2011년) 및 제2253호(2015), 제1718호(2006년), 제2231호(2015년), 제1988호(2011 년)에 의하여 구성된 각각의 위원회(Security Council Committee)가 지정한 자("UN 에서 지정하는 제재대상자")(제7호), ⅷ) 개인자산을 신탁받아 보유할 목적으로 설 립 또는 운영되는 법인 또는 단체(제8호), ⅸ) 명의주주가 있거나 무기명주식을 발행한 회사(제9호)인 고객이다(업무규정30③).

2) 고위험 상품 및 서비스

고위험 상품 및 서비스는 ⅰ) 양도성 예금증서(증서식 무기명)(제1호), ⅱ) 환 거래 서비스(제2호), ⅲ) 자금세탁행위등의 위험성이 높은 비대면거래(제3호), ⅳ) 기타 정부 또는 감독기관에서 고위험으로 판단하는 상품 및 서비스 등(제4호)의 상품 및 서비스를 말한다(업무규정31③).

(나) 강화된 고객확인

금융회사등은 고위험군에 대하여 강화된 고객확인을 하여야 하며, 이를 위해 적절한 조치를 취하여야 한다(업무규정55②).

(2) 타 고위험군에 대한 조치

금융회사등은 고위험군 및 제4장에서 별도로 규정하지 아니한 고위험군에 대하여도 업무규정 제55조 제2항에 따라 필요한 조치를 취하여야 한다(업무규정 56). 따라서 금융회사등은 고위험군에 대하여 강화된 고객확인을 하여야 하며, 이를 위해 적절한 조치를 취하여야 한다(업무규정55②).

2. 환거래계약

(1) 의의

환거래계약이란 은행(환거래은행)이 금융상품 및 서비스(환거래서비스)를 국외의 은행(환거래요청은행)의 요청에 의해 제공하는 관계를 수립하는 것을 말한다(업무규정57).

(2) 주의의무 등

(가) 위험 예방 절차와 통제방안 수립 · 운용의무

환거래은행이 환거래계약을 체결하는 경우 이와 관련된 자금세탁행위등의 위험을 예방하고 완화할 수 있도록 필요한 절차와 통제방안을 수립 및 운용하여야 한다(업무규정58①).

(나) 위장은행과 계약체결 등 제한

환거래은행은 실제로 존재하지 않는 은행 또는 감독권이 미치지 않는 지역 또는 국가에 설립된 은행("위장은행")과 환거래계약을 체결하거나 거래를 계속할 수 없다(업무규정58②).

(다) 위장은행의 계좌이용을 금지하고 있는지 확인 조치의무

환거래은행은 환거래요청은행이 위장은행의 계좌이용을 금지하고 있는지 확인하기 위한 적절한 조치를 취해야 한다(업무규정58③).

(3) 환거래계약 조치
(가) 조치내용

환거래은행은 환거래계약을 체결하는 경우 당해 환거래요청은행에 대해 ⅰ) 환거래요청은행의 지배구조, 주요 영업활동, 주된 소재지(또는 국가) 등에 관한 정보 수집을 통한 영업 또는 사업 성격을 확인(제1호), ⅱ) 입수 가능하거나 공개된 정보 등을 통해 환거래요청은행의 평판, 자금세탁행위등과 관련된 조사 또는 규제 대상 여부 등의 감독수준 평가(제2호), ⅲ) 환거래요청은행이 주로 소재하는 지역(또는 국가)에 대한 자금세탁방지등의 조치와 환거래요청은행의 자금세탁방지등의 통제수단의 적절성 및 효과성 평가(제3호), ⅳ) 환거래은행 및 환거래요청은행간 자금세탁방지등 각각의 책임의 문서화(제4호)의 조치를 취하여야 한다(업무규정59①).

(나) 대리지불계좌가 계약에 포함되어 있는 경우의 조치내용

환거래은행은 환거래요청은행이 자신의 고객에게 환거래계좌를 직접 이용하여 거래할 수 있는 서비스("대리지불계좌")가 환거래계약에 포함되어 있는 경우 업무규정 제59조 제1항 각 호의 조치와 함께 ⅰ) 환거래요청은행이 대리지불계좌를 통해 거래하고자 하는 자신의 고객에 대해 고객확인(제1호), ⅱ) 환거래요청은행은 환거래은행이 요청하는 경우 해당 고객의 신원확인과 관련된 정보의 제공(제2호)의 조치를 하여야 한다(업무규정59②).

(4) 환거래계약 승인

환거래은행은 새로운 환거래계약을 체결하는 경우 미리 임원 등 고위경영진의 승인을 얻어야 한다(업무규정60).

3. 추가정보 확인이 필요한 종합자산관리서비스 고객

(1) 의의
(가) 종합자산관리서비스를 받는 고객 중 추가정보 확인이 필요한 고객

업무규정 제30조 제3항 제1호에서 말하는 종합자산관리서비스를 받는 고객 중 추가정보 확인이 필요한 고객이란 금융회사등으로부터 투자자문을 비롯한 법률, 세무 설계 등 종합적인 자산관리서비스를 제공받는 고객 중 금융회사등이 추가정보 확인이 필요하다고 판단한 고객을 말한다(업무규정61①). 즉 고액자산관리 고객을 말한다.

(나) 자체 기준 마련과 고객 선정

금융회사등은 자체 기준을 마련하여 추가정보 확인이 필요한 고객을 선정하여야 한다(업무규정61②).

(다) 예방 절차와 통제방안의 수립·운용

금융회사등은 추가정보 확인이 필요한 고객과 관련된 자금세탁행위등의 위험을 예방하고 완화할 수 있도록 필요한 절차와 통제방안을 수립·운용하여야 한다(업무규정61③).

(2) 강화된 고객확인

(가) 강화된 고객확인의무

금융회사등은 추가정보 확인이 필요한 고객에 대하여 업무규정 제20조 제3항에 따라 강화된 고객확인을 하여야 한다(업무규정62①).

(나) 관리자의 검토 및 승인 의무

금융회사등은 추가정보 확인이 필요한 고객으로 선정되었거나 신규로 편입된 고객이 계좌를 신규로 개설하는 때에는 ⅰ) 강화된 고객확인을 통해 획득한 신원정보 등의 적정성(제1호), ⅱ) 거래의 수용여부 등(제2호)에 대하여 관리자의 검토 및 승인을 얻어야 한다(업무규정62②).

(3) 모니터링

(가) 금융거래의 지속적 모니터링

금융회사등은 추가정보 확인이 필요한 고객의 금융거래를 지속적으로 모니터링하여야 한다(업무규정63①).

(나) 독립된 부서의 지속적 모니터링 조치의무

금융회사등은 자금세탁행위등의 위험이 특히 높다고 판단되는 추가정보 확인이 필요한 고객에 대해서는 업무상 또는 조직체계상 금융거래 승인부서와 독립된 부서에서 지속적으로 모니터링 하도록 조치하여야 한다(업무규정63②).

4. 외국의 정치적 주요인물

(1) 의의

외국의 정치적 주요인물(Politically Exposed Persons: PEPs)이란 현재 또는 과

거에 외국에서 정치적·사회적으로 영향력을 가진 자, 그의 가족 또는 그와 밀접한 관계가 있는 자를 말한다(업무규정64①).

여기서 정치적·사회적으로 영향력을 가진 자란 ⅰ) 외국정부의 행정, 사법, 국방, 기타 정부기관(국제기구 포함)의 고위관리자(제1호), ⅱ) 주요 외국 정당의 고위관리자(제2호), ⅲ) 외국 국영기업의 경영자(제3호), ⅳ) 왕족 및 귀족(제4호), ⅴ) 종교계 지도자(제5호), ⅵ) 외국의 정치적 주요인물과 관련되어 있는 사업체 또는 단체(제6호)이다(업무규정64②).

또한 가족 또는 밀접한 관계가 있는 자들이란 ⅰ) "가족"은 외국의 정치적 주요인물의 부모, 형제, 배우자, 자녀, 혈연 또는 결혼에 의한 친인척(제1호), ⅱ) "밀접한 관계가 있는 자"는 외국의 정치적 주요인물과 특별한 금전거래를 수행하는 자(제2호)를 말한다(업무규정64③).

외국의 정치적 주요인물은 요주의 목록(Watch List) 조회를 통하여 확인한다. 외국의 정치적 주요인물은 부패, 뇌물 등과 관련하여 자금세탁에 대한 위험성이 높기 때문에 주의가 필요하다.

(2) 확인절차 마련

금융회사등은 고객 또는 실제 소유자가 외국의 정치적 주요인물인지를 판단할 수 있도록 적절한 절차를 마련하여야 한다(업무규정65).

실무상 외국의 정치적 주요인물은 요주의 목록(Watch List) 조회를 통하여 확인한다.

(3) 거래승인: 고위경영진의 승인

금융회사등은 영 제10조의5(실제 소유자에 대한 확인) 제1항에 따른 고객확인 절차에서 외국의 정치적 주요인물과 관련하여 ⅰ) 외국의 정치적 주요인물이 신규로 계좌를 개설하는 경우 그 거래의 수용(제1호), ⅱ) 이미 계좌를 개설한 고객(또는 실제소유자)이 외국의 정치적 주요인물로 확인된 경우 그 고객과 거래의 계속 유지(제2호)의 어느 하나에 해당하는 때에는 고위경영진의 승인을 얻어야 한다(업무규정66).

금융회사등의 임직원은 고객이 외국의 정치적 주요인물인 경우 거래의 수용 및 유지를 위해 준법감시인의 승인을 받아야 하는 것이 실무이다. 따라서 고객이

외국의 정치적 주요인물인 경우 "정치적 주요인물(PEP)과의 거래승인 신청서"에
의하여 준법감시인의 승인을 받아야 한다.

    * 정치적 주요인물(PEP)과의 거래승인신청서

> 요주의 인물 여부 확인 및 고위경영진의 승인에 따라 외국의 정치적 주요인물(PEP:
> Politically Exposed Person)과의 거래를 승인 신청합니다.

1. 신청내용

등록일		부점		신청종류	

2. PEP 정보

고객정보	고객 번호		고객명		영문 고객명			
	여권 번호		국적		직위		직업/ 업종	
	주소						전화 번호	
PEP와의 관계								

3. 거래정보

금융거래목적		
자금원천(출처)		
거래현황	계좌번호	
	거래평잔	

4. 검토의견 및 승인여부

영업점 검토의견	
승인결과	
승인사유	

(4) 강화된 고객확인

금융회사등은 고객(또는 실제소유자)이 외국의 정치적 주요인물로 확인된 때에는 업무규정 제20조 제3항에 따라 강화된 고객확인을 이행하여야 한다(업무규정67 전단). 이 경우 ⅰ) 계좌에 대한 거래권한을 가지고 있는 가족 또는 밀접한 관계가 있는 자에 대한 성명, 생년월일, 국적(제1호), ⅱ) 외국의 정치적 주요인물과 관련된 법인 또는 단체에 대한 정보(제2호)를 추가로 확인하는 등 재산 및 자금의 원천을 파악하기 위해 합당한 조치를 취하여야 한다(업무규정67 후단).

(5) 모니터링
(가) 주요인물 여부 확인

금융회사등은 이미 계좌를 개설한 고객이 외국의 정치적 주요인물인지 여부를 확인하기 위해 지속적으로 모니터링하여야 한다(업무규정68①).

(나) 지속적인 모니터링 강화

금융회사등은 외국의 정치적 주요인물인 고객과 거래가 지속되는 동안 거래모니터링을 강화하여야 한다(업무규정68②).

* FATF 권고사항
R 12. 고위공직자(정치적 주요인물)

금융기관은 외국 고위공직자(PEPs: Politically Exposed Persons)(고객이건 실소유자이건)에 대하여 일반적인 고객확인 절차와 함께 다음의 조치를 취할 것이 요구된다.

(a) 고객 또는 실소유자의 고위공직자 여부를 확인할 수 있는 적절한 위험관리시스템(risk management systems) 운용

(b) 이러한 거래관계를 수립하기 위한(기존고객인 경우 이러한 거래관계를 지속하여도 된다는) 고위 관리자의 승인취득

(c) 재산 및 자금의 출처를 확인할 수 있는 합리적인 조치

(d) 거래관계에 대한 강화된 모니터링 지속적으로 수행

금융기관은 고객 또는 실소유자가 국내 고위공직자이거나 국제기구의 요직에 재임 중인 또는 재임한 개인에 대한 여부를 결정하기 위한 합리적인 조치를 취할 의무가 있다. 이러한 개인과 고위험의 거래관계를 수립하는 경우, 금융기관

은 (b), (c) 및 (d)의 조항에 언급된 조치를 적용하도록 요구된다.

모든 종류의 고위공직자에게 적용되는 의무사항은 그 고위공직자의 가족과 측근에게도 적용되어야 한다.

R 12. Politically exposed persons

Financial institutions should be required, in relation to foreign politically exposed persons(PEPs) (whether as customer or beneficial owner), in addition to performing normal customer due diligence measures, to:

(a) have appropriate risk-management systems to determine whether the customer or the beneficial owner is a politically exposed person;

(b) obtain senior management approval for establishing (or continuing, for existing customers) such business relationships;

(c) take reasonable measures to establish the source of wealth and source of funds; and

(d) conduct enhanced ongoing monitoring of the business relationship.

Financial institutions should be required to take reasonable measures to determine whether a customer or beneficial owner is a domestic PEP or a person who is or has been entrusted with a prominent function by an inter-national organisation. In cases of a higher risk business relationship with such persons, financial institutions should be required to apply the measures re-ferred to in paragraphs (b), (c) and (d).

The requirements for all types of PEP should also apply to family mem-bers or close associates of such PEPs.

* PEPs 여부 검토

계좌를 개설하기 전 또는 당해 금융거래가 완료되기 전까지 요주의 목록과 고객정보를 비교·확인하여 해당 고객이 PEPs인 경우 준법감시인의 승인을 받아야 하는 것이 실무이다.

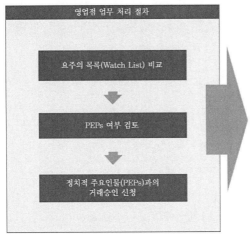
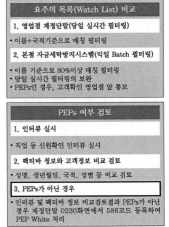

▌관련 판례: 유권해석 사례집 45번: 외국의 정치적 주요인물에 대한 고객확인/
업무규정 제64조, 제66조

Q: 업무규정 제64조 제2항 제3호에서는 "외국 국영기업의 경영자"를 요주
의 인물로 보고 있으며, 제6호에서는 "외국의 정치적 주요인물과 관련되어
있는 사업체 또는 단체" 역시 요주의 인물로 규정하고 있습니다.

그렇다면 여기서 "외국의 국영기업"도 제6호의 "해당 국영기업의 경영자
(정치적 주요인물)"와 "관련되어 있는 사업체 또는 단체"로 보아 해당 국영
기업이 신규로 계좌를 개설하는 경우에는 그 거래를 수용하기 위해 고위경
영진의 승인이 필요한 것인지요?

A: 업무규정은 외국의 정치적 주요인물 중 하나로 "외국 국영기업의 경영
자"(제64조 제2항 제3호)에 대해 규정하고 있는바, 동 규정은 FATF의 권고
사항(국영기업을 경영하는 자는 자금세탁과 그 전제범죄가 되는 뇌물 등 부
패범죄의 목적으로 지위를 남용할 우려가 있어 PEPs로 지정할 필요)을 바탕
으로 하고 있습니다. 따라서 위 규정의 취지와 경영자를 명시적으로 규정한
문언 등을 고려해 볼 때 외국 국영기업 자체가 고객인 경우는 제3호에 포함
되지 않는다고 할 것입니다.

한편 업무규정은 "PEPs와 관련되어 있는 사업체 또는 단체"("사업체 또는

단체")를 외국의 정치적 주요인물 중 하나로 규정(제64조 제2항 제6호)하고 있습니다.

이는 ㉠ PEPs가 강화된 절차를 회피하기 위하여 자신의 계산으로 이루어지는 금융거래를 자신과 관련있는 "사업체 또는 단체"의 이름으로 수행하거나, ㉡ PEPs가 "사업체 또는 단체"에 대해 지배력을 행사하는 자로, 고객의 명의는 "사업체 또는 단체"이나, PEPs 개인이 오로지 자신의 이익을 위해 거래를 하는 것으로 볼 수 있는 경우 등을 방지하기 위한 것이라 할 것 입니다.

이러한 취지에 비추어 볼 때 업무규정에서 명시한 "사업체 또는 단체"는 PEPs가 해당 사업체 또는 단체에 직접적인 관련성(예: 실제 소유자에 해당하는 경우 등)을 갖는 경우라고 볼 것입니다. 따라서 업무규정상 "사업체 또는 단체" 해당 여부는 위와 같은 사정을 종합적으로 고려하여 판단할 사항으로, 고객이 외국 국영기업이라는 이유만으로 업무규정에서 규정한 "사업체 또는 단체"에 해당한다고 보기는 어려울 것으로 보입니다.

5. FATF 지정 위험국가

(1) 의의

FATF 지정 위험국가란 ⅰ) FATF가 성명서(Public Statement) 등을 통해 발표하는 고위험 국가(Higher-risk countries) 리스트(제1호), ⅱ) FATF가 이행 취약국가(Non-compliance)로 발표한 국가리스트(제2호)에 속한 국가를 말한다(업무규정69).

(2) 특별 주의의무 등

(가) 특별 주의의무

금융회사등은 FATF 지정 위험 국가의 고객(개인, 법인, 금융회사등)과 거래하는 경우 특별한 주의를 기울여야 한다(업무규정70①).

(나) 위험평가 절차 수립 · 운영의무

금융회사등은 FATF 지정 위험 국가의 고객에 대하여 자금세탁행위등의 위험을 평가할 수 있는 절차를 수립하여 운영하여야 한다(업무규정70②).

(3) 거래 목적 확인 등
(가) 거래 배경과 목적 조사의무

금융회사등은 FATF 지정 위험국가의 고객과 금융거래를 하는 경우 명확한 경제적 또는 법적 목적을 확인할 수 없을 때에는 당해 거래의 배경과 목적을 최대한 조사하여야 한다(업무규정71①).

(나) 조사 결과 제공의무

금융회사등은 금융정보분석원장의 요청이 있는 경우 조사 결과를 제공하여야 한다(업무규정71②).

(4) 대응조치
(가) 조치내용

금융회사등은 FATF 지정 위험국가의 고객과 거래하는 경우 ⅰ) FATF 지정 위험국가의 고객에 대한 강화된 고객확인(제1호), ⅱ) FATF 지정 위험국가의 고객의 거래에 대한 모니터링 강화 및 의심되는 거래보고 체계 등 강화(제2호)를 포함한 적절한 조치를 취하여야 한다(업무규정72①).

(나) 별도 조치내용

금융회사등은 금융정보분석원장이 업무규정 제72조 제1항에 따른 조치 이외에 별도의 ⅰ) FATF 지정 위험국가에 소재하는 금융회사등의 해외지점등에 대한 감독·검사 및 업무규정 제12조에 따른 금융회사등의 독립적 감사 강화 등(제1호), ⅱ) FATF 지정 위험국가에 소재하는 금융회사등을 통하여 업무규정 제52조에 따른 고객확인을 금지(제2호), ⅲ) FATF 지정 위험국가에 소재하는 고객에 대한 업무규정 제59조 제2항에 따른 대리지불계좌 개설의 금지 등(제3호), ⅳ) 금융회사등에 법 제5조의2 제1항 제2호에 따른 고객확인을 이행하도록 요구(제4호), ⅴ) FATF 지정 위험국가에 금융회사등이 자회사, 지점 또는 대표사무소의 설립하는 것을 제한(제5호), ⅵ) FATF 지정 위험국가 또는 그 국가에 있는 자와의 거래관계 또는 금융거래를 제한(제6호), ⅶ) FATF 지정 위험국가에 소재한 금융회사등과의 제휴관계를 종료할 것을 요구(제7호)의 어느 하나에 해당하는 대응조치(FATF 국제기준에 따른 대응조치 포함)를 취하도록 요청하는 경우 이를 이행하여야 한다(업무규정72②).

* FATF 권고사항

R 19. 고위험 국가

금융기관은 FATF가 촉구한 국가의 개인, 법인과 금융기관과의 거래관계 및 거래활동에 대해 강화된 고객확인 조치를 적용할 의무가 있다. 적용될 강화된 고객확인 조치는 위험도에 비례적이고 효과적이어야 한다.

각국은 FATF의 촉구에 따라 적절한 대응조치를 취할 수 있어야 한다. 또한 각국은 FATF와 별도로 자체적인 대응조치를 취할 수 있어야 한다. 이런 대응조치는 위험도에 비례적이고 효과적이어야 한다.

R 19. Higher-risk countries

Financial institutions should be required to apply enhanced due diligence measures to business relationships and transactions with natural and legal persons, and financial institutions, from countries for which this is called for by the FATF. The type of enhanced due diligence measures applied should be effective and proportionate to the risks.

Countries should be able to apply appropriate countermeasures when called upon to do so by the FATF. Countries should also be able to apply countermeasures independently of any call by the FATF to do so. Such countermeasures should be effective and proportionate to the risks.

6. 공중협박자금조달 고객

(1) 의의

(가) 공중협박자금조달 고객의 의의

공중협박자금조달 고객이란 ⅰ) 금융위원회가 테러자금금지법 제4조(금융거래등제한대상자 지정 등) 제1항에 따라 고시하는 금융거래제한대상자(제1호), ⅱ) UN에서 지정하는 제재대상자(제2호)를 말한다(업무규정73①).

(나) 위험 예방 절차 및 통제방안 마련의무

금융회사등은 공중협박자금조달 고객과 관련된 자금세탁행위등의 위험을 예방하고 완화시킬 수 있도록 필요한 절차 및 통제방안을 마련하여야 한다(업무규정73③).

은행 실무상 공중협박자금조달 고객의 정보를 요주의 목록(Watch List)에 포함하여 관리하고 해당 고객과의 금융거래는 "요주의 목록(Watch List)"에 따른 전결권자의 승인을 통해 거래 수용 여부를 결정하여야 한다.

(2) 강화된 고객확인

금융회사등은 테러자금금지법 제4조 제1항에 따른 금융거래제한대상자로서 같은 법 제4조 제3항에 따라 금융위원회로부터 금융거래의 허가를 받은 자와 금융거래를 하는 때에는 업무규정 제20조 제3항에 따른 강화된 고객확인을 이행하여야 한다(업무규정74).

(3) 모니터링
(가) 지속적 모니터링

금융회사등은 이미 계좌를 개설한 고객이 공중협박자금조달고객인지 여부를 확인하기 위해 지속적으로 모니터링하여야 한다(업무규정75①).

(나) 지속되는 동안의 모니터링 강화

금융회사등은 공중협박자금조달 고객과 거래가 지속되는 동안 거래모니터링을 강화하여야 한다(업무규정75②).

제4절 가상자산사업자인 고객에 대한 확인의무

Ⅰ. 관련 규정

금융회사등은 금융거래등을 이용한 자금세탁행위 및 공중협박자금조달행위를 방지하기 위하여 합당한 주의(注意)로서 금융회사등은 고객이 가상자산사업자인 경우 다음 각 목의 사항을 확인하여야 한다(법5의2①(3)).

가. 제1호 또는 제2호 각 목의 사항
나. 제7조 제1항 및 제2항에 따른 신고 및 변경신고 의무의 이행에 관한 사항

다. 제7조 제3항에 따른 신고의 수리에 관한 사항

라. 제7조 제4항에 따른 신고 또는 변경신고의 직권 말소에 관한 사항

 마. 다음 1) 또는 2)에 해당하는 사항의 이행에 관한 사항

   1) 예치금(가상자산사업자의 고객인 자로부터 가상자산거래와 관련하여 예치받은 금전)을 고유재산(가상자산사업자의 자기재산)과 구분하여 관리

   2) 정보통신망법 제47조 또는 개인정보 보호법 제32조의2에 따른 정보보호 관리체계 인증("정보보호 관리체계 인증")의 획득

Ⅱ. 고객의 신원확인 및 실제 소유자 확인

금융회사등은 고객인 가상자산사업자가 계좌를 신규로 개설하거나 일회성 금융거래등을 하는 경우 고객의 신원에 관한 사항(개인 고객 및 법인·단체 고객)과 실제 소유자에 관한 사항(개인 고객 및 법인·단체 고객)을 확인해야 한다(법5의2①(3) 가목, 법5의2①(1))).

Ⅲ. 강화된 고객확인의무 사항 확인

금융회사등은 고객이 가상자산사업자인 경우 위의 제3절 강화된 고객확인의무에서 살펴본 사항을 확인해야 한다(법5의2①(3) 가목, 법5의2①(2)). 즉 고위험 개인 고객에 대한 추가정보 및 고위험 법인·단체 고객에 대한 추가정보를 확인해야 한다. 여기서는 금융거래의 목적과 자금의 원천 등을 확인한다.

은행 실무상 가상자산사업자의 추가정보 확인은 고객의 사무실, 영업점 등에 방문하여 현지실사 방법으로 실시하여야 한다.

Ⅳ. 신고의무 이행에 관한 사항 등 확인

1. 신고의무 이행에 관한 사항 확인

금융회사등은 고객이 가상자산사업자인 경우 법 제7조 제1항에 따른 신고의무의 이행에 관한 사항을 확인해야 한다(법5의2①(3) 나목).

따라서 이 경우 ⅰ) 상호 및 대표자의 성명, ⅱ) 사업장의 소재지 및 연락처, ⅲ) 국적 및 성명(법인의 경우에는 대표자 및 임원의 국적 및 성명), ⅳ) 전자우편주소 및 인터넷도메인 이름, ⅴ) 호스트서버의 소재지를 확인해야 한다(법5의2①(3) 나목, 법7①, 영10의11②).

2. 변경신고의무 이행에 관한 사항 확인

금융회사등은 고객이 가상자산사업자인 경우 법 제7조 제2항에 따른 변경신고 의무의 이행에 관한 사항을 확인해야 한다(법5의2①(3) 나목).

따라서 이 경우 변경신고 의무의 이행과 관련하여 변경신고를 하려는 자는 신고한 사항이 변경된 날부터 30일 이내에 금융정보분석원장이 정하여 고시하는 변경신고서에 그 변경사항을 증명하는 서류를 첨부하여 금융정보분석원장에게 제출해야 하는데(법7②, 영10의11③), 이 사실을 확인해야 한다(법5의2①(3) 나목, 법7②, 영10의11③).

3. 신고 수리에 관한 사항 확인

금융회사등은 고객이 가상자산사업자인 경우 법 제7조 제3항에 따른 신고의 수리에 관한 사항을 확인해야 한다(법5의2①(3) 다목).

따라서 이 경우 신고 수리에 관한 사항과 관련하여 ⅰ) 정보보호 관리체계 인증을 획득하지 못한 자, ⅱ) 실명확인이 가능한 입출금 계정[동일 금융회사등(은행, 중소기업은행, 농협은행, 수협은행= 영10의12②)에 개설된 가상자산사업자의 계좌와 그 가상자산사업자의 고객의 계좌 사이에서만 금융거래등을 허용하는 계정]을 통하여 금융거래등을 하지 아니하는 자(다만, 가상자산거래의 특성을 고려하여 금융정보분석원장이 정하는 자16)에 대해서는 예외로 한다), ⅲ) 특정금융정보법, 범죄수익은닉규제법, 테러자금금지법, 외국환거래법 및 자본시장법, 금융사지배구조법 시행령 제5조 각 호(제32호·제35호 및 제43호는 제외)17)에 따른 법률에 따라 벌금 이상의

---

16) "가상자산거래의 특성을 고려하여 금융정보분석원장이 정하는 자"란 가상자산사업자가 고객에게 제공하는 법 제2조 제2호 라목에 따른 가상자산거래("가상자산거래")와 관련하여 가상자산과 금전의 교환 행위가 없는 경우 그 가상자산사업자를 말한다(감독규정27①).

17) 공인회계사법, 퇴직급여 법, 금융산업구조개선법, 금융소비자보호법, 금융실명법, 금융위원회법, 금융지주회사법, 금융혁신지원 특별법, 자산관리공사법, 기술보증기금법, 농수산식품투자조합법, 농업협동조합법, 담보부사채신탁법, 대부업법, 「문화산업법, 벤처투자법,

형을 선고받고 그 집행이 끝나거나(집행이 끝난 것으로 보는 경우 포함) 집행이 면제된 날부터 5년이 지나지 아니한 자(가상자산사업자가 법인인 경우에는 그 대표자와 임원을 포함), ⅳ) 신고 또는 변경신고가 말소되고 5년이 지나지 아니한 자(법7③. 영10의12③)를 확인해야 한다(법5의2①(3) 다목, 법7③. 영10의12③).

4, 신고 또는 변경신고의 직권 말소에 관한 사항 확인

금융회사등은 고객이 가상자산사업자인 경우 법 제7조 제4항에 따른 신고 또는 변경신고의 직권 말소에 관한 사항을 확인해야 한다(법5의2①(3) 라목).

따라서 이 경우 신고 또는 변경신고의 직권 말소에 관한 사항과 관련하여 금융정보분석원장의 신고 또는 변경 신고에 대한 직권 말소에 관한 사항을 확인해야 한다(법5의2①(3) 라목, 법7④).

5. 예치금의 고유재산과 구분관리 이행 등 확인

금융회사등은 고객이 가상자산사업자인 경우 ⅰ) 예치금(가상자산사업자의 고객인 자로부터 가상자산거래와 관련하여 예치받은 금전)을 고유재산(가상자산사업자의 자기재산)과 구분하여 관리, ⅱ) 정보통신망법 제47조[18]) 또는 개인정보 보호법

보험업법, 감정평가법, 부동산투자회사법, 민간투자법, 산업발전법, 상호저축은행법, 새마을금고법, 선박투자회사법, 소재부품장비산업법, 수산업협동조합법, 신용보증기금법, 신용정보법, 신용협동조합법, 여신전문금융업법, 예금자보호법, 온라인투자연계금융업법, 외국인투자법, 유사수신행위법, 은행법, 자산유동화법, 전자금융거래법, 전자증권법, 외부감사법, 주택법, 중소기업은행법, 채권추심법, 한국산업은행법, 한국수출입은행법, 한국은행법, 한국주택금융공사법, 한국투자공사법, 해외자원개발법을 말한다(금융사지배구조법 시행령 5, 제32호·제35호 및 제43호는 제외).

18) 제47조(정보보호 관리체계의 인증) ① 과학기술정보통신부장관은 정보통신망의 안정성·신뢰성 확보를 위하여 관리적·기술적·물리적 보호조치를 포함한 종합적 관리체계("정보보호 관리체계")를 수립·운영하고 있는 자에 대하여 제4항에 따른 기준에 적합한지에 관하여 인증을 할 수 있다.
② 전기통신사업법 제2조 제8호에 따른 전기통신사업자와 전기통신사업자의 전기통신역무를 이용하여 정보를 제공하거나 정보의 제공을 매개하는 자로서 다음 각 호의 어느 하나에 해당하는 자는 제1항에 따른 인증을 받아야 한다.
1. 전기통신사업법 제6조 제1항에 따른 등록을 한 자로서 대통령령으로 정하는 바에 따라 정 보통신망서비스를 제공하는 자("주요정보통신서비스 제공자")
2. 집적정보통신시설 사업자
3. 연간 매출액 또는 세입 등이 1,500억원 이상이거나 정보통신서비스 부문 전년도 매출액이 100억원 이상 또는 3개월간의 일일평균 이용자수 100만명 이상으로서, 대통령령으로 정하는 기준에 해당하는 자
③ 과학기술정보통신부장관은 제2항에 따라 인증을 받아야 하는 자가 과학기술정보통신

제32조의2[19])에 따른 정보보호 관리체계 인증("정보보호 관리체계 인증")의 획득의

부령으로 정하는 바에 따라 국제표준 정보보호 인증을 받거나 정보보호 조치를 취한 경우에는 제1항에 따른 인증 심사의 일부를 생략할 수 있다. 이 경우 인증 심사의 세부 생략 범위에 대해서는 과학기술정보통신부장관이 정하여 고시한다.

④ 과학기술정보통신부장관은 제1항에 따른 정보보호 관리체계 인증을 위하여 관리적·기술적·물리적 보호대책을 포함한 인증기준 등 그 밖에 필요한 사항을 정하여 고시할 수 있다.

⑤ 제1항에 따른 정보보호 관리체계 인증의 유효기간은 3년으로 한다. 다만, 제47조의5제1항에 따라 정보보호 관리등급을 받은 경우 그 유효기간 동안 제1항의 인증을 받은 것으로 본다.

⑥ 과학기술정보통신부장관은 한국인터넷진흥원 또는 과학기술정보통신부장관이 지정한 기관("정보보호 관리체계 인증기관")으로 하여금 제1항 및 제2항에 따른 인증에 관한 업무로서 다음 각 호의 업무를 수행하게 할 수 있다.

1. 인증 신청인이 수립한 정보보호 관리체계가 제4항에 따른 인증기준에 적합한지 여부를 확인하기 위한 심사("인증심사")
2. 인증심사 결과의 심의
3. 인증서 발급·관리
4. 인증의 사후관리
5. 정보보호 관리체계 인증심사원의 양성 및 자격관리
6. 그 밖에 정보보호 관리체계 인증에 관한 업무

⑦ 과학기술정보통신부장관은 인증에 관한 업무를 효율적으로 수행하기 위하여 필요한 경우 인증심사 업무를 수행하는 기관("정보보호 관리체계 심사기관")을 지정할 수 있다.

⑧ 한국인터넷진흥원, 정보보호 관리체계 인증기관 및 정보보호 관리체계 심사기관은 정보보호 관리체계의 실효성 제고를 위하여 연 1회 이상 사후관리를 실시하고 그 결과를 과학기술정보통신부장관에게 통보하여야 한다.

⑨ 제1항 및 제2항에 따라 정보보호 관리체계의 인증을 받은 자는 대통령령으로 정하는 바에 따라 인증의 내용을 표시하거나 홍보할 수 있다.

⑩ 과학기술정보통신부장관은 다음 각 호의 어느 하나에 해당하는 사유를 발견한 경우에는 인증을 취소할 수 있다. 다만, 제1호에 해당하는 경우에는 인증을 취소하여야 한다.

1. 거짓이나 그 밖의 부정한 방법으로 정보보호 관리체계 인증을 받은 경우
2. 제4항에 따른 인증기준에 미달하게 된 경우
3. 제8항에 따른 사후관리를 거부 또는 방해한 경우

⑪ 제1항 및 제2항에 따른 인증의 방법·절차·범위·수수료, 제8항에 따른 사후관리의 방법·절차, 제10항에 따른 인증취소의 방법·절차, 그 밖에 필요한 사항은 대통령령으로 정한다.

⑫ 정보보호 관리체계 인증기관 및 정보보호 관리체계 심사기관 지정의 기준·절차·유효기간 등에 필요한 사항은 대통령령으로 정한다.

19) 제32조의2(개인정보 보호 인증) ① 보호위원회는 개인정보처리자의 개인정보 처리 및 보호와 관련한 일련의 조치가 이 법에 부합하는지 등에 관하여 인증할 수 있다.

② 제1항에 따른 인증의 유효기간은 3년으로 한다.

③ 보호위원회는 다음 각 호의 어느 하나에 해당하는 경우에는 대통령령으로 정하는 바에 따라 제1항에 따른 인증을 취소할 수 있다. 다만, 제1호에 해당하는 경우에는 취소하여야 한다.

1. 거짓이나 그 밖의 부정한 방법으로 개인정보 보호 인증을 받은 경우
2. 제4항에 따른 사후관리를 거부 또는 방해한 경우

이행에 관한 사항을 확인해야 한다(법5의2①(3) 마목).

▌ 관련 유권해석

① 금융위원회 220109, 2023. 8. 17 [FIU 신고 현황 자료로 가상자산사업자
　고객확인서류 대체 가능 여부]

[1] 질의요지

□ 특정금융정보법 제5조의2 제1항 제3호에 의거, 금융회사는 고객이 가
상자산사업자인 경우 일반적인 고객 신원확인사항 외에 가상자산사업자 관
련하여 추가로 신고의무 이행 여부, 신고수리 여부 등에 대한 사항을 확인하
여야 하는바, 가상자산사업자로부터 신고수리확인서, 실명확인 입출금계정
발급 확인서, 정보보호체계 인증서 등을 별도로 징구 받지 않고 금융정보분
석원(FIU) 홈페이지 내 "가상자산사업자 신고 현황"을 근거로 법규에서 명시
하는 신고 수리에 관한 사항의 확인을 생략할 수 있는지 질의

[2] 회답

□ 특정금융정보법 제5조의2 제1항 본문 및 동항 제3호 각목에 규정에
따라 금융회사등은 가상자산사업자인 고객에 대한 고객확인의무 이행을 위
해 필요한 조치를 업무지침에 작성·운용해야 하며, 이때 가상자산사업자인
고객에 대한 고객확인의무 이행에 관한 사항은 신뢰할 수 있는 독립적인 문
서·자료·정보 등을 통하여 그 정확성을 검증해야 할 것입니다.

□ 금융정보분석원 홈페이지에 게시된 가상자산사업자 신고 현황 정보를

---

3. 제8항에 따른 인증기준에 미달하게 된 경우
4. 개인정보 보호 관련 법령을 위반하고 그 위반사유가 중대한 경우
④ 보호위원회는 개인정보 보호 인증의 실효성 유지를 위하여 연 1회 이상 사후관리를 실
시하여야 한다.
⑤ 보호위원회는 대통령령으로 정하는 전문기관으로 하여금 제1항에 따른 인증, 제3항에
따른 인증 취소, 제4항에 따른 사후관리 및 제7항에 따른 인증 심사원 관리 업무를 수행
하게 할 수 있다.
⑥ 제1항에 따른 인증을 받은 자는 대통령령으로 정하는 바에 따라 인증의 내용을 표시하
거나 홍보할 수 있다.
⑦ 제1항에 따른 인증을 위하여 필요한 심사를 수행할 심사원의 자격 및 자격 취소 요건
등에 관하여는 전문성과 경력 및 그 밖에 필요한 사항을 고려하여 대통령령으로 정한다.
⑧ 그 밖에 개인정보 관리체계, 정보주체 권리보장, 안전성 확보조치가 이 법에 부합하는
지 여부 등 제1항에 따른 인증의 기준·방법·절차 등 필요한 사항은 대통령령으로 정한다.

확인했다는 사실만으로 특정금융정보법 제5조의2 제1항 제3호 각 목에 관한 사항을 모두 확인·검증하였다고 보기는 어렵습니다.

　[3] 이유

　□ 특정금융정보법상 제5조의2는 금융회사등에게 고객확인의무를 부과하고 있으며, 고객확인이란 금융거래를 이용한 자금세탁행위 및 공중협박자금조달행위를 방지하기 위하여 고객에 대하여 합당한 주의(注意)를 기울이는 것을 의미합니다.

　□ 특정금융정보법 제5조의2 제1항 본문 및 동항 제3호 각 목에 규정에 따라 금융회사등은 가상자산사업자인 고객에 대한 고객확인의무 이행을 위해 필요한 조치를 업무지침에 작성·운용해야하며, 동법 시행령 제10조의2 제3항 및 업무규정 제37조 이하에 따라 가상자산사업자인 고객에 대한 고객확인의무 이행에 관한 사항은 신뢰할 수 있고 독립적인 문서·자료·정보를 통해 정확성을 검증하여야 하며, 이러한 확인자료 및 확인방법 등은 상기 업무지침에 반영되어야 합니다.

　□ 한편, 특정금융정보법 제7조 제7항 및 동법 시행령 제10조의16에 따라 금융정보분석원 홈페이지에 게시하는 「가상자산사업자 신고 현황」은 금융회사등이 가상자산사업자인 고객에 대한 고객확인의무 이행을 검증하는 신뢰할 수 있고 독립적인 정보 중 하나에는 해당할 수 있으나, 금융정보분석원 홈페이지 게시 정보를 확인했다는 사실만으로 특정금융정보법 제5조의2 제1항 제3호 각 목에 관한 사항을 모두 확인·검증하였다고 보기는 어렵습니다.

　② 금융위원회 230125, 2023. 9. 18 [금융회사의 가상자산사업자에 대한 고객확인의무]

　[1] 질의요지

　□ 특정금융정보법 제5조의2 제1항 제3호에 의거, 금융회사는 고객이 가상자산사업자인 경우 일반적인 고객 신원확인사항 외에 가상자산사업자 관련하여 추가로 신고의무 이행여부, 신고수리여부 등에 대한 사항을 확인하여야 하는바, 가상자산사업자로부터 신고수리확인서, 실명확인 입출금 계정발급 확인서, 정보보호체계 인증서 등을 별도로 징구 받지 않고 금융정보분석

원(FIU) 홈페이지 내 "가상자산사업자 신고 현황"을 근거로 법규에서 명시하는 신고 수리에 관한 사항의 확인을 대체할 수 있는지 질의

[2] 회답

□ 특정금융정보법 제5조의2 제1항 본문 및 동항 제3호 각목에 규정에 따라 금융회사등은 가상자산사업자인 고객에 대한 고객확인의무 이행을 위해 필요한 조치를 업무지침에 작성·운용해야 하며, 이때 가상자산사업자인 고객에 대한 고객확인의무 이행에 관한 사항은 신뢰할 수 있는 독립적인 문서·자료·정보 등을 통하여 그 정확성을 검증해야 할 것입니다.

□ 금융정보분석원, 금융감독원 홈페이지, 한국인터넷진흥원 등에 게시된 가상자산사업자 신고현황 정보를 확인했다는 사실만으로 특정금융정보법 제5조의2 제1항 제3호 각목에 관한 사항을 모두 확인·검증하였다고 보기는 어렵습니다

[3] 이유

□ 특정금융정보법상 제5조의2는 금융회사등에게 고객확인의무를 부과하고 있으며, 고객확인이란 금융거래를 이용한 자금세탁행위 및 공중협박자금조달행위를 방지하기 위하여 고객에 대하여 합당한 주의를 기울이는 것을 의미합니다.

□ 특정금융정보법 제5조의2 제1항 본문 및 동항 제3호 각목에 규정에 따라 금융회사 등은 가상자산사업자인 고객에 대한 고객확인의무 이행을 위해 필요한 조치를 업무지침에 작성·운용해야 하며, 동법 시행령 제10조의2 제3항 및 「자금세탁방지 및 공중협박자금조달금지에 관한 업무규정」(이하 "자금세탁방지 업무규정") 제37조 이하에 따라 가상자산사업자인 고객에 대한 고객확인의무 이행에 관한 사항은 신뢰할 수 있고 독립적인 문서·자료·정보를 통해 정확성을 검증하여야 하며, 이러한 확인자료 및 확인방법 등은 상기 업무지침에 반영되어야 합니다.

□ 한편, 특정금융정보법 제7조 제7항 및 동법 시행령 제10조의16에 따라 금융정보분석원 홈페이지에 게시하는 「가상자산사업자 신고 현황」은 금융회사등이 가상자산사업자인 고객에 대한 고객확인의무 이행을 검증하는 신뢰할 수 있고 독립적인 정보 중 하나에는 해당할 수 있으나, 금융정보분석원,

금융감독원, 한국인터넷진흥원 홈페이지 게시 정보 등을 확인했다는 사실
만으로 특정금융정보법 제5조의2 제1항 제3호 각목에 관한 사항을 모두 확
인·검증하였다고 보기는 어렵습니다.

제5절 고객확인의 절차

Ⅰ. 고객확인 이행시기

1. 원칙: 거래 전 확인

금융회사등은 금융거래등이 이루어지기 전에 고객확인을 해야 한다(영10의6
① 본문).

금융회사등은 고객이 계좌를 신규로 개설하기 전 또는 당해 금융거래가 완
료되기 전까지 고객확인을 하여야 한다(업무규정32 전단). 업무규정 제20조 제4항
에 따른 보험금 수익자에 대해서는 수익자 지정시 및 금융회사등이 수익자에게
보험금을 지급할 때에 고객확인을 하여야 한다(업무규정32 후단).

2. 예외: 거래 후 확인

금융거래등의 성질 등으로 인하여 불가피한 경우로서 "금융정보분석원장이
정하는 경우"에는 금융거래등이 이루어진 후에 고객확인을 할 수 있다(영10의6①
단서). 여기서 "금융정보분석원장이 정하는 경우"라 함은 다음에 해당하는 경우
를 말한다(감독규정23).

(1) 종업원·학생 등에 대한 일괄적인 계좌개설

종업원·학생 등에 대한 일괄적인 계좌개설의 경우 거래당사자가 계좌개설
후 최초로 금융거래등을 하는 때에 고객확인을 할 수 있다(영10의6① 단서, 감독규
정23(1)).

(2) 타인을 위한 보험

상법 제639조에서 정하는 타인을 위한 보험의 경우 보험금, 만기환급금, 그 밖의 지급금액을 그에 관한 청구권자에게 지급하는 때 또는 보험금, 환급금, 그 밖의 지급금액에 관한 청구권이 행사되는 때에 고객확인을 할 수 있다(영10의6① 단서, 감독규정23(2)).

(3) 연결거래(합산거래)

7일 동안 동일인 명의로 이루어지는 일회성 금융거래등의 합계액이 기준금액(원화의 경우 2천만 원, 외화의 경우 미화환산 1만 불 상당액) 이상인 경우 동 거래 후 거래당사자가 최초로 금융거래등을 하는 때에 고객확인을 할 수 있다(영10의6① 단서, 감독규정23(3)).

(4) 고객확인 시기가 도래한 이후 지체없이 이행

금융회사등이 영 제10조의6 및 감독규정 제23조에 따라 금융거래 후 고객확인을 하는 때에는 감독규정 제23조에 따른 고객확인 시기가 도래한 이후 지체없이 이를 이행하여야 한다(업무규정33① 본문). 다만, 이 경우 다음의 요건, 즉 ⅰ) 고객확인이 가능한 때에는 지체없이 고객확인을 이행할 것(제1호), ⅱ) 금융회사등이 고객의 자금세탁행위등의 위험을 효과적으로 관리할 수 있을 것(제2호), ⅲ) 고객의 정상적인 사업 수행을 방해하지 않을 것(제3호)을 충족하여야 한다(업무규정33① 단서).

이에 따라 금융회사등은 금융거래 후 고객확인을 하는 경우에 발생할 수 있는 자금세탁행위등의 위험을 관리·통제할 수 있는 절차를 수립·운영하여야 한다(업무규정33②).

┃ 관련 유권해석

① 유권해석 사례집 26번: 고객확인 이행시기/법 제5조의2, 영 제10조의6 제1항, 감독규정 제23조

Q: 고객확인 이행시기와 관련하여 다음의 두 가지가 궁금합니다.

질의 ⅰ) 고객확인은 반드시 금융거래 전에 이루어져야 하는지요? 질의

ii) 보험거래의 고객확인 이행시기는 계약자가 초회보험료를 납부하기 이전
으로 보아야 하나요, 아니면 보험계약의 성립 이전으로 보아야 하나요?

A: 질의 i)에 관하여: 네, 그렇습니다. 다만 감독규정 제23조에 의한 예외
가 인정됩니다.

질의 ii)에 관하여: 주요 국제규범(국제보험감독기구 IAIS6, 영국의 자금
세탁방지지침 JmLSG7 등)에서는 고객확인제도 이행시기를 보험계약 성립
시점 이전으로 규정하고 있습니다. 따라서 우리나라의 경우에도 국제기준에
부합하는 방향으로 해석하여 보험계약의 성립 이전으로 보는 것이 타당하다
고 판단됩니다.

② 유권해석 사례집 27번: 고객확인 이행시기/법 제5조의2, 영 제10조의2 제
   2항

Q: 보험계약 청약 또는 체결시점이 아닌 최초 고객등록시 고객의 성명과
주민등록번호의 일치 여부를 확인하는 방법이 적법한지가 궁금합니다.

A: 금융회사등은 각자의 업무지침에 따라 고객확인의무를 이행하여야 하
며, 특히 고객 등록단계에서 고객확인 이행시 몇 가지 유의 사항을 준수할
필요가 있습니다.

특정금융정보법 제5조의2 제1항에서 금융회사등은 금융거래를 이용한 자
금세탁행위 및 공중 협박자금조달행위를 방지하기 위하여 합당한 주의로서
고객확인의무를 이행해야 한다고 규정하고 있으며, 이와 관련 동법은 고객확
인 조치의 절차, 방법 등에 대해서는 금융회사등이 각자 업무지침을 통해서
운영하도록 하고(제5조의2 제1항, 제2항), 이에 대한 의무 위반시 금융회사
등의 책임을 엄격히 규정하고 있습니다(제11조, 제13조 등).

따라서 금융회사등은 업무지침에 따라 고객확인의무를 이행하되, 고객 등
록시에 고객확인의무를 이행할 경우 고객확인 시기와 금융거래 시기 불일치
로 인한 자금세탁 위험 발생 가능성을 최소화할 필요가 있습니다.

또한 고객확인제도는 "금융거래를 개시할 목적으로 금융회사등과 계약을
체결하는 경우" 고객확인을 실시하도록 규정(시행령 제10조의2 제2항)하고
있어, 고객확인 대상은 금융거래를 개시할 목적이 있는 고객이며 금융거래

목적이 없는 고객에 대해서까지 고객확인을 해야 할 의무를 부과한 규정은 아닙니다. 따라서 특정금융정보법의 고객확인의무를 근거로 고객확인 요구 등을 할 수는 없습니다.

아울러 동 규정의 고객확인제도 취지는 자금세탁행위 및 공중협박자금조달행위 방지를 위해 고객확인 목적에 한정하여 실명확인 등의 절차를 진행하도록 금융회사등에 의무를 부여한 것으로, 기타 목적의 개인정보 활용이 가능하도록 금융회사등에 권한을 부여한 규정은 아님을 참고해 주시길 바랍니다.

③ 유권해석 사례집 28번: 대리인에 의한 거래에서 고객확인 대상 및 이행시기/ 법 제5조의2, 영 제10조의6 제1항, 감독규정 제23조

Q: 저는 보험회사에서 근무하고 있습니다. 얼마 전 어선의 침몰로 사고보험금을 지급하게 되었습니다. 그런데 사고보험금 지급은 일반 상품성 보험과 비교하여 상대적으로 자금세탁 위험이 낮은 편인데, 기타 보험과 동일하게 보험수익자에 대한 보험금 지급 전에 고객확인을 이행해야 하는지요? 또한 고객의 아들이 대리인으로 방문하였는데 이러한 경우에도 동일한 수준의 고객확인을 이행해야 하는 것인지 궁금합니다.

A: 사망 또는 사고에 의한 보험금 지급의 경우 상대적으로 자금세탁 위험이 낮을 수 있으나 고객확인의무를 생략할 수는 없습니다. 따라서 감독규정 제23조 제2호에 따라 보험수익자에 대한 보험금 지급시 또는 지급청구권 행사시 고객확인을 수행해야 합니다. 또한 직계존비속일지라도 본인이 아닌 경우에는 대리인과 본인에 대한 고객확인을 실시해야 합니다.

④ 유권해석 사례집 32번: 대출거래에서의 고객확인/법 제5조의2 제1항, 영 제 10조의2 제2항, 영 제10조의6

Q: 대출신청 이전에 당행과 거래가 전무한 고객이 온라인 채널(인터넷/모바일뱅킹 등)에서 공인인증서를 사용하여 대출 신청시 다음의 두 가지가 궁금합니다.

질의 ⅰ) 대출심사 완료 후 대출약정 전에 고객확인절차를 수행하는 것이

가능한지요?

질의 ⅱ) 대출승인이 거절된 고객은 고객확인절차 수행대상에서 제외해도 되는지요?

A: 질의 ⅰ) 관련: 특정금융정보법 제5조의2 제1항은 금융회사등이 금융거래를 이용한 자금세탁행위 및 공중협박자금조달행위를 방지하기 위하여 합당한 주의를 기울여야 한다고 규정하고 있고, 동법 시행령 제10조의6은 금융회사등이 금융거래가 이루어지기 전에 고객확인을 하도록 규정하고 있습니다. 따라서 금융회사는 최종 대출계약이 완료되어 고객과 금융거래가 개시되기 전에는 계약체결과정에서 금융회사의 판단에 따라 가장 적절한 시점에 고객확인의무를 이행할 수 있습니다.

질의 ⅱ) 관련: 특정금융정보법 제5조의2 제1항은 고객이 계좌를 신규로 개설하는 경우 고객확인을 하도록 규정하고 있고, 동법 시행령 제10조의2 제2항은 "계좌를 신규로 개설"한다는 것은 금융거래를 개시할 목적으로 금융회사와 계약을 체결하는 것이라고 규정하고 있습니다.

따라서 고객의 대출심사를 거쳐 최종적으로 대출이 거절된 경우 금융회사는 해당 고객과 계약을 체결하지 않으므로 고객확인의무가 없다고 할 수 있습니다. 다만 대출거절 사유가 특정금융정보법 제5조의2 제4항에 따라 고객이 신원확인 등을 위한 정보 제공을 거부하여 고객확인을 할 수 없기 때문인 경우에는 금융회사는 동조 제5항에 따라 의심거래보고 여부를 검토해야 합니다.

Ⅱ. 지속적 고객확인

1. 거래기간 동안 지속적 고객확인의무

금융회사등은 고객확인을 한 후 해당 고객과 거래가 유지되는 동안 주기적으로 고객확인을 해야 한다(영10의6② 전단). 금융회사등은 고객확인을 한 고객과 거래가 유지되는 동안 당해 고객에 대하여 지속적으로 고객확인을 하여야 한다(업무규정34①).

은행 실무상 고객확인을 한 고객과 거래가 유지되는 동안 고객이 다음의 사유에 해당하는 경우 지속적인 고객확인을 수행하고 있다. 즉 ⅰ) 본인 또는 대리인의 일회성 금융거래 누적 합계액이 기준금액 이상인 고객, ⅱ) 고객 재확인 주기 도래 고객, ⅲ) 기존고객 중 사전 위험평가 결과 고위험으로 판정된 고객, ⅳ) 일정기간 의심되는 거래 다수 보고 고객(3회 이상 보고된 자는 강화된 고객확인 대상으로 분류), ⅴ) 요주의 목록(Watch List) 대상 여부 확인 중 강화된 고객확인 대상자로 파악된 고객, ⅵ) 자금세탁행위등의 우려가 높은 거래가 발생하는 경우, ⅶ) 고객확인자료 기준이 실질적으로 변한 경우, ⅷ) 계좌운영방식에 중요한 변화가 있는 경우, ⅸ) 기존고객에 대한 정보가 충분히 확보되지 않았음을 알게 된 경우이다.

2. 지속적인 고객확인의 방법

고객확인을 한 고객과 거래가 유지되는 동안의 지속적인 고객확인은 ⅰ) 거래 전반에 대한 면밀한 조사 및 이를 통해 금융회사등이 확보하고 있는 고객·사업·위험평가·자금출처 등 정보가 실제 거래내용과 일관성이 있는지 검토(제1호), ⅱ) 현존 기록에 대한 검토를 통해 고객확인을 위해 수집된 문서, 자료, 정보가 최신이며 적절한 것인지를 확인(특히 고위험군에 속하는 고객 또는 거래인 경우)(제2호)의 방법으로 하여야 한다(업무규정34②).

3. 재이행 주기의 설정·운용

금융회사등은 고객의 거래행위 등을 고려한 자금세탁행위와 공중협박자금조달행위의 위험도에 따라 고객확인의 주기를 설정·운용해야 한다(영10의6② 후단). 금융회사등은 고객의 거래행위를 고려한 자금세탁행위등의 위험도에 따라 고객확인의 재이행 주기를 설정·운용하여야 한다(업무규정34③).

은행 실무상 고객의 자금세탁 위험도에 따라 고객확인을 수행한 때로부터 ⅰ) 저위험 고객은 3년, ⅱ) 고위험 고객은 1년(단, 실명확인 입출금계정서비스를 이용하는 가상자산사업자는 6개월 이하, 이용하지 않는 가상자산사업자는 3개월 이하)을 초과한 고객에 대하여 고객확인을 재수행하고 있다.

▌관련 유권해석

① 금융위원회 190130, 2020. 1. 15 [정보통신망법상 분리보관 되어있는 휴
면회원에 대한 고객확인의무]

[1] 질의요지

□ 정보통신망법 제29조 제2항에 따라 개인정보가 분리되어 별도로 저장·
관리되고 있는 고객("휴면고객")에 대해 특정금융정보법 제5조의2 제1항 각
호에 따른 확인("고객확인")이 필요한 경우 거래를 재개한 시점에 고객확인
절차를 수행하는 것이 허용되는지 여부

[2] 회답

□ 금융회사등은 고객과 거래가 유지되는 동안 주기적으로 고객을 확인할
의무가 있으며, 이 경우 금융회사등은 고객의 거래행위 등을 고려한 자금세
탁행위와 공중협박자금조달행위의 위험도에 따라 고객확인의 주기를 설정·
운용해야 합니다(특정금융정보법 시행령 제10조의6 제2항).

□ 금융회사등은 자금세탁행위와 공중협박자금조달행위의 위험도에 따라
휴면고객의 위험도가 낮다고 판단될 경우 일반 고객보다 완화된 주기를 설
정하여 운용할 수 있습니다.

② 금융위원회 180034, 2018. 4. 10 [고객확인제도의 업무적용에 관련 법령
해석 및 비조치의견 요청]

[1] 질의요지

□ 특정금융정보법 및 업무규정에 따라 수행하는 "고객확인" 및 "지속적
고객확인" 절차에 있어, 1) 국내법령의 요구 수준보다 강화된 형태의 정보,
증빙자료 등을 고객에게 요구하고 해당 요구사항 이행되지 않을 시, 약관에
서 허용하고 있는 보험계약 관련 거래(중도인출, 추가납입, 해지 등)를 제약
할 수 있는지 여부 및 2) 기존 상품약관을 변경하여 1)의 사항을 약관 내 반
영할 시, 해당 약관의 실효성 여부 및 약관에의 반영 자체가 제재 등의 조치
의 대상인지 여부

[2] 회답

□ 특정금융정보법 등에 따른 고객확인이란 특정금융정보법 제5조의2에

따라 금융거래를 이용한 자금세탁행위 및 공중협박자금조달행위를 방지하기 위하여 고객에 대하여 합당한 주의(注意)를 기울이는 것을 의미하며, 이에 따라 같은 법 제5조의2 제4항 "고객이 신원확인 등을 위한 정보제공을 거부"에 있어 "정보"의 범위는 같은 조 제1항 각 호의 사항을 의미한다고 할 것입니다.

• 이 경우 특정금융정보법에서 보험회사에 대해 부여된 의무를 이행하기 위하여 자금세탁행위나 공중협박자금조달행위의 위험성에 비례하여 합리적으로 가능하다고 판단하는 범위 내에서 고객에 관한 사항을 확인할 수 있습니다.

ㅁ 다만, 보험회사는 계약자 권리를 부당하게 침해하는 내용으로 보험상품을 설계하는 것을 제한하여 보험소비자를 보호하고자 하는 보험업법 제128조의 3(기초서류 작성·변경 원칙)의 취지, 하위법령 등에서 정하는 기초서류 작성에 관한 세부기준 등을 종합적으로 감안하여, 고객확인제도를 운영해야 할 것입니다.

• 즉, 특정금융정보법에서의 고객확인 등을 규정하는 취지에 부합하는 수준을 벗어나서, 자금세탁행위나 공중협박자금조달행위의 위험성과 비례성이 없거나 합리적으로 가능하지 않은 과도한 범위의 고객 관련 정보의 확인을 요구하면서 보험계약 관련 거래를 제약하는 등 정당한 사유 없이 보험계약자의 권리를 축소 또는 의무를 확대하는 내용을 기초서류에 포함하는 것은 보험업법 제128조의3(기초서류 작성·변경 원칙)의 취지에 비추어볼 때, 신중해야 할 필요가 있습니다.

Ⅲ. 기존고객에 대한 고객확인

1. 적절한 시기의 고객확인의무

금융회사등은 법령 등의 개정에 따른 효력이 발생(2008. 12. 22.)하기 이전에 이미 거래를 하고 있었거나 거래를 한 고객("기존고객")에 대하여 적절한 시기에 고객확인을 하여야 한다(업무규정25①).

2. 적절한 시기의 의미

고객확인을 하여야 할 적절한 시기는 ⅰ) 자금세탁행위등의 우려가 높은 거래가 발생하는 경우(제1호), ⅱ) 고객확인자료 기준이 실질적으로 변한 경우(제2호), ⅲ) 계좌운영방식에 중요한 변화가 있는 경우(제3호), ⅳ) 고객에 대한 정보가 충분히 확보되지 않았음을 알게 된 경우(제4호)의 어느 하나에 해당하는 때를 말한다(업무규정25②).

3. 신규 고객이 적절한 시기에 해당한 경우의 재확인의무

금융회사등은 제1항에 따른 효력이 발생한 이후에 고객확인을 통해 새로 고객이 된 자가 그 후 제2항 각 호의 어느 하나에 해당하는 때에는 그 고객에 대하여 다시 고객확인을 하여야 한다(업무규정25③).

▌관련 유권해석

① 유권해석 사례집 18번: 기존고객에 대한 고객확인/법 제5조의2, 업무규정 제25조, 제34조

Q: 기존고객에 대한 고객확인과 관련하여 다음의 사항이 궁금합니다.

질의 ⅰ) 이미 고객확인을 이행한 고객과 다시 계좌 신규개설 또는 1천만원 이상의 일회성 금융거래를 할 때 고객확인을 다시 이행해야 하는지요?

질의 ⅱ) 동일 금융회사에 고객확인된 계좌를 근거로 연결된 신규계좌를 개설하는 경우에는 고객확인 생략이 가능한지요?

A: 특정금융정보법 시행령 제10조의6 제2항은 금융회사등이 고객확인을 한 후에 같은 고객과 다시 금융거래를 하는 때에는 고객확인을 생략할 수 있다고 규정하고 있으므로 질의하신 사안의 경우 고객확인을 다시 이행할 필요는 없습니다.

다만 ⅰ) 동조 단서 조항에서 규정하고 있는 바와 같이 기존의 확인사항이 사실과 일치하지 아니할 우려가 있거나 그 타당성에 의심이 있는 경우, ⅱ) 업무규정 제25조 제2항에서 언급하는 때(기존고객에 대한 적절한 고객확인 시기에 해당하는 경우) 및 ⅲ) 업무규정 제34조 제3항의 재이행주기가 도래

한 경우에는 고객확인을 다시 이행하여야 합니다.

② 유권해석 사례집 19번: 기존고객에 대한 고객확인 방법/법 제5조의2, 업무
규정 제34조

Q: 금융회사는 자금세탁행위 및 공중협박자금조달행위 방지를 위해 최초
고객확인을 한 고객과 거래가 유지되는 동안 당해 고객에 대해 지속적으로
고객확인을 해야 합니다.

이때, 주민등록번호 등 최초 고객확인시 기재한 내역을 다시 작성해야 하
는 번거로움이 있습니다. 이에 기존의 고객확인내용을 사용할 수 있도록, 고
객 신원 재확인시 기존 내용을 출력하여 고객 확인 후 변동사항이 없으면 고
객서명을 받는 것으로 확인방식을 간소화하면 어떨는지요?

A: 성명, 주민등록번호, 주소, 연락처 등 단순한 고객신원사항의 변동 여부
를 확인할 때, 기존 내용 출력 후 변동이 없다는 것에 대해 고객 서명을 받는
방식으로 고객 신원을 재확인하는 것도 가능합니다. 다만 이러한 경우에도
각 금융회사에서는 FATF 국제기준 및 특정금융정보 법령상 검증의무를 철저
히 이행해야 할 것입니다.

Ⅳ. 고객확인의 생략 여부

1. 고객확인의 생략

금융회사등은 고객확인을 한 후에 같은 고객과 다시 금융거래등을 하는 때
(주기가 도래하지 않은 경우만 해당)에는 고객확인을 생략할 수 있다(영10의6③ 본문).

2. 확인사항의 불일치 우려시의 고객확인의무

기존의 확인사항이 사실과 일치하지 않을 우려가 있거나 그 타당성에 의심
이 있는 경우에는 고객확인을 해야 한다(영10의6③ 단서).

제6절 고객확인의무 관련 업무지침 수립

Ⅰ. 업무지침의 개념

업무지침이라 함은 금융회사등이 자신의 업무특성 또는 금융기법의 변화를 고려하여 자신이 자금세탁행위 및 공중협박자금조달행위에 이용되지 않도록 하기 위한 정책과 이를 이행하기 위한 구체적이고 적절한 조치 등을 서술한 내부지침을 말한다(감독규정24①).

Ⅱ. 업무지침의 작성·운용의무

고객확인 조치를 취하는 경우 금융회사등은 이를 위한 업무지침을 작성하고 운용하여야 한다(법5의2① 후단).

Ⅲ. 업무지침의 필요적 포함사항

업무지침에는 고객 및 금융거래등의 유형별로 자금세탁행위 또는 공중협박자금조달행위의 방지와 관련되는 적절한 조치의 내용·절차·방법이 포함되어야 한다(법5의2②).

이에 따라 금융회사등은 법 제5조의2(금융회사등의 고객 확인의무)에 따라 고객확인을 효과적으로 이행하기 위해 작성·운용하는 업무지침에 ⅰ) 고객확인의 적용대상 및 이행시기(제1호), ⅱ) 자금세탁행위등의 위험도에 따른 고객의 신원확인 및 검증 절차와 방법(제2호), ⅲ) 고객의 신원확인 및 검증 거절시의 처리 절차와 방법(제3호), ⅳ) 주요 고위험고객군에 대한 고객확인 이행(제4호), ⅴ) 지속적인 고객확인 이행(제5호), ⅵ) 자금세탁행위등의 위험도에 따른 거래모니터링 체계 구축 및 운용 등(제6호)의 사항을 포함하여야 한다(업무규정21 본문). 다만, 법 제5조의2에 따른 업무지침은 법 제5조 제1항 제2호에 따른 업무지침에 포함하여 작성·운용할 수 있다(업무규정21 단서).

Ⅳ. 업무지침의 규정사항

업무지침에서는 의심되는 거래 보고, 고객확인의무에 관하여 고객 및 거래 유형별로 자금세탁의 위험 정도에 따른 적절한 조치내용·절차·방법 등을 정할 수 있다(감독규정24②).

제7절 고객확인 및 검증 거절시 조치

Ⅰ. 의의

금융정보분석원은 2016년 1월 1일부터 기존의 고객확인제도를 정비하여 고객이 신원확인 등을 위한 정보 제공을 거부하여 금융회사등 보고기관이 고객확인을 할 수 없는 경우에는 계좌 개설 등 해당 고객과의 신규 거래를 거절하고, 이미 거래관계가 수립되어 있는 경우에는 해당 거래를 종료하도록 거래거절 의무를 도입하였다(법5의2④).

Ⅱ. 신규 거래 거절 또는 거래 종료 사유

금융회사등은 다음의 어느 하나에 해당하는 경우에는 계좌개설 등 해당 고객과의 신규 거래를 거절하고, 이미 거래관계가 수립되어 있는 경우에는 해당 거래를 종료하여야 한다(법5의2④).

1. 정보제공을 거부하여 고객확인을 할 수 없는 경우

금융회사등은 고객이 신원확인 등을 위한 정보제공을 거부하는 등 고객확인을 할 수 없는 경우에는 계좌개설 등 해당 고객과의 신규 거래를 거절하고, 이미 거래관계가 수립되어 있는 경우에는 해당 거래를 종료하여야 한다(법5의2④(1)).

2. 가상자산사업자인 고객의 신고의무 불이행 사실이 확인된 경우 등

금융회사등은 가상자산사업자인 고객이 다음의 어느 하나에 해당하는 경우
에는 계좌개설 등 해당 고객과의 신규 거래를 거절하고, 이미 거래관계가 수립되
어 있는 경우에는 해당 거래를 종료하여야 한다(법5의2④(2)).

(1) 신고 및 변경신고 의무를 불이행한 사실이 확인된 경우

금융회사등은 가상자산사업자인 고객이 법 제7조 제1항 및 제2항에 따른 신
고 및 변경신고 의무를 이행하지 아니한 사실이 확인된 경우에는 계좌개설 등
해당 고객과의 신규 거래를 거절하고, 이미 거래관계가 수립되어 있는 경우에는
해당 거래를 종료하여야 한다(법5의2④(2) 가목).

(2) 정보보호 관리체계 인증을 획득하지 못한 사실 등이 확인된 경우

금융회사등은 가상자산사업자인 고객이 정보보호 관리체계 인증을 획득하
지 못한 사실(법7③(1)) 또는 실명확인 입출금 계정[동일 금융회사등(대통령령으로
정하는 금융회사등에 한정)에 개설된 가상자산사업자의 계좌와 그 가상자산사업자의 고
객의 계좌 사이에서만 금융거래등을 허용하는 계정]을 통하여 금융거래등을 하지 아
니한 사실(법7③(2))이 확인된 경우에는 계좌개설 등 해당 고객과의 신규 거래를
거절하고, 이미 거래관계가 수립되어 있는 경우에는 해당 거래를 종료하여야 한
다(법5의2④(2) 나목).

(3) 신고가 수리되지 아니한 사실이 확인된 경우

금융회사등은 가상자산사업자인 고객이 법 제7조 제3항에 따라 신고가 수
리되지 아니한 사실이 확인된 경우에는 계좌개설 등 해당 고객과의 신규 거래를
거절하고, 이미 거래관계가 수립되어 있는 경우에는 해당 거래를 종료하여야 한
다(법5의2④(2) 다목).

(4) 신고 또는 변경신고가 직권으로 말소된 사실이 확인된 경우

금융회사등은 가상자산사업자인 고객이 법 제7조 제4항에 따라 신고 또는
변경신고가 직권으로 말소된 사실이 확인된 경우에는 계좌개설 등 해당 고객과

의 신규 거래를 거절하고, 이미 거래관계가 수립되어 있는 경우에는 해당 거래를
종료하여야 한다(법5의2④(2) 라목).

3. 가상자산사업자인 고객이 금융거래등 제한대상자와 금융거래를 한 사실이 밝혀진 경우

금융회사등은 가상자산사업자인 고객이 테러자금금지법 제4조 제1항에 따른 금융거래등 제한대상자와 금융거래등을 한 사실이 밝혀진 경우(같은 조 제4항에 따라 금융위원회의 허가를 받아 거래한 경우는 제외)에는 계좌개설 등 해당 고객과의 신규 거래를 거절하고, 이미 거래관계가 수립되어 있는 경우에는 해당 거래를 종료하여야 한다(법5의2④(3), 영10의7)).

Ⅲ. 거래 거절 또는 종료와 의심거래보고

거래를 거절 또는 종료하는 경우에는 금융회사등은 의심되는 거래의 보고 (법4) 여부를 검토하여야 한다(법5의2⑤).

1. 거래거절과 의심거래보고 의무

금융회사등은 고객이 신원확인 정보 등의 제공을 거부하거나 자료를 제출하지 않는 등 고객확인을 할 수 없는 때에는 그 고객과의 거래를 거절하여야 한다(업무규정44① 전단). 이 경우 금융회사등은 법 제4조에 따른 의심거래보고 의무를 이행하여야 한다(업무규정44① 후단).

2. 고객확인 불가능시 거래 종료와 의심거래보고 의무

금융회사등은 이미 거래관계는 수립하였으나 고객확인을 할 수 없는 때에는 그 고객과의 거래관계를 종료하여야 한다(업무규정44② 전단). 이 경우 금융회사등은 법 제4조에 따른 의심거래보고 의무를 이행하여야 한다(업무규정44② 후단).

Ⅳ. 누설금지

금융회사등은 고객의 자금세탁행위등이 의심되나, 고객확인 절차를 수행하

는 것이 비밀 누설의 우려가 있다고 합리적으로 판단되는 경우에는 고객확인 절차를 중단하고, 의심거래보고 의무를 이행하여야 한다(업무규정44의2).

* FATF 권고사항
R 10. 고객확인제도(CDD)

금융기관이 위의 (a)-(d)에 해당하는 의무사항을 이행할 수 없을 경우에(위험기반 접근법에 따라 적용범위가 적절하게 조절 가능) 계좌개설, 거래관계수립 또는 거래이행을 하지 않도록 요구되고, 이미 수립된 거래관계는 종료하도록 요구되며, 해당 고객에 대한 의심거래보고(suspicious transactions report) 여부를 고려하여야 한다.

R 10. Customer due diligence

Where the financial institution is unable to comply with the applicable requirements under paragraphs (a) to (d) above (subject to appropriate modification of the extent of the measures on a risk-based approach), it should be required not to open the account, commence business relations or perform the transaction; or should be required to terminate the business relationship; and should consider making a suspicious transactions report in relation to the customer.

┃ 관련 유권해석

① 유권해석 사례집 46번: 거래거절의 범위/법 제5조의2 제4항, 제2조 제1호

Q: 특정금융정보법 제5조의2 제4항에 따르면 고객이 신원확인 등을 위한 정보제공을 거부하여 고객확인을 할 수 없는 경우, 이미 거래관계가 수립되어 있는 고객에 대해서는 해당 거래를 종료하여야 한다고 규정하고 있습니다. 그렇다면 이를 "고객확인이 완료될 때까지 고객이 요청한 금융거래(보험금 지급, 중도인출, 대출, 해지환급금지급 등)에 대하여 거절한다."로 해석할 수 있는지요?

A: 특정금융정보법 제5조의2 제4항의 "해당 거래의 종료"는 보험계약의

해지 등 문언 그대로 거래 종료를 의미하는 것이고, "고객확인이 완료될 때
까지 고객이 요청한 금융거래에 대하여 거절한다"로 해석할 수는 없습니다.

업무규정 제25조 및 제34조 등에 따르면, 금융회사등은 기존고객에 대하
여도 거래가 유지되는 동안 지속적으로 고객확인을 하여야 하며, 기존고객에
대하여 고객확인을 하여야 할 시기는 ⅰ) 중요도가 높은 거래가 발생하는 경
우, ⅱ) 고객확인자료 기준이 실질적으로 변한 경우, ⅲ) 계좌운영방식에 중
요한 변화가 있는 경우, ⅳ) 고객에 대한 정보가 충분히 확보되지 않았음을
알게 된 경우 등입니다. 이는 기본적으로 금융회사에서 확인한 기존의 고객
확인정보를 신뢰하되, 고객과 관련된 자금세탁 의혹이 있거나, 고객 특성과
일치하지 않는 계좌 운영방식의 중대한 변화가 발생하는 등 정보의 신뢰성
이 의심되는 경우에는 다시 고객확인의 절차를 거치도록 함으로써 자금세탁
또는 공중협박자금조달 등 범죄행위로부터 금융회사를 보호하기 위한 것입
니다.

즉 고객확인 정보의 신뢰성이 의심되는 경우 고객이 정보제공을 거부하여
고객확인을 다시 할 수 없는 경우라면 자금세탁 또는 공중협박자금조달의
위험성이 상당히 높을 개연성이 존재한다고 보아 금융회사로 하여금 당해
고객과의 거래 관계를 종료하고 이를 금융정보분석원에 의심거래로 보고하
도록 하는 것이 본 제도의 도입 취지이고, 자금세탁 및 공중협박자금조달행
위로부터 금융시스템을 보호하기 위하여 금융회사가 고객과의 기존 거래관
계를 절연할 필요성이 높다는 점이 인정되어 입법적으로 결정된 사항이므로
동법 제5조의2 제4항의 "해당거래의 종료"란 보험계약의 해지 등 문언 그대
로의 거래 종료를 의미하는 것으로 해석해야 할 것입니다.

② 금융위원회 190076, 2020. 10. 21 [거래종료의무 관련 법령해석 요청]
[1] 질의요지
□ 금융회사등이 특정금융정보법에 따른 고객확인을 수행하는 과정에서
이미 거래 관계를 수립하고 있는 고객이 신원확인 등을 위한 정보제공을 거
부한 경우 금융회사등의 특정금융정보법에 따른 거래 종료 의무와 관련하여,
㉠ (질의1) 특정금융정보법(제5조의2 제4항)에 따른 거래종료 대상 거래가

고객확인을 시행하게 된 특정 거래만을 의미하는지 아니면 고객과 사이에 이미 존재하는 모든 거래관계를 의미하는지 여부

ⓛ (질의2) 보험계약의 경우 거래 종료의 의미가 기납입보험료의 일부를 반환하고 거래를 종료하는 "해약"을 의미하는지, 아니면 기납입보험료를 모두 반환하고 거래를 종료하는 "해지"를 의미하는지 여부

[2] 회답

ㅁ 금융회사등은 특정금융정보법 제5조의2 제1항에 따른 고객확인을 수행하는 과정에서 이미 거래 관계를 수립하고 있는 고객이 정보제공을 거부하여 고객확인을 할 수 없는 경우 동조 제4항에 따라 그 고객과의 모든 거래관계를 종료하여야 합니다.

ㅁ "거래의 종료"란 문언 그대로의 거래 종료를 의미하는 것이며,

• 보험계약의 거래관계 종료에 따른 환급금 등의 처리 문제는 특정금융정보법에서 규율하고 있는 사항이 아닌바, 법률에 따른 종료사유임을 감안하여 보험계약을 다루는 관련 법규를 고려하여 운영하는 것이 바람직할 것입니다.

[3] 이유

ㅁ 특정금융정보법 제5조의2 제4항 및 업무규정 제44조에서는 금융회사등은 이미 거래관계는 수립하였으나 고객확인을 할 수 없는 경우 그 고객과의 거래관계를 종료할 것을 규정하고 있으며,

• 이는 고객이 고객확인을 위한 정보제공을 거부하여 고객확인을 할 수 없는 경우라면 그 고객의 자금세탁 등의 위험이 높을 개연성이 존재한다고 보아 금융회사등이 그 고객과의 거래관계를 종료하도록 규정한 취지임을 감안할 때 특정 거래만을 의미하는 것이 아닌 모든 거래 관계를 의미한다고 봄이 타당할 것입니다.

ㅁ "거래의 종료"란 문언 그대로의 거래 종료를 의미하는 것이며,

• 이는 금융회사등이 법률상 의무인 고객확인을 이행하는 과정에서 고객이 명시적인 거부의사 등을 표시함으로써 불가피하게 금융회사등이 법률상 의무(고객확인)를 이행할 수 없는 사정이 발생할 경우 법률이 정한 바에 따라 그 고객과의 거래를 종료하도록 한 것으로서(회사의 귀책사유 발생으로

약정상 또는 채무불이행에 따른 거래를 종료하는 것과는 달리 법률에 따른 종료 사유임), 금융회사 등은 말씀하신 사례를 판단함에 있어 이러한 사정을 감안할 수 있을 것입니다.

• 보험계약의 거래관계 종료에 따른 환급금 등의 처리 문제는 특정금융정보법에서 규율하고 있는 사항이 아니며, 보험계약을 다루는 관련 법규를 고려하여 운영하는 것이 바람직할 것입니다.

③ 금융위원회 210247, 2021. 8. 10 [특정금융정보법 부칙 제2조 단서 해석 여부]

[1] 질의요지

▢ 특정금융정보법 부칙 <법률 제17113호 2020. 3. 24.> 제2조 단서의 해석과 관련하여, 법 제5조의2 제4항 제2호 가목의 규정뿐만 아니라 같은 호 나목의 규정도 적용이 되는지 여부

▢ 즉, 가상자산사업자인 고객이 법 제5조의2 제4항 제2호 나목 이하에 해당하는 사실을 확인한 경우에는 법 제5조의2 제4항의 규정이 적용되는지 여부

[2] 회답

▢ 부칙 <법률 제17113호 2020. 3. 24.> 제2조 단서의 적용대상은 이 법 시행(2021. 3. 25.) 전부터 영업 중인 가상자산사업자가 2021. 9. 24.까지 법 제7조 제1항에 따른 가상자산사업자 신고를 하고 신고가 수리되지 아니하거나(법 제7조 제3항), 직권으로 말소(법 제7조 제4항)된 사실이 확인되지 아니하는 경우에는 법 제5조의2 제4항 제2호 가목(신고를 이행하지 아니한 사실이 확인된 경우 거래를 종료할 의무)을 적용하지 아니하는 것이며, 나목 이하의 규정이 적용되지 아니한다는 의미는 아닙니다.

▢ 따라서 법 제5조의2 제4항의 규정은 2021. 3. 25.부터 원칙적으로 은행에 적용이 됩니다.

[3] 이유

▢ 부칙 제2조 단서의 적용 범위는 (i) 이 법 시행 전부터 가상자산사업자 영업을 해 온 자로서, (ii) 2021. 9. 24.까지 FIU에 가상자산사업자 신고를 하고, (iii) 아직 신고가 수리되지 아니한 자에 대해서는, 법 제5조의2 제4항을

적용을 유예한다는 의미입니다. 즉, 가상자산사업자 신고를 하지 아니한 사실이 확인된 경우(법 제5조의2 제4항 제2호 가목)에 해당한다고 해서, 은행이 법 제5조의2 제4항에 따라 거래를 종료해야 할 의무가 있는 것은 아니라는 취지입니다.

제8절 위험평가 등

Ⅰ. 위험평가

1. 위험평가와 위반기반 접근법

위험평가(Risk assessment)는 자금세탁 및 테러자금조달 위험을 식별(확인), 분석(평가, 이해)하는 것을 말한다. 위험기반 접근법(RBA: Risk-Based Approach)은 위험평가 결과에 기초하여 자금세탁 및 테러자금조달 방지 또는 경감을 위한 조치(Risk mitigation)들이 확인된 위험에 상응하도록 하는 것을 말한다.[20]

자금세탁방지 국제기구인 FATF는 2012년 2월 FATF 권고사항(FATF Re-commendations, 자금세탁방지 국제기준)을 개정 채택하여 위험평가 및 위험기반접근법의 적용은 FATF 40개 권고사항 중 1번으로 채택된 권고사항의 효과적인 이행을 위한 핵심이다.

* FATF 권고사항
R 1. 위험평가와 위험기반 접근법의 적용

각국은 자국의 자금세탁 및 테러자금조달 위험을 확인, 평가 및 이해하여야 하며, 위험을 효과적으로 경감시킬 수 있도록 위험평가를 총괄(coordinate)할 당국 혹은 메커니즘을 지정하는 등의 조치(action)를 취하고 재원을 사용하여야 한다. 각국은 그 위험평가 결과에 기초하여, 자금세탁 및 테러자금조달 방지 또는

---

20) 금융정보분석원(2018b), "AML/CFT 관련 위험평가 및 위험기반접근법 처리 기준"(2018. 12), 1쪽.

감소를 위한 조치들이 확인된 위험에 상응하도록 하는 위험 중심의 접근법을 적용하여야 한다. 이 접근법은 AML/CFT 체제 전반에 걸쳐 재원을 효율적으로 배분하고 FATF 권고사항을 위험수준에 따라 이행하기 위한 주요 기틀이 되어야 한다. 보다 높은 위험이 확인된 경우, 각국은 자국의 AML/CFT 체제가 해당 위험에 적절하게 대응할 수 있도록 하여야 한다. 보다 낮은 위험이 확인된 경우, 각국은 특정 조건 하에서 FATF 권고사항의 일부에 대하여 간소화된 조치를 이행하기로 결정할 수 있다.

각국은 금융기관과 특정 비금융사업자·전문직(DNFBP)이 자신의 자금세탁 및 테러자금조달 위험을 확인·평가하고 이를 경감시킬 수 있는 조치를 취하도록 의무화하여야 한다.

R 1. Assessing risks and applying a risk-based approach

Countries should identify, assess, and understand the money laundering and terrorist financing risks for the country, and should take action, including designating an authority or mechanism to coordinate actions to assess risks, and apply resources, aimed at ensuring the risks are mitigated effectively. Based on that assessment, countries should apply a risk-based approach (RBA) to ensure that measures to prevent or mitigate money laundering and terrorist financing are commensurate with the risks identified. This approach should be an essential foundation to efficient allocation of resources across the anti-money laundering and countering the financing of terrorism (AML/CFT) regime and the implementation of riskbased measures throughout the FATF Recommendations. Where countries identify higher risks, they should ensure that their AML/CFT regime adequately addresses such risks. Where countries identify lower risks, they may decide to allow simplified measures for some of the FATF Recommendations under certain conditions.

Countries should require financial institutions and designated non-financial businesses and professions (DNFBPs) to identify, assess and take effective action to mitigate their money laundering and terrorist financing risks.

2. 위험 식별 · 평가와 활용

금융회사등은 자금세탁행위등과 관련된 위험을 식별하고 평가하여 고객확인에 활용하여야 한다(업무규정28①).

3. 위험의 반영

금융회사등은 자금세탁등과 관련된 위험을 식별하고 평가함에 있어 ⅰ) 국가위험(제1호), ⅱ) 고객유형(제2호), ⅲ) 상품 및 서비스 위험 등(제3호)의 위험을 반영하여야 한다(업무규정28②).

국가위험은 특정 국가의 자금세탁방지등의 제도와 금융거래 환경이 취약하여 발생할 수 있는 자금세탁 등의 위험을 말하고, 고객유형(고객위험)은 고객의 특성에 따라 다양하게 발생하는 자금세탁 등의 위험을 말하며, 상품 및 서비스 위험은 고객에게 제공하는 상품 및 서비스에 따라 다양하게 발생하는 자금세탁 등의 위험을 말한다.

4. 위험평가의무

금융회사등은 해당 고객의 자금세탁행위등의 위험도가 적정하게 반영되도록 위험 평가요소와 중요도를 정하여 자금세탁등의 위험을 평가하여야 한다(업무규정28③).

금융정보분석원장(검사수탁기관의 장 포함)은 금융회사등이 앞의 업무규정 제28조 제3항의 의무를 이행하도록 해야 한다(업무규정28④).

▌ 관련 유권해석: 유권해석 사례집 13번: 위험기반 접근법에 따른 고객확인의 의미/법 제5조의2, 업무규정 제28조

Q: FATF는 위험기반접근법(RBA: Risk Based Approach)에 따른 고객확인을 하도록 권고하고 있는 것으로 알고 있습니다. 그런데 위험기반 접근법에 따른 고객확인이란 구체적으로 무엇을 말하는 것인지요?

A: 위험기반 고객확인이란 자금세탁 위험요소를 근거로 고객의 위험을 평가하여 고객확인의 수준이나 정도를 결정하도록 하는 것을 말하며, 업무규

정에 따라 금융회사등은 아래와 같은 ⅰ) 국가위험(업무규정29), ⅱ) 고객위험(업무규정30), ⅲ) 상품·서비스 위험(업무규정31)을 고려해야 합니다. 또한 금융회사등은 위험 평가시 각 기관의 경영환경 및 특성 등을 고려하여 위험평가요소와 중요도를 정해야 합니다.

ⅰ) 국가위험: 특정 국가의 금융거래 환경이 취약하여 자금세탁이 발생할 위험을 말하며, 공신력 있는 기관의 자료* 등을 활용하여 평가 가능합니다.

* FATF가 발표하는 FATF 권고사항 이행 취약국가리스트, UN 또는 타 국제기구에서 발표하는 제재 등 조치와 관련된 국가리스트, 국제투명성기구 등이 발표하는 부패 관련 국가리스트 등

ⅱ) 고객위험: 금융거래를 하는 고객의 특성에 따라 발생하는 자금세탁 위험을 말하며, 업종, 직업, 거래유형, 거래빈도 등을 활용하여 평가 가능합니다.

ⅲ) 상품·서비스 위험: 금융회사등이 고객에게 제공하는 상품·서비스가 자금세탁에 이용될 위험을 말하며, 상품·서비스 종류, 거래채널 등을 활용하여 평가 가능합니다.

Ⅱ. 위험평가 절차

1. 수행원칙

위험평가는 자금세탁 및 테러자금조달 위험 등에 대하여 식별, 분석, 평가를 지속적으로 수행하는 과정이며 다음과 같은 원칙을 준수한다. 즉 ⅰ) 위험의 수준과 위험의 완화를 위해 적용되어야 할 조치의 수준과 종류를 결정하기에 앞서 관련된 모든 위험요소들을 고려하고, ⅱ) 위험평가의 성격 및 범위는 사업의 성격과 규모에 상응해야 하며, ⅲ) 위험평가 결과는 근거 입증, 평가 업데이트를 위해 문서화하며, ⅳ) 위험평가를 지속적으로 최신으로 유지하며, ⅴ) 위험평가 정보를 금융정보분석원 및 검사수탁기관에 제공하기 위한 체계를 마련한다.[21]

---

21) 금융정보분석원(2018b), 2쪽.

* 위험평가(식별, 분석, 평가, 지속적인 위험평가) 절차 예시[22]

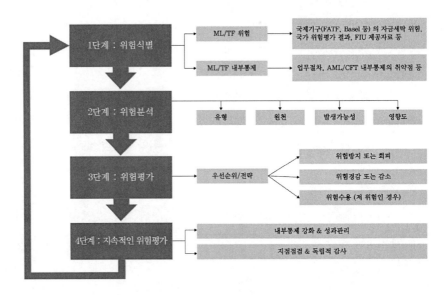

2. 위험식별

위험은 자금세탁·테러자금조달 위험("ML/TF 위험")과, ML/TF 위험을 방지·경감하기 위한 조치를 이행하지 못하거나 규정을 준수하지 못할 위험("내부통제위험")으로 구분한다.

ML/TF 위험은 여러 방법으로 분류할 수 있으나 일반적으로 FATF 기준에 따라 국가 또는 지역위험, 고객위험, 상품위험, 사업(서비스)위험 등으로 분류하고, 내부통제 위험은 ML/TF 위험을 방지·경감하기 위한 조치를 이행하지 못하거나 규정을 준수하지 못할 위험으로 전사통제, 내부통제, 고객확인, 위험관리, 모니터링 및 보고관리 등으로 분류한다.[23]

실무상 은행은 자금세탁 등과 관련된 위험을 식별함에 있어 국가위험, 고객위험, 상품 및 서비스위험, 채널위험, 사업위험 등으로 분류하여 식별하고, 자금세탁방지등에 관한 내부통제(업무절차, 조직 및 업무환경, 직원, 정보시스템 등) 취약점에 대해서도 식별하고 있다.

---

22) 금융정보분석원(2018b), 2쪽.
23) 금융정보분석원(2018b), 3-5쪽.

위험식별

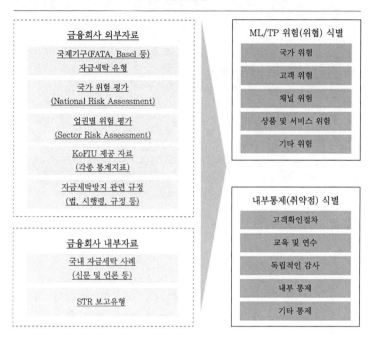

3. 위험분석

위험식별 단계에서 확인된 ML/TF 위험에 대하여 위험의 본질(특성), 원천, 발생가능성, 영향도 등을 분석하고 ML/TF 위험을 방지·경감하지 못할 내부통제 위험도 분석하는 단계이다. 이 단계에서는 ML/TF 위험의 발생 가능성, 손실의 크기 등을 추정하여 위험의 수준을 결정하고, 업무환경과 조직의 다양한 위험요인들을 분석하여 ML/TF 위험을 방지·경감하지 못할 내부통제 위험의 수준을 결정한다.[24]

실무상 은행은 식별된 자금세탁 등의 위험에 대해 위험의 본질(특성), 원천, 발생가능성, 결과 등을 분석하고, 자금세탁방지등을 위한 내부통제에 대해서는 효과성 평가를 수행하여 평가결과에 대한 원인 등을 분석하여야 한다.

---

24) 금융정보분석원(2018b), 6-7쪽.

* 위험 식별 및 분석 모델 예시

전체업무(여 수신 등) 대상으로 ML/TF 위험 식별 및 분석 → 세부업무별로 ML/TF 위험 식별 및 분석 → 내부통제 수준에 대한 위험 식별 및 분석

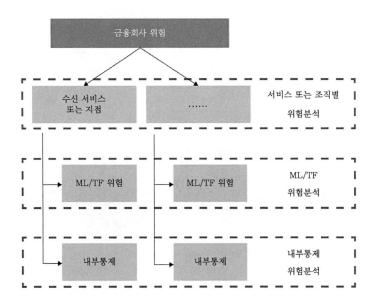

4. 위험평가

위험평가는 위험분석 결과를 이해하고 결정된 위험의 수준에 따라 위험 경감 및 관리를 위한 조치의 범위(우선순위, 조치내용, 조치시기 등)를 차별화 결정하는 과정이다. 사전에 예방 조치해야 할 위험, 긴급 계획을 수립해야 할 위험, 중장기 계획을 수립해야 할 위험 등에 따라 위험경감 계획을 수립한다.[25]

실무상 은행은 위험분석과 후속대책의 수준을 결정하기 위해 자금세탁 등의 위험과 내부통제의 효과성을 고려하여 잔여위험을 분석하여야 하고, 위험평가 결과에 따라 조치의 우선순위를 결정하고 위험의 우선순위에 따라 제한된 자원을 효율적으로 배분하는 계획을 수립하여야 한다.

---

25) 금융정보분석원(2018b), 7쪽.

5. 개선조치

위험평가는 최신성을 유지할 수 있도록 지속적으로 실시되어야 하며 위험평가 결과를 최신 상태로 유지되어야 한다. 위험평가는 ⅰ) 신규 사업 실행, ⅱ) 신규 상품 개발, ⅲ) 신규 채널 개발, ⅳ) 신규 또는 기존 상품을 위한 새로운 또는 개발 중인 기술적용 이전 실시(FATF 권고사항 15)되어야 하고, 지속적인 위험평가 결과는 근거 입증, 평가 업데이트를 위해 문서화 관리되어야 한다.[26]

내부통제 위험 식별 및 분석 과정을 통해 도출된 통제활동에 대해 지속적으로 효과적 작동 여부를 평가("내부통제 효과성 평가") 수행하고 이에 대한 개선계획을 수립한다.[27]

실무상 은행은 자금세탁 등의 위험을 경감하기 위해 수립한 개선계획 등이 적절히 이행되고 있는지에 대해 점검하고 지속적으로 관리하여야 한다.

Ⅲ. 위험의 분류

1. 국가위험

(1) 국가위험 평가의무

금융회사등은 특정국가의 자금세탁방지제도와 금융거래 환경이 취약하여 발생할 수 있는 자금세탁행위등의 위험("국가위험")을 평가하여야 한다(업무규정 29①).

(2) 공신력 있는 기관의 자료 활용의무

금융회사등이 국가위험을 평가하는 때에는 ⅰ) FATF가 성명서(Public Statement) 등을 통해 발표하는 고위험 국가(Higher-risk countries) 리스트(제1호), ⅱ) FATF가 이행 취약국가(Non-compliance)로 발표한 국가리스트(제2호), ⅲ) UN 또는 타 국제기구(World bank, OECD, IMF 등)에서 발표하는 제재, 봉쇄 또는 기타 이와 유사한 조치와 관련된 국가리스트(제3호), ⅳ) 금융회사등의 주요 해외지점 등 소재 국가의 정부에서 자금세탁행위등의 위험이 있다고 발표하는 국가리스트

---

26) 금융정보분석원(2018b), 8쪽.
27) 금융정보분석원(2018b), 8쪽.

(제4호), ⅴ) 국제투명성기구 등이 발표하는 부패관련 국가리스트 등(제5호)과 같은 공신력 있는 기관의 자료를 활용하여야 한다(업무규정29②).

2. 고객위험

(1) 고객위험 평가와 활용

금융회사등은 고객의 특성에 따라 다양하게 발생하는 자금세탁행위등의 위험("고객위험")을 평가하여야 한다(업무규정30① 전단). 이 경우 고객의 직업(업종)·거래유형 및 거래빈도 등을 활용할 수 있다(업무규정30① 후단).

이에 따라 금융회사등은 고객의 직업(업종)·거래유형 및 거래빈도 등을 활용하여 고객위험을 평가한다.

(2) 저위험 고객

금융회사등은 ⅰ) 국가기관, 지방자치단체, 공공단체(제1호), ⅱ) 법 제2조 및 제11조에 따른 감독·검사의 대상인 금융회사등(카지노사업자, 환전영업자, 소액해외송금업자, 대부업자 제외)(제2호), ⅲ) 주권상장법인 및 코스닥 상장법인 공시규정에 따라 공시의무를 부담하는 상장회사(제3호)인 고객을 자금세탁행위등의 위험이 낮은 고객으로 고려할 수 있다(업무규정30②).

(3) 고위험 고객

금융회사등은 ⅰ) 금융회사등으로부터 종합자산관리서비스를 받는 고객 중 금융회사등이 추가정보 확인이 필요하다고 판단한 고객(제1호), ⅱ) 외국의 정치적 주요인물(제2호), ⅲ) 비거주자(다만, 자금세탁행위등의 위험도를 고려하여 달리 정할 수 있다)(제3호), ⅳ) 대량의 현금(또는 현금등가물)거래가 수반되는 카지노사업자, 대부업자, 환전영업자 등(영 제8조의4 제2호에 따른 "금융정보분석원장이 정하여 고시하는 자"도 이와 동일하다)(제4호), ⅴ) 고가의 귀금속 판매상(제5호), ⅵ) 금융위원회가 테러자금금지법 제4조 제1항에 따라 고시하는 금융거래 제한대상자(제6호), ⅶ) UN(United Nations) 결의 제1267호(1999년)·제1989호(2011년) 및 제2253호(2015), 제1718호(2006년), 제2231호(2015년), 제1988호(2011년)에 의거 국제연합 안전보장이사회 또는 동 이사회 결의 제1267호(1999년)·제1989호(2011년) 및 제2253호(2015), 제1718호(2006년), 제2231호(2015년), 제1988호(2011년)에 의하여 구성된 각각의 위원회(Security Council Committee)가 지정한 자("UN에서 지정하는 제재대상자")(제7호), ⅷ) 개인자산을 신탁받아 보유할 목적으로 설립 또는 운영되는 법인 또는 단체(제8호), ⅸ) 명의주주가 있거나 무기명주식을 발행한 회사(제9호)인 고객을 자금세탁등과 관련하여 추가정보 확인이 필요한 고객으로 고려하여야 한다(업무규정30③).

(4) 위험 업종 및 직업

앞의 (3) 고위험 고객의 제4호 및 제5호 관련 위험 업종 및 직업을 예를 들면 다음과 같다.

① 위험업종

위험업종 구분	업 종 명	업종코드	확인시 액션	비고
카지노사업자	경주장 운영업	R91113	EDD 대상	
	기타 오락장 운영업	R91229	EDD 대상	
	기타 갬블링 및 베팅업	R91249	EDD 대상	
	그외 기타 분류안된 오락관련 서비스업	R91299	EDD 대상	
대부업자	그외 기타 여신금융업	K64919	EDD 대상	
	그외 기타 분류안된 금융업	K64999	EDD 대상	
	그외 기타 금융지원 서비스업	K66199	EDD 대상	
환전영업자	환전영업자	K66199	EDD 대상	외국환 지정 포함
소액해외송금업자	소액해외송금업	K66199	EDD 대상	
귀금속판매상	귀금속 및 관련제품 제조업	C33110	EDD 대상	
	시계 및 귀금속제품 도매업	G46492	EDD 대상	
	시계 및 귀금속 소매업	G47830	EDD 대상	
가상자산사업자	전자상거래 소매업	G47912	EDD 대상	
	전자상거래 소매 중개업	G47911	EDD 대상	
	응용 소프트웨어 개발 및 공급업	J58222	EDD 대상	
	컴퓨터 및 주변장치, 소프트웨어 소매업	G47311	EDD 대상	

	통신판매업	G47919	EDD 대상	
현금영수증의무발행자	도배, 실내장식 및 내장 목공사업	F42412	EDD 대상	
	유리 및 창호 공사업	F42420	EDD 대상	
	미장, 타일 및 방수 공사업	F42491	EDD 대상	
	한식 일반 음식점업	I56111	EDD 대상	
	한식 면요리 전문점	I56112	EDD 대상	
	한식 육류요리 전문점	I56113	EDD 대상	
	한식 해산물요리 전문점	I56114	EDD 대상	
	중식 음식점업	I56121	EDD 대상	
	일식 음식점업	I56122	EDD 대상	
	서양식 음식점업	I56123	EDD 대상	
	기타 외국식 음식점업	I56129	EDD 대상	
	제과점업	I56191	EDD 대상	
	피자, 햄버거, 샌드위치 및 유사 음식점업	I56192	EDD 대상	
	치킨 전문점	I56193	EDD 대상	
	주거용 건물 임대업	L68111	EDD 대상	
	비주거용 건물 임대업	L68112	EDD 대상	
	기타 부동산 임대업	L68119	EDD 대상	
	주거용 건물 개발 및 공급업	L68121	EDD 대상	
	비주거용 건물 개발 및 공급업	L68122	EDD 대상	
	기타 부동산 개발 및 공급업	L68129	EDD 대상	
	일반 교과 학원	P85501	EDD 대상	
	방문 교육 학원	P85502	EDD 대상	
	온라인 교육 학원	P85503	EDD 대상	
	음악학원	P85621	EDD 대상	
	미술학원	P85622	EDD 대상	
	기타 예술학원	P85629	EDD 대상	
	외국어학원	P85631	EDD 대상	
	기타 교습학원	P85632	EDD 대상	
	운전학원	P85661	EDD 대상	

	종합 병원	Q86101	EDD 대상	
	일반 병원	Q86102	EDD 대상	
	치과 병원	Q86103	EDD 대상	
	한방 병원	Q86104	EDD 대상	
	요양 병원	Q86105	EDD 대상	
	일반 의원	Q86201	EDD 대상	
	치과 의원	Q86202	EDD 대상	
	한의원	Q86203	EDD 대상	
	방사선진단 및 병리검사 의원	Q86204	EDD 대상	
	공중 보건 의료업	Q86300	EDD 대상	
	유사 의료업	Q86902	EDD 대상	
	그외 기타 보건업	Q86909	EDD 대상	
기타	무기 및 총포탄 제조업	C25200	EDD 대상	
	기타 투자기관	K64209	EDD 대상	
	선물 중개업	K66122	EDD 대상	
	투자 자문업	K66192	EDD 대상	
	보험대리 및 중개업	K66202	EDD 대상	
	변호사업	M71101	EDD 대상	
	변리사업	M71102	EDD 대상	
	법무사업	M71103	EDD 대상	
	기타 법무관련 서비스업	M71109	EDD 대상	
	공인회계사업	M71201	EDD 대상	
	세무사업	M71202	EDD 대상	
	기타 회계관련 서비스업	M71209	EDD 대상	
	경영컨설팅업	M71531	EDD 대상	
	민족종교 단체	S94914	EDD 대상	
	정치 단체	S94920	EDD 대상	
	환경운동 단체	S94931	EDD 대상	
	기타 시민운동 단체	S94939	EDD 대상	
	그외 기타 협회 및 단체	S94990	EDD 대상	

② 위험직업

위험직업종 구분	직 업 명	직업코드	확인시 액션	비고
가상자산사업자	사회/개인서비스업 정보통신/컴퓨터 정보처리/운용업 대표	29311	EDD 대상	
	사회/개인서비스업 정보통신/컴퓨터 소프트웨어제작업 대표	29361	EDD 대상	
	사회/개인서비스업 정보통신/컴퓨터 기타 대표	29381	EDD 대상	
대부업자, 환전영업자	금융계 기타금융회사 여신금융회사 대표	16551	EDD 대상	
	금융계 기타금융회사 여신금융회사 임원	16552	EDD 대상	
변호사업	법조계 법조계 변호사 15년 이상	12131	EDD 대상	
	법조계 법조계 변호사 10년 이상	12132	EDD 대상	
	법조계 법조계 변호사 5년 이상	12133	EDD 대상	
	법조계 법조계 변호사 변호사	12134	EDD 대상	
공인회계사업	전문직 전문자격증 공인회계사 경력 15년 이상	18111	EDD 대상	
	전문직 전문자격증 공인회계사 경력 5년 이상	18113	EDD 대상	
	전문직 전문자격증 공인회계사 경력3년이상	18114	EDD 대상	
	전문직 전문자격증 공인회계사 현직종사자	18115	EDD 대상	
세무사업	전문직 전문자격증 세무사 경력 10년 이상	18122	EDD 대상	
	전문직 전문자격증 세무사 경력 3년 이상	18124	EDD 대상	
변리사업	전문직 전문자격증 변리사 경력 15년 이상	18151	EDD 대상	
	전문직 전문자격증 변리사 경력 5년이상	18153	EDD 대상	
	전문직 전문자격증 변리사 현직종사자	18155	EDD 대상	
법무사업	전문직 전문자격증 법무사 경력 15년 이상	18181	EDD 대상	
	전문직 전문자격증 법무사 경력	18183	EDD 대상	

	5년 이상			
	전문직 전문자격증 법무사 경력 3년 이상	18184	EDD 대상	
	전문직 전문자격증 법무사 현직 종사자	18185	EDD 대상	
기타 법무관련 서비스업	사회/개인서비스업 전문서비스업 법무관련서비스업 대표	29411	EDD 대상	
	사회/개인서비스업 전문서비스업 회계관련서비스업 대표	29421	EDD 대상	
경영컨설팅업	사회/개인서비스업 전문서비스업 사업및 경영상담업 대표	29441	EDD 대상	
민족종교단체	전문직 종교인 기타 기타	18341	EDD 대상	
카지노사업자	사회/개인서비스업 오락산업 컴퓨터게임장업 대표	29761	EDD 대상	
	사회/개인서비스업 오락산업 기타 대표	29771	EDD 대상	
투자자문업	금융계 투자금융회사 투자자문회사 대표	16341	EDD 대상	
	금융보험/서비스업 금융/보험/연금업 투자상담회사 대표	28141	EDD 대상	
	금융계 투자금융회사 투자자문회사 대표	16341	EDD 대상	
	금융계 투자금융회사 투자자문회사 임원	16342	EDD 대상	
기타 투자기관	금융계 기타금융회사 창업투자회사 대표	16521	EDD 대상	
	금융계 기타금융회사 창업투자회사 임원	16522	EDD 대상	
보험대리 및 중개업	금융보험/서비스업 금융/보험/연금업 보험업/연금업 대표	28121	EDD 대상	
선물중개업	금융보험/서비스업 금융/보험/연금업 선물거래중개업 대표	28151	EDD 대상	

3. 상품 및 서비스 위험

(1) 상품위험의 평가와 활용

금융회사등은 고객에게 제공하는 상품 및 서비스에 따라 다양하게 발생하는 자금세탁행위등의 위험("상품위험")을 평가하여야 한다(업무규정31① 전단). 이 경

우 상품 및 서비스의 종류, 거래채널 등을 활용하여 평가할 수 있다(업무규정31①
후단).

이에 따라 금융회사등은 상품 및 서비스의 종류, 거래채널 등을 활용하여
상품 및 서비스 위험을 평가한다.

(2) 저위험 상품 및 서비스

금융회사등은 ⅰ) 연간보험료가 300만원 이하 이거나 일시 보험료가 500만
원 이하인 보험(제1호), ⅱ) 보험해약 조항이 없고 저당용으로 사용될 수 없는 연
금보험(제2호), ⅲ) 연금, 퇴직수당 및 기타 고용인에게 퇴직 후 혜택을 제공하기
위하여 급여에서 공제되어 조성된 기금으로서 그 권리를 타인에게 양도할 수 없
는 것 등(제3호)을 자금세탁행위등의 위험이 낮은 상품 및 서비스로 고려할 수
있다(업무규정31②).

(3) 고위험 상품 및 서비스

금융회사등은 ⅰ) 양도성 예금증서(증서식 무기명)(제1호), ⅱ) 환거래 서비스
(제2호), ⅲ) 자금세탁행위등의 위험성이 높은 비대면거래(제3호), ⅳ) 기타 정부
또는 감독기관에서 고위험으로 판단하는 상품 및 서비스 등(제4호)의 상품 및 서
비스를 자금세탁행위등의 위험이 높은 상품 및 서비스로 고려하여야 한다(업무규
정31③).

Ⅳ. 위험기반 거래모니터링 체계

1. 위반기반 접근법

(1) 개념

위험기반 접근법(RBA: Risk Based Approach)이란 금융회사의 자금세탁 위험
을 경감시킬 수 있도록 지속적으로 자금세탁 위험 요인을 식별, 평가하여 자금세
탁 위험이 높게 평가된 고위험 영역에는 강화된 조치를 수행하고, 낮게 평가된
저위험 영역에는 간소화된 조치를 수행하는 것을 말한다.

* 위험관리 체계 등

① 위험관리 체계

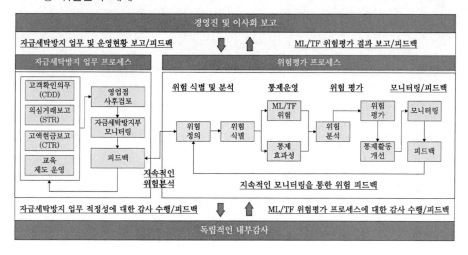

② 각 부점의 역할

구분	담당자	역할
본점부서	준법감시담당자	자금세탁 위험 식별 및 관리 내부통제 효과성 평가 수행 내부통제 평가결과 발견된 개선사항에 대한 조치 통제활동에 대한 자가평가 수행
영업점		통제활동에 대한 자가평가 수행 내부통제 평가결과 발견된 개선사항에 대한 조치

③ 위험평가 결과 활용 방안

실무상 자금세탁 위험평가 결과에 따라 고객확인의무, 거래 모니터링, 내부통제 영역에서 위험을 고려한 차등화된 업무 절차가 운영된다.

구분	담당자
위험평가 결과 활용	자금세탁 위험평가 결과 취약점에 대한 개선방안 마련 – 고객확인 모델 및 절차 개선: 위험도에 따라 고객확인 절차 차등화 – 거래 추출 시 위험도 반영: 위험도에 따라 추출 요건(임계치) 차등화 – 내부통제 강화: 고위험 부점에 대한 추가 교육수행 및 모니터링 강화

(2) 금융정보분석원의 위험평가 지표 관리

(가) 위험평가 지표 관리 목적

FATF는 금융 업권별로 "위험기반접근법 처리기준"을 발표하여 각국의 금융회사 등이 자금세탁·테러자금조달 위험을 식별, 분석, 평가하기 위한 기준을 제시하였다[이하 금융정보분석원(2018), "AML/CFT 관련 위험평가 및 위험기반접근법 처리 기준"(2018. 12), 참조]

금융정보분석원(KoFIU)은 FATF 기준을 이행하기 위하여 금융회사 AML/CFT 위험기반 접근법 처리기준(RBA 처리기준)을 마련하고 위험평가 지표를 관리하고 있다.

(나) 위험평가지표 구성

위험평가지표는 운영위험지표(공통)와 고유위험지표로 구성된다.

운영위험지표(공통)는 5개 영역(전사통제정책, 내부통제, 고객확인, 위험관리, 모니터링 및 보고 관리) 96개 지표로 구성되어 있다.[28]

고유위험지표는 업권별로 규정하고 있다. 은행은 5개영역(고객특성, 국가특성, 상품서비스, 채널특성, 회사특성) 57개 지표로 구성되어 있다. 외국은행 국내지점은 46개 지표로 구성되어있다.[29]

(다) 평가주기

매분기 평가(제출기한: 익분기말)를 수행하고 있다.

2. 범위

(1) 모니터링 체계 수립 및 운영 의무

금융회사등은 고객의 거래 등에 대하여 지속적으로 모니터링할 수 있는 체계를 수립 및 운영하여야 한다(업무규정76①).

(2) 모니터링 체계 수립 포함사항

금융회사등은 지속적인 거래 모니터링체계를 수립하는 경우 ⅰ) 고객의 거래 등에 대한 지속적인 모니터링 수행 방법 등(제1호), ⅱ) 거래점검 결과 분석 및 보고(제2호), ⅲ) 분석자료 보존절차(제3호)의 사항이 포함되도록 하여야 한다

---

28) 금융정보분석원(2018b), 21쪽.
29) 금융정보분석원(2018b), 23-24쪽.

(업무규정76②).

(3) 모델

실무상 은행은 고객의 거래에 대하여 비정상적인 거래행위 또는 거래패턴을 효과적으로 모니터링하기 위해 ⅰ) 룰 기반 모델(Rule-Based Filtering Model), ⅱ) 이상거래패턴 탐지 모델(Outlier Detection Model)을 포함하는 지속적인 모니터링 체계를 수립·운영한다.

(가) 룰 기반 모델

룰 기반 모델은 자금세탁 관련 사례분석 및 기보고된 의심되는 거래의 분석을 통해 그 특징을 룰(Rule)의 형태로 정형화한 모델로, 발생 거래 중 정의된 룰 조건에 부합되는 거래를 추출한다. 룰 기반 모델을 구성하는 자금세탁 위험거래 탐지 룰은 거래유형에 따라 수신, 여신, 외환, 방카슈랑스 영역으로 분류 구성된다.

(나) 이상거래패턴 탐지 모델

이상거래패턴 탐지 모델은 일정기간 동안의 고객별 거래 이력을 분석하여 정상거래패턴의 범위를 벗어나는 이상거래패턴을 감지하는 모델로, 이상거래 패턴 등급이 높게 나타난 고객의 거래를 추출한다. 이상거래패턴 평가를 위한 비교 대상에 따라 개별고객기반 이상거래패턴 탐지 모델과 유사 그룹(Peer Group)기반 이상거래패턴 탐지 모델로 구성된다.

(다) 지속적인 모델 관리

자금세탁방지 담당자는 내·외적인 환경변화로 인한 데이터와 고객 특성의 변화를 반영하고 거래모니터링 모델의 효과성을 높이기 위해 ⅰ) 룰 기반 모델은 연 1회 이상, ⅱ) 이상거래패턴 탐지 모델은 필요시에 지속적인 관리를 하여야 한다.

3. 비정상적 거래

(1) 특별 주의의무

금융회사등은 ⅰ) 거래금액이나 거래량이 지나치게 큰 경우(제1호), ⅱ) 잔액 규모에 비해 예금회전수가 지나치게 큰 경우(제2호), ⅲ) 거래가 정상적인 계좌활동의 유형에서 벗어나는 경우 등(제3호)의 경우를 포함하여 명확한 경제적·법적 목적 없이 복잡하거나, 규모가 큰 거래, 비정상적인 유형의 거래에 대해 특별한 주의를 기울여야 한다(업무규정77①).

(2) 배경과 목적의 검토의무

금융회사등은 비정상적 거래 등에 대해 그 배경과 목적을 최대한 검토하여야 한다(업무규정77②).

(3) 검토 결과의 기록 · 관리의무

금융회사등은 검토 결과를 기록 · 관리하여야 한다(업무규정77③).

4. 절차

금융회사등은 자금세탁행위등을 예방하기 위해 ⅰ) 고객의 수집 · 정리된 정보 또는 유사한 고객그룹의 수집 · 정리된 정보와 고객의 거래 이력 비교 및 검토(제1호), ⅱ) 과거 자금세탁 사례의 정형화를 통한 고객 거래정보와의 비교 및 검토(제2호), ⅲ) 고객 거래정보에 대한 자금세탁 위험도 측정 및 거래내역 평가(제3호), ⅳ) 고객, 계좌 및 거래정보의 연계를 통한 금융거래 패턴 분석 등(제4호)의 절차와 방법 등과 같은 거래모니터링을 통해 비정상적인 거래행위 또는 유형 등을 식별하는 절차를 마련하여야 한다(업무규정78).

5. 결과 분석

금융회사등은 거래모니터링을 통해 식별된 비정상적인 거래행위 또는 유형을 분석하고 이를 의심되는 거래로 보고하기 위해 ⅰ) 비정상적인 거래행위로 의심되는 거래를 분석할 수 있는 직원을 담당자로 지정(제1호), ⅱ) 과거 금융거래, 신용정보, 기타 정보 등을 활용한 거래 분석(제2호), ⅲ) 분석 과정에서 확인된 고객의 최신 정보 갱신(제3호), ⅳ) 분석결과 의심되는 거래로 판단될 경우 금융정보분석원장에게 보고(제4호), ⅴ) 분석 완료 후 분석내용의 정보화(제5호)의 절차를 갖추어야 한다(업무규정79).

6. 분석자료 보존

금융회사등은 금융정보분석원 등 관련기관에 정보를 제공할 수 있도록 관련 자료를 보존체계에 따라 5년 이상 보존하여야 한다(업무규정80).

제 6 장

전신송금시 정보제공

제1절 전신송금의 의의와 기준금액

Ⅰ. 전신송금의 의의

전신송금(電信送金)이란 송금인의 계좌보유 여부를 불문하고 금융회사등을 이용하여 국내외의 다른 금융회사등으로 자금을 이체하는 서비스를 말한다(법5의 3①).

Ⅱ. 적용대상 기준금액

ⅰ) 국내송금의 경우: 원화 1백만원 또는 그에 상당하는 다른 통화로 표시된 금액을 초과하는 금액(제1호)을 말하고, ⅱ) 해외송금의 경우: 1천 미합중국달러 또는 그에 상당하는 다른 통화로 표시된 금액을 초과하는 금액(제2호)을 말한다(법5의3①, 영10의8).

Ⅲ. 전신송금시 고객확인의무

금융기관등은 100만원 초과의 전신송금 거래가 발생하는 경우 송금자의 성명, 주민등록번호, 수취인의 계좌번호를 확인하여야 한다(업무규정24③).

제2절 제공대상 정보

금융회사등은 송금인이 전신송금의 방법으로 정보제공대상 전신송금 기준금액 이상을 송금하는 경우에는 다음의 구분에 따라 송금인 및 수취인에 관한 정보를 송금받는 금융회사등("수취 금융회사")에 제공하여야 한다(법5의3①).

Ⅰ. 국내송금

국내송금의 경우 ⅰ) 송금인의 성명(법인인 경우에는 법인의 명칭)(가목), ⅱ) 송금인의 계좌번호(계좌번호가 없는 경우에는 참조 가능한 번호)(나목), ⅲ) 수취인의 성명 및 계좌번호(다목)를 제공하여야 한다(법5의3①(1)).

Ⅱ. 해외송금

해외송금의 경우 ⅰ) 송금인의 성명(가목), ⅱ) 송금인의 계좌번호(나목), ⅲ) 송금인의 주소 또는 주민등록번호(법인인 경우에는 법인등록번호, 외국인인 경우에는 여권번호 또는 외국인등록번호)(다목), ⅳ) 수취인의 성명 및 계좌번호(라목)를 제공하여야 한다(법5의3①(2)).

제3절 국내송금과 정보제공

I. 수취 금융회사와 금융정보분석원의 요청 정보

국내송금의 경우 수취 금융회사와 금융정보분석원장은 송금한 금융회사등("송금 금융회사")에 i) 수취 금융회사가 의심되는 거래 보고를 하기 위하여 필요한 경우(제1호), ii) 금융정보분석원장이 수취 금융회사로부터 보고받은 정보를 심사·분석하기 위하여 필요한 경우(제2호)에 송금인의 주소 또는 주민등록번호(법인인 경우에는 법인등록번호, 외국인인 경우에는 여권번호 또는 외국인등록번호)(법5의3①(2) 다목)를 제공하여 줄 것을 요청할 수 있다(법5의3②).

II. 송금 금융회사의 정보제공의무

송금 금융회사는 송금정보의 제공을 요청받은 경우 3영업일 이내에 그 정보를 제공하여야 한다(법5의3③).

제4절 송금 금융회사 등의 의무

I. 송금 금융회사의 주의의무

1. 송금 관련 정보 보관 및 제공

송금 금융회사등은 국내·외 다른 금융회사등으로 자금을 이체할 때마다 i) 송금인 및 수취인의 성명(제1호), ii) 송금인 및 수취인의 계좌번호(계좌번호가 없는 경우 참조 가능한 단일번호),1) iii) 해외송금의 경우 송금인의 주소 또는 고유번호 또는 주민등록번호(법인인 경우에는 법인등록번호, 외국인인 경우에는 여권번

---

1) 제3호 삭제.

호 또는 외국인등록번호 등)(제4호), iv) 송금금액 및 송금일자(제5호), v) 수취금융
회사등의 명칭(제6호), vi) 수취인의 성명 및 계좌번호(계좌번호가 없는 경우 참조
가능한 단일번호)(제7호)의 송금관련 정보를 보관하고, 이를 중개금융회사등 또는
수취금융회사등에 제공하여야 한다(업무규정47①).

2. 해외 송금과 일괄 송금의 경우

해외 송금시 금융회사등이 고객으로부터 의뢰받은 여러 개의 송금을 묶음
형태로 일괄 송금하는 경우에도 업무규정 제47조 제1항의 규정을 적용한다(업무
규정47②).

Ⅱ. 중개 · 수취 금융회사등의 의무

1. 전신송금 정보의 제공의무

중개금융회사등은 송금금융회사등으로부터 업무규정 제47조 제1항 및 제2
항에 따라 제공받은 정보("전신송금정보")를 수취금융회사등에 제공하여야 한다
(업무규정48① 본문). 다만, 기술적 제약 등으로 전자적 방식에 의한 제공이 어려
운 중개금융회사등은 수취금융회사등의 요청이 있는 경우 3일 이내에 다른 방법
으로 전신송금정보를 제공해야 한다(업무규정48① 단서).

2. 중개 · 수취 금융회사등의 모니터링 등 조치의무

중개 · 수취 금융회사등은 송금인 또는 수취인 정보의 누락이 있는지 여부를
확인하기 위한 모니터링 등 합리적 조치를 취하여야 한다(업무규정48②).

3. 위험기반 정책 및 절차의 수립 · 운영의무

중개 · 수취 금융회사등은 송금인 또는 수취인 정보가 누락된 전신송금에 대
해 정보의 제공을 송금금융회사등에 요청하거나 거래를 거절할 것인지 등 적절
한 후속조치를 결정하기 위한 위험기반 정책 및 절차를 수립 · 운영하여야 한다
(업무규정48③).

Ⅲ. 전신송금 정보의 보관

1. 초과 전신송금의 정보 확인과 보관

금융회사등은 법 제5조의3 및 영 제10조의6에 따라 100만원(외화의 경우 1천 미합중국달러 또는 그에 상당하는 다른 통화로 표시된 금액)을 초과하는 모든 국내·외 전신송금에 대하여 고객과 관련된 정보를 확인하고 보관하여야 한다(업무규정 46 본문). 다만, ⅰ) 현금카드, 직불카드 또는 체크카드 등에 의한 출금을 위한 이체(제1호), ⅱ) 카드 가맹점에서 신용카드, 직불카드 또는 체크카드 등에 의한 상품 및 서비스 구입에 대한 지불을 위한 이체(제2호), ⅲ) 신용카드에 의한 현금 또는 대출서비스를 위한 이체(제3호), ⅳ) 금융회사등 상호간의 업무를 수행하기 위한 이체와 결제 등(제4호)의 거래에는 적용하지 않을 수 있다(업무규정46 단서).

2. 보관 기간

송금금융회사등·중개금융회사등·수취금융회사등은 전신송금 정보를 당해 거래 완료 후 5년간 보관하여야 한다(업무규정50).

* FATF 권고사항

R 16. 전신송금

각국은 금융기관이 전신송금 및 관련 메시지에, 요구된 그리고 정확한 송금 인(originator) 정보와 요구된 수혜자(beneficiary) 정보를 포함하도록 하여야 하고, 그 정보는 일련의 지급·결제 과정 내내 전신송금 혹은 관련 메시지와 함께 기록 (remain)되도록 하여야 한다.

각국은 금융기관이 요구된 송금인 그리고/혹은 수취인 정보를 결여한 전신 송금을 탐지하기 위하여 전신송금을 감시하고 적절한 조치를 취할 수 있도록 하여야 한다.

각국은 테러행위 및 테러자금조달의 방지 및 억제와 관련된 S/RES/1267 (1999) 및 후속 결의안과 S/RES/1373(2001)과 같은 관련 유엔 안보리 결의안에 명시된 각각의 의무사항에 따라 금융기관이 전신송금을 처리하는 과정에서 동결 조치를 취하도록 하고, 지정된 개인과 단체와의 거래를 금지하여야 한다.

R 16. Wire transfers

Countries should ensure that financial institutions include required and accurate originator information, and required beneficiary information, on wire transfers and related messages, and that the information remains with the wire transfer or related message throughout the payment chain.

Countries should ensure that financial institutions monitor wire transfers for the purpose of detecting those which lack required originator and/or beneficiary information, and take appropriate measures.

Countries should ensure that, in the context of processing wire transfers, financial institutions take freezing action and should prohibit conducting transactions with designated persons and entities, as per the obligations set out in the relevant United Nations Security Council resolutions, such as resolution 1267 (1999) and its successor resolutions, and resolution 1373(2001), relating to the prevention and suppression of terrorism and terrorist financing.

▌ 관련 유권해석

① 유권해석 사례집 50번: 대리인에 의한 전신송금/법 제5조의3

Q: 법에 따르면 100만원을 초과하는 금액을 송금하는 경우에는 송금인의 성명을 수취 은행에 제공해야 하는 것으로 알고 있습니다. 그런데 실제 입금 의뢰인은 甲인데 은행을 방문한 사람은 乙인 경우 송금인 성명에 乙을 전산 등록하는 게 맞을까요? 아니면 실제 돈의 주인이 누구인지를 따져서 송금인에 甲을 입력해야 하나요?

A: 송금인에는 甲을 입력하는 것이 맞습니다. 사안과 같이 송금인이 대리인을 통해 전신송금을 하는 경우, 대리인은 위임장 등 대리권한을 입증할 수 있는 서류를 지참하여야 하며 송금 금융회사는 대리권한을 확인한 후 대리인의 성명이 아닌 의뢰인인 송금인의 성명을 전신 송금정보로서 수취 금융회사에 제공하게 됩니다.

② 유권해석 사례집 51번: 해외송금시 정보를 제공받는 수취 금융회사의 범위/

법 제5조의3

Q: 저희 회사는 영국에 본사를 둔 해외송금네트워크 회사입니다. 현재 전 세계에서 다양한 송금상품을 제공하고 있으며, 한국에서는 관련법에 따라 3개 은행에서 저희의 송금상품을 제공하고 있습니다.

저희 회사는 본사가 위치한 영국의 자금세탁방지 규정에 따라 가맹 은행으로부터 고객의 개인정보를 전달받아 처리해야 할 의무가 있습니다. 그런데 특정금융정보법 제5조의3상 해외송금시 정보를 받을 수 있는 "수취 금융회사"의 범위에 저희 회사가 포함될 수 있는지 등이 확실하지 않아 은행으로부터 필요한 개인정보를 전달받고 처리하는 데 어려움이 있습니다.

동법 제5조의3의 "수취 금융회사"의 의미가 정확히 무엇인지요?

A: 특정금융정보법 제5조의3은 금융회사등이 전신송금의 방법으로 동법 시행령이 정하는 금액(원화 1백만원, 1천 미합중국달러 등) 이상을 송금하는 경우 송금인 및 수취인에 관련한 규정된 정보를 송금받는 금융회사등("수취 금융회사")에 제공해야 한다고 규정하고 있습니다.

이에 관한 FATF 기준을 보면 수취 금융회사 대상을 구체적으로 제한하고 있지 않습니다. 또한 동 조항의 입법 취지는 유엔 안전보장이사회 결의 등에 따른 금융거래제한의 효과적 실행 등에 있는데, 이러한 거래제한 의무를 준수해야 하는 수범대상자가 법상 규정된 금융회사에 한정되지 않는다는 점도 고려해야 할 것입니다.

따라서 해외송금시 정보를 제공받는 수취 금융회사는 한국* 또는 외국 법령에 따라 설립되고, 외국 간 지급 및 수령의 외국환업무를 업으로 하는 자로 해석할 수 있을 것입니다.

* 예시: 은행법상 은행의 국외지점

제 7 장

금융회사등의 금융거래등 정보의 보존의무

제1절 자료의 보존기간

금융회사등은 의심거래보고(법4), 고액현금거래보고(법4의2), 고객확인의무(법5의2), 전신송금시 정보제공(법5의3)에 따른 의무이행("의무이행")과 관련된 다음의 자료 및 정보를 "금융거래등의 관계가 종료한 때"부터 5년간 보존하여야 한다(법5의4①).

Ⅰ. 보존대상과 보존기간

금융회사등은 의무이행과 관련된 다음의 자료 및 정보를 5년간 보존하여야 한다(법5의4①).

금융회사등은 고객확인기록, 금융거래기록, 의심되는 거래 및 고액현금거래보고서를 포함한 내·외부 보고서 및 관련 자료 등을 금융거래관계가 종료된 때부터 5년 이상 보존하여야 한다(업무규정84①).

1. 의심거래보고 및 고액현금거래보고 관련 자료

금융회사등은 의심거래보고 및 고액현금거래보고와 관련 다음의 자료를 5년간 보존하여야 한다(법5의4①(1), 감독규정13).

(1) 실지명의를 확인할 수 있는 자료

금융거래등 상대방의 실지명의를 확인할 수 있는 자료는 금융거래등 상대방의 실명확인증표 사본 또는 금융회사등의 직원이 금융거래등 상대방의 실지명의를 확인한 자료의 사본을 5년간 보존하여야 한다(법5의4①(1) 가목, 감독규정13(1)).

(2) 금융거래기록과 관련하여 보존해야 할 자료

보고대상 금융거래등 자료는 금융거래등 신청서, 약정서, 내역표, 전표, 업무용 서신 등 당해 금융거래등과 관련된 자료를 5년간 보존하여야 한다(법5의4①(1) 나목, 감독규정13(2)).

금융회사등이 금융거래기록과 관련하여 보존해야 할 자료는 ⅰ) 거래에 사용된 계좌번호, 상품 종류, 거래일자, 통화 종류, 거래금액을 포함한 전산자료나 거래신청서, 약정서, 내역표, 전표의 사본 및 업무서신(제1호), ⅱ) 금융거래에 대한 내부승인 관련 근거 자료 등(제2호)이다(업무규정85②).

(3) 내·외부 보고와 관련하여 보존해야 할 자료

금융회사등이 의심되는 합당한 근거를 기록한 자료는 창구직원 등으로부터 수집한 자료, 보고책임자가 보고대상으로 판단한 이유 등에 관한 검토 자료 또는 감독규정 제6조의 규정에 의한 보고서식("의심스러운 거래 보고서식")에 기재한 내용 등을 5년간 보존하여야 한다(법5의4①(1) 다목, 감독규정13(3)).

금융회사등이 내·외부 보고와 관련하여 보존해야 할 자료는 ⅰ) 의심되는 거래 보고서(사본 또는 결재 양식) 및 보고대상이 된 금융거래 자료(제1호), ⅱ) 의심되는 합당한 근거를 기록한 자료(제2호), ⅲ) 의심되는 거래 미보고 대상에 대하여 자금세탁행위등의 가능성과 관련하여 조사하였던 기록 및 기타 자료(제3호), ⅳ) 고액현금거래 보고서(사본 또는 결재 양식) 및 보고대상이 된 금융거래 자료

332 제 2 편 금융회사등의 의무

(제4호), ⅴ) 고액현금거래 미보고 대상에 대하여 조사하였던 기록 및 기타 자료 (제5호), ⅵ) 자금세탁방지업무 보고책임자의 경영진 보고서 등(제7호)이다(업무규정85③).

2. 고객확인의무 관련 자료

금융회사등은 고객확인자료(법5의2① 각호)를 5년간 보존하여야 한다(법5의4①(2)).

금융회사등이 고객확인기록과 관련하여 보존해야 할 자료는 ⅰ) 고객(대리인, 실제소유자 포함)에 대한 고객확인서, 실명확인증표 사본 또는 고객신원정보를 확인하거나 검증하기 위해 확보한 자료(제1호), ⅱ) 고객신원정보 외에 금융거래의 목적 및 성격을 파악하기 위해 추가로 확인한 자료(제2호), ⅲ) 고객확인을 위한 내부승인 관련 자료(제3호), ⅳ) 계좌개설 일시, 계좌개설 담당자 등 계좌개설 관련 자료 등(제4호)이다(업무규정85①).

3. 송금인 및 수취인에 관한 정보

금융회사등은 전신송금 시 정보제공(법5의3① 각호)에 따른 송금인 및 수취인에 관한 자료를 5년간 보존하여야 한다(법5의4①(3)).

4. 기타 자료

금융회사등은 ⅰ) 자금세탁방지등을 위한 내부통제 활동의 설계·운영·평가와 관련된 자료(제1호), ⅱ) 독립적인 감사수행 및 사후조치 기록(제2호), ⅲ) 자금세탁방지등에 관한 교육내용, 일자, 대상자를 포함한 교육 관련 사항 등(제3호)의 자료를 5년간 보존하여야 한다(업무규정85④).

Ⅱ. 금융거래등의 관계가 종료한 때의 기준

앞의 제5조의4 제1항에서 "금융거래등의 관계가 종료한 때"의 기준은 다음의 날로 한다(법5의4②).

1. 금융자산을 대상으로 한 거래

금융자산을 수입·매매·환매·중개·할인·발행·상환·환급·수탁·등록·교환하거나 그 이자·할인액 또는 배당을 지급하는 것과 이를 대행하는 것(법2(2) 가목)의 경우에는 금융회사등과 고객 사이에 모든 채권채무관계가 종료한 날로 한다(법5의4②(1)).

2. 파생상품시장에서의 거래

자본시장법에 따른 파생상품시장에서의 거래(법2(2) 나목)의 경우에는 거래종료사유 발생으로 거래종료일이 도래한 날로 한다. 다만, 고객의 계좌가 개설되어 있는 경우에는 그 계좌가 폐쇄된 날로 본다(법5의4②(2)).

3. 카지노 칩과 현금·수표의 교환

관광진흥법 제25조에 따라 문화체육관광부장관이 정하여 고시하는 카지노에서 베팅에 사용되는 도구인 칩과 현금 또는 수표를 교환하는 거래(법2(2) 다목)의 경우에는 카지노사업자와 고객 사이에 카지노거래로 인한 채권채무관계를 정산한 날로 한다(법5의4②(3)).

4. 가상자산거래

가상자산거래(법2(2) 라목)의 경우에는 가상자산사업자와 고객 사이에 가상자산거래로 인한 채권채무관계를 정산한 날로 한다(법5의4②(4)).

5. 그 밖의 금융거래등

그 밖의 금융거래등의 경우에는 대통령령으로 정하는 날로 한다(법5의4② (5)). 여기서 "대통령령으로 정하는 날"이란 ⅰ) 관계 법령, 약관 또는 합의 등에 따른 계약기간의 만료(제1호), ⅱ) 해지권, 해제권 또는 취소권의 행사(제2호), ⅲ) 변제 등으로 인한 채권의 소멸(제3호)의 어느 하나에 해당하는 사유로 금융거래등이 종료되는 날을 말한다(영10의9④).

제2절 보존방법

I. 구분 보존

금융회사등은 의심거래보고를 한 때에는 해당 보고서와 법 제5조의4 제1항 제1호 각 목의 자료인 i) 금융거래등 상대방의 실지명의를 확인할 수 있는 자료 (가목), ii) 보고대상이 된 금융거래등 자료(나목), iii) 금융회사등이 의심되는 합당한 근거를 기록한 자료(다목)를 다른 금융거래등에 관한 자료와 구분하여 보존해야 한다(영10의9①).

II. 문서 등으로 보존

금융회사등은 법 제5조의4 제1항 각 호의 자료인 i) 금융거래등 상대방의 실지명의를 확인할 수 있는 자료(가목), ii) 보고대상이 된 금융거래등 자료(나목), iii) 금융회사등이 의심되는 합당한 근거를 기록한 자료(다목) 및 정보를 문서, 마이크로필름, 디스크, 자기테이프 또는 그 밖의 전산정보처리조직을 이용한 방법으로 보존해야 한다(영10의9②).

금융회사등은 원본, 사본, 마이크로필름, 스캔, 전산화 등 다양한 형태로 내부관리 절차에 따라 보존할 수 있다(업무규정86②).

III. 자료 보존 · 관리 절차의 수립 · 운영 등

1. 자료 보존 · 관리 절차의 수립 · 운영의무

금융회사등은 자료를 보존·관리하기 위한 절차를 수립 및 운영하여야 한다 (업무규정86①).

2. 보안유지와 보존자료 관리

금융회사등은 보고책임자의 책임하에 보안이 유지되도록 보존자료를 관리하여야 한다(업무규정86③).

3. 자료 제공의무

금융회사등은 금융정보분석원장 또는 법 제11조 제3항에 따라 검사업무를 위탁받은 기관의 장이 업무규정 제85조에 따른 자료를 요구하는 때에는 적시에 제공하여야 한다(업무규정86④).

제3절 보존장소

금융회사등은 법 제5조의4 제1항 각 호의 자료인 ⅰ) 금융거래등 상대방의 실지명의를 확인할 수 있는 자료(가목), ⅱ) 보고대상이 된 금융거래등 자료(나목), ⅲ) 금융회사등이 의심되는 합당한 근거를 기록한 자료(다목) 및 정보를 주된 사무소의 소재지에 보존해야 한다(영10의9③ 본문). 다만, 주된 사무소의 소재지에 보존하는 것이 현저히 곤란한 경우에는 다른 장소에 보존할 수 있다(영10의9③ 단서).

이에 따라 금융회사등은 원칙적으로 보존하여야 하는 관련자료를 금융회사등의 본점 또는 보고책임자가 근무하는 점포에 일괄하여 보존하여야 한다(감독규정14 본문). 다만, 부득이한 경우에는 보고책임자의 판단으로 그 밖의 장소에 보존할 수 있다(감독규정14 단서).

금융회사등은 보존대상 자료를 본점 또는 문서보관소("본점 등")에 보존하여야 한다(업무규정87 본문). 다만, 보존대상 자료를 본점 등에 보존하는 것이 현저히 곤란할 때에는 지정된 장소에 보존할 수 있다(업무규정87 단서).

제4절 위반시 제재

법 제5조의4 제1항을 위반하여 자료 및 정보를 보존하지 아니한 자(제3호)에게는 3천만원 이하의 과태료를 부과한다(법20②).

* FATF 권고사항

R 11. 기록보관

금융기관은 권한당국의 정보제공 요구가 있을 경우 이에 신속하게 대응하기 위하여 국내 및 국제거래에 대한 모든 필수적인 기록을 최소 5년 이상 보관하도록 요구된다. 이러한 기록은 범죄행위를 기소하기 위하여 필요한 경우 증거로 제시될 수 있도록 개별 거래내역(관련 금액과 통화 종류 등 포함)을 충분히 파악할 수 있도록 하여야 한다.

금융기관은 수행(예를 들어 복잡하고 비정상적인 대규모 거래의 배경과 목적을 파악하기 위한 질의)한 모든 분석결과를 포함한 고객확인 조치를 통해 입수한 모든 고객확인 정보(여권, 신분증, 운전면허증, 기타 이와 유사한 서류 등 공식적인 신원 확인 서류의 사본 또는 기록), 계좌파일, 업무서신 등에 관한 기록을 거래관계가 종료된 후 또는 일회성 거래의 날로부터 최소 5년 이상 보존하도록 요구된다.

금융기관은 법에 의해 거래에 대한 기록과 CDD 조치를 통해 취득한 정보를 보존하도록 요구된다.

정당한 권한을 가진 국내 권한당국은 CDD 정보 및 거래 기록을 이용할 수 있어야 한다.

R 11. Record-keeping

Financial institutions should be required to maintain, for at least five years, all necessary records on transactions, both domestic and international, to enable them to comply swiftly with information requests from the competent authorities. Such records must be sufficient to permit reconstruction of individual transactions (including the amounts and types of currency involved, if any) so as to provide, if necessary, evidence for prosecution of criminal activity.

Financial institutions should be required to keep all records obtained through CDD measures (e.g. copies or records of official identification documents like passports, identity cards, driving licences or similar documents), account files and business correspondence, including the results of any analysis undertaken (e.g. inquiries to establish the background and purpose of complex, unusual large transactions), for at least five years after the business relationship is ended, or after the date of the occasional transaction.

Financial institutions should be required by law to maintain records on transactions and information obtained through the CDD measures.

The CDD information and the transaction records should be available to domestic competent authorities upon appropriate authority.

▌ 관련 유권해석

① 금융위원회 190146, 2020. 1. 10 [고객거래확인서 문서 보존방법]

[1] 질의요지

□ 특정금융정보법상 금융거래정보의 보존의무와 관련(제5조의4)하여 "보존의 방법"에 관한 법령해석 요청

□ 원본의 별도 보관 없이 스캔 등을 통한 전산파일 형태로 보관하는 것이 가능한지 질의

[2] 회신

□ 금융회사등은 특정금융정보법 제5조의4 제1항 각호의 자료 및 정보를 업무규정 제86조에 따라 원본뿐 아니라 스캔 등 전자적 방식에 의한 보관도 가능하다고 할 것입니다.

[3] 이유

□ 특정금융정보법은 금융회사등이 자료를 보존할 의무를 규정(제5조의4)하고 있습니다.

□ 특정금융정보법 시행령에서 금융회사등은 금융거래정보를 문서, 마이크로필름, 디스크, 자기테이프 또는 그 밖의 전산정보처리조직을 이용한 방법으로 보존(제10조의8 제2항)하도록 하고 보존 방법, 장소 등 필요한 사항은 금융정보분석원장이 정하여 고시하도록 규정(제10조의8 제5항)하고 있습니다.

□ 특정금융정보법 시행령의 위임에 따라 금융정보분석원장의 고시인 업무규정 제86조 제2항에서는 보존 방법과 관련하여 원본, 사본, 마이크로필름, 스캔, 전산화 등 다양한 형태로 내부관리 절차에 따라 보존할 수 있다고 규

정하고 있습니다.

② 금융위원회 190233, 2019. 10. 15 [특정금융정보법의 문서 보존방법 관련
  법령해석 요청]

[1] 질의요지

□ 삼성생명 등은 특정금융정보법 상 금융거래정보의 보존의무와 관련*
(제5조의4)하여 보존의 방법에 관한 법령해석 요청

* 금융회사등은 고객이 제출한 고객확인 자료 등을 5년간 보존할 의무

□ 동법 시행령은 금융회사등이 "FIU 원장이 고시하는 방법"에 따라 정보
를 보존하도록 규정(영 제10조의8 제5항)하고 있는바,

• 업무규정 제86조에 따라 원본의 별도 보관 없이 스캔 등을 통한 전산파
일 형태로 보관하는 것이 가능한지 질의

[2] 회답

□ 특정금융정보법은 금융회사등이 자료를 보존할 의무를 규정(제5조의4)
하고 있습니다.

□ 특정금융정보법 시행령에서 금융회사등은 금융거래정보를 문서, 마이
크로필름, 디스크, 자기테이프 또는 그 밖의 전산정보처리조직을 이용한 방
법으로 보존(제10조의8 제2항)하도록 하고 보존 방법, 장소 등 필요한 사항
은 금융정보분석원장이 정하여 고시하도록 규정(제10조의8 제5항)하고 있습
니다.

□ 특정금융정보법 시행령의 위임에 따라 금융정보분석원장의 고시인 업
무규정 제86조 제2항에서는 보존 방법과 관련하여 원본, 사본, 마이크로필름,
스캔, 전산화 등 다양한 형태로 내부관리 절차에 따라 보존할 수 있다고 규
정하고 있습니다.

□ 따라서 금융회사등은 법 제5조의4 제1항 각호의 자료 및 정보를 업무
규정 제86조에 따라 원본뿐 아니라 스캔 등 전자적 방식에 의한 보관도 가능
하다고 할 것입니다.

[3] 이유

□ [명문 규정] 업무규정은 보존 방식에 대해서 반드시 원본이 아니라 스

캔 등 다양한 형태의 보존 방식을 규정(제86조)하고 있음

  ▫ [FATF 국제기준] 형사 기소에 필요한 증거로 활용할 수 있도록 보관의무를 부과하고 있을 뿐 반드시 원본일 것을 요구하지 않고 있음(11번 권고기준)

  ▫ [유사 타법 실무례] 금융실명법 상 실명확인의 경우 실명확인에 필요한 서류를 원본없이 스캔 후 파일로 보관하는 것도 가능*

  * 금융실명거래 업무해설 제12쪽(은행연 발간, 은행과 감수)

  ③ 금융위원회 210135, 2022. 3. 10 [특정금융정보법의 금융거래정보 보유기간 관련]

  [1] 질의요지

  ▫ 거래종료일로부터 5년간 보존하게 되어있는 금융거래정보 보존의무에 따라 해당 조항 시행일인 2019. 7. 1. 이전 수집한 금융거래정보에 대해서도 의무이행을 해야 할지 여부

  [2] 회답

  ▫ 질의하신 사안의 경우 질의내용만으로는 종합적인 판단에 한계가 있으나 금융거래등 정보의 보존의무 및 이의 위반시 과태료 부과를 규정한 개정 특정금융정보법[법률 제16293호, 2019. 1. 15. 일부개정 2019. 7. 1. 시행] 시행일인 '19. 7. 1. 기준으로 ㉠ 구법에 따른 의심거래 보고를 한 날부터 5년이 도과하여 관련 자료를 더이상 보관하지 않는 경우에는 구법이 적용되나, ㉡ 5년이 도과하지 않아 보관하고 있는 의심거래 보고 관련 정보와 구법에 따른 보관의무 대상은 아니나 신법에 따른 보관의무 대상으로 '19. 7. 1. 현재 보관하고 있는 정보는, 신법에 따라 금융거래관계가 종료한 때부터 5년간 보존하여야 할 것입니다.

  [3] 이유

  ▫ 특정금융정보법상 금융회사등의 의무이행과 관련된 금융거래등 정보의 보유기간 등을 5년으로 규정하는 법 제5조의4 및 동조 1항의 위반에 따른 과태료 부과를 규정한 법 제20조 제2항 제3호를 신설한 개정 특정금융정보법은 부칙에 따라 '19. 7. 1.부터 시행되었습니다. [법률 제16293호, 2019. 1.

15. 일부개정 2019. 7. 1. 시행]

• 이때 보존하여야 하는 자료 및 정보로는 고액 현금거래 보고, 불법재산 등으로 의심되는 거래의 보고와 관련한 ㉠ 금융거래 상대방의 실지명의를 확인할 수 있는 자료, ㉡ 보고대상이 된 금융거래 자료, ㉢ 금융기관등이 의심되는 합당한 근거를 기록한 자료, 고객확인의무에 따른 고객확인자료, 전신 송금시 정보제공에 따른 송금인 및 수취인에 관한 정보, 그밖에 의무 이행과 관련해 금융정보분석원장이 정하여 고시하는 자료가 있으며 이와 관련하여 자금세탁방지 및 공중협박자금조달금지에 관한 업무규정 제84조 내지 제87조를 참조하실 수 있습니다.

▢ 다만 '19. 7. 1 이전의 행위에 대해 적용되는, 구 특정금융정보법 제4조 제4항('19. 1월 제5조의4 제1항 신설시 삭제)은 금융회사등은 불법재산 등으로 의심되는 거래의 보고를 한 경우 그 보고와 관련한 자료를 보고한 날부터 5년간 보존하여야 한다고 규정하고 있습니다. 보존대상이 되는 자료로는 ㉠ 금융거래 상대방의 실지명의를 확인할 수 있는 자료, ㉡ 보고대상이 된 금융거래 자료, ㉢ 금융기관등이 의심되는 합당한 근거를 기록한 자료가 있습니다.

▢ 새로운 법령등은 법령등에 특별한 규정이 있는 경우를 제외하고는 그 법령등의 효력 발생 전에 완성되거나 종결된 사실관계 또는 법률관계에 대해서는 적용되지 않습니다. 또한 법령등을 위반한 행위의 성립과 이에 대한 제재처분은 법령 등에 특별한 규정이 있는 경우를 제외하고는 법령등을 위반한 행위 당시의 법령등에 따르나, 법령등을 위반한 행위 후 법령등의 변경에 의하여 그 행위가 법령등을 위반한 행위에 해당하지 아니하거나 제재처분 기준이 가벼워진 경우로서 해당 법령등에 특별한 규정이 없는 경우에는 변경된 법령등을 적용하여야 합니다(행정기본법 제14조 제1항 및 제3항).

④ 금융위원회 200068, 2021. 2. 9 [신용정보법 제20조의2(개인신용정보의 보유기간 등) 관련 금융회사의 개인신용정보 삭제의무 이행에 대한 기준 및 법령해석 문의]

[1] 질의요지

㉠ 개인신용정보의 인별 기준이 아닌 거래 건별(일자별)로 적용하여 계약

기간 만료 5년 경과시점에 개인신용정보를 파기하는 것이 가능한지 여부

ⓒ 상법 제33조 제1항에 따라 거래신청서, 고객확인의무 이행자료를 5년 경과하여 보관하는 것이 신용정보법 제20조의2 제2항 제1호에 따른 다른 법률에 따른 의무를 이행하기 위하여 불가피한 경우에 해당하는지 여부

[2] 회답

㉠ 개인신용정보를 거래 건별로 적용하여 계약기간 만료 5년 경과시점에 개인신용정보를 파기하는 것이 가능합니다. 다만, 특정금융정보법 제2조 제2호 가목의 금융거래의 경우 금융회사등과 고객 사이에 모든 채권채무관계가 종료한 날을 기준으로 고객확인자료를 보관하여야 합니다.

㉡ 거래신청서, 고객확인의무 이행자료가 상법 제33조 제1항에 따른 상업장부와 영업에 관한 중요서류에 해당하는 경우, 신용정보법 제20조의2 제2항 제1호 따른 다른 법률에 따른 의무를 이행하기 위하여 불가피한 경우로서, 해당 자료를 5년 경과하여 보관하는 것이 가능합니다.

[3] 이유

▫ 신용정보법 제20조의2 제2항에 따라 신용정보제공·이용자는 금융거래 등 상거래관계가 종료된 날부터 최장 5년 이내(해당 기간 이전에 정보 수집·제공 등의 목적이 달성된 경우에는 그 목적이 달성된 날부터 3개월 이내)에 해당 신용정보주체의 개인신용정보를 삭제해야 합니다.

• 해당 조항은 신용정보제공·이용자는 금융거래 등 상거래관계가 종료된 날부터 최장 5년 이내에 해당 신용정보주체의 개인신용정보를 삭제하도록 하는 조항이므로, 귀사가 인별 기준이 아닌 거래 건별 기준을 적용하여 계약기간 만료 5년 경과시점에 개인신용정보를 파기하는 것이 가능합니다.

• 다만, 특정금융정보법 제5조의4 제1항에서는 고객확인자료를 금융거래 관계가 종료한 때부터 5년간 보존할 것을 규정하고 있으며, 동조 제2항에서는 금융거래관계가 종료한 때의 기준을 동법 제2조 제2호 가목의 경우 금융회사등과 고객 사이에 모든 채권채무관계가 종료한 날로 규정하고 있습니다. 이에 따라 특정금융정보법 제2조 제2호 가목*의 금융거래의 경우 거래 건별 기준(일자별)을 적용할 수 없고 인별 기준을 적용하여야 합니다.

 * 특정금융정보법 제2조 제2호 가목

- 금융회사등이 금융자산(금융실명법 제2조 제2호에 따른 금융자산을 말한다)을 수입·매매·환매·중개·할인·발행·상환·환급·수탁·등록·교환하거나 그 이자·할인액 또는 배당을 지급하는 것과 이를 대행하는 것, 그 밖에 금융자산을 대상으로 하는 거래로서 총리령으로 정하는 것

□ 한편, 다른 법률에 따른 의무를 이행하기 위하여 불가피한 경우 등 신용정보법 제20조의2 제2항 각 호에 해당하는 경우에는 신용정보제공·이용자는 금융거래 등 상거래관계가 종료된 날부터 최장 5년 이내에 신용정보주체의 개인신용정보를 삭제하지 않아도 됩니다.

• 귀사가 보유하고 있는 거래신청서, 고객확인의무 이행자료가 상법 제33조 제1항에 따른 상업장부와 영업에 관한 중요서류에 해당하는 경우에는 신용정보법 제20조의2 제2항 제1호에 따른 다른 법률에 따른 의무를 이행하기 위한 불가피한 경우에 해당하므로, 해당 자료를 5년 경과하여 보관하는 것이 가능합니다.

가상자산사업자에 대한 특례

제 1 장
/

서 설

제1절 특례규정 신설 이유

2020년 3월 24일 특정금융정보법에 가상자산사업자에 대한 특례 규정이 신설되기 이전 가상자산 거래는 익명성이 높아 자금세탁 및 공중협박자금조달의 위험성이 높음에도 불구하고 그 위험성을 예방하기 위한 법·제도적 장치가 마련되어 있지 않은 상황이었다.

한편 주요 20개국(G20) 정상회의와 자금세탁방지기구(FATF) 등 국제기구에서는 자금세탁방지 및 공중협박자금조달금지를 위한 국제기준을 제정하고, 회원국들에게 이를 이행할 것을 요구하고 있었다. 이에 가상자산사업자에 대해서도 자금세탁행위 및 공중협박자금조달행위의 효율적 방지를 위한 의무를 부과하고, 금융회사가 가상자산사업자와 금융거래를 수행할 때 준수할 사항을 규정하기 위하여 특정금융정보법 제3장 가상자산사업자에 대한 특례 규정 아래 제6조(적용범위 등), 제7조(신고), 제8조(가상자산사업자의 조치)를 신설하였다.[1]

---

1) 정무위원회(2019), "특정 금융거래정보의 보고 및 이용 등에 관한 법률 일부개정법률안

<h1 style="text-align:center">제2절 FATF 및 주요국의 규제동향</h1>

Ⅰ. FATF의 규제

FATF는 "가상자산(virtual asset)"을 이용한 자금세탁 및 테러자금조달의 위험성과 대응방향에 대한 총회 논의(2018.2)를 거쳐 가상자산 서비스 제공자(VASP: virtual asset service provider)에게 자금세탁방지 및 테러자금조달금지 의무를 부과하는 내용의 권고(FATF Recommendation) 개정을 채택(2018. 10)하고, 그 세부내용을 담은 주석서(Interpretive Note)를 발표하였다(2019. 6).[2]

Ⅱ. 주요국의 규제

FATF의 국제기준 마련에 앞서 개별적으로 관련 규제를 먼저 도입한 국가들의 사례를 살펴보면 아래와 같다.[3]

1. 미국

미국은 2013년 금융범죄단속반(Financial Crimes Enforcement Network: FinCEN)이 우리나라의 특정금융정보법과 유사한 은행비밀법(Bank Secrecy Act)의 규제대상 중 화폐서비스업자(Money Services Business)에 가상통화업자를 포함하는 내용의 지침(FIN-2013-G001)[4]을 도입하여 가상통화업자에게 자금세탁방지를 위한 신고 등의 의무를 부과하고 있다.

검토보고서", 제370회 국회(임시회) 제1차 정무위원회(2019. 8), 1쪽(검토보고서 제안이유 참조).
2) 정무위원회(2019), 6~7쪽.
3) 정무위원회(2019), 7~8쪽.
4) FIN-2013-G001
   Issued: March 18, 2013
   Subject: Application of FinCEN's Regulations to Persons Administering, Exchanging, or Using Virtual Currencies

2. 일본

일본은 2016년 자금결제법과 범죄수익이전방지법을 개정하여 자금결제법에서 가상통화 교환업을 등록업으로 규정하고, 범죄수익이전방지법에서 자금세탁방지의무 부과 대상에 자금결제법에 따른 가상통화 교환사업자를 추가하였다.

3. EU

EU는 2018년 4월에 이루어진 EU 자금세탁방지 지침(Anti-Money Laundering Directive) 5차 개정에서 가상통화 교환 및 보관·관리 서비스를 제공하는 사업자에 대해 자금세탁방지의무를 부과하는 내용이 도입됨에 따라 개별 회원국은 2020년 1월 10일까지 이를 입법화하도록 하였다.

제3절 가상자산사업자의 개념과 예시

Ⅰ. 가상자산의 개념

가상자산(통화)이란 거래 상대방에게 교환의 매개 또는 가치의 저장수단으로 인식되는 것으로서 전자적 방법으로 이전 가능한 증표나 그 증표에 관한 정보를 말한다. 가상자산의 개념에 관하여는 제1편에서 살펴보았다.

가상자산은 교환의 매개 또는 가치의 저장수단으로 이용되어 실물 통화와 같은 기능을 보유한 반면, 비법정화폐, 암호화, 익명성 등의 특징적인 면을 가지고 있어 거래의 흐름 파악이 용이하지 않고, 자금세탁위험에 노출되어 있어 위험성이 높기 때문에 금융회사의 높은 주의의무가 요구된다.

Ⅱ. 가상자산사업자의 개념

가상자산사업자란 가상자산과 관련하여 ⅰ) 가상자산을 매도·매수("매매")하는 행위(가목), ⅱ) 가상자산을 다른 가상자산과 교환하는 행위(나목), ⅲ) 가상자산을 이전하는 행위 중 대통령령으로 정하는 행위(다목), ⅳ) 가상자산을 보관 또는 관리하는 행위(라목), ⅴ) 앞의 가목 및 나목의 행위를 중개·알선하거나 대행하는 행위(마목)의 어느 하나에 해당하는 행위를 영업으로 하는 자를 말한다(가상자산이용자보호법2(2)). 가상자산사업자의 개념에 관하여는 제1편에서 살펴보았다.

따라서 가상자산사업자는 가상자산을 보관·관리·매매·교환·알선 또는 중개하는 것을 업으로 하는 자(예: 거래소, 채굴업자)를 말한다. 이용자는 가상자산 관련 거래를 위해 가상자산사업자아 계약을 체결한 자를 말한다.

Ⅲ. 가상자산사업자의 예시

주요 가상자산사업자의 예시는 다음과 같다. 다만, 개별적인 사업 형태에 따라 가상자산사업자 해당 여부는 달라질 수 있으며, 아래의 예시 외에도 사업자의 행위 유형에 따라 가상자산사업자에 해당될 수 있다.[5]

1. 가상자산 거래업자

일반적으로 가상자산 매매·교환 등을 중개·알선하기 위하여 플랫폼을 개설하고 운영하는 사업자로서 가상자산 취급업, 교환업, 거래소 등으로 통용된다. 일반적으로 가상자산의 매도·매수(예: 현금과의 교환) 및 가상자산간 교환을 중개, 알선하거나 대행, 가상자산을 이전하는 행위 등의 기능을 함께 수행하는 것으로 판단된다.

다만, 다음과 같은 경우는 제외될 수 있다. 즉 단순히 매수매도 제안을 게시할 수 있는 장(場)만을 제공하는 경우는 제외될 수 있다. 예를 들면 단순히 이용이 가능한 가상자산이 있다는 사실이 게재만 되어 있는 게시판을 운영할 뿐, 당사자들간 거래는 개인별 지갑이나 또는 그 게시판 관련 회사의 지갑이 아닌 별도 지갑을 통해 이루어지는 경우이다. 또한 단순히 가상자산의 거래에 대한 조언이나 기술을 제공하는 경우도 제외될 수 있다.

---

5) 금융정보분석원·금융감독원(2021), "가상자산사업자 신고 매뉴얼"(2021.3), 2-3쪽(FATF 국제기준상 가상자산사업자의 주요 요소는 ① 영업으로, ② 고객을 대신하여, ③ 가상자산 관련 활동을 적극적으로 촉진하는 것이다. ※ 본인을 위한 가상자산 거래 행위(P2P 등), 일회성 행위, 수수료 없이 플랫폼만 제공하는 행위 등은 제외한다).

2. 가상자산 보관관리업자

타인을 위하여 가상자산을 보관·관리하는 행위를 영업으로 하는 자로서 가상자산 커스터디, 수탁사업 등으로 통용된다. 법상 가상자산을 보관·관리하는 행위를 주요 업무로 수행한다.

다만, 다음과 같은 경우는 제외될 수 있다. 즉 사업자가 개인 암호키 등을 보관·저장하는 프로그램만 제공할 뿐 개인 암호키에 대한 독립적인 통제권을 가지지 않아 가상자산의 이전·보관·교환 등에 관여하지 않는 경우는 제외될 수 있다.

3. 가상자산 지갑서비스업자

다양한 사업 형태가 있을 수 있으나 일반적으로 가상자산의 보관·관리 및 이전 서비스 등을 제공하는 사업자로서, 중앙화 지갑서비스, 수탁형 지갑서비스, 월렛 서비스 등으로 통용된다. 법상 가상자산의 이전, 가상자산의 보관·관리 행위를 주요 업무로 수행한다.

가상자산 지갑서비스의 경우에도 가상자산 거래업자, 가상자산 관리보관업자와 동일하게 다음과 같은 경우 제외될 수 있다. 즉 단순히 매수·매도 제안을 게시할 수 있는 장(場)만 제공하는 경우, 단순히 가상자산의 거래에 대한 조언이나 기술 서비스를 제공하는 경우, 사업자가 개인 암호키 등을 보관·저장하는 프로그램만 제공할 뿐 독립적인 통제권을 가지지 않아 매도·매수·교환 등에 관여하지 않는 경우, 콜드월렛[6] 등 하드웨어 지갑서비스 제조자 등은 제외될 수 있다.

---

6) 가상자산 개인 암호키를 종이, 플라스틱, 금속 등 오프라인으로 출력하여 보관하는 것을 말한다.

제 2 장

적용범위 등

제1절 적용범위

특정금융정보법 제3장 가상자산사업자에 대한 특례 규정은 가상자산사업자에 대하여 적용한다(법6①).

제2절 역외 적용

Ⅰ. 의의

가상자산사업자의 금융거래등에 대해서는 국외에서 이루어진 행위로서 그 효과가 국내에 미치는 경우에도 특정금융정보법을 적용한다(법6②). 가상자산사업자에 대한 규제의 역외적용은 FATF 권고에서 신속하고 효과적인 국제협력을 강조한 부분을 고려한 것으로 이해되고 있다.[1]

---

1) 정무위원회(2019), 16쪽.

역외적용은 외국 가상자산사업자의 국외에서 이루어진 행위에 대하여 일정한 경우 국내법을 적용하는 것을 말한다.

Ⅱ. FATF 권고사항 주석

Draft Interpretive Note to FATF Recommendation 15[2]

8. Countries should rapidly, constructively, and effectively provide the widest possible range of international cooperation in relation to money laundering, predicate offences, and terrorist financing relating to virtual assets, on the basis set out in Recommendations 37 to 40. In particular, supervisors of VASPs should exchange information promptly and constructively with their foreign counterparts, regardless of the supervisors' nature or status and differences in the nomenclature or status of VASPs.[3]

---

2) Recommendation 15 - New Technologies

Countries and financial institutions should identify and assess the money laundering or terrorist financing risks that may arise in relation to (a) the development of new products and new business practices, including new delivery mechanisms, and (b) the use of new or developing technologies for both new and pre-existing products. In the case of financial institutions, such a risk assessment should take place prior to the launch of the new products, business practices or the use of new or developing technologies. They should take appropriate measures to manage and mitigate those risks. To manage and mitigate the risks emerging from virtual assets, countries should ensure that virtual asset service providers are regulated for AML/CFT purposes, and licensed or registered and subject to effective systems for monitoring and ensuring compliance with the relevant measures called for in the FATF Recommendations(FATF(2021), "UPDATED GUIDANCE FOR A RISK-BASED APPROACH: VIRTUAL ASSETS AND VIRTUAL ASSET SERVICE PROVIDERS", OCTOBER 2021).

The amended FATF Recommendation 15 requires that VASPs be regulated for anti-money laundering and countering the financing of terrorism (AML/CFT) purposes, that they be licensed or registered, and subject to effective systems for monitoring or supervision(2021.10.1.).

3) 정무위원회(2019), 17쪽 각주 재인용.

제3절 전신송금시 정보제공

가상자산사업자에 대하여 법 제5조의3(전신송금시 정보제공)을 적용하는 경우 그 정보제공에 관하여는 다음에서 정하는 바에 따른다(법6③, 영10의10).

Ⅰ. 트래블룰의 시행

2021년 3월 가상자산사업자에게도 자금세탁방지의무가 부과되어 불법재산 등의 의심거래를 금융정보분석원으로 보고하도록 특정금융정보법이 개정되었다. 이에 따라 가상자산사업자들은 금융정보분석원에 의심거래보고(STR)를 하고 있으며, 2022년에 총 1만건 이상이 보고되었다. 그러나 2021년까지는 가상자산사업자간 자금 이동 내역을 추적할 수 없다는 한계가 있었다.

이러한 한계를 극복하기 위해 2022년 3월 25일부터 "트래블룰(Travel Rule)"이 시행되었다. 트래블룰이란 가상자산사업자가 100만원 이상에 상당하는 가상자산을 이전할 때 송·수신인 성명, 가상자산주소 등을 수신 사업자에게 제공하도록 하는 의무를 말한다. 트래블룰 도입에 따라 각 가상자산사업자간 정보제공 전산망을 통한 자금 추적이 용이해질 것으로 기대되고 있다. 그러나 현행 트래블룰은 사업자와 개인지갑 간 거래에는 적용되지 않는 등 규제공백이 우려되는 만큼 FATF 지침에 부합하는 감독규정의 개정이 필요할 것으로 보인다.[4]

Ⅱ. 입법취지

가상자산 송금은 기존의 전신송금(원화 계좌이체 등)과 달리 수취하는 가상자산사업자가 어디인지 모르더라도 수취하는 지갑 주소만 알면 가능하므로 송금을 받는 주체가 국내 가상자산사업자인지 해외 가상자산사업자인지[5]

---

4) 실무상 트래블룰 규제는 외부 트래블룰 솔루션(예: VV, CODE)에 연동된 가상자산사업자들 간 정보송수신을 통해 이루어지고 있다. 개인지갑의 경우 이용자가 본인 소유의 개인지갑 주소를 등록하여(타인 명의 지갑주소 불가) 해당 거래소에서 검증 후 출금을 허용하는 소위 "화이트리스트" 정책을 시행하고 있다.

5) 해외송금의 경우 국내송금보다 제공대상 정보의 항목이 더 많다.

여부를 확인하기 어려울 수 있고, 해외송금의 경우 송금을 받는 가상자산사업자가 확인되더라도 해당국의 자금세탁방지 규제가 취약하여 구체적인 수취인에 관한 정보를 확보하기 어려울 수 있는 등 규제 적용과정에서 발생할 수 있는 애로사항에 관해 보다 면밀한 준비가 필요함을 감안한 것으로 이해되는바, 가상자산 거래의 특수성을 고려한 입법이다.6)

Ⅲ. 정보제공의 기준

정보제공은 "금융정보분석원장이 정하여 고시하는 환산 기준"에 따라 가상자산사업자가 다른 가상자산사업자에게 1백만원 이상에 상당하는 가상자산을 이전하는 경우에 한다(영10의10(1)).

여기서 "금융정보분석원장이 정하여 고시하는 환산 기준"이란 고객이 가상자산사업자에게 가상자산의 이전을 요청한 때 가상자산사업자가 표시하는 가상자산의 가액을 적용하여 원화로 환산하는 것을 말한다(감독규정26②).

Ⅳ. 가상자산 이전 사업자의 제공정보의 내용

가상자산을 이전하는 가상자산사업자는 가상자산을 이전받는 가상자산사업자에게 ⅰ) 가상자산을 보내는 고객과 가상자산을 받는 고객의 성명(법인·단체의 경우에는 법인·단체의 명칭 및 대표자 성명)(가목), ⅱ) 가상자산을 보내는 고객과 가상자산을 받는 고객의 가상자산주소(가상자산의 전송 기록 및 보관 내역의 관리를 위해 전자적으로 생성시킨 고유식별번호)(나목)의 정보를 제공한다(영10의10(2)).

이에 따른 정보는 가상자산을 이전하는 경우에 함께 제공한다(영10의10(4) 전단).

Ⅴ. 가상자산 수취 사업자의 수령정보의 내용

금융정보분석원장 또는 가상자산을 이전받는 가상자산사업자가 요청하는

---

6) 정무위원회(2019), 16쪽.

경우에는 가상자산을 보내는 고객의 주민등록번호(법인의 경우에는 법인등록번호) 또는 여권번호·외국인등록번호(외국인만 해당)를 제공한다(영10의10(3)).

이에 따른 정보는 정보제공을 요청받은 날부터 3영업일 이내에 제공한다(영 10의10(4) 후단).

▌ 관련 판례: 헌법재판소 2021. 11. 25 자 2017헌마1384, 2018헌마90, 145, 391(병합) 결정 [정부의 가상통화 관련 긴급대책 등 위헌확인] 각하

[1] 사실관계

정부는 2017년 12월 가상통화 투자 과열과 이를 이용한 범죄행위, 불법자금 유입 의혹 등으로 사회적 불안감이 높아지자 국무조정실장 주재로 관계부처 차관 회의를 개최하고 긴급대책 수립을 논의했다. 이에 금융위원회는 같은 달 시중 은행 부행장 등에게 가상통화 거래소에 대한 가상계좌 서비스 신규 제공을 중단해줄 것을 요청했다. 이후 2018년 1월 23일 금융위는 '가상통화 투기근절을 위한 특별대책'을 발표하면서 같은 달 30일 실명확인 가상계좌 시행 예정과 가상통화 자금세탁방지 가이드라인 마련 등을 발표했다. 이에 정 변호사 등은 가상통화 거래를 못하게 되자 재산권과 행복추구권, 평등권 등이 침해됐다며 헌법소원을 냈다.

[2] 판시사항

"금융위원회가 2017. 12. 28. 시중은행들을 상대로 가상통화 거래를 위한 가상계좌의 신규 제공을 중단하도록 한 조치"(이하 "이 사건 중단 조치"라 한다) 및 "금융위원회가 2018. 1. 23. 가상통화 거래 실명제를 2018. 1. 30.부터 시행하도록 한 조치"(이하 "이 사건 실명제 조치"라 하고, "이 사건 중단 조치"와 합하여 이를 "이 사건 조치"라 한다)가 헌법소원의 대상인 공권력의 행사에 해당하는지 여부(소극)

[3] 결정요지

이 사건 조치는, 특정금융정보법 등에 따라 자금세탁 방지의무 등을 부담하고 있는 금융기관에 대하여, 종전 가상계좌가 목적 외 용도로 남용되는 과정에서 자금세탁 우려가 상당하다는 점을 주지시키면서 그 우려를 불식시킬 수 있는 감시·감독체계와 새로운 거래체계, 소위 "실명확인 가상계좌 시스

템"이 정착되도록, 금융기관에 방향을 제시하고 자발적 호응을 유도하려는 일종의 "단계적 가이드라인"에 불과하다. 은행들이 이에 응하지 아니하더라도 행정상, 재정상 불이익이 따를 것이라는 내용은 확인할 수 없는 점, 이 사건 조치 이전부터 금융기관들이 상당수 거래소에는 자발적으로 비실명가상계좌를 제공하지 아니하여 왔고 이를 제공해오던 거래소라 하더라도 위험성이 노정되면 자발적으로 제공을 중단해 왔던 점, 이 사건 조치 이전부터 "국제자금세탁방지기구"를 중심으로 가상통화 거래에 관한 자금세탁 방지규제가 계속 강화되어 왔는데 금융기관들이 이를 고려하지 않을 수 없었던 점, 다른 나라에 비견하여 특히 가상통화의 거래가액이 이례적으로 높고 급등과 급락을 거듭해 왔던 대한민국의 현실까지 살핀다면, 가상통화 거래의 위험성을 줄여 제도화하기 위한 전제로 이루어지는 단계적 가이드라인의 일환인 이 사건 조치를 금융기관들이 존중하지 아니할 이유를 달리 확인하기 어렵다. 이 사건 조치는 당국의 우월적인 지위에 따라 일방적으로 강제된 것으로 볼 수 없으므로 헌법소원의 대상이 되는 공권력의 행사에 해당된다고 볼 수 없다.

재판관 이선애, 재판관 이은애, 재판관 이종석, 재판관 이영진의 반대의견

[가] 이 사건 조치의 내용을 살피면 정부당국이 "가상통화 거래 실명제 실시"를 염두에 두고 "신규 비실명가상계좌 발급을 통한 가상통화 거래 제한"이라는 특정 법적 효과 발생을 실질적인 목적으로 삼았고, 금융회사등이 이에 불응하면 "자금세탁행위나 공중협박자금조달행위 등을 효율적으로 방지하기 위한 금융회사등의 조치의무" 위반과 같은 추상적 의무위반사항을 상정하고 시정명령, 영업정지 요구, 과태료 등의 제재조치를 가할 가능성을 배제할 수 없다. 일부 은행들은 일부 가상통화 거래소에 비실명가상계좌를 제공해 오면서 수수료 등 상당 수익을 얻던 중에 이 사건 중단 조치로 비로소 그 제공을 중단했고, 은행들은 가상통화 취급업소와 실명확인 입출금계정 서비스 관련 계약체결 대상을 선정함에 관한 자율성이 있을 뿐 가상통화 거래 실명제 시행 그 자체는 다른 예외나 선택의 여지없이 이 사건 실명제 조치로 강제되었다. 이를 종합하면, 이 사건 조치는 비권력적·유도적 권고·조언·가이드라인 등 단순한 행정지도로서의 한계를 넘어 규제적·구속적 성격을

상당히 강하게 갖는 것으로서, 헌법소원의 대상이 되는 공권력의 행사라고 봄이 상당하다.

[나] 이 사건 조치는 가상통화의 위험성을 지나치게 우려한 나머지 가상통화 거래에 대한 일반국민의 수요를 단기적으로 억제하는 것을 목적으로 포함하고 있음을 부인할 수 없다. 불확실성과 가능성을 동시에 배태한 새로운 기술이나 재화에 대한 규제를 입안하려는 경우, 특히 이 사건 조치와 같이 개개인의 기본권에 다층적인 제한을 가하게 될 것이 충분히 예견되었고, 거래에 참여하는 국민들의 개인정보를 금융당국이 손쉽게 확인할 수 있도록 하면서, 통상적인 금융실명거래의 범주를 넘어 "가상통화 거래"라는 특정 거래내역만을 금융당국이 전방위적으로 살필 수 있도록 하는 규제는 공론장인 국회를 통하여 해당 내용을 구체적으로 규율하는, 규율밀도가 증대된 법률조항의 형태로 규율되었어야 한다. 구 특정금융정보법 등 관계법령들은 추상적으로 금융당국의 금융회사등에 대한 일반적 감독권한을 규정한 것이거나 자금세탁방지 등과 관련된 금융회사등의 일반적 의무 및 그에 관련된 금융당국의 조치 등을 규정한 것에 불과하고, 가상통화 거래에 대하여 실명확인 가상계좌 사용이라는 특정방식을 강제하도록 규정한 것이라거나 "가상통화의 거래에 관한 것으로 특정된" 사인의 개인정보 등의 제공을 규정한 것도 아니어서 이 사건 조치로 야기되는 기본권 제한과 관련된 본질적 내용에 관하여 규정한 것으로 볼 수 없다. 규율대상과 내용의 기본권적 중요성에 상응하는 규율밀도를 갖춘 법률조항들로 구성된 구체적인 법적 근거 없이 이루어진 이 사건 조치는 법률유보원칙에 위반하여 청구인들의 기본권을 침해한다.

제 3 장

가상자산사업자의 신고

제1절 입법취지

　가상자산사업자의 신고 관련 규정(법7)에 관하여 살펴보면, 2021년 3월 25일 개정 특정금융정보법 시행 이전까지 가상자산사업자는 특정금융정보법의 적용대상인 다른 금융회사등과 달리 관련 업(業)이나 영업행위를 규율하는 별도의 법률이 없어 자금세탁 및 테러자금조달 방지의무 부과대상을 특정하기 어려운 상황이었다.[1]

　이에 2020년 3월 24일 개정법은 가상자산사업자에 대해 신고의무를 부과하여 자금세탁방지의무 부과대상을 특정한 뒤 신고업소에 대해 자금세탁방지의무를 부과하려는 것으로, 가상자산 관련 자금세탁방지체계 구축의 실효성을 확보하려는 취지로 이해되고 있다.

　「가상자산사업자 신고 매뉴얼」[2]은 가상자산사업자의 신고업무에 관하여 신

---

　1) 정무위원회(2019), 14-15쪽.
　2) 금융정보분석원·금융감독원(2021), "가상자산사업자 신고 매뉴얼"(2021. 3).

고절차(신고서 접수, 신고 심사 의뢰, 신고 요건 심사, 심사결과 통보, 신고 수리 여부 통지·공고 등)와 신고 요건 심사 세부내역에 관하여 상세히 정하고 있다. 이에 관한 내용은 후술한다.

제2절 신고 및 신고 수리

Ⅰ. 서설

1. 의의

가상자산사업자는 금융정보분석원에 신고서 및 첨부서류(후술하는 "구비서류 체크리스트" 참조)를 구비하여 신고해야 한다(법7)

신고대상은 개정법 시행 전 영업 중인 가상자산사업자 또는 개정법 시행 후 가상자산 사업을 영위하고자 하는 사업자이다. 주요 심사항목은 가상자산사업자 신고시 정보보호 관리체계(ISMS: Information Security Management System) 인증, 실명확인 입출금계정, 대표자 및 임원(등기 임원)의 자격요건 등 일정 요건을 갖추었는지 여부이다.[3]

2. 신고 현황

금융정보분석원에 따르면 2024년 2월 22일 기준 신고 수리가 결정된 사업자는 업비트, 코빗, 코인원, 빗썸, 플라이빗, 지닥, 고팍스, BTX, 프로비트, 포블, 후오비코리아, 코어닥스, KODA, KDAC, 플랫타익스체인지, 한빗코, 비블록, 비트레이드, 오케이비트, 빗크몬, 프라뱅, 코인엔코인, 보라비트, 오하이월렛, 캐셔레스트, 텐앤텐, 에이프로빗, 마이키핀월렛, 하이퍼리즘, 오아시스, 큐비트, 카르도, 델리오, 페이코인, 베이직리서치, 코인빗, 인피닛블록 등 37개사이다.

---

3) 금융정보분석원·금융감독원(2021), 4쪽.

Ⅱ. 신고

1. 신고서 제출

가상자산사업자(이를 운영하려는 자 포함)는 ⅰ) 상호 및 대표자의 성명, ⅱ) 사업장의 소재지 및 연락처, ⅲ) 국적 및 성명(법인의 경우에는 대표자 및 임원의 국적 및 성명), ⅳ) 전자우편주소 및 인터넷도메인 이름, ⅴ) 호스트서버의 소재지, ⅵ) 그 밖에 금융정보분석원장이 정하여 고시하는 사항을 금융정보분석원장에게 신고하여야 한다(법7①, 영10의11②).

위 ⅵ)에서 "금융정보분석원장이 정하여 고시하는 사항"이란 다음의 사항을 말한다(감독규정27④).

1. 법 제2조 제1호 하목4)에 따른 행위 중 가상자산사업자가 수행할 행위의 유형
2. 법 제7조 제3항 제2호 본문에 따른 실명확인 입출금계정에 관한 정보
3. 외국 가상자산사업자[본점 또는 주사무소가 외국에 있는 자(사업의 실질적 관리장소가 국내에 있지 않은 경우만 해당)로서 내국인을 대상으로 가상자산거래를 영업으로 하는 자]의 경우 다음의 사항
    가. 국내 사업장의 소재지 및 연락처
    나. 국내에 거주하면서 외국 가상자산사업자를 대표할 수 있는 자의 국적 및 성명

2. 첨부서류

신고를 하려는 자는 [별지 제4호 서식]의 가상자산사업자 신고서(감독규정27 ②)에 ⅰ) 정관 또는 이에 준하는 업무운영규정, ⅱ) 사업추진계획서, ⅲ) 정보보호 관리체계(ISMS) 인증에 관한 자료, ⅳ) 실명확인 입출금계정에 관한 자료, ⅴ) 그 밖에 가상자산사업자의 신고를 위해 본점의 위치와 명칭을 기재한 자료(감독

---

4) 하. 가상자산이용자보호법 제2조 제2호에 따른 가상자산사업자
  1) 가상자산을 매도, 매수하는 행위
  2) 가상자산을 다른 가상자산과 교환하는 행위
  3) 가상자산을 이전하는 행위 중 대통령령으로 정하는 행위
  4) 가상자산을 보관 또는 관리하는 행위
  5) 1) 및 2)의 행위를 중개, 알선하거나 대행하는 행위
  6) 그 밖에 가상자산과 관련하여 자금세탁행위와 공중협박자금조달행위에 이용될 가능성이 높은 것으로서 대통령령으로 정하는 행위

규정27③)를 첨부하여 금융정보분석원장에게 제출해야 한다(영10의11①).

Ⅲ. 변경신고

신고한 자는 신고한 사항이 변경된 경우에는 금융정보분석원장에게 변경신고를 하여야 한다(법7②). 이에 따라 변경신고를 하려는 자는 신고한 사항이 변경된 날부터 30일 이내에 [별지 제4호 서식]의 가상자산사업자 변경신고서(감독규정27②)에 그 변경사항을 증명하는 서류를 첨부하여 금융정보분석원장에게 제출해야 한다(영10의11③).

* 정보보호 관리체계(ISMS) 인증범위 확인절차 운영방안[5]
 1. 신규 사업자의 예비인증 신청시
 (1) 대상
대상은 ISMS 예비인증을 받은 가상자산업 예정 사업자이다.
 (2) 주요내용
주요내용은 서비스페이지(어플리케이션 포함, 이하 상동)에 대한 한국인터넷진흥원(KISA) 앞 사실조회를 실시하여 인증범위 포함 여부를 확인하는 것이다.

신고인은 특정금융정보법상 신고하려는 업무 수행에 필요한 서비스페이지 등을 ISMS 예비인증 신청서에 빠짐없이 기재하고, ISMS 인증을 받아야 하는 것이 원칙이다.

신고인은 ISMS 인증범위 확인서 양식을 특정금융정법상 가상자산사업자 신고시 제출한다. 확인서 양식에는 신고인이 ISMS 예비인증 신청서에 기재한 서비스페이지 등을 기재한다.

금융감독원은 신고인이 작성한 양식을 KISA에 사실조회를 의뢰하여 서비스페이지 등이 ISMS 인증범위에 포함 여부를 확인한다.

---

5) 금융정보분석원·금융감독원(2023), "가상자산사업자 신고 매뉴얼(첨부)"(2023. 3), 2~4쪽.

* ISMS 인증관련 확인서 양식 (신규, 변경, 갱신)

ISMS 인증범위 확인서

1. 정보보호 관리체계(ISMS) 인증 현황 (신고인 기재)

　가. 업체(기관)명:

　나. 인증번호:

　다. 인증범위:

　라. 유효기간:

　마. 유지여부:

2. 정보보호 관리체계(ISMS) 인증 범위

가상자산 관련 업무를 수행하고 있는 서비스페이지 또는 애플리케이션 명칭1) (신고인 기재)		ISMS 인증범위 확인2) (KISA 기재)
서비스명	서비스 설명 및 url	

주 1) 업무범위 관련 서비스 URL 및 애플리케이션 명칭을 작성
　2) 신고인이 기재한 서비스페이지 또는 애플리케이션이 ISMS 인증심사시 인증범위에
　　포함되었는지 여부를 기재

　「특정 금융거래정보의 보고 및 이용 등에 관한 법률」 제7조에서 요구하는
정보보호 관리체계(ISMS)와 관련하여 ㈜OO사가 작성한 서비스페이지 및 애플리
케이션이 ISMS 인증범위에 포함됨을 상기와 같이 확인합니다.

202×. ××. ××.

(3) 세부절차

아래 순서에 따라 신고 진행한다.

단계	세부내용
① FIU 신고(사업자)	• ISMS 인증범위 확인서 양식의 신고인 작성 부분을 작성하여 FIU에 신고시 제출
② 사실조회 실시	• 금감원이 위 양식으로 KISA 앞 사실조회를 의뢰하고, KISA는 이에 대해 회신
③ FIU 신고 수리	• FIU(금감원)이 심사·신고수리

※ 가상자산사업자는 ISMS 예비인증 취득 후, 3개월 이내에 FIU에 특정금융정보법상 가상자산사업자 신고를 해야 함. 또한 ISMS 예비인증을 통해 FIU(변경)신고수리된 가상자산사업자는 6개월 내 KISA에 ISMS 본인증을 신청해야 하며, ISMS 본인증 발급 후 30일 이내 FIU에 추가 변경신고 필요(「정보보호 및 개인정보보호 관리체계 인증 등에 관한 고시」("ISMS인증고시") 제18조의2 제2항).

2. 기존 사업자의 변경 신고시

(1) 수행업무 변경 등

(가) 대상

대상은 수행업무 변경(원화마켓 진입, 특정금융정보법상 수행업무 변경)으로 금융정보분석원에 특정금융정보법에 따라 변경 신고하는 가상자산사업자이다.

(나) 주요내용

주요내용은 수행업무 변경시 추가된 업무에 대해 ISMS 예비인증 절차를 거친 후 변경신고하는 것이다. 신규 신고시와 동일하게 KISA 앞 사실조회를 실시한다.

ISMS 예비인증제도 취지상 서비스 오픈 전에 예비인증을 받아야 하므로, 수행업무 변경을 원하는 사업자는 반드시 사전에 금융정보분석원에 변경신고 대상 여부를 확인하고, 예비인증 절차를 거쳐야 한다.

(다) 세부절차

아래 순서에 따라 신고를 진행한다.

단계	세부내용
① 변경신고 대상여부 확인 (사전절차)	• 사업자가 수행업무 변경 등에 대해 특금법상 변경신고 필요 여부를 FIU와 사전 논의
② ISMS 예비인증	• 변경신고 대상에 해당될 경우, 추가된 업무범위에 대해 ISMS 예비인증 취득
③ FIU 신고	• ISMS 인증범위 확인서 양식의 신고인 작성 부분을 작성하여 FIU에 신고시 제출
④ 사실조회 실시	• 금감원이 위 양식으로 KISA 앞 사실조회를 의뢰하고, KISA는 이에 대해 회신
⑤ FIU 신고 수리	• FIU(금감원)가 심사·신고수리

※ 가상자산사업자는 ISMS 예비인증 취득 후, 3개월 이내에 FIU에 특정금융정보법상 가상자산사업자 신고를 해야 함. 또한 ISMS 예비인증을 통해 FIU(변경)신고수리된 가상자산사업자는 6개월 내 KISA에 ISMS 본인증을 신청해야 하며, ISMS 본인증 발급 후 30일 이내 FIU에 추가 변경신고 필요(「정보보호 및 개인정보보호 관리체계 인증 등에 관한 고시」("ISMS인증고시") 제18조의2 제2항).

(2) ISMS 갱신

(가) 대상

대상은 유효기간(3년) 만료로 ISMS를 갱신한 가상자산사업자이다.

(나) 주요내용

주요내용은 최초 신고와 유사하게 사실조회를 실시한다.

Ⅳ. 신고 수리

1. 신고 불수리 사유

금융정보분석원장은 다음의 어느 하나에 해당하는 자에 대해서는 가상자산사업자의 신고를 수리하지 아니할 수 있다(법7③).

(1) 정보보호 관리체계 인증을 획득하지 못한 자

금융정보분석원장은 정보보호 관리체계 인증을 획득하지 못한 자에 대해서는 가상자산사업자의 신고를 수리하지 아니할 수 있다(법7③(1)).

(2) 실명확인 입출금계정을 통해 금융거래를 하지 아니하는 자

금융정보분석원장은 실명확인 입출금계정[동일 금융회사등(은행, 중소기업은행, 농협은행, 수협은행＝영10의12②)에 개설된 가상자산사업자의 계좌와 그 가상자산사업자의 고객의 계좌 사이에서만 금융거래등을 허용하는 계정]을 통하여 금융거래등을 하지 아니하는 자[다만, 가상자산거래와 관련하여 가상자산과 금전의 교환 행위가 없는 경우 그 가상자산사업자(감독규정27①)에 대해서는 예외]에 대해서는 가상자산사업자의 신고를 수리하지 아니할 수 있다(법7③(2)).

(3) 특정금융정보법 등에 따른 벌금 이상의 형 선고 후 5년 미경과자

금융정보분석원장은 특정금융정보법, 범죄수익은닉규제법, 테러자금금지법, 외국환거래법 및 자본시장법, 금융사지배구조법 시행령 제5조 각 호(제32호·제35호 및 제43호는 제외)[6]에 따른 법률에 따라 벌금 이상의 형을 선고받고 그 집행이 끝나거나(집행이 끝난 것으로 보는 경우 포함) 집행이 면제된 날부터 5년이 지나지 아니한 자(가상자산사업자가 법인인 경우에는 그 대표자와 임원을 포함)에 대해서는 가상자산사업자의 신고를 수리하지 아니할 수 있다(법7③(3)).

(4) 신고 또는 변경신고 말소 후 5년 미경과자

금융정보분석원장은 신고 또는 변경신고가 말소되고 5년이 지나지 아니한 자에 대해서는 가상자산사업자의 신고를 수리하지 아니할 수 있다(법7③(4)).

2. 신고 수리 여부 통지·공고

금융정보분석원장은 신고를 수리하지 않는 경우 서면(전자문서 포함)으로 그 사실 및 사유를 신고인에게 알려야 한다(영10의12①).

---

6) 공인회계사법, 퇴직급여법, 금융산업구조개선법, 금융소비자보호법, 금융실명법, 금융위원회법, 금융지주회사법, 금융혁신지원 특별법, 자산관리공사법, 기술보증기금법, 농수산식품투자조합법, 농업협동조합법, 담보부사채신탁법, 대부업법, 「문화산업법, 벤처투자법, 보험업법, 감정평가법, 부동산투자회사법, 민간투자법, 산업발전법, 상호저축은행법, 새마을금고법, 선박투자회사법, 소재부품장비산업법, 수산업협동조합법, 신용보증기금법, 신용정보법, 신용협동조합법, 여신전문금융업법, 예금자보호법, 온라인투자연계금융업법, 외국인투자법, 유사수신행위법, 은행법, 자산유동화법, 전자금융거래법, 전자증권법, 외부감사법, 주택법, 중소기업은행법, 채권추심법, 한국산업은행법, 한국수출입은행법, 한국은행법, 한국주택금융공사법, 한국투자공사법, 해외자원개발법을 말한다(금융사지배구조법 시행령 5, 제32호·제35호 및 제43호는 제외한 것임).

Ⅴ. 신고 유효기간

1. 수리한 날부터 3년

신고의 유효기간은 신고를 수리한 날부터 3년으로 한다(법7⑥ 전단, 영10의15 ①).

2. 갱신신고

(1) 갱신신고와 제출서류

신고 유효기간이 지난 후 계속하여 같은 행위를 영업으로 하려는 자는 신고를 갱신하여야 한다(법7⑥ 후단). 이에 따라 신고를 갱신하려는 자는 [별지 제4호 서식]의 가상자산사업자 갱신신고서(감독규정27②)에 ⅰ) 정보보호 관리체계 인증에 관한 자료(제1호), ⅱ) 실명확인 입출금계정에 관한 자료(제2호)를 첨부하여 유효기간이 만료되기 45일 전까지 금융정보분석원장에게 제출해야 한다(영10의15 ②).

(2) 갱신신고 절차의 통지

금융정보분석원장은 신고의 갱신에 필요하다고 인정하는 경우 가상자산사업자에게 그 유효기간 만료시까지 신고를 갱신하지 않으면 갱신을 받을 수 없다는 사실과 그 절차에 관한 사항을 미리 알릴 수 있다(영10의15③).

Ⅵ. 신고업무 절차

여기서는 금융정보분석원·금융감독원(2021)의 "가상자산사업자 신고 매뉴얼"의 내용을 살펴본다.[7]

---

7) 금융정보분석원·금융감독원(2021), 4-7쪽.

〈가상자산사업자 신고 업무절차* 흐름도〉[8]

* 신규·변경·갱신 신고 모두 동일하게 운영

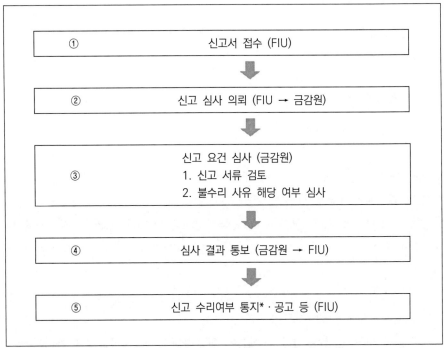

* FIU는 신고서 접수일로부터 3개월(변경 신고의 경우에는 45일) 이내에 신고 수리여부를 통지할 예정. 단, 신고요건을 충족하는지 확인하기 위해 신고서 및 첨부서류의 보완을 요청한 경우 보완에 필요한 기간은 제외

1. 신고서 접수

가상자산사업자는 신고서의 필수 기재사항, 첨부서류 등 준수(영 10의11)하고 신고 관련 구비서류 준비하여 FIU 방문하여 신고서를 접수함으로써 신고서를 제출한다(법7①).

2. 신고 심사 의뢰

신고 심사 업무는 금감원장에게 위탁(영10의17)되어 있으므로, FIU는 접수된 신고서의 신고 요건 심사를 의뢰하기 위해 금감원에 공문을 발송하고, 금융감독

---

8) 금융정보분석원·금융감독원(2021), 4쪽.

원은 심사의뢰 공문 접수 후 신고 요건 심사 업무에 착수한다.

3. 신고 요건 심사

(1) 1단계: 신고서류 검토
법규상 필수 서류의 제출 여부 등을 확인한 후 필요시 보완 요청을 한다.

(2) 2단계: 법 제7조 제3항에 따른 불수리 사유 해당 여부 검토
(가) 정보보호 관리체계 인증
정보보호 관리체계 인증(한국인터넷진흥원)을 증명하는 서류를 통해 확인한다.
(나) 실명확인 입출금계정
실명확인이 가능한 입출금계정을 발급한 금융회사등이 작성한 확인서를 통해 확인한다. 실명확인 입출금계정은 동일 금융회사등에 개설된 가상자산사업자의 계좌와 그 가상자산사업자의 고객계좌 사이에서만 금융거래 등을 허용하는 계정을 말한다.
(다) 사업자 요건
사업자(법인시 대표자·임원 포함)의 금융관련 법률 위반은 유관기관 등의 신원조회 결과 및 신고인 제출 확인서를 통해 확인한다. 신고 수리 이후라도 확인서 및 신원조회 결과에 포함되지 않은 금융관련 법률 위반 사항 등이 제보 등의 방법으로 확인되는 경우 직권말소 등 사후조치를 한다.

가상자산사업자 신고 불수리 사유별 해당여부 확인방법[9]

대상	신고 불수리 요건	세부내용	확인 방법
사업자	정보보호 관리체계 인증 (법 제7조③1.)	한국인터넷진흥원으로부터 정보보호 관리체계 인증	• 제출서류 등 검토
사업자	실명확인 입출금계정 발급(법 제7조③2.)	은행으로부터 발급받은 실명확인 입출금계정을 통해 금융거래	• 제출서류 등 검토
사업자 (법인시 대표자 및 임원 포함)	금융관련 법률 위반(법 제7조③3.) * '21. 3. 25. 이후 최초로 법률위반행위를 한 경우부터 적용(법 부칙 제4조)	금융관련 법률 위반 결격요건 (법제7조③3. 및 영 제10조의12③)	• 확인서 • 제출서류 등 확인
사업자	신고·변경신고 말소 경력(법 제7조③4.)	신고·변경신고 말소되고 5년이 지나지 아니한 자	• 사실조회 결과 • 확인서(붙임3)

* 신고인, 대표자 및 임원 확인서를 우선 확인하고, 필요시 검찰청·경찰청 등 유관기관의 신원조회 결과로 해당여부 확인

신고인 · 대표자 · 임원 확인서 양식

[1] 신고인 확인서[10]

신고인 확인서

신고 불수리 요건 사유 내용	해당사항없음 확인서명
금융관련 법률*에 따라 벌금 이상의 형을 선고받고 그 집행이 끝나거나(집행이 끝난 것으로 보는 경우를 포함한다) 집행이 면제된 날부터 5년이 지나지 아니한 자	
신고 또는 변경신고가 직권 말소되고 5년이 지나지 아니한 자	

* 금융관련 법률
□ 「특정 금융거래정보의 보고 및 이용 등에 관한 법률」, 「범죄수익은닉의 규제 및 처벌 등에 관한 법률」, 「공중 등 협박목적 및 대량살상무기확산을 위한 자금조달행위의 금지에 관한 법률」, 「외국환거래법」, 「자본시장과 금융투자업에 관한 법률」, 「공인회계사법」, 「근로자퇴직급여 보장법」, 「금융산업의 구조개선에 관한 법률」, 「금융실명거래 및 비밀보장에 관한 법률」, 「금융위원회의 설치 등에 관한 법률」, 「금융지주회사법」, 「금융

9) 금융정보분석원·금융감독원(2021), 6쪽.
10) 금융정보분석원·금융감독원(2021), 19쪽.

혁신지원 특별법」, 「금융회사부실자산 등의 효율적 처리 및 한국자산관리공사의 설립에 관한 법률」, 「기술보증기금법」, 「농림수산식품투자조합 결성 및 운용에 관한 법률」, 「농업협동조합법」, 「담보부사채신탁법」, 「대부업 등의 등록 및 금융이용자 보호에 관한 법률」, 「문화산업진흥 기본법」, 「벤처기업육성에 관한 특별조치법」, 「보험업법」, 「감정평가 및 감정평가사에 관한 법률」, 「부동산투자회사법」, 「사회기반시설에 대한 민간투자법」, 「산업발전법」, 「상호저축은행법」, 「새마을금고법」, 「선박투자회사법」, 「소재・부품・장비산업 경쟁력강화를 위한 특별조치법」, 「수산업협동조합법」, 「신용보증기금법」, 「신용정보의 이용 및 보호에 관한 법률」, 「신용협동조합법」, 「여신전문금융업법」, 「예금자보호법」, 「온라인투자연계금융업 및 이용자 보호에 관한 법률」, 「외국인투자 촉진법」, 「유사수신행위의 규제에 관한 법률」, 「은행법」, 「자산유동화에 관한 법률」, 「전자금융거래법」, 「주식・사채 등의 전자등록에 관한 법률」, 「주식회사 등의 외부감사에 관한 법률」, 「주택법」, 「중소기업은행법」, 「중소기업창업 지원법」, 「채권의 공정한 추심에 관한 법률」, 「한국산업은행법」, 「한국수출입은행법」, 「한국은행법」, 「한국주택금융공사법」, 「한국투자공사법」, 「해외자원개발 사업법」

　　본인은 상기 「특정 금융거래정보의 보고 및 이용 등에 관한 법률」 제7조, 시행령 제10조의12의 금융관련 법률 위반에 해당하지 않음을 확인합니다.

202×. ××. ××.

신 고 인 : 　　　　　　　(인)

<첨부>: 상기 법률과 관련하여 진행 중인 조사・검사, 형사소송 등의 개요

[2] 대표자 및 임원(등기 임원) 확인서11)

대표자 및 임원 확인서(개인)

신고 불수리 요건 사유 내용	해당사항없음 확인서명
금융관련 법률*에 따라 벌금 이상의 형을 선고받고 그 집행이 끝나거나(집행이 끝난 것으로 보는 경우를 포함한다) 집행이 면제된 날부터 5년이 지나지 아니한 자	

* 금융관련 법률
□ 「특정 금융거래정보의 보고 및 이용 등에 관한 법률」, 「범죄수익은닉의 규제 및 처벌 등에 관한 법률」, 「공중 등 협박목적 및 대량살상무기확산을 위한 자금조달행위의 금지에 관한 법률」, 「외국환거래법」, 「자본시장과 금융투자업에 관한 법률」, 「공인회계사법」, 「근로자퇴직급여 보장법」, 「금융산업의 구조개선에 관한 법률」, 「금융실명거래 및 비밀보장에 관한 법률」, 「금융위원회의 설치 등에 관한 법률」, 「금융지주회사법」, 「금융혁신지원 특별법」, 「금융회사부실자산 등의 효율적 처리 및 한국자산관리공사의 설립에 관한 법률」, 「기술보증기금법」, 「농림수산식품투자조합 결성 및 운용에 관한 법률」, 「농업협동조합법」, 「담보부사채신탁법」, 「대부업 등의 등록 및 금융이용자 보호에 관한 법률」, 「문화산업진흥 기본법」, 「벤처기업육성에 관한 특별조치법」, 「보험업법」, 「감정평가 및 감정평가사에 관한 법률」, 「부동산투자회사법」, 「사회기반시설에 대한 민간투자법」, 「산업발전법」, 「상호저축은행법」, 「새마을금고법」, 「선박투자회사법」, 「소재ㆍ부품ㆍ장비산업 경쟁력강화를 위한 특별조치법」, 「수산업협동조합법」, 「신용보증기금법」, 「신용정보의 이용 및 보호에 관한 법률」, 「신용협동조합법」, 「여신전문금융업법」, 「예금자보호법」, 「온라인투자연계금융업 및 이용자 보호에 관한 법률」, 「외국인투자 촉진법」, 「유사수신행위의 규제에 관한 법률」, 「은행법」, 「자산유동화에 관한 법률」, 「전자금융거래법」, 「주식ㆍ사채 등의 전자등록에 관한 법률」, 「주식회사 등의 외부감사에 관한 법률」, 「주택법」, 「중소기업은행법」, 「중소기업창업 지원법」, 「채권의 공정한 추심에 관한 법률」, 「한국산업은행법」, 「한국수출입은행법」, 「한국은행법」, 「한국주택금융공사법」, 「한국투자공사법」, 「해외자원개발 사업법」

본인은 상기 「특정 금융거래정보의 보고 및 이용 등에 관한 법률」 제7조, 시행령 제10조의12의 금융관련 법률 위반에 해당하지 않음을 확인합니다.

202×. ××. ××.

성 명 :　　　　　　　　　(인)

<첨부>: 상기 법률과 관련하여 진행 중인 조사ㆍ검사, 형사소송 등의 개요

---

11) 금융정보분석원ㆍ금융감독원(2021), 20쪽.

4. 심사결과 통보

금융감독원은 신고심사 결과보고서를 작성한 후 금융정보분석원에 통보한다.

5. 신고 수리 여부 통지 · 공고 등

금융정보분석원은 신고심사 결과보고서를 토대로 최종 신고 수리 여부를 결정한다. 금융정보분석원은 신고 수리 여부를 신고인에게 통지하고, 인터넷 홈페이지(FIU) 등에 공고한다. 신고를 수리하지 아니하는 경우도 그 사실을 신고인에게 통지한다.

Ⅶ. 신고 요건 심사 세부 내역

1. 1단계: 신고서류 검토

(1) 구비 서류 제출 여부 확인

신고서 내용이 모두 기재되어 있는지를 확인하고, 첨부서류 구비 여부를 확인한다.[12]

〈구비서류 체크리스트〉[13]

구분	필수구비서류 목록	확인방법
신고서 내용	• 상호 및 대표자 성명 • 사업장의 소재지와 연락처 • 전자우편주소, 인터넷도메인 이름 • 호스트서버의 소재지 • 국적 및 성명(법인의 경우에는 대표자 및 임원의 국적 및 성명) • 가상자산사업자가 수행할 행위의 유형 • 실명확인이 가능한 입출금계정에 관한 정보 등 ※ 외국 가상자산사업자 추가 사항 ㅡ 국내 사업장의 주소 및 연락처	ㅡ신고서상 또는 첨부서류 형태로 해당 내용을 모두 기재했는지 확인 ㅡ신고서(대리인) 서명 확인

---

12) 금융정보분석원 · 금융감독원(2021), 7-20쪽.
13) 금융정보분석원 · 금융감독원(2021), 8쪽.

	– 국내에 거주하면서 외국 가상자산사업자를 대표할 수 있는 자의 실지명의와 국적	
가상자산사업자 현황 관련	• 정관 또는 이에 준하는 업무운영규정 • 사업자등록증, 법인등기부등본 등 본점의 위치와 명칭을 기재한 서류 • 설립·신고의 의사결정을 증명하는 서류	– 공증받은 정관 등 – 사업자등록증·법인등기부등본상 사업장 소재지, 임원 명단 등 확인 – 신고결정 관련 발기인총회, 창립주주총회 또는 관련 이사회 공증받은 의사록
대표자 및 임원 관련	• 대표자 및 임원의 확인서	– 확인서(붙임3)
기 타	• 사업추진계획서 • 정보보호 관리체계 인증서(사본) • 실명확인 입출금계정 발급 확인서 • 대리인이 신고하는 경우 위임장 • 그 밖에 필요 서류	– 가상자산사업자의 업무방법을 기재한 서류, 가상자산 취급목록 등 확인 – 서류확인

※ 외국어로 작성된 서류는 국문으로 번역된 요약본을 첨부하여야 하며, 외국에서 작성된 서류는 현지의 공증을 받아야 함

(2) 서류 접수시 주요 점검사항

법령상 요구되는 신고 방법·절차 준수 여부 및 제출서류 미비사항 등을 확인하여 필요시 보완 요청한다.

〈주요 확인사항[14]〉

구분	요건	주요 확인사항
신고서 확인	• 신고서 필수사항 기재 및 구비서류 제출	• 상호 및 대표자의 성명 • 사업장의 소재지와 연락처 • 전자우편주소, 인터넷도메인 이름 • 호스트서버의 소재지 • 가상자산사업자가 수행할 행위의 유형 • 실명확인이 가능한 입출금계정에 관한 정보 • 신고 유효기간 도과여부(만료 45일 전 신고해야 함)
정보보호 관리체계	• 정보보호 관리체계 인증	• 한국인터넷진흥원의 정보보호 관리체계 인증서 내역 사실 확인

14) 금융정보분석원·금융감독원(2021), 9쪽.

		• 정보보호 관리체계 인증 유효기간 확인
실명확인 입출금계정	• 실명확인 입출금계정 발급	• 은행법 등에 따른 은행으로부터 실명확인 입출금계정을 발급받았는지 확인 －신고 완료후 조건부 발급 여부 확인 • 발급 확인서상 발급요건 심사 결과 충족 여부 확인 － AML/CFT 위험 평가 결과 － 예치금을 고유재산과 구분·관리 － 정보보호 관리체계 인증 획득 － 고객별 거래내역 분리·관리 ※ 필요시 실명확인 입출금계정을 필요로 하지 않는 가상자산사업자인지 확인
금융관련 법률 위반	• 금융관련 법률 위반 사실	• 동법 등 금융관련 법률에 따라 벌금 이상의 형을 선고받고 그 집행이 끝나거나 집행이 면제된 날부터 5년 경과 여부(법인인 경우 대표자와 임원 포함)
직권말소 경력	• 신고·변경신고 말소 5년 경과	• 신고 또는 변경신고가 말소되고 5년경과 여부 확인

※ 필수첨부서류 및 그 밖에 필요한 서류 작성·제출시 유의사항[15]

모든 첨부서류는 사본인 경우 "원본대조필"하여야 하며, 필수적으로 포함되어야 하는 서류 및 기재내용이 누락되어서는 안됩니다.

외국어로 작성된 서류는 국문으로 번역된 요약본을 첨부하여야 하며, 외국에서 작성된 서류는 현지의 공증을 받아야 합니다.

☐ 신고인(가상자산사업자 또는 이를 운영하려는 자) 관련
• 정관 또는 업무운영규정: 회사가 현재 사용하고 있는 공증 받은 정관 또는 이에 준하는 업무운영규정
• 사업자등록증: 사본(원본대조필)

---

15) 금융정보분석원·금융감독원(2021), 10쪽.

(법인일 경우)

- 법인등기부등본: 말소사항을 포함한 법인등기부등본(원본)
- 발기인총회, 창립주주총회, 이사회의사록 등: 설립 또는 신고의 의사결정
  을 증명할 수 있어야 하며, 공증받은 서류
- 본점의 명칭 및 소재지를 기재한 서류 1부
- 대리인이 신고하는 경우 위임장(위임 관계 서류)

□ 대표자 및 임원 현황 관련
- 대표자 및 임원(등기 임원) 여부를 확인할 수 있는 서류

□ 실명확인 입출금계정 관련
- 실명확인 입출금계정 발급 확인서(원본): 은행의 보고책임자 이상이 발급
  확인必

□ 정보보호 관리체계 인증 관련
- 정보보호 관리체계 인증서(사본)

□ 사업추진계획서
- 가상자산사업자의 업무방법*을 기재한 서류 1부
  * 자금세탁행위 등 방지체계 및 자금세탁행위 등과 관련한 위험평가에 관한 사항을 포함
- 가상자산 취급 목록

□ 기타
- 신고인·대표자·임원 확인서

□ 신고서 양식 작성 및 첨부 필요

신고서 양식 (신규/변경/갱신)

① 국내 가상자산사업자 신고서 (변경신고서 · 갱신신고서)

<table>
<tr>
<td colspan="5"><h2>가상자산사업자 신고서</h2> (□신규 / □변경 / □갱신)</td>
</tr>
<tr>
<td rowspan="7">① 신 고 인</td>
<td>명칭(상호)</td>
<td></td>
<td>사업자등록번호</td>
<td></td>
</tr>
<tr>
<td>대표자 성명</td>
<td colspan="3"></td>
</tr>
<tr>
<td>소재지(본점)</td>
<td colspan="3"></td>
</tr>
<tr>
<td>전화번호</td>
<td colspan="3"></td>
</tr>
<tr>
<td>전자우편주소</td>
<td colspan="3"></td>
</tr>
<tr>
<td>인터넷 도메인 이름</td>
<td colspan="3"></td>
</tr>
<tr>
<td>호스트 서버의 소재지</td>
<td colspan="3"></td>
</tr>
<tr>
<td rowspan="14">신 고 사 항</td>
<td colspan="4">② 대표자 및 임원(등기 임원) 현황

임원 수: 명</td>
</tr>
<tr>
<td>직위</td>
<td>성명</td>
<td>실명번호
(주민등록번호 등)</td>
<td>국적</td>
</tr>
<tr>
<td></td><td></td><td></td><td></td>
</tr>
<tr>
<td></td><td></td><td></td><td></td>
</tr>
<tr>
<td></td><td></td><td></td><td></td>
</tr>
<tr>
<td></td><td></td><td></td><td></td>
</tr>
<tr>
<td colspan="4">③ 가상자산사업자가 수행할 행위의 유형</td>
</tr>
<tr>
<td colspan="3">항목</td>
<td>선택(○)</td>
</tr>
<tr>
<td colspan="3">1) 가상자산을 매도, 매수하는 행위</td>
<td></td>
</tr>
<tr>
<td colspan="3">2) 가상자산을 다른 가상자산과 교환하는 행위</td>
<td></td>
</tr>
<tr>
<td colspan="3">3) 가상자산을 이전하는 행위 중 대통령령으로 정하는 행위</td>
<td></td>
</tr>
<tr>
<td colspan="3">4) 가상자산을 보관 또는 관리하는 행위</td>
<td></td>
</tr>
<tr>
<td colspan="3">5) 1) 및 2)의 행위를 중개, 알선하거나 대행하는 행위</td>
<td></td>
</tr>
<tr>
<td colspan="3">6) 그 밖에 가상자산과 관련하여 자금세탁행위와 공중협박자금조달행
   위에 이용될 가능성이 높은 것으로서 대통령령으로 정하는 행위</td>
<td></td>
</tr>
<tr>
<td colspan="4">* 법 제2조제1호하목 중 선택하되 복수 기재 가능</td>
</tr>
</table>

④ 실명확인 입출금계정에 관한 정보

구 분	내 용			
발급처				
발급확인자*	은행명 :		직위 :	성명 : 연락처 :
발급담당자*	은행명 :	부서명 :	직위 :	성명 : 연락처 :
계약기간				
주요 계약조건 (인원수 등)	1. 2. 3.			

* 발급확인자는 은행의 보고책임자 이상으로 하고 발급담당자는 부서장급 이상으로 기재

⑤ 정보보호 관리체계 인증 관한 정보

구 분	내 용
발급처	
유효기간	
인증번호	

「특정 금융거래정보의 보고 및 이용 등에 관한 법률」제7조 제1항, 제2항 및 「특정 금융거래정보의 보고 및 이용 등에 관한 법률 시행령」제10조의11에 따라 위와 같이 가상자산사업자 신고서를 제출합니다.

년 월 일

신고인(또는 대리인)   서명 또는 인
                        (전화번호:)

금융정보분석원장 귀하

첨 부 서 류	1. 신고인 관련 　가. 정관 또는 이에 준하는 업무운영규정 1부 　나. 사업자등록증 1부 　다. (법인의 경우) 법인등기부등본 및 발기인총회, 창립주주총회 또는 이사회의 의 　　　사록 등 설립 또는 신고의 의사결정을 증명하는 서류 각 1부 　라. 본점의 명칭 및 소재지를 기재한 서류 1부 　마. 대리인이 신고하는 경우 위임장(위임 관계 서류) 2. 대표자 및 임원 현황 관련 　가. 대표자 및 임원 여부를 확인할 수 있는 서류

3. 가상자산사업자 사업추진계획서 관련 　가. 가상자산사업자의 업무방법을 기재한 서류 1부 　나. 가상자산 취급 목록 1부
4. 실명확인 입출금계정 관련 　가. 실명확인 입출금계정 발급 확인서 1부
5. 정보보호 관리체계 인증 관련 　가. 정보보호 관리체계 인증서 1부
6. 기타 　가. 신고인·대표자·임원 확인서

※ 변경 신고시 신고서 작성 방법

1. 신고서 항목(①~④) 중 변경사항이 있는 항목만 작성(⑤의 경우만 변경 시에는 증빙만 제출)
2. 첨부서류
  − 이사회의 의사록 등 변경 신고의 의사결정을 증명하는 서류 1부
  − 대리인이 신고하는 경우 위임장(위임 관계 서류)
  − 변경 신고 관련 증빙

※ FIU는 신고서 접수일로부터 3개월(변경 신고의 경우에는 45일) 이내에 신고 수리여부를 통지할 예정임. 단, 신고요건을 충족하는지 확인하기 위해 신고서 및 첨부서류의 보완을 요청한 경우 보완에 필요한 기간은 제외

② 외국 가상자산사업자* 신고서 (변경신고서·갱신신고서)

* 외국 가상자산사업자[본점 또는 주사무소가 외국에 있는 자(사업의 실질적 관리장소가 국내에 있지 아니하는 경우만 해당한다)로서 내국인을 대상으로 법 제2조 제2호 라목에 따른 가상자산거래를 영업으로 하는 자

외국 가상자산사업자 신고서 (□신규 / □변경 / □갱신)

① 신고인	명칭(상호)			사업자식별번호 (사업자등록번호등)	
	본점(외국)	대표자 성명			
		소재지			
		전화번호			
	국내 사업장	대표자 성명		실명번호(주민등록번호 등):	국적:
		소재지			
		전화번호			
	전자우편주소				
	인터넷 도메인 이름				
	호스트 서버의 소재지				

신고사항	② 대표자 및 임원(등기 임원) 현황 임원 수: 명

직위	성명	실명번호 (주민등록번호 등)	국적

③ 가상자산사업자가 수행할 행위의 유형

항목	선택(○)
1) 가상자산을 매도, 매수하는 행위	
2) 가상자산을 다른 가상자산과 교환하는 행위	
3) 가상자산을 이전하는 행위 중 대통령령으로 정하는 행위	
4) 가상자산을 보관 또는 관리하는 행위	
5) 1) 및 2)의 행위를 중개, 알선하거나 대행하는 행위	
6) 그 밖에 가상자산과 관련하여 자금세탁행위와 공중협박자금조달행위에 이용될 가능성이 높은 것으로서 대통령령으로 정하는 행위	

* 법 제2조제1호하목 중 선택하되 복수 기재 가능

④ 실명확인 입출금계정에 관한 정보

구 분	내 용
발급처	
발급확인자*	은행명: 직위: 성명: 연락처:
발급담당자*	은행명: 부서명: 직위: 성명: 연락처:
계약기간	
주요 계약조건 (인원수 등)	1. 2. 3.

* 발급확인자는 은행의 보고책임자 이상으로 하고 발급담당자는 부서장급 이상으로 기재

⑤ 정보보호 관리체계 인증 관한 정보

구 분	내 용
발급처	
유효기간	
인증번호	

「특정 금융거래정보의 보고 및 이용 등에 관한 법률」 제7조제1항, 제2항 및 「특정 금융거래정보의 보고 및 이용 등에 관한 법률 시행령」 제10조의11에 따라 위와 같이 가상자산사업자 신고서를 제출합니다.

                                                         년   월   일

        신고인(또는 대리인)   서명 또는 인
                                                (전화번호:)

금융정보분석원장 귀하

첨부서류	1. 신고인 관련 　가. 정관 또는 이에 준하는 업무운영규정 1부 　나. 사업자등록증 1부 　다. (법인의 경우) 법인등기부등본 및 발기인총회, 창립주주총회 또는 이사회의 의사록 등 설립 또는 신고의 의사결정을 증명하는 서류 각 1부 　라. 본점의 명칭 및 소재지를 기재한 서류 1부 　마. 대리인이 신고하는 경우 위임장(위임 관계 서류)
	2. 대표자 및 임원 현황 관련 　가. 대표자 및 임원 여부를 확인할 수 있는 서류
	3. 가상자산사업자 사업추진계획서 관련 　가. 가상자산사업자의 업무방법을 기재한 서류 1부

	나. 가상자산 취급 목록 1부
	4. 실명확인 입출금 계정 관련
	가. 실명확인 입출금 계정 발급 확인서 1부
	5. 정보보호 관리체계 인증 관련
	가. 정보보호 관리체계 인증서 1부
	6. 기타
	가. 신고인·대표자·임원 확인서

※ 변경 신고시 신고서 작성 방법
1. 신고서 항목(①~④) 중 변경사항이 있는 항목만 작성(⑤의 경우만 변경 시에는 증빙만 제출)
2. 첨부서류
 – 이사회의 의사록 등 변경 신고의 의사결정을 증명하는 서류 1부
 – 대리인이 신고하는 경우 위임장(위임 관계 서류)
 – 변경 신고 관련 증빙

※ FIU는 신고서 접수일로부터 3개월(변경 신고의 경우에는 45일) 이내에 신고 수리여부를 통지할 예정임. 단, 신고요건을 충족하는지 확인하기 위해 신고서 및 첨부서류의 보완을 요청한 경우 보완에 필요한 기간은 제외

2. 2단계: 신고 불수리 사유 해당여부 심사

(1) 정보보호 관리체계 인증

가상자산사업자가 한국인터넷진흥원 등으로부터 정보보호 관리체계 인증을 취득하여야 한다. 정보보호 관리체계 인증서를 통해 인증 취득 내용, 유효기간 등을 확인하는 것이다. 유효기간 관련해서는 신고 유효기간 만료 전 정보보호 관리체계 인증 유효기간이 만료되는 등 변경사항이 발생할 경우 갱신 후 변경된 사항을 변경신고하여야 한다.[16]

   ※ 한국인터넷진흥원 홈페이지를 통해 정보보호 관리체계 인증 사실 검증

(2) 실명확인 입출금계정 발급

가상자산사업자가 은행법상 은행 등으로부터 실명확인 입출금계정을 발급받아야 한다. 발급확인자는 보고책임자 이상, 담당자는 발급 은행의 부서장급 이상이 기재되어야 한다.

---

16) 금융정보분석원·금융감독원(2021), 11-13쪽.

실명확인 입출금계정 발급 증명서를 통해 발급 내용, 유효기간 등을 확인한
다. 유효기간 관련해서는 신고 유효기간 만료 전 실명확인입출금계정 계약이 만
료되는 등 변경사항이 발생할 경우 갱신후 변경된 사항을 변경신고하여야 한다.

심사항목(법 제7조③2., 영 제10조의18)
① 은행법 등에 따른 은행으로부터 실명확인 입출금계정을 발급받았는지 확인 - 신고 완료후 조건부 발급 여부 확인
② 실명확인 입출금계정 불필요 가상자산사업자 여부 확인 - 가상자산거래와 관련하여 가상자산과 금전의 교환 행위가 없는 가상자산사업자인지 여부   확인

(3) 사업자(대표자 및 임원) 요건

사업자(법인시 대표자 및 등기임원 포함)가 법 제7조 제3항 제3호에서 정하는
금융관계법률 위반 요건에 해당하지 아니하여야 한다.

유관기관 등의 신원조회 결과 및 신고인 제출 확인서를 통해 확인한다. 신
고 수리 이후라도 신원조회 결과에 포함되지 않은 금융관련 법률 위반 사항 등
이 제보 등으로 확인되는 경우 직권말소 등 사후조치를 한다.

심사항목(법 제7조③3., 영 제10조의12③(지배구조법 제2조7.))
① 벌금 이상의 형을 선고받고 그 집행이 끝나거나(집행이 끝난 것으로 보는 경우를 포함한 다.) 집행이 면제된 날부터 5년이 지나지 아니한 자(법인시 대표자 및 임원 포함)
※ 심사항목 관련 법률(53개 법률) ① 「특정 금융거래정보의 보고 및 이용 등에 관한 법률」, 「범죄수익은닉의 규제 및 처벌 등 에 관한 법률」, 「공중 등 협박목적 및 대량살상무기확산을 위한 자금조달행위의 금지에 관 한 법률」, 「외국환거래법」, 「자본시장과 금융투자업에 관한 법률」, 「공인회계사법」, 「근로자퇴 직급여 보장법」, 「금융산업의 구조개선에 관한 법률」, 「금융실명거래 및 비밀보장에 관한 법률」, 「금융위원회의 설치 등에 관한 법률」, 「금융지주회사법」, 「금융혁신지원 특별법」, 「금 융회사부실자산 등의 효율적 처리 및 한국자산관리공사의 설립에 관한 법률」, 「기술보증기 금법」, 「농림수산식품투자조합 결성 및 운용에 관한 법률」, 「농업협동조합법」, 「담보부사채 신탁법」, 「대부업 등의 등록 및 금융이용자 보호에 관한 법률」, 「문화산업진흥 기본법」, 「벤 처기업육성에 관한 특별조치법」, 「보험업법」, 「감정평가 및 감정평가사에 관한 법률」, 「부 동산투자회사법」, 「사회기반시설에 대한 민간투자법」, 「산업발전법」, 「상호저축은행법」, 「새 마을금고법」, 「선박투자회사법」, 「소재·부품·장비산업 경쟁력강화를 위한 특별조치법」, 「수 산업협동조합법」, 「신용보증기금법」, 「신용정보의 이용 및 보호에 관한 법률」, 「신용협동조합 법」, 「여신전문금융업법」, 「예금자보호법」, 「온라인투자연계금융업 및 이용자 보호에 관한 법률」, 「외국인투자 촉진법」, 「유사수신행위의 규제에 관한 법률」, 「은행법」, 「자산유동화에 관한 법률」, 「전자금융거래법」, 「주식·사채 등의 전자등록에 관한 법률」, 「주식회사 등의

외부감사에 관한 법률」, 「주택법」, 「중소기업은행법」, 「중소기업창업 지원법」, 「채권의 공정한 추심에 관한 법률」, 「한국산업은행법」, 「한국수출입은행법」, 「한국은행법」, 「한국주택금융공사법」, 「한국투자공사법」, 「해외자원개발 사업법」

(4) 직권말소 경력

신고 또는 변경신고가 말소되고 5년이 지나지 아니한 자(법7③(4))에 해당하지 않아야 한다. 이는 대내 사실조회 결과 및 신고인 제출 확인서를 통해 확인한다.

Ⅷ. 신고 유지 요건

가상자산사업자는 신고 이후에도 직권말소 사유(법 제7조 제4항 각호에 해당할 경우 직권말소 가능)에 해당하지 않도록 유의하여야 한다(법7④).[17]

1. 변경신고 의무

신고사항이 변경되는 경우 변경사항이 발생한 날로부터 30일 이내에 신고하여야 한다.

2. 갱신신고 의무

가상자산사업자 신고 유효기간 경과 이후에도 신고사항을 유지하려는 경우 유효기간이 만료하기 45일 전까지 갱신 신고를 하여야 한다.

---

17) 금융정보분석원·금융감독원(2021), 13쪽.

제3절 신고 직권말소와 영업정지

Ⅰ. 신고 또는 변경신고의 직권말소

1. 직권말소 사유

금융정보분석원장은 가상자산사업자가 다음의 어느 하나에 해당하는 경우에는 신고 또는 변경신고를 직권으로 말소할 수 있다(법7④).

1. 법 제7조 제3항 각 호(신고 불수리 사유)의 어느 하나에 해당하는 경우(다만, 가상자산사업자의 정보보호 관리체계 인증 갱신 신청에 대해 가상자산사업자의 책임 없는 사유로 그 갱신 여부가 결정되지 않은 경우(영10의13②)에는 그러하지 아니하다)
2. 부가가치세법 제8조(사업자등록)에 따라 관할 세무서장에게 폐업신고를 하거나 관할 세무 서장이 사업자등록을 말소한 경우
3. 법 제7조 제5항에 따른 영업의 전부 또는 일부의 정지 명령을 이행하지 아니한 경우
4. 거짓이나 그 밖의 부정한 방법으로 금융정보분석원장에게 신고 또는 변경신고를 하는 경우(영10의13③)

2. 직권말소 사실 및 사유의 통지

금융정보분석원장은 신고 또는 변경신고를 직권으로 말소하는 경우 서면(전자문서 포함)으로 그 사실 및 사유를 신고인에게 알려야 한다(영10의13①).

Ⅱ. 영업정지

1. 영업정지 사유 및 기간

금융정보분석원장은 가상자산사업자가 ⅰ) 시정명령을 이행하지 아니한 경우, ⅱ) 기관경고를 3회 이상 받은 경우, ⅲ) 그 밖에 고의 또는 중대한 과실로 자금세탁행위와 공중협박자금조달행위를 방지하기 위하여 필요한 조치를 하지 아니한 경우로서 ㉠ 법 제8조(가상자산사업자의 조치)에 따른 조치를 이행하지 않은

경우, ⓛ 법 제15조(금융회사등의 감독·검사 등) 제1항 및 제6항에 따른 감독·명령·지시·검사·조치에 따르지 않거나 이를 거부·방해 또는 기피한 경우에는 6개월의 범위에서 영업의 전부 또는 일부의 정지를 명할 수 있다(법7⑤, 영10의14②).

2. 필요적 고려사항

금융정보분석원장은 영업의 정지를 명하는 경우에는 ⅰ) 위반행위의 동기 및 배경(제1호), ⅱ) 위반행위의 유형 및 성격(제2호), ⅲ) 위반행위의 효과 및 영향력(제3호), ⅳ) 법 위반상태의 시정 노력(제4호)을 종합적으로 고려해야 한다(영10의14①).

제4절 신고 정보 공개와 업무위탁

Ⅰ. 신고 정보 공개

1. 신고 정보 및 조치 공개

금융정보분석원장은 가상자산사업자의 신고에 관한 정보 및 금융정보분석원장의 조치를 따라 공개할 수 있다(법7⑦).

2. 공개방법

금융정보분석원장은 신고에 관한 정보 및 금융정보분석원장의 조치를 공개하는 때에는 금융정보분석원의 인터넷 홈페이지에 게시하는 방법으로 한다(영10의16).

Ⅱ. 업무위탁

1. 금융감독원 위탁

금융정보분석원장은 금융감독원장에게 가상자산사업자의 신고와 관련한 업무로서 ⅰ) 신고 또는 변경신고에 대한 심사(제1호), ⅱ) 불수리 사유에 대한 심

사(제2호), ⅲ) 직권말소 사유에 대한 심사(제3호), ⅳ) 신고 갱신에 대한 심사(제4
호) 업무를 위탁한다(법7⑧, 영10의17①).

2. 위탁업무 처리결과의 보고

금융감독원장은 위탁받은 업무의 처리결과를 금융정보분석원장이 정하는
바에 따라 금융정보분석원장에게 보고해야 한다(영10의17②).

제5절 실명확인 입출금계정

금융회사등이 실명확인 입출금계정(법7③(2))을 개시하는 기준, 조건 및 절
차에 관하여 필요한 사항은 대통령령으로 정한다(법7⑨).

Ⅰ. 실명확인 입출금계정의 개념

실명확인 입출금계정이란 동일 금융회사등(은행, 중소기업은행, 농협은행, 수협
은행)에 개설된 가상자산사업자의 계좌와 그 가상자산사업자의 고객의 계좌 사이
에서만 금융거래등을 허용하는 계정을 말한다(법7③(2)). 즉 실명확인 입출금계정
이란 본인임이 확인된 이용자의 은행 계좌와 가상자산사업자의 동일은행 계좌
간에만 입출금을 허용하는 계정을 말한다.

가상자산거래와 관련하여 가상자산과 금전의 교환 행위가 없는 경우에 해당
하는 가상자산사업자는 실명확인 입출금계정 발급 예외로 하는 것이 은행 실무
이다.

Ⅱ. 실명확인 입출금계정의 개시 기준

실명확인 입출금계정의 개시 기준은 ⅰ) 예치금(가상자산사업자의 고객인 자로
부터 가상자산거래와 관련하여 예치받은 금전)을 고유재산(가상자산사업자의 자기재산)
과 구분하여 관리하고 있을 것(제1호), ⅱ) 정보보호 관리체계 인증을 획득하였을

것(제2호), iii) 가상자산사업자의 고객별로 거래내역을 분리하여 관리하고 있을 것(제3호)이다(영10의18①).

Ⅲ. 실명확인 입출금계정의 개시 절차

금융회사등은 실명확인입출금계정을 개시하려는 경우 가상자산사업자의 절차 및 업무지침을 확인하여 가상자산사업자와의 금융거래등에 내재된 자금세탁행위와 공중협박자금조달행위의 위험을 식별·분석·평가해야 한다(영10의18②).

Ⅳ. 조건부 실명확인 입출금계정

금융회사등은 자금세탁행위와 공중협박자금조달행위의 방지를 위해 필요하다고 인정하는 경우 신고 또는 변경신고가 수리된 이후에 금융거래등이 이루어질 것을 조건으로 하여 실명확인입출금계정을 개시할 수 있다(영10의18③).

Ⅴ. 실명확인 입출금계정의 사용 기간

실명확인 입출금계정은 신고 또는 갱신신고 유효기간(금융정보분석원장이 신고 또는 갱신신고를 수리한 날로부터 3년)의 만료일까지 사용할 수 있다(영10의18④).

제6절 위반시 제재

법 제7조 제1항을 위반하여 신고를 하지 아니하고 가상자산거래를 영업으로 한 자(거짓이나 그 밖의 부정한 방법으로 신고를 하고 가상자산거래를 영업으로 한 자 포함)는 5년 이하의 징역 또는 5천만원 이하의 벌금에 처한다(법17①).

법 제7조 제2항을 위반하여 변경신고를 하지 아니한 자(거짓이나 그 밖의 부정한 방법으로 변경신고를 한 자 포함)는 3년 이하의 징역 또는 3천만원 이하의 벌금에 처한다(법17②).

▌관련 유권해석

① 금융위원회 210050, 2021. 9. 28 [가상자산사업자의 실명확인 입출금계정 발급에 대한 법령해석요청]

[1] 질의요지

▫ 특정금융정보법 개정 이전부터 은행의 보통예금계좌를 집금계좌로 사용하고 있는 가상자산사업자가 '21. 9. 24.까지 기존 집금계좌를 계속 사용할 수 있는지?

▫ 실명확인 입출금계정 관련, 해당 의무가 '21. 3. 24.부터 적용된다면 그 근거 및 위반시 벌칙 적용 여부

▫ '21. 3. 24. 이전에 실명확인 입출금계정을 발급받지 못해 기존 집금계좌를 계속 사용한 경우, 해당 사용 이력이 가상자산사업자의 신고상 결격사유가 되는지?

▫ 금융회사의 가상자산사업자에 대한 실명확인 입출금계정 제공의 세부적 기준과 절차의 내용

[2] 회답

▫ 가상자산사업자가 해당 계좌를 계속 사용할 수 있는지 여부는 개별 사안에 따라 달라질 수 있습니다.

▫ 특정금융정보법 제7조 제3항 제2호에 따른 실명확인 입출금계정의 요건은 개정 특정금융정보법의 시행일인 '21. 3. 25.부터 6개월 간 적용이 유예되어 있습니다.

▫ '21. 9. 24. 신고유예기간 이전까지 집금계좌를 사용한 사실만으로는 특정금융정보법 제7조에 따른 신고의 결격사유에 해당하지 않습니다.

▫ 금융회사의 실명확인 입출금계정 제공의 세부적 기준과 절차는 특정금융정보법의 해석에 관한 내용이 아니므로 회신하기 곤란함을 알려드립니다.

[3] 이유

▫ 가상자산사업자가 해당 계좌를 계속 사용할 수 있는지는 개별 사안에 따라 달라질 수 있습니다. 특정금융정보법 제5조의2 제4항 제2호는 금융회사의 고객인 가상자산사업자가 신고를 하지 않은 사실이 확인된 경우, 또는 동법 제7조 제3항 제1호 또는 제2호에 해당하는 사실이 확인된 경우 금융회사가 해

당 거래를 종료하도록 규정하고 있습니다. 따라서 기존 계좌를 계속 사용할 수 있는지 여부는 사업자의 신고의무 이행 여부 내지 특정금융정보법 제7조 제3항제1호 또는 제2호에 해당하는지 여부 등에 따라 결정될 것입니다.

□ 특정금융정보법(법률 제17113호) 부칙 제5조는 법 시행 전부터 영업 중인 가상자산사업자의 경우 시행일부터 6개월 이내에 개정규정 제7조에 따른 요건을 갖추어 신고하도록 규정하고 있습니다.

• 이에 따라 특정금융정보법 제7조 제3항 제2호에 따른 실명확인 입출금계정의 요건은 개정 특정금융정보법의 시행일인 '21. 3. 25.부터 6개월 간 적용이 유예되어 있습니다.

□ '21. 9. 24. 신고유예기간 이전까지 집금계좌를 사용한 사실만으로는 특정금융정보법 제7조에 따른 신고의 결격사유에 해당하지 않습니다.

• 다만, '21. 9. 25. 이후 실명확인 입출금계정을 통해 금융거래등을 하지 않을 경우 가상자산사업자의 신고 불수리(법 제7조 제3항) 또는 말소사유(법 제7조 제4항 제1호)에 해당합니다.

□ 금융회사의 실명확인 입출금계정 제공의 세부적 기준과 절차는 특정금융정보법의 해석에 관한 내용이 아니므로 회신하기 곤란함을 알려드립니다.

② 금융위원회 210447, 2021. 12. 23 [(주)네오플라이 가상자산사업자 대상 여부 법령해석 요청]

[1] 질의요지

□ ㈜네오플라이는 일반사용자를 대상으로 탈중앙화된 가상자산 지갑 서비스인 엔블록스 월렛(nBlocks Wallet)을 제공하고 있으며, 서비스내 Klay(Klaytn) 스테이킹 상품 운영시 ㉠ 본사가 운영하는 노드에 특정 토큰 홀더로부터 스테이킹을 받는 경우, ㉡ 고객이 가상자산이 당사 블록체인 플랫폼을 거쳐 당사가 관리하는 키로 컨트랙트 이전된 후 당사가 스테이킹으로 발생한 리워드를 선수취하여 보관한 후 고객에게 배분하는 경우와 추가로 당사가 B사가 소유한 노드를 대리하여 운영하는 경우의 각 사업구조가 특정금융정보법상 가상자산사업자 신고대상 여부를 확인하고자 함

[2] 회답

□ 사업자가 고객을 대상으로 가상자산 지갑(공개키, 개인키 등)을 생성해

주는 가상자산 지갑서비스의 경우, 고객이 개인키를 직접 관리함으로써 사업자가 개인키에 대한 통제권을 가지지 않는 경우 특정금융정보법에 따른 신고대상에 해당하지 않는 것으로 판단됩니다.

　▯ 문의하신 방식의 소위 스테이킹 서비스 자체는 고객의 구체적인 지시에 따른 보관 또는 이전하는 행위로 보기 어려우며 특정금융정보법에 따른 신고대상에 해당하지 않는 것으로 판단됩니다.

　• 다만, 현재 가상자산 업권법 관련 국회 논의가 진행되고 있어 향후 국회 논의결과에 따라 스테이킹 서비스에 대한 규제 여부가 달리 결정될 수 있음을 알려드립니다.

　[3] 이유

　▯ 가상자산 지갑 서비스와 관련하여, 금융정보분석원은 가상자산사업자 신고매뉴얼 배포('21. 3월) 등을 통해 특정금융정보법에 따른 주요 가상자산사업자 중 하나로 가상자산 지갑서비스업자를 제시하면서,

　• 이의 제외사유로서 ㉠ 단순히 매수·매도 제안을 게시할 수 있는 장만을 제공하는 경우, ㉡ 단순히 가상자산의 거래에 대한 조언이나 기술 서비스를 제공하는 경우, ㉢ 사업자가 개인키 등을 보관·저장하는 프로그램만 제공할 뿐 독립적인 통제권을 가지지 않아 매도·매수·교환 등에 관여하지 않는 경우, ㉣ 콜드월렛 등 하드웨어 지갑서비스 제조자 등의 경우 등을 예시로 안내한 바 있습니다.

　• 따라서 고객이 직접 개인키를 수기로 기록하는 방식, 별도 개인 저장공간에 저장하는 방식 등을 통해 가상자산 지갑서비스를 이용함으로써 사업자가 이에 대한 통제권이 없는 경우 제외사유에 해당하는 것으로 판단됩니다.

　▯ 소위 가상자산 스테이킹 서비스와 관련하여, 특정금융정보법 시행령에서는 가상자산의 이전을 "고객의 요청에 따라 보관관리 등을 위해 이전하는 행위"로 규정(영 제1조의2)함으로써,

　• "고객이 구체적으로 지정한 바에 따른 방식의 관리(특정지시)"만을 법 적용대상으로 보고 있으며, "사업자가 자체적으로 운용하는 방식의 관리(불특정지시)"는 법이 예정하고 있지 아니한 것으로 판단됩니다.

　• 다만, 현재 가상자산 업권법 관련 국회 논의가 진행되고 있어 향후 국

회 논의결과에 따라 스테이킹 서비스에 대한 규제여부가 달리 결정될 수 있음을 알려드립니다.

③ 금융위원회 220196, 2023. 9. 18 [특정금융정보법 위반 여부 해석]

[1] 질의요지

□ 특정금융정보법상 가상자산사업자로 신고하지 않은 사업자가 가상자산 보유자들 간 가상자산을 이동시키는 행위(타인의 전자지갑으로 가상자산을 보내는 행위 등)를 할 수 있는 플랫폼 등을 제공하며 서비스 제공 대가로 가상자산을 받는 것이 특정금융정보법에 위반되는지 여부 질의

[2] 회답

□ 가상자산 보유자들 간 가상자산을 주고받을 수 있는 플랫폼 서비스를 제공하며 그 대가로 이익을 수취하는 경우, 영업으로 가상자산 이전 혹은 매도·매수·교환 행위의 중개·알선·대행을 하는 것에 해당하여 특정금융정보법상 가상자산사업자의 행위유형에 포함될 여지가 있다고 판단됩니다.

□ 특정금융정보법상 가상자산사업자는 금융정보분석원장에 대한 신고의무를 부담하므로, 특정금융정보법상 가상자산사업자의 유형에 포함되는데도 신고 없이 플랫폼 서비스를 제공하며 그 대가로 이익을 수취하는 경우 특정금융정보법에 위반될 수 있을 것으로 보입니다.

[3] 이유

□ 특정금융정보법 제2조 제1호 하목에 따르면 가상자산사업자란 가상자산과 관련하여 가상자산의 매매, 교환, 보관 또는 관리 등을 위해 가상자산을 이전하는 행위와 매도·매수·교환 행위를 중개·알선·대행하는 행위를 영업으로 하는 자를 포함합니다.

• 가상자산 보유자들 간 가상자산을 주고받을 수 있는 플랫폼 서비스를 제공하며 그 대가로 이익을 수취하는 경우, 가상자산의 매매, 교환, 보관 또는 관리 등을 위해 가상자산을 이전하는 행위와 매도·매수·교환 행위를 중개·알선·대행하는 행위를 영업으로 하는 자에 해당할 수 있어 특정금융정보법상 가상자산사업자에 포함될 여지가 있다고 보입니다.

• 영업으로 한다는 것은 영리를 목적으로 동종의 행위를 계속하여 반복

하는 것을 의미하고, 이에 해당하는지 여부는 단순히 그에 필요한 인적 또는 물적 시설을 구비하였는지 여부와는 관계없이 가상자산 매도·매수·교환 행위의 중개·알선·대행 등의 반복·계속성 여부, 그 행위의 목적이나 규모·횟수·기간·태양 등의 여러 사정을 종합적으로 고려하여 사회통념에 따라 판단하여야 합니다(대법원 98다10793, 93다54842 판결 등 참조).

  □ 따라서 상기 플랫폼 서비스 제공 행위가 특정금융정보법상 가상자산사업자의 행위 유형에 포함되는지 여부는 영리 추구 목적 및 매도의 반복·계속성 유무 등 구체적인 사실관계를 종합적으로 고려하여 해당 행위의 영업성 유무를 검토한 후 개별적으로 판단하여야 할 것으로 보입니다.

  • 특정금융정보법상 가상자산사업자는 금융정보분석원장에 대한 신고의무를 부담하므로, 특정금융정보법상 가상자산사업자의 유형에 포함되는데도 신고 없이 플랫폼 서비스를 제공하며 그 대가로 이익을 수취하는 경우 특정금융정보법에 위반될 수 있을 것으로 판단됩니다.

  ④ 금융위원회 220026, 2023. 9. 18 [가상자산사업자 신고대상 여부에 대한 유권해석 질의]

  [1] 질의요지

  □ 원화 서비스를 제공하지 아니하는 어느 사업자(이하 'A')가 특정금융정보법상 신고가 수리된 가상자산사업자(제3자, 이하 'B')와 전자지갑 발급에 관한 위탁계약을 체결하고, B가 해당 전자지갑에 관한 개인키(Private Key)를 보관 및 관리, 통제를 수행하며, A는 고객으로부터 가상자산을 수탁(소비임치)하는 서비스를 제공할 경우(고객의 A에 대한 가상자산 출고 요청이 있는 경우, A는 B에 고객의 요청에 따른 출고를 지시할 뿐 직접 개인키(Private Key)를 이용한 출고 행위를 수행하지 아니함),

  1. A가 특정금융정보법 제2조 제1호 하목의 가상자산사업자에 해당하는지 여부

  2. A가 특정금융정보법 제7조 제1항에 의한 신고를 하여야 하는지 여부

  [2] 회답

  □ 고객에게 가상자산 수탁 서비스를 제공하는 자(A)가 다른 가상자산사

업자(B)에게 전자지갑 발급을 위탁하여 해당 사업자(B)가 고객의 개인키를 보관·관리하는 경우에도 수탁 서비스 제공자(A)가 고객의 가상자산 개인키에 대한 실질적 통제권이 있을 수 있습니다.

• 이에 따라 수탁 서비스 제공자(A)도 가상자산 보관·관리 행위를 행하는 자로서 특정금융정보법 제2조 제1호 하목의 가상자산사업자에 해당될 가능성이 있으므로, 같은 법 제7조 제1항에 의한 신고 의무가 요구될 수 있다고 보입니다.

[3] 이유

ㅁ 특정금융정보법 제2조 제1호 하목에 따르면, 고객의 요청에 따라 가상자산을 이전하거나 보관 또는 관리하는 행위 등을 영업으로 하는 자는 가상자산사업자에 해당하여 같은 법 제7조 제1항에 의해 금융정보분석원장에 신고할 의무가 있습니다.

• 따라서 고객의 개인키(Private Key)에 대한 통제권을 가지며 가상자산의 이전·보관 등에 관여한다면 특정금융정보법상 가상자산사업자에 해당하여 같은 법에 따른 가상자산사업자로서의 신고 의무를 부담합니다.

• 고객에게 가상자산 수탁 서비스를 제공하는 자가 다른 가상자산사업자에게 전자지갑 발급을 위탁하여 해당 사업자가 고객의 개인키를 보관·관리하는 경우에도, 수탁 서비스 제공자는 가상자산의 출고를 지시하는 등 실질적 통제권을 행사할 수 있는 위치에 있을 수 있으므로 가상자산의 이전·보관 등에 관여한다고 볼 수 있습니다.

• 이에 따라 수탁 서비스 제공자(A)도 가상자산 보관·관리 행위를 행하는 자로서 특정금융정보법 제2조 제1호 하목의 가상자산사업자에 해당될 가능성이 있으므로, 같은 법 제7조 제1항에 의한 신고의무가 요구될 수 있다고 보입니다.

⑤ 금융위원회 230144, 2023. 9. 18 [스테이블 코인 발행자가 가상자산 사업자에 해당하는지 여부 유권해석]

[1] 질의요지

ㅁ 스테이블코인 발행사가 국내은행이 보증하는 계좌에 100% 이상의 담

보물인 법정화폐를 보관하고, 해당 금액만큼의 스테이블 코인을 발행하여 유통하고, 또한 스테이블 코인의 보유자가 상환을 요구하면 해당 스테이블 코인 금액만큼의 원화를 법정화폐로 상환해 주는 스테이블 코인 발행사가 특정금융정보법상 가상자산 사업자에 해당하는지 여부

[2] 회답

ㅁ 해당 스테이블 코인이 경제적 가치를 지닌 것으로서 전자적으로 거래 또는 이전될 수 있는 전자적 증표에 해당하여 특정금융정보법 제2조 제3호의 가상자산에 해당하는 경우로서 가상자산을 매도, 매수하거나 가상자산 보관·관리 및 매도·매수·교환을 대행하는 행위에 포함될 수 있어 가상자산사업자에 해당할 소지가 있는 것으로 보입니다.

• 다만, 가상자산의 발행에 대해서는 현행법상 가상자산사업자의 행위범위에 포함되지 않는 점을 고려해 주시기 바랍니다.

[3] 이유

ㅁ 특정금융정보법 제2조 제1호 하목에 따르면 가상자산사업자란 가상자산과 관련하여 가상자산의 매도, 매수, 교환, 이전, 보관·관리 행위, 매도·매수·교환 행위를 중개·알선·대행하는 행위를 영업으로 하는 자를 말합니다.

• 스테이블 코인의 보유자가 상환을 요구하면 해당 스테이블 코인 금액만큼의 원화를 법정화폐로 상환해 준다면, 해당 스테이블 코인이 경제적 가치를 지닌 것으로서 전자적으로 거래 또는 이전될 수 있는 전자적 증표에 해당하여 특정금융정보법 제2조제3호의 가상자산에 해당하는 경우 상기 조항의 가상자산을 매도, 매수하거나 보관·관리 또는 매도·매수·교환을 대행하는 행위에 포함될 수 있어 특정금융정보법상 가상자산사업자에 해당할 소지가 있는 것으로 보입니다.

• 특정금융정보법상 가상자산사업자에 해당할 경우 같은 법 제7조에 의해 금융정보분석원장에 신고하여야 하며, 신고하지 아니하고 가상자산거래를 영업으로 한 자는 같은 법 제17조에 의해 5년 이하의 징역 또는 5천만원 이하의 벌금에 처해질 수 있습니다.

• 다만, 가상자산의 발행에 대해서는 현행법상 가상자산사업자의 행위범위에 포함되지 않는 점을 고려해 주시기 바랍니다.

ㅁ 다만, 질의 시 작성해주신 사실관계만으로는 스테이블코인이 가상자산에 해당하는지 등에 대해 일의적으로 판단하기 어려워 기타 제반 사정을 종합적으로 고려하여 개별적 판단이 필요한 사항임을 양지하여 주시기 바랍니다.

⑥ 금융위원회 220218, 2023. 9. 18 [특금법상 가상자산사업자 해당 여부에 관한 법령 해석 질의]

[1] 질의요지

ㅁ 해외 재단에서 발행한 가상자산을 국내 사업체가 매수하는 등의 방법으로 보유한 뒤, 해당 가상자산 전체에 대한 세일즈 등 전반적인 운영을 하고자 할 경우, 위 국내 사업체가 「특정 금융거래정보의 보고 및 이용 등에 관한 법률」(이하「특정금융정보법」) 상 가상자산사업자인지 여부 질의

[2] 회답

ㅁ 가상자산 매수 등의 방법으로 보유 후 판매 등과 관련한 운영업무를 제공하는 경우, 가상자산의 매도, 매수, 교환행위나 가상자산 이전 혹은 매도·매수·교환 행위의 중개·알선·대행을 하는 것에 해당하여 특정금융정보법상 가상자산사업자의 행위유형에 포함될 여지가 있다고 판단됩니다.

• 이와 같은 행위가 특정금융정보법상 가상자산사업자의 행위 유형에 포함되는지 여부는 영리 추구 목적 및 매도의 반복·계속성 유무 등을 종합적으로 고려하여 해당 행위의 영업성 유무를 검토한 후 개별적으로 판단하여야 할 것으로 보입니다.

[3] 이유

ㅁ 특정금융정보법 제2조 제1호 하목에 따르면 가상자산사업자란 가상자산과 관련하여 가상자산의 매도, 매수, 보관·관리 행위 등을 영업으로 하는 자를 말합니다.

• 영업으로 한다는 것은 영리를 목적으로 동종의 행위를 계속하여 반복하는 것을 의미하고, 이에 해당하는지 여부는 단순히 그에 필요한 인적 또는 물적 시설을 구비하였는지 여부와는 관계없이 가상자산의 매도, 매수, 보관·관리 행위 등의 반복·계속성 여부, 그 행위의 목적이나 규모·횟수·기간·태양 등의 여러 사정을 종합적으로 고려하여 사회통념에 따라 판단하여야

합니다(대법원 98다10793, 93다54842 판결 등 참조).

□ 따라서 가상자산 매수 등의 방법으로 보유 후 판매 등과 관련한 운영업무를 제공하는 경우 가상자산의 매도, 매수, 교환행위나 가상자산 이전 혹은 매도·매수·교환 행위의 중개·알선·대행을 하는 것에 해당하여 특정금융정보법상 가상자산사업자의 행위유형에 포함될 여지가 있다고 판단됩니다.

• 이와 같은 행위가 특정금융정보법상 가상자산사업자의 행위 유형에 포함되는지 여부는 영리 추구 목적 및 매도의 반복·계속성 유무 등을 종합적으로 고려하여 해당 행위의 영업성 유무를 검토한 후 개별적으로 판단하여야 할 것으로 보입니다.

⑦ 금융위원회 230066, 2023. 9. 18 [가상자산 활용한 OTC유사 사업구조 등에 관한 유권해석 요청]

[1] 질의요지

□ 특정금융정보법, 같은 법 시행령 및 「특정 금융거래정보 보고 및 감독규정」에 따라 가상자산과 금전의 교환 행위가 없는 가상자산거래를 제공하는 가상자산사업자로 금융정보분석원장에 신고한 사업자가 본인이 운영하는 가상자산거래소 외에서 다음과 같은 행위를 하는 경우 각 특정금융정보법 위반인지 여부 질의

① 가상자산 소유자의 청약을 본인이 관리하며 해당 교환 조건에 부합하는 제3자를 알선하여 양자 간 가상자산 교환을 중개하는 구조의 중개, 알선 또는 대행업을 영위하는 경우

② 매도인의 청약을 관리하면서 매수인을 알선하여 양자 간 가상자산과 원화의 매매를 중개, 알선하는 구조의 업을 영위하는 경우

③ 상기 ②의 구조에서, 사업자가 매도인의 가상자산을 본인이 관리하는 가상자산지갑에 예치하고, 매수인이 매수대금인 원화를 지급함을 확인함과 동시에 매수인이 지정하는 가상자산지갑으로 전송하여 주는 형태의 대행업을 영위하는 경우

[2] 회답

□ 질의 ① 관련, 가상자산사업자가 가상자산거래소 외에서 가상자산 교환

을 중개하는 등의 행위가 금전의 거래를 수반하지 않는 경우 신고한 가상자산사업자의 영업범위에는 해당할 수 있으나, 특정금융정보법 제8조 및 시행령 제10조의20에 따른 고객별 거래내역 분리관리, 예치금 고유재산과 구분관리, 신고·변경신고 의무를 이행하지 않은 가상자산사업자와의 영업목적 거래금지, 자금세탁행위와 공중협박자금조달행위를 효율적으로 방지하기 위한 거래제한 기준 마련·시행 등에 위반될 소지가 있다고 보입니다.

  □ 질의 ② 및 질의 ③ 관련, 고객에게 가상자산과 금전의 교환 행위가 있는 가상자산거래를 제공하려는 가상자산사업자는 특정금융정보법상 실명확인이 가능한 입출금계정을 통하여 금융거래를 해야 하는 바, 해당 입출금계정이 없는 가상자산사업자가 가상자산과 금전의 교환행위를 영업으로 한다면 이는 특정금융정보법 위반에 해당할 소지가 있는 것으로 판단됩니다.

  ⑧ 금융위원회 220186, 2023. 9. 18 [가상자산 조회서비스 등이 특금법상 가상자산사업에 해당하는지 여부]
  [1] 질의요지
  □ 카드사가 자사 회원에게 자체 앱(App)을 통하여 아래 서비스를 제공하는 경우, 해당 카드사가 특정금융정보법상 가상자산사업자에 해당하는지 여부 질의
  1. 회원이 보유한 제휴사(가상자산사업자)의 가상자산 조회 서비스
  2. 자사 포인트리(전자금융법상 선불전자지급수단)와 제휴사가 발행한 스테이블코인 등의 교환 서비스(해당 회사 및 제휴사는 교환에 따른 수수료 등 경제적 이익을 수취하지 않음)
  [2] 회답
  □ 카드사가 자사 고객에게 단순히 제휴사의 가상자산을 조회할 수 있는 서비스를 제공하는 행위는 특정금융정보법상 가상자산사업자의 행위유형에 해당하지 않을 수 있으나, 조회서비스를 통해 가상자산의 매도, 매수 등을 중개, 알선으로 이어질 경우 가상자산을 매도, 매수하는 행위를 중개, 알선하는 경우에 해당하여 가상자산사업자에 해당할 가능성이 있다고 보입니다.
  □ 자사 고객에게 해당 회사가 발행한 선불전자지급수단과 제휴사의 스테

이블 코인 간 교환을 지원하는 서비스를 제공하는 행위는 고객의 요청에 따라 가상자산의 매매, 교환, 보관 또는 관리 등을 위해 가상자산을 이전하는 행위에 포함될 가능성이 있다고 보입니다. 또한, 위 행위가 가상자산을 매도, 매수하는 행위를 중개, 알선하는 경우에 해당할 가능성도 있다고 보입니다.

- 또한, 특정금융정보법상 가상자산사업자에 해당하는지 여부는 매도, 매수, 교환, 이전, 보관·관리 행위, 매도·매수·교환 행위를 중개·알선·대행하는 행위에 해당하는지와 관련하여 영리 추구 목적 및 행위의 반복·계속성 유무 등을 종합적으로 고려하여 해당 행위의 영업성 유무를 검토한 후 개별적으로 판단하여야 할 것으로 보여 확정적으로 답변하기 어렵다고 보입니다.

  [3] 이유

  □ 특정금융정보법 제2조 제1호 하목에 따르면 가상자산사업자란 가상자산과 관련하여 가상자산의 매도, 매수, 교환 등을 영업으로 하는 자를 뜻하며, 가상자산을 매도, 매수하는 행위를 중개, 알선하거나 가상자산을 다른 가상자산과 교환하는 행위의 중개, 알선으로 이어지는 경우에도 가상자산사업자로 보고 있습니다.

- 따라서 카드사가 자사 고객에게 단순히 제휴사의 가상자산을 조회할 수 있는 서비스를 제공하는 행위는 특정금융정보법상 가상자산사업자의 행위 유형에 해당하지 않는 것으로 보이지만 가상자산을 매도, 매수하는 행위를 중개, 알선하거나 가상자산을 다른 가상자산과 교환하는 행위의 중개, 알선으로 이어질 경우 가상자산사업자에 해당할 가능성이 있다고 보입니다.

  □ 특정금융정보법 제2조 제1호 하목 및 시행령 제1조의2에 따르면 가상자산과 관련하여 고객의 요청에 따라 가상자산의 매매, 교환, 보관 또는 관리 등을 위해 가상자산을 이전하는 행위를 영업으로 하는 자도 가상자산사업자에 포함됩니다.

- 자사 고객에게 해당 회사가 발행한 선불전자지급수단과 제휴사의 스테이블 코인 간 교환을 지원하는 서비스를 제공하는 행위는고객의 요청에 따라 가상자산의 매매, 교환, 보관 또는 관리 등을 위해 가상자산을 이전하는 행위에 포함될 가능성이 있다고 보입니다. 또한, 위 행위가 가상자산을 매도, 매수하는 행위를 중개, 알선하는 경우에 해당할 가능성도 있다고 보입니다.

• 또한, 특정금융정보법상 가상자산사업자에 해당하는지 여부는 매도, 매수, 교환, 이전, 보관·관리 행위, 매도·매수·교환 행위를 중개·알선·대행하는 행위에 해당하는지와 관련하여 영리 추구 목적 및 행위의 반복·계속성 유무 등을 종합적으로 고려하여 해당 행위의 영업성 유무를 검토한 후 개별적으로 판단하여야 할 것으로 보여 확정적으로 답변하기 어렵다고 보입니다.

⑨ 금융위원회 230139, 2023. 9. 20 [가상자산사업자 해당 여부 판단]

[1] 질의요지

▫ 고객으로부터 국내 거래소에 있는 법인계정으로 가상자산을 이체받아 다른 가상자산과 교환매매하는 방법으로 운용하여 수익을 창출한 후 수수료를 수취하는 서비스(가상자산을 투자대상으로 하는 집합투자업)를 제공하는 경우 ① 특정금융정보법상 가상자산사업자 신고 필요 여부 및 업태 확인(보관관리업 또는 중개·알선·대행업), ② 가상자산사업자 미해당시 자본시장법상 집합투자업 해당 여부 및 집합투자업 인가 필요 여부 질의

[2] 회답

▫ 고객으로부터 이체받은 가상자산을 다른 가상자산과 매매·교환하여 수익을 창출하는 서비스를 제공하고 수수료를 수취하는 경우, 이는 특정금융정보법 제2조 제1호 하목의 가상자산 보관·관리 및 매도·매수·교환을 대행하는 행위에 포함되어 같은 법상 가상자산사업자에 해당할 소지가 있는 것으로 보입니다.

[3] 이유

▫ 특정금융정보법 제2조 제1호 하목에 따르면 가상자산사업자란 가상자산과 관련하여 가상자산의 매도, 매수, 교환, 이전, 보관·관리 행위, 매도·매수·교환 행위를 중개·알선·대행하는 행위를 영업으로 하는 자를 말합니다.

• 고객으로부터 이체받은 가상자산을 다른 가상자산과 매매·교환하여 수익을 창출하는 서비스를 제공하고 수수료를 수취하는 경우, 이는 상기 조항의 가상자산 보관·관리 또는 매도·매수·교환을 대행하는 행위에 포함되어 특정금융정보법상 가상자산사업자에 해당할 소지가 있는 것으로 보입니다.

• 특정금융정보법상 가상자산사업자에 해당할 경우 같은 법 제7조에 의

해 금융정보분석원장에 신고하여야 하며, 신고하지 아니하고 가상자산거래를 영업으로 한 자는 같은 법 제17조에 의해 5년 이하의 징역 또는 5천만원 이하의 벌금에 처해질 수 있습니다.

⑩ 금융위원회 220064, 2023. 9. 12 [가상자산 발행회사가 가상자산사업자에 해당하는지 여부]

[1] 질의요지

▫ ① 가상자산을 신규로 발행하는 회사가 불특정 다수에게 무상으로 가상자산을 증여(에어드랍)하는 경우, ② 가상자산을 신규로 발행하는 회사가 홈페이지 또는 가상화폐거래소를 통해 불특정다수에게 유상으로 가상화폐를 매각하는 경우, ③ 다수의 이미지 형태의 디지털파일을 NFT(대체불가능토큰)로 발행하여 NFT 거래소를 통해 불특정 다수에게 유상으로 매각하는 경우 각 특정금융정보법상 가상자산사업자 해당 여부 질의

[2] 회답

▫ 질의 ① 관련, 가상자산의 증여만으로는 영업성이 있다고 보기 어려우나 특정금융정보법상 가상자산사업자에 해당하는지 여부는 매도, 매수, 교환, 이전, 보관·관리 행위, 매도·매수·교환 행위를 중개·알선·대행하는 행위에 해당하는지와 관련하여 영리 추구 목적 및 행위의 반복·계속성 유무 등을 종합적으로 고려하여 해당 행위의 영업성 유무를 검토한 후 개별적으로 판단하여야 할 것으로 보여 확정적으로 답변하기 어렵다고 보입니다.

▫ 질의 ② 관련, 가상자산의 매도를 영업으로 하는 경우 같은 법상의 가상자산사업자에 해당할 여지가 있으나, 발행회사가 가상자산을 매도하는 경우 특정금융정보법상 가상자산사업자에 해당하는지 여부는 영리 추구 목적 및 매도의 반복·계속성 유무 등을 종합적으로 고려하여 해당 행위의 영업성 유무를 검토한 후 개별적으로 판단하여야 할 것으로 보여 확정적으로 답변하기 어렵다고 보입니다.

▫ 질의 ③ 관련, NFT는 결제·투자 등의 수단으로 사용되는 경우 가상자산에 해당할 여지가 있는바, 구체적인 사정을 고려하여 해당 NFT가 같은 법상 가상자산에 해당함과 더불어 발행회사가 영업으로 NFT 매도행위를 하는

것으로 판단된다면 해당 회사는 특정금융정보법상 가상자산사업자에 해당하여 금융정보분석원장에 신고의무를 부담한다고 보이나, 특정금융정보법상 가상자산사업자에 해당하는지 여부는 영리 추구 목적 및 매도의 반복·계속성 유무 등을 종합적으로 고려하여 해당 행위의 영업성 유무를 검토한 후 개별적으로 판단하여야 할 것으로 보여 확정적으로 답변하기 어렵다고 보입니다.

⑪ 금융위원회 220052, 2023. 9. 12 ['가상자산(암호화폐)을 알고리즘에 따라 자동매매를 해주는 S/W(소프트웨어) 프로그램'을 개발·공급하는 회사의 가상자산사업자 해당 여부]

[1] 질의요지

□ ① 고객의 가상자산을 직접 수취하지 않고, 가상자산을 고객 계좌에 그대로 두면서 ② 가상자산 거래소 API 서비스를 통해 거래소의 일반 사용자를 대상으로 알고리즘에 따라 가상자산 자동매매를 해 주는 소프트웨어 프로그램을 개발·공급하는 경우 특정금융정보법상 가상자산사업자 신고대상에 해당하는지 여부

[2] 회답

□ 이용자의 가상자산에 대한 매도·매수 지시를 통해 가상자산 자동매매를 지원하는 프로그램을 개발·공급하는 경우, 가상자산 매도·매수를 중개·알선·대행하는 행위에 포함되어 특정금융정보법상 가상자산사업자로서의 신고의무를 부담할 여지가 있는 것으로 보이나, 기타 제반 사정을 종합적으로 고려할 필요가 있는 사항으로 판단됩니다.

[3] 이유

□ 특정금융정보법 제2조제1호하목에 따르면 가상자산사업자란 가상자산과 관련하여 가상자산의 매도, 매수, 교환, 이전, 보관·관리 행위, 매도·매수·교환 행위를 중개·알선·대행하는 행위를 영업으로 하는 자를 말합니다.

• 이용자의 가상자산에 대한 매도·매수 지시를 통해 가상자산 자동매매를 지원하는 프로그램을 개발·공급하는 경우, 이는 상기 조항의 가상자산 매도·매수를 중개·알선·대행하는 행위에 포함되어 특정금융정보법상 가상자산사업자에 해당할 소지가 있는 것으로 보입니다.

⑫ 금융위원회 220171, 2023. 9. 12 [가상자산 사업자 신고 대상 해당 여부]

[1] 질의요지

▢ 증권사가 자사 고객으로 하여금 자체 앱(App)을 통해 제휴 가상자산거래소 모바일 웹 화면으로 이동하여 별도 고객확인 절차 없이 가상자산을 매매할 수 있는 서비스를 제공하고 소개 및 홍보 수수료를 수취하는 경우, 해당 증권사가 특정금융정보법상 가상자산사업자로서의 신고 의무를 부담하는지 여부 질의

[2] 회답

▢ 가상자산거래소로의 연결을 지원하여 별도 고객확인 없이 가상자산을 매매할 수 있도록 하는 서비스는 가상자산의 매도, 매수, 교환, 이전, 보관·관리 행위, 매도·매수·교환 행위 등을 중개·알선·대행하는 행위를 영업으로 제공하는 것으로 볼 수 있어 특정금융정보법상 가상자산사업자에 포함되어 가상자산사업자로서의 신고의무를 부담할 여지가 있는 것으로 보입니다.

[3] 이유

▢ 특정금융정보법 제2조 제1호 하목에 따르면 가상자산사업자란 가상자산과 관련하여 가상자산의 매도, 매수, 교환, 이전, 보관·관리 행위, 매도·매수·교환 행위를 중개·알선·대행하는 행위를 영업으로 하는 자를 말합니다.

• 알선이라 함은 계약의 성립을 중개하거나 편의를 도모하는 행위로, 매체 등을 통해 정보를 널리 알리는 행위인 광고와는 구별된다 할 것입니다(대법원 2019. 4. 25. 선고 2018도20928, 대법원 2016. 6. 23. 선고 2014도16577 판결 등 참조).

• 따라서 자체 앱을 통해 제휴 가상자산거래소 모바일 웹 화면으로 이동하여 별도 고객확인 절차 없이 가상자산을 매매할 수 있는 서비스를 제공하고 소개 및 홍보 수수료를 수취하는 경우 이는 가상자산 매매의 성립을 중개하거나 편의를 도모하는 행위로 매도, 매수, 교환, 이전, 보관·관리 행위, 매도·매수·교환 행위를 알선하거나 중개, 대행하는 행위에 해당 할 수 있어 특정금융정보법상 가상자산사업자로서의 신고의무를 부담할 여지가 있는 것으로 보입니다.

⑬ 금융위원회 210224, 2023. 8. 30 [가상자산 거래 관련 신고의무 부담 여부]

[1] 질의요지

ㅁ 특정금융정보법 제2조 제1호 하목 1)은 '가상자산을 매도, 매수하는 행위'를 가상자산사업자의 영업 유형 중 하나로 열거하고 있는바, 사업자(법인 또는 개인)가 본인을 위하여 가상자산을 매도, 매수하는 경우에도 가상자산사업자로 보아 금융정보분석원장에 대한 신고의무를 부담하는지 여부

[2] 회답

ㅁ 신고의무를 부담하여야 하는지는 단순히 본인을 위하는지로 판단할 수 없고 가상자산사업자(법인 또는 개인)가 가상자산을 매도, 매수하는 경우 이를 영업으로 하는지 판단이 필요한바, 반복, 계속성이 있거나 영리 등을 추구하는 영업성이 있는 경우인지 등에 대해 종합적으로 고려하여 개별적 판단이 필요하다고 보입니다.

[3] 이유

ㅁ 특정금융정보법 제2조 제1호 하목에 따르면 가상자산사업자란 가상자산과 관련하여 가상자산의 매도, 매수, 교환, 이전, 보관·관리 행위 등을 영업으로 하는 자를 말합니다.

• 영업으로 한다는 것은 같은 행위를 계속하여 반복하는 것을 의미하고, 여기에 해당하는지 여부는 단순히 그에 필요한 인적 또는 물적 시설을 구비하였는지 여부와는 관계없이 가상자산의 매도, 매수, 교환, 이전, 보관·관리 행위 등의 반복·계속성 여부, 영업성의 유무, 그 행위의 목적이나 규모·횟수·기간·태양 등의 여러 사정을 종합적으로 고려하여 사회통념에 따라 판단하여야 합니다(대법원 98다10793, 93다54842 판결 등 참조).

ㅁ 따라서 신고의무를 부담하여야 하는지는 본인을 위하는지로 판단할 수 없고 사업자(법인 또는 개인)가 가상자산을 매도, 매수하는 경우 이를 영업으로 하는지 판단이 필요한바, 반복, 계속성이 있거나 영리 등을 추구하는 영업성이 있는 경우인지 등에 대해 종합적으로 고려하여 개별적 판단이 필요하다고 보입니다.

제 4 장

가상자산사업자의 조치

제1절 입법취지

　가상자산사업자에 대한 조치 규정(법8)은 입법 당시 일부 중소규모 가상자산사업자는 은행으로부터 영업에 필요한 고객별 가상계좌 발급을 받지 못한 상태에서 일반 법인계좌를 이용하여 다수 고객의 현금 입출금을 하나의 계좌로 관리[이른바 "집금계좌(또는 벌집계좌) 이용"]하는 경우가 있었는데, 이 경우 고객별 자금흐름 확인이 어렵고 오류의 가능성도 크다는 지적이 제기되고 있었는바, 자금세탁방지를 위해 이러한 집금계좌 이용 영업을 제한하거나 또는 집금계좌를 이용하더라도 고객별 자금흐름 관리를 보다 강화하도록 규제하려는 취지로서 타당한 입법으로 보인다[1]

---

1) 정무위원회(2019), 17쪽.

제2절 조치 내용

가상자산사업자는 의심거래보고(법4①) 및 고액현금거래보고에 따른 보고의무 이행 등을 위하여 다음의 조치를 하여야 한다(법8, 영10의20, 감독규정28).

Ⅰ. 고객별 거래내역 분리 · 관리

가상자산사업자는 의심거래보고 및 고액현금거래보고에 따른 보고의무 이행 등을 위하여 고객별로 거래내역을 분리하여 관리하여야 한다(법8, 영10의20(1)).

Ⅱ. 예치금과 고유재산 구분관리

가상자산사업자는 의심거래보고 및 고액현금거래보고에 따른 보고의무 이행 등을 위하여 예치금(가상자산사업자의 고객인 자로부터 가상자산거래와 관련하여 예치받은 금전)을 고유재산(가상자산사업자의 자기재산)과 구분하여 관리하여야 한다(법8, 영10의20(2)).

Ⅲ. 고객확인 조치가 끝나지 않은 고객에 대한 거래제한

가상자산사업자는 의심거래보고 및 고액현금거래보고에 따른 보고의무 이행 등을 위하여 고객확인의무에 따른 고객확인 조치가 모두 끝나지 않은 고객에 대해서는 거래를 제한하여야 한다(법8, 영10의20(3)).

Ⅳ. 신고 · 변경신고 의무 미이행 가상자산사업자와 거래제한

가상자산사업자는 의심거래보고 및 고액현금거래보고에 따른 보고의무 이행 등을 위하여 법 제7조(신고) 제1항 및 제2항에 따른 신고 · 변경신고 의무를 이행하지 않은 가상자산사업자와는 영업을 목적으로 거래하지 않아야 한다(법8, 영

10의20(4)).

V. 거래제한 기준 마련과 시행의무

가상자산사업자는 의심거래보고 및 고액현금거래보고에 따른 보고의무 이행 등을 위하여 자금세탁행위와 공중협박자금조달행위를 효율적으로 방지하기 위해 ⅰ) 가상자산사업자나 가상자산사업자 본인의 특수관계인(상법 시행령 제34조 제4항 각 호2)에 따른 특수관계인)이 발행한 가상자산의 매매·교환을 중개·알선하거나 대행하는 행위(가목), ⅱ) 가상자산사업자의 임직원이 해당 가상자산사업자를 통해 가상자산을 매매하거나 교환하는 행위(나목), ⅲ) 가상자산사업자가 가상자산의 매매·교환을 중개·알선하거나 대행하면서 실질적으로 그 중개·알선이나 대행의 상대방으로 거래하는 행위(다목)에 대한 거래를 제한하는 기준을 마련하여 시행하여야 한다(법8, 영10의20(5)).

---

2) 1. 본인이 개인인 경우에는 다음 각 목의 어느 하나에 해당하는 사람
   가. 배우자(사실상의 혼인관계에 있는 사람 포함)
   나. 6촌 이내의 혈족
   다. 4촌 이내의 인척
   라. 본인이 단독으로 또는 본인과 가목부터 다목까지의 관계에 있는 사람과 합하여 30% 이상을 출자하거나 그 밖에 이사·집행임원·감사의 임면 등 법인 또는 단체의 주요 경영사항에 대하여 사 실상 영향력을 행사하고 있는 경우에는 해당 법인 또는 단체와 그 이사·집행임원·감사
   마. 본인이 단독으로 또는 본인과 가목부터 라목까지의 관계에 있는 자와 합하여 30% 이상을 출자하거나 그 밖에 이사·집행임원·감사의 임면 등 법인 또는 단체의 주요 경영사항에 대하여 사실상 영향력을 행사하고 있는 경우에는 해당 법인 또는 단체와 그 이사·집행임원·감사
   2. 본인이 법인 또는 단체인 경우에는 다음 각 목의 어느 하나에 해당하는 자
   가. 이사·집행임원·감사
   나. 계열회사 및 그 이사·집행임원·감사
   다. 단독으로 또는 제1호 각 목의 관계에 있는 자와 합하여 본인에게 30% 이상을 출자하거나 그 밖에 이사·집행임원·감사의 임면 등 본인의 주요 경영사항에 대하여 사실상 영향력을 행사하고 있는 개인 및 그와 제1호 각 목의 관계에 있는 자 또는 단체(계열회사는 제외)와 그 이사·집행 임원·감사
   라. 본인이 단독으로 또는 본인과 가목부터 다목까지의 관계에 있는 자와 합하여 30% 이상을 출자 하거나 그 밖에 이사·집행임원·감사의 임면 등 단체의 주요 경영사항에 대하여 사실상 영향력을 행사하고 있는 경우 해당 단체와 그 이사·집행임원·감사

Ⅵ. 금융정보분석원 고시

가상자산사업자는 의심거래보고 및 고액현금거래보고에 따른 보고의무 이행 등을 위하여 앞의 제1호부터 제5호까지에 준하는 조치로서 투명한 가상자산 거래를 위해 금융정보분석원장이 정하여 고시하는 조치를 하여야 한다(법8, 영10의20(6)).

앞의 제6호에서 "금융정보분석원장이 정하여 고시하는 조치"란 다음의 조치를 말한다(감독규정28).

1. 자신의 고객과 다른 가상자산사업자의 고객 간 가상자산의 매매·교환을 중개하지 않을 것. 다만, 다른 가상자산사업자가 국내 또는 해외에서 인가·허가·등록·신고 등("인허가등")을 거쳐 자금세탁방지 의무를 이행하는 가상자산사업자이며, 가상자산사업자가 자신의 고객과 거래한 다른 가상자산사업자의 고객에 대한 정보를 확인할 수 있는 경우에는 중개할 수 있으며, 이 경우 다음 각 목의 사항을 이행해야 한다.
   가. 다른 가상자산사업자가 해외에서 인허가등을 받은 경우 외국 정부가 발행한 인허가등의 증표 사본을 금융정보분석원장에게 제출할 것
   나. 자신의 고객과 거래한 다른 가상자산사업자의 고객에 대한 정보를 매일 확인·기록해야 하며, 그 확인 절차 및 방법을 금융정보분석원장에게 사전에 제출할 것
2. 가상자산이 하나의 가상자산주소에서 다른 가상자산주소로 이전될 때 전송기록이 식별될 수 없도록 하는 기술이 내재되어 가상자산사업자가 전송기록을 확인할 수 없는 가상자산 인지를 확인해야 하며, 이를 알게 된 경우 해당 가상자산을 취급하지 않도록 관리할 것

제3절 위반시 제재

법 제8조를 위반하여 조치를 하지 아니한 자에게는 1억원 이하의 과태료를 부과한다(법20③(3)).

특정금융거래정보의 제공 등

제 1 장

외국환거래자료 등의 통보

제1절 통보주체

한국은행 총재, 세관의 장, 외환정보집중기관의 장(영11①)은 외국환거래법 제17조[1])에 따른 신고에 관련된 자료와 같은 법 제21조[2])에 따른 통보에 관련된 자료를 금융정보분석원장에게 통보하여야 한다(법9①).

---

1) 제17조(지급수단 등의 수출입 신고) 기획재정부장관은 이 법의 실효성을 확보하기 위하여 필요하다고 인정되어 대통령령으로 정하는 경우에는 지급수단 또는 증권을 수출 또는 수입하려는 거주자나 비거주자로 하여금 그 지급수단 또는 증권을 수출 또는 수입할 때 대통령령으로 정하는 바에 따라 신고하게 할 수 있다.

2) 제21조(국세청장 등에게의 통보 등) ① 다른 법률에도 불구하고 기획재정부장관은 이 법을 적용받는 거래, 지급, 수령, 자금의 이동 등에 관한 자료를 국세청장, 관세청장, 금융감독원장 또는 한국수출입은행장에게 직접 통보하거나 한국은행총재, 외국환업무취급기관등의 장, 세관의 장, 그 밖에 대통령령으로 정하는 자로 하여금 국세청장, 관세청장, 금융감독원장 또는 한국수출입은행장에게 통보하도록 할 수 있다.
② 기획재정부장관은 대통령령으로 정하는 자에게 이 법을 적용받는 거래, 지급, 수령, 자금의 이동 등에 관한 자료를 신용정보법 제25조에 따른 신용정보집중기관에 제공하도록 할 수 있다.

제2절 통보대상 자료

통보대상 자료의 범위는 ⅰ) 외국환거래법 제17조의 규정에 의하여 지급수단등의 수출입에 대하여 한국은행총재가 허가를 하거나 세관의 장이 신고를 받은 자료(제1호), ⅱ) 외국환거래법 제21조의 규정에 의하여 외환정보집중기관의 장에게 집중된 자료 중 금융정보분석원의 업무수행에 필요한 자료로서 외환정보집중기관의 장이 기획재정부장관과 협의하여 정하는 자료(제2호)이다(법9②, 영11②).

제3절 통보절차

한국은행총재, 세관의 장 및 외환정보집중기관의 장은 외국환거래 자료를 매월별로 다음 달 10일까지 전자문서에 의하여 금융정보분석원장에게 통보하여야 한다(법9②. 영11③ 본문). 다만, 금융정보분석원장이 한국은행총재, 세관의 장 및 외환정보집중기관의 장과 각각 협의하여 통보시기·방법 등을 따로 정하는 경우에는 그 정하는 바에 의한다(법9②. 영11③ 단서).

제 2 장

수사기관 등에 대한 정보 제공

제1절 특정형사사건의 수사등에 필요한 특정금융거래정보의 제공

Ⅰ. 의의

　　금융정보분석원은 조세탈루 혐의 확인을 위한 조사업무, 조세체납자에 대한 징수업무에 필요하다고 인정되는 경우 국세청 등에 특정금융거래정보를 제공하고 있다. 조세탈루 혐의의 대부분은 차명계좌와 현금거래를 통해 자금의 흐름를 단절시키고, 정상적인 거래형태를 가장하는 등의 자금세탁 과정을 거치거나 지능적인 금융거래를 동반하는 경우가 다수 있으며, 사업자들의 자금회전 거래, 대표자의 회사자금 무단유출과 같은 의심거래가 많기 때문에 심사분석시 조세탈루 혐의 관련 제공 비중이 높은 것으로 보인다.

　　또한 심사분석2과는 불법재산·자금세탁행위 등과 관련된 관세범칙사건 조사, 관세탈루혐의 조사, 관세체납자 징수, 법령을 위반한 국외재산도피 혐의 조사에 필요하다고 인정되는 특정금융거래정보의 심사분석을 주로 담당하고 있다. 가상자산의 익명성을 이용하여 국내-해외거래소 간 차익(김치 프리미엄)을 노친 환치기 범죄와 더불어 허위무역서류를 이용한 불법송금, 관세포탈, 밀수입 물품의 차액대금을 가상자산으로 송금하는 등 가상자산이 관세·외환분야 자금세탁 범죄의 수단으로 악용되고 있으며, 이와 관련된 STR보고 또한 지속적으로 증가하는 추세를 보이고 있다.

　2021년 경찰청에 제공된 특정금융거래정보의 유형을 살펴보면, 사행행위(도박개장, 상습도박, 게임물이용도박) 혐의로 제공된 정보가 약 26%, 사기·횡령·배임과 범죄수익은닉 등 재산범죄 혐의로 제공된 정보가 약 26%로 2가지 유형이 전체의 절반 이상으로 차지하는 것으로 알려졌다.

Ⅱ. 제공 사유 및 제공대상 기관

　금융정보분석원장은 불법재산·자금세탁행위 또는 공중협박자금조달행위와 관련된 형사사건의 수사, 조세탈루혐의 확인을 위한 조사업무, 조세체납자에 대한 징수업무, 관세 범칙사건 조사, 관세탈루혐의 확인을 위한 조사업무, 관세체납자에 대한 징수업무 및 정치자금법 위반사건의 조사, 금융감독업무 또는 테러위험인물에 대한 조사업무("특정형사사건의 수사등")에 필요하다고 인정되는 경우에는 "특정금융거래정보"인 ⅰ) 의심거래보고 또는 고액현금거래보고에 따라 금융회사등이 보고한 정보 중 특정형사사건의 수사등과의 관련성을 고려하여 대통령령으로 정하는 정보(제1호), ⅱ) 외국금융정보분석기구로부터 제공받은 정보 중 특정형사사건의 수사등과의 관련성을 고려하여 대통령령으로 정하는 정보(제2호), ⅲ) 앞의 제1호 및 제2호의 정보 또는 법 제4조의2 및 법 제9조(외국환거래자료 등의 통보)에 따라 보고·통보받은 정보를 정리하거나 분석한 정보(제3호)를 검찰총장, 행정안전부장관(지방세기본법에 따른 지방자치단체의 장에게 제공하기 위하여 필요한 경우에 한정), 고위공직자범죄수사처장, 국세청장, 관세청장, 중앙선거관리위원회, 금융위원회 또는 국가정보원장에 제공한다(법10①).

　아래서는 제공대상 정보인 위 제1호 및 제2호의 "대통령령으로 정하는 정보"를 살펴본다.

Ⅲ. 제공대상 정보

위의 제1호 및 제2호에서 "대통령령으로 정하는 정보"란 불법재산·자금세탁행위 또는 공중협박자금조달행위와 관련된 정보로서 다음의 구분에 따른 정보를 말한다(영11의2).

1. 검찰 및 고위공직자범죄수사처 제공 정보

검찰총장 및 고위공직자범죄수사처장에게 제공하는 정보는 형사사건의 수사에 필요하다고 인정되는 정보를 말한다(법10①(1)).

2. 행정안전부 및 국세청 제공 정보

행정안전부장관 및 국세청장에게 제공하는 정보는 다음의 정보를 말한다(법10①(2)).

가. 조세탈루혐의 확인을 위한 조사업무에 필요하다고 인정되는 정보로서 다음의 어느 하나에 해당하는 정보
　　1) 의심되는 거래 보고에 따라 보고된 정보(조세탈루혐의와 관련된 정보로 한정)의 내용과 고액현금거래에 따라 보고된 정보의 내용이 중복되거나 밀접하게 관련되는 경우의 해당 정보
　　2) 매출액이나 재산·소득 규모에 비추어 현금거래의 빈도가 높거나 액수가 과다하여 조세탈루의 의심이 있는 경우의 해당 정보
　　3) 역외탈세(域外脫稅)의 우려가 있는 경우의 해당 정보
　　4) 그 밖에 조세탈루의 우려가 있는 경우로서 행정안전부장관 및 국세청장이 혐의를 제시하는 경우의 해당 정보
나. 조세체납자에 대한 징수업무에 필요하다고 인정되는 정보

3. 관세청 제공 정보

관세청장에게 제공하는 정보는 다음의 정보를 말한다(법10①(3)).

가. 관세 범칙사건 조사 또는 관세탈루혐의 확인을 위한 조사업무에 필요하다고

인정되는 정보로서 다음의 어느 하나에 해당하는 정보

1) 의심되는 거래 보고에 따라 보고된 정보(관세탈루혐의와 관련된 정보로 한정)의 내용과 고액현금거래 보고에 따라 보고된 정보의 내용이 중복되거나 밀접하게 관련되는 경우의 해당 정보

2) 수출입 규모에 비추어 현금거래의 빈도가 높거나 액수가 과다하여 관세탈루의 의심이 있는 경우의 해당 정보

3) 외국환거래법 위반 등 불법적인 외국환거래가 의심되는 경우의 해당 정보

4) 그 밖에 관세탈루의 우려가 있는 경우로서 관세청장이 협의를 제시하는 경우의 해당 정보

나. 관세체납자에 대한 징수업무에 필요하다고 인정되는 정보

4. 중앙선거관리위원회 제공 정보

중앙선거관리위원회에 제공하는 정보는 정치자금법 위반사건의 조사에 필요하다고 인정되는 정보를 말한다(법10①(4)).

5. 금융위원회 제공 정보

금융위원회에 제공하는 정보는 금융감독 업무에 필요하다고 인정되는 정보를 말한다(법10①(5)).

6. 국가정보원 제공 정보

국가정보원장에게 제공하는 정보는 테러위험인물에 대한 조사업무에 필요하다고 인정되는 정보를 말한다(법10①(6)).

제2절 불법재산 등과 관련된 형사사건의 수사에 필요한 정보의 경찰청 제공

금융정보분석원장은 불법재산·자금세탁행위 또는 공중협박자금조달행위와 관련된 형사사건의 수사에 필요하다고 인정하는 경우에는 범죄수익의 금액, 범죄의 종류 및 죄질, 관련자의 신분, 수사의 효율성 등을 고려하여 금융정보분석

원장이 검찰총장, 경찰청장 및 해양경찰청장과 협의하여 정한 기준에 따른 특정
금융거래정보를 경찰청장, 해양경찰청장에게 제공한다(법10②, 영12).

제3절 특정금융거래정보 제공 요구

Ⅰ. 검찰총장등의 정보제공 요구

검찰총장, 고위공직자범죄수사처장, 경찰청장, 해양경찰청장, 행정안전부장
관, 국세청장, 관세청장, 중앙선거관리위원회, 금융위원회, 국가정보원장("검찰총
장등")은 특정형사사건의 수사등을 위하여 필요하다고 인정하는 경우에는 대통령
령으로 정하는 바에 따라 금융정보분석원장에게 법 제10조 제1항 제3호에 규정
된 정보의 제공을 요구할 수 있다(법10④).

Ⅱ. 정보제공 요구 방법

검찰총장등은 특정금융거래정보의 제공을 요구하는 경우에는 대상자의 인
적사항, 사용 목적, 요구하는 정보의 내용, 범죄혐의와 조세탈루혐의 등 정보의
필요성과 사용 목적과의 관련성을 적은 문서로 하여야 한다(법10⑤).

이에 따라 검찰총장등이 특정금융거래정보의 제공을 요구하는 때에는 대상
자의 인적사항, 사용 목적, 요구하는 정보의 내용, 범죄혐의와 조세탈루혐의 등
정보의 필요성과 사용 목적과의 관련성을 적은 문서를 직접 금융정보분석원장에
게 제출해야 한다(영13 본문). 다만, 긴급을 요하는 경우에는 우편·팩스 또는 전
자문서의 방법으로 제출할 수 있다(영13 단서).

Ⅲ. 제공 방법 위반시 거부

금융정보분석원의 소속 공무원은 문서 기재사항을 기재하지 아니하고 특정
금융거래정보의 제공을 요구받은 경우에는 이를 거부하여야 한다(법10⑥).

제4절 특정금융거래정보 제공 기록의 보존

금융정보분석원장은 특정금융거래정보를 제공하였을 때에는 ⅰ) 심사분석 및 제공과정에 참여한 금융정보분석원 직원(담당자 및 책임자)의 직위 및 성명(제1호) ⅱ) 특정금융거래정보를 제공받은 기관의 명칭 및 제공일자(제2호), ⅲ) 특정금융거래정보를 수령한 공무원(담당자 및 책임자)의 소속 기관, 직위 및 성명(제3호), ⅳ) 요구한 특정금융거래정보의 내용 및 사용목적(제4호), ⅴ) 제공된 특정금융거래정보의 내용 및 제공사유(제5호), ⅵ) 명의인에게 통보한 날(제6호), ⅶ) 통보를 유예한 경우 통보유예를 한 날, 사유, 기간 및 횟수(제7호)를 문서 또는 전산정보처리조직에 의하여 금융정보분석원장이 정하는 표준양식으로 그 제공한 날부터 5년간 기록·보존하여야 한다(법10⑦).

제5절 특정금융거래정보 제공 절차

Ⅰ. 정보분석심의회의 설치

금융정보분석원장 소속으로 정보분석심의회("심의회")를 두고, 금융정보분석원장은 특정금융거래정보를 검찰총장등에게 제공하는 경우에는 심의회의 심의를 거쳐 제공한다(법10⑧).

Ⅱ. 구성

심의회는 금융정보분석원장과 심사분석 총괄책임자를 포함한 금융정보분석원 소속 공무원 3명으로 구성하되, 금융정보분석원장과 심사분석 총괄책임자를 제외한 1명은 대통령령으로 정하는 자격을 가진 사람으로 한다(법10⑨).

심의회의 위원장은 금융정보분석원장이 되고, 위원은 ⅰ) 심사분석 총괄책임자(제1호), ⅱ) 10년 이상의 판사 경력을 가진 사람 중에서 대법원장이 추천하는 사람으로서 금융정보분석원장이 채용한 사람(제2호)이 된다(영13의2①).

Ⅲ. 운영

그 밖에 정보분석심의회의 심의절차 및 운영 등에 대하여는 금융정보분석원 업무의 독립성과 중립성을 고려하여 대통령령으로 정한다(법10⑩).

1. 회의 소집

위원장은 심의회의 회의를 소집하며, 그 의장이 된다(영13의2②).

2. 위원장의 직무대리

위원장이 ⅰ) 전보, 퇴직, 해임 또는 임기 만료 등으로 후임자가 임명될 때까지 해당 직위가 공석인 경우(제1호), ⅱ) 휴가, 출장 또는 결원 보충이 없는 휴직 등으로 일시적으로 직무를 수행할 수 없는 경우(제2호)에 해당하는 사유로 직무를 수행할 수 없을 때에는 위원 중에서 위원장이 미리 지명한 위원이 그 직무를 대리한다(영13의2③).

3. 의결정족수

심의회의 회의는 위원장을 포함한 재적위원 과반수의 찬성으로 의결한다(영13의2④).

4. 비공개 회의

심의회의 회의는 비공개로 한다(영13의2⑤).

5. 간사

심의회의 사무를 처리하기 위하여 간사 1명을 두며, 간사는 금융정보분석원 소속 공무원 중에서 위원장이 지명한다(영13의2⑥).

6. 세부사항

심의회의 운영 등에 필요한 세부사항은 위원장이 정한다(영13의2⑦).

제6절 특정금융거래정보 제공대상 기관의 조치

Ⅰ. 행정안전부, 국세청 및 관세청의 조치

　　행정안전부장관, 국세청장 및 관세청장은 금융정보분석원장으로부터 특정
금융거래정보를 제공받아 조세·관세 탈루사건 조사 및 조세·관세 체납자에 대
한 징수업무에 활용한 경우에는 1년 이내에 금융실명법 제4조 제1항에 따라 금
융회사등에 해당 거래정보 등의 제공을 요구하여야 한다(법10⑪).

Ⅱ. 검찰총장등의 조치

　　검찰총장등은 제공받은 특정금융거래정보의 보존·관리에 관한 기준을 마련
하고 이를 금융정보분석원장에게 통지하여야 한다(법10⑫).

제7절 위반시 제재

　　법 제12조 제1항을 위반하여 제10조 제8항의 정보분석심의회에서 알게 된
사항을 다른 사람에게 제공 또는 누설하거나 그 목적 외의 용도로 사용한 자 또
는 이를 제공할 것을 요구하거나 목적 외의 용도로 사용할 것을 요구한 자는 5년
이하의 징역 또는 5천만원 이하의 벌금에 처한다(법16(3)).

제 3 장

특정금융거래정보 제공사실의 통보

제1절 통보 의무 및 기간

금융정보분석원장은 고액현금거래 보고에 금융회사등이 보고한 정보(법 제 10조 제1항 제3호에 해당하는 정보는 제외)를 검찰총장등에게 제공한 경우에는 제공한 날(통보를 유예한 경우에는 통보유예의 기간이 끝난 날)부터 10일 이내에 제공한 거래정보의 주요 내용, 사용 목적, 제공받은 자 및 제공일 등을 명의인에게 금융정보분석원장이 정하는 표준양식으로 통보하여야 한다(법10의2①).

제2절 통보유예

I. 통보유예 사유

금융정보분석원장은 검찰총장등으로부터 ⅰ) 해당 통보가 사람의 생명이나 신체의 안전을 위협할 우려가 있는 경우(제1호), ii) 해당 통보가 증거인멸, 증인 위협 등 공정한 사법절차의 진행을 방해할 우려가 명백한 경우(제2호), iii) 해당 통보가 질문·조사 등의 행정절차의 진행을 방해하거나 과도하게 지연시킬 우려가 명백한 경우(제3호)에 해당하는 사유로 통보의 유예를 서면으로 요청받은 경우에는 6개월의 범위에서 통보를 유예하여야 한다(법10의2②).

Ⅱ. 통보유예 요청기간 동안의 통보유예

금융정보분석원장은 검찰총장등이 통보유예 사유가 지속되고 있음을 제시하고 통보의 유예를 서면으로 반복하여 요청하는 경우에는 요청받은 날부터 2회에 한정하여(통보유예 사유 중 제1호에 해당하는 해당 통보가 사람의 생명이나 신체의 안전을 위협할 우려가 있는 경우는 제외) 매 1회 3개월의 범위에서 유예요청기간 동안 통보를 유예하여야 한다(법10의2③).

제3절 관계 행정기관에 대한 자료 제공 요청

금융정보분석원장은 명의인에게 통보하기 위하여 필요한 경우에는 관계 행정기관 등의 장에게 그 이용 목적을 분명하게 밝힌 문서로 i) 주민등록법 제30조 제1항[1])에 따른 주민등록전산정보자료(제1호), ii) 사업장 소재지 등 사업자에 관한 기본사항(제2호)의 제공을 요청할 수 있다(법10의2④).

---

1) ① 주민등록표에 기록된 주민등록 사항에 관한 주민등록전산정보자료("전산자료")를 이용 또는 활용하려는 자는 관계 중앙행정기관의 장의 심사를 거쳐 행정안전부장관의 승인을 받아야 한다. 다만, 대통령령으로 정하는 경우에는 관계 중앙행정기관의 장의 심사를 필요로 하지 아니한다.

* 고액현금거래 정보 제공사실 통보서

① 통보서 양식

고액현금거래 정보의 제공사실 통보서

_____ 귀하

귀하의 고액 현금거래 내역이 「특정 금융거래정보의 보고 및 이용 등에 관한 법률」 제10조의2 제1항에 따라 아래와 같이 제공되었음을 통보하오니 양지하시기 바랍니다.

- 법적 근거 : 「특정 금융거래정보의 보고 및 이용 등에 관한 법률」 제10조의2 제1항
- 정보 제공 내용 : 고액 현금거래 내역
- 정보 사용 목적 : 체납액 징수업무에 활용
  (자세한 사항은 아래의 정보요청, 제공기관에 문의 가능)
- 정보 요청 기관 : 국세청 징세법무국 징세과(FAX 02-397-1692, 1695)
- 정보 제공 기관 : 금융정보분석원 심사분석1과(FAX 02-2156-9971, 9976)

고액 현금거래 보고 제도(Surrency Transaction Reporting System)

☞ 금융회사 등은 동일인이 하루에 1천만원 이상의 현금 거래를 하는 경우, 이를 금융정보분석원(KoFIU)에 보고하여야 합니다. 2013년 「특정 금융거래정보의 보고 및 이용 등에 관한 법률」 개정에 따라, 금융정보분석원은 과세목적 활용 등을 위해 국세청 또는 관세청의 요청이 있는 경우, 해당 기관에 고액 현금거래 정보를 제공하고 있습니다.

- 정보 제공 일자 : 202× ×월 ×일

202× ×월 ×일

금융정보분석원

---

② Q&A

Q1. 금융정보분석원으로부터 고액현금거래 정보 제공 사실 통보를 받았습니다. 무엇인가요?

A1. 고객님이 1일 동안, 동일 금융회사에서 1천만원 이상 현금 거래시(입/출금 각각), 해당 사실이 금융정보분석원으로 자동 보고가 됩니다.

　　금융정보분석원은 이러한 정보를 특정 국가기관의 업무상 요청에 의해 제공할 수 있으며, 제공사실에 대해 고객님에게 통지하도록 되어 있습니다.

　　고객님께서 이번에 받으신 안내문은 금융정보분석원에서 고객님의 고액현금거래 정보를 해당 기관으로 제공하였다는 사실을 통지 받으신 것입니다.

　　Q2. 고객의 동의없이 정보제공이 가능한가요? 관련 근거는 무엇인가요?

　　A2. 특정금융정보법 제10조2 에서 이러한 사항들을 규정하고 있습니다.

　　Q3. 어떠한 정보가, 어떻게 제공되는지 확인해 주십시오(관련자료 요청)

　　A3. 정보의 제공은 금융정보분석원에서 각 해당 기관의 요청에 의해 이루어지는 것으로 정보제공의 형식이나 내용 등에 대해 은행에서는 알 수가 없으며, 자료도 제공해 드릴 수가 없습니다. 자세한 내용은 받으신 통보서상의 금융정보분석원 또는 정보를 요청한 기관으로 문의하셔야 합니다.

제 4 장

외국금융정보분석기구와의 정보 교환

제1절 상호주의 원칙

금융정보분석원장은 특정금융정보법에 따른 목적을 달성하기 위하여 필요하다고 인정하는 경우에는 외국금융정보분석기구에 상호주의 원칙에 따라 특정금융거래정보를 제공하거나 이와 관련된 정보를 제공받을 수 있다(법11①).

제2절 정보제공 요건

금융정보분석원장이 외국금융정보분석기구에 특정금융거래정보를 제공하려면 ⅰ) 외국금융정보분석기구에 제공된 특정금융거래정보가 제공된 목적 외의 다른 용도로 사용되지 아니하여야 하고(제1호), ⅱ) 특정금융거래정보 제공 사실의 비밀이 유지되어야 하며(제2호), ⅲ) 외국금융정보분석기구에 제공된 특정금융거래정보가 금융정보분석원장의 사전 동의 없이는 외국의 형사사건의 수사나 재판에 사용되지 아니하여야(제3호) 한다는 요건을 모두 충족하여야 한다(법11 ②).

제3절 외국의 요청과 법무부장관의 동의

금융정보분석원장은 외국으로부터 요청을 받은 경우에는 법무부장관의 동의를 받아 제공한 특정금융거래정보를 그 요청과 관련된 형사사건의 수사나 재판에 사용하는 것에 동의할 수 있다(법11③).

제 5 장

금융거래정보의 비밀보장 등

제1절 비밀보장 대상자

다음의 어느 하나에 해당하는 자, 즉 ⅰ) 금융정보분석원 소속 공무원(제1호), ⅱ) 금융정보분석원의 전산시스템(특정금융거래정보의 처리를 위한 전산시스템)의 관리자 및 해당 전산시스템 관련 용역 수행자(제2호), ⅲ) 중계기관에 종사하는 사람(제3호), ⅳ) 수취 금융회사에 종사하는 사람(제3의2호), ⅴ) 법 제10조에 따라 제공된 특정금융거래정보와 관련된 특정형사사건의 수사등에 종사하는 사람(제4호), ⅵ) 법 제15조 제1항 및 제6항에 따른 감독 및 검사를 한 자(제5호), ⅶ) 법 제10조 제9항에 따라 정보분석심의회에 참여하거나 정보분석심의회의 업무에 종사하게 된 사람(제6호)은 그 직무와 관련하여 알게 된 특정금융거래정보, 제5조의3에 따라 제공받은 정보, 제13조(자료 제공의 요청 등)에 따라 제공받은 정보 또는 자료, 제15조(금융회사등의 감독·검사 등) 제7항에 따라 제공받은 정보 및 제10조(수사기관 등에 대한 정보 제공) 제8항의 정보분석심의회에서 알게 된 사항을 다른 사람에게 제공 또는 누설하거나 그 목적 외의 용도로 사용하여서는 아니 된다(법12①).

제2절 비밀보장 대상정보

누구든지 앞의 법 제12조 제1항 각 호의 어느 하나에 해당하는 자에게 특정 금융거래정보, 제5조의3(전신송금 시 정보제공)에 따라 제공받은 정보, 법 제13조에 따라 제공받은 정보 또는 자료 및 제15조 제7항에 따라 제공받은 정보를 제공할 것을 요구하거나 목적 외의 다른 용도로 사용할 것을 요구하여서는 아니된다(법12②).

제3절 재판상 증거 사용 제한

법 제10조(수사기관 등에 대한 정보 제공)에 따라 제공된 특정금융거래정보는 재판에서 증거로 할 수 없다(법12③).

제4절 의심거래보고 종사자의 증언거부

의심거래보고에 따른 보고에 관여한 금융회사등의 종사자는 제16조(벌칙) 및 제17조(벌칙)와 관련된 재판을 제외하고는 그 보고와 관련된 사항에 관하여 증언을 거부할 수 있다(법12④ 본문). 다만, 중대한 공익상의 필요가 있는 경우에는 그러하지 아니하다(법12④ 단서).

제5절 위반시 제재

법 제12조 제1항을 위반하여 직무와 관련하여 알게 된 특정금융거래정보를 다른 사람에게 제공 또는 누설하거나 그 목적 외의 용도로 사용한 자(제2호), 법 제12조 제1항을 위반하여 제10조 제8항의 정보분석심의회에서 알게 된 사항을 다른 사람에게 제공 또는 누설하거나 그 목적 외의 용도로 사용한 자 또는 이를 제공할 것을 요구하거나 목적 외의 용도로 사용할 것을 요구한 자(제3호)는 5년 이하의 징역 또는 5천만원 이하의 벌금에 처한다(법16(2)(3)).

제6장

특정금융거래정보 등의 보존 및 폐기

제1절 특정금융거래정보 등의 보존의무

금융정보분석원장은 특정금융거래정보, 제5조의3(전신송금 시 정보제공)·제9조(외국환거래자료 등의 통보)·제13조(자료 제공의 요청 등)·제15조(금융회사등의 감독·검사 등) 제7항에 따라 제공받거나 통보받은 정보 또는 자료("정보등")를 다른 법령에도 불구하고 대통령령으로 정하는 바에 따라 기간을 정하여 보존하여야 한다(법12의2①).

I. 보존 기간

금융정보분석원장이 정보등을 보존해야 하는 기간은 다음의 구분에 따른 기간으로 한다(영13의3①).

1. 특정금융거래정보: 25년

2. 법 제5조의3 제2항에 따라 제공받은 정보, 법 제9조에 따라 통보받은 자료, 법 제13조 제 1항에 따라 제공받은 자료 및 같은 조 제3항에 따라 제공받은 금융거래등 관련 정보 또는 자료: 5년. 다만, 해당 자료가 형사사건 등의 수사·조사에 활용될 가능성이 적다고 판단되는 경우 금융정보분석원장은 5년이 지나지 않은 때에도 해당 자료를 폐기할 수 있다.

3. 법 제13조 제2항에 따라 제공받은 신용정보: 5년

4. 법 제15조 제7항에 따라 제공받은 금융거래등의 정보 또는 정보(금융회사등이 의심되는 거래 보고 및 고액현금거래 보고에 따라 보고한 정보): 10년(금융정보분석원장이 감독· 검사를 하는 경우로 한정)

Ⅱ. 보존 기간의 기산일

앞의 보존 기간은 그 정보등을 제공받거나 통보받은 날이 속하는 연도의 다음 연도 1월 1일부터 기산한다(영13의3②).

제2절 특정금융거래정보 등의 폐기 방법 및 절차

Ⅰ. 특정금융거래정보 등의 폐기

1. 보존 기간 경과와 폐기 의무

금융정보분석원장은 보존 기간이 경과된 때에는 공공기록물법에서 정한 절차에 따라 그 정보등을 폐기하여야 한다(법12의2② 본문).

2. 보존 기간 경과와 폐기 제한

특정금융정보법에 따른 목적을 달성하기 위하여 필요하다고 인정하여 대통령령으로 정하는 경우에는 폐기하지 아니한다(법12의2② 단서).

이에 따라 금융정보분석원장은 형사사건 등의 수사·조사 등에 활용될 가능성, 개인정보 보호의 필요성 등을 고려하여 공공기록물법에 따른 절차 외에 금융

정보분석원장이 정하는 절차에 따라 시행령 제13의2 제1항 제2호부터 제4호까지의 규정에 따른 정보등으로서 보존 기간이 끝난 정보등을 폐기할 수 있다(영13의3③).

Ⅱ. 폐기와 복구 또는 재생 제한

금융정보분석원장은 정보등을 폐기하는 때에는 복구 또는 재생되지 아니하도록 조치하여야 한다(법12의2③).

제3절 수탁기관의 보존·관리·폐기에 관한 기준 마련과 통보

법 제15조(금융회사등의 감독·검사 등) 제6항에 따라 업무를 위탁받은 기관("수탁기관")의 장은 금융정보분석원장과 협의하여 같은 조 제7항에 따라 제공받은 금융거래등의 정보 또는 정보(금융회사등이 의심되는 거래 보고 및 고액현금거래 보고에 따라 보고한 정보)의 보존·관리·폐기에 관한 기준을 마련하고, 그 보존·관리·폐기 현황을 매년 금융정보분석원장에게 통보해야 한다(영13의3④).

제 7 장

자료 제공의 요청 등

제1절 제공 요청 자료

금융정보분석원장은 특정금융거래정보(제10조 제1항 제3호의 정보는 제외)나 제4조의2 또는 제9조에 따라 보고·통보받은 정보를 분석하기 위하여 필요한 경우에는 관계 행정기관 등의 장에게 그 이용 목적을 분명하게 밝힌 문서로 ⅰ) 가족관계등록법 제11조 제6항에 따른 등록전산정보자료(제1호), ⅱ) 주민등록법 제30조 제1항에 따른 주민등록전산정보자료(제2호), ⅲ) 형실효법 제5조의2 제2항에 따른 범죄경력자료 및 수사경력자료(제3호), ⅳ) 국민건강보험법 제69조 제5항에 따른 보험료금액에 관한 자료(제3호의2), ⅴ) 사업의 종목, 사업장 소재지 등 사업자에 관한 기본사항으로서 사업자등록 신청에 관한 자료, 휴업·폐업 신고 및 등록사항 변경신고에 관한 자료(제4호＝영14①), ⅵ) 그 밖에 심사·분석을 위하여 필요한 자료로서 대통령령으로 정하는 자료(제5호)(금융거래정보는 제외)의 제공을 요청할 수 있다(법13①). 이에 따른 금융거래정보는 금융실명법 시행령 제6조1)에 규정된 정보 또는 자료를 말한다(영14④).

제5호에 따라 금융정보분석원장이 관계 행정기관 등의 장에게 요청할 수 있는 자료는 [별표 1]과 같다(영14②).

■ 시행령 [별표 1]

금융정보분석원장이 요청할 수 있는 자료(제14조 제2항 관련)

번호	관계 행정기관 등의 장	요청자료명
1	국토교통부장관(국토교통부장관이 해외건설촉진법 시행령 제35조 제1항 제3호에 따라 같은 호의 권한을 해외건설협회에 위탁한 경우에는 해외건설협회의 장을 말한다)	가. 해외건설 촉진법 제13조에 따른 해외공사의 수주활동 및 시공 상황에 관한 자료 나. 공간정보의 구축 및 관리 등에 관한 법률 제76조에 따른 지적전산자료
2	식품의약품안전처장	식품위생법 제37조에 따른 영업의 허가·변경허가 및 등록·변경등록에 관한 자료
3	관세청장	가. 관세법 제241조 제1항에 따른 물품의 수출·수입신고에 관한 자료 나. 수출용 원재료에 대한 관세 등 환급에 관한 특례법 제9조 제1항에 따른 수출용원재료에 대한 관세등의 환급에 관한 자료
4	지방자치단체의 장	가. 공중위생관리법 제3조 제1항에 따른 영업의 신고 및 변경신고에 관한 자료 나. 대부업 등의 등록 및 금융이용자 보호에 관한 법률 제3조, 제3조의2 및 제5조에 따른 대부업등의 등록, 등록갱신, 변경등록 및 폐업신고에 관한 자료 다. 식품위생법 제37조에 따른 영업의 허가·변경허가, 신고·변경신고 및 등록·변경등록에 관한 자료
5	삭제 <2016. 4. 5.>	
6	외국인투자 촉진법 시행령 제40조 제2항 제1호·제2호에 따라 산업통상자원부장관의 권한을 위탁받은	가. 외국인투자 촉진법 제5조 제1항 및 제3항에 따른 외국인투자의 신고 및 변경신고에 관한 자료. 다만, 같은 법 제21조 제1항에 따라 등록을 한 외국인투자기업의 자료로 한정하되, 영업비밀과 관련된 자료는 제외한다.

---

1) 제6조(거래정보등의 범위) 법 제4조 제1항 및 이 영 제5조에 따른 금융거래의 내용에 대한 정보 또는 자료는 특정인의 금융거래사실과 금융회사등이 보유하고 있는 금융거래에 관한 기록의 원본·사본 및 그 기록으로부터 알게 된 것("거래정보등")으로 한다. 다만, 금융거래사실을 포함한 금융거래의 내용이 누구의 것인지를 알 수 없는 것(당해 거래정보등만으로 그 거래자를 알 수 없더라도 다른 거래정보등과 용이하게 결합하여 그 거래자를 알 수 있는 것을 제외)을 제외한다.

	대한무역투자진흥공사의 장(대한무역투자진흥공사의 장이 지정하는 무역관·지사 및 사무소의 장을 포함) 및 외국환은행의 장(외국환은행의 장이 지정하는 지점의 장을 포함)	나. 삭제 <2021. 3. 23.> 다. 외국인투자 촉진법 제21조 제1항에 따른 외국인투자기업의 등록에 관한 자료. 다만, 영업비밀과 관련된 자료는 제외한다.
7	건설산업기본법 시행령 제87조 제1항 제2호에 따라 국토교통부장관의 권한을 위탁받은 기관의 장	건설산업기본법 제23조 제3항에 따른 건설사업자의 전년도 건설공사 실적 및 재무상태에 관한 자료
8	외교부장관	재외국민등록법 제7조에 따른 재외국민등록부 등본
9	고용보험법 시행령 제145조 제2항 제1호에 따라 고용노동부장관의 권한을 위탁받은 근로복지공단의 장	고용보험법 제15조에 따른 피보험자격 취득 등의 신고에 관한 자료
10	대부업 등의 등록 및 금융이용자 보호에 관한 법률 시행령 제11조의3 제2항 제1호 및 제4호에 따라 금융위원회의 업무를 위탁받은 금융감독원장	대부업 등의 등록 및 금융이용자 보호에 관한 법률 제3조, 제3조의2 및 제5조에 따른 대부업등의 등록, 등록갱신, 변경등록 및 폐업신고에 관한 자료
11	그 밖의 관계 행정기관 등의 장	그 밖에 금융정보분석원장이 관계 행정기관 등의 장과 협의하여 필요하다고 인정하는 자료

제2절 신용정보의 제공 요구

금융정보분석원장은 특정금융거래정보의 분석을 위하여 필요한 경우에는 대통령령으로 정하는 바에 따라 신용정보법 제25조에 따른 신용정보집중기관의 장에게 그 이용 목적을 분명하게 밝힌 문서로 신용정보(금융거래정보는 제외)의 제공을 요구할 수 있다(법13②). 이에 따른 금융거래정보는 금융실명법 시행령 제6조에 규정된 정보 또는 자료를 말한다(영14④).

이에 따라 금융정보분석원장은 종합신용정보집중기관에 대하여 서면·팩스 또는 전자문서의 방법에 의하여 신용정보의 제공을 요구할 수 있다(영14③).

제3절 금융거래 등 관련 정보 또는 자료의 요구 방법

금융정보분석원장은 특정금융거래정보를 분석할 때에는 보고받거나 제공받은 사항이 의심되는 거래 보고의 요건에 해당한다고 판단하는 경우에만 ⅰ) 거래자의 인적사항(제1호), ⅱ) 사용 목적(제2호), ⅲ) 요구하는 금융거래등 관련 정보 또는 자료의 내용(제3호)을 적은 문서로 금융회사등의 장에게 외국환거래법에 규정된 외국환업무에 따른 거래를 이용한 금융거래등 관련 정보 또는 자료의 제공을 요구할 수 있다(법13③).

제4절 정보 등의 요청의 최소 원칙

정보 또는 자료 제공의 요청이나 요구는 필요한 최소한으로만 하여야 한다(법13④).

제5절 위반시 제재

법 제13조 제3항의 요건에 해당하지 아니함에도 불구하고 직권을 남용하여 금융회사등이 보존하는 관련 자료를 열람·복사하거나 금융회사등의 장에게 금융거래등 관련 정보 또는 자료의 제공을 요구한 자(제1호), 법 제13조에 따라 제공받은 정보 또는 자료를 다른 사람에게 제공 또는 누설하거나 그 목적 외의 용도로 사용한 자 또는 법 제13조에 따라 제공받은 정보 또는 자료를 제공할 것을 요구하거나 목적 외의 용도로 사용할 것을 요구한 자(제2호)는 5년 이하의 징역 또는 5천만원 이하의 벌금에 처한다(법16(1)(2)).

제
5
편

감독, 검사 및 제재

제 1 장

감 독

제1절 감독 · 명령 · 지시

금융정보분석원장은 금융회사등이 수행하는 업무를 감독하고, 감독에 필요한 명령 또는 지시를 할 수 있다(법15①).

제2절 감독자의 정보 요구

I. 금융거래등의 정보 요구

감독을 하는 자는 감독에 필요한 경우에는 금융회사등의 장에게 금융거래등의 정보나 의심거래보고 및 고액현금거래보고에 따라 보고한 정보를 요구할 수 있다(법15⑦ 전단). 이 경우 정보의 요구는 필요한 최소한에 그쳐야 한다(법15⑦ 후단).

이에 따라 금융회사등의 장에게 금융거래등 정보를 요구하는 경우에는 금융실명법 제4조 제6항 및 제4조의3 제3항을 준용한다(법15⑨).

아래서는 금융실명법 준용규정을 살펴본다.

Ⅱ. 표준양식에 의한 거래정보등의 제공 요구

ⅰ) 감사원법 제27조 제2항(제1호),[1] ⅱ) 정치자금법 제52조 제2항(제2호),[2] ⅲ) 공직자윤리법 제8조 제5항(제3호)[3],[4] ⅳ) 상속세 및 증여세법 제83조 제1항 (제5호),[5] ⅴ) 특정금융정보법 제13조 제3항(제6호),[6] ⅵ) 과세자료법 제6조 제1

---

1) ② 감사원은 감사원법에 따른 회계검사와 감사대상 기관인 금융기관에 대한 감사를 위하 여 필요하면 다른 법률의 규정에도 불구하고 인적 사항을 적은 문서(정보통신망법에 따른 전자문서를 포함)에 의하여 금융기관의 특정 점포에 금융거래의 내용에 관한 정보 또는 자료의 제출을 요구할 수 있으며, 해당 금융기관에 종사하는 자는 이를 거부하지 못한다.

2) ② 각급 선거관리위원회는 정치자금의 수입과 지출에 관한 조사를 위하여 불가피한 경우 에는 다른 법률의 규정에 불구하고 금융기관의 장에게 이 법을 위반하여 정치자금을 주거 나 받은 혐의가 있다고 인정되는 상당한 이유가 있는 자의 다음에 해당하는 금융거래자료 의 제출을 요구할 수 있다. 다만, 당해 계좌에 입·출금된 타인의 계좌에 대하여는 그러하 지 아니하다. 이 경우 당해 금융기관의 장은 이를 거부할 수 없다.
   1. 계좌개설 내역
   2. 통장원부 사본
   3. 계좌이체의 경우 거래상대방의 인적 사항
   4. 수표에 의한 거래의 경우 당해 수표의 최초 발행기관 및 발행의뢰인의 인적 사항

3) ⑤ 공직자윤리위원회는 제1항에 따른 심사를 위하여 금융거래의 내용(신용정보를 포함)에 관한 확인이 필요하다고 인정될 때에는 금융실명법 제4조 및 신용정보법 제33조에도 불 구하고 국회규칙, 대법원규칙, 헌법재판소규칙, 중앙선거관리위원회규칙 또는 대통령령으 로 정하는 기준에 따라 인적사항을 기재한 문서 또는 정보통신망에 의하여 금융기관의 장 에게 금융거래의 내용에 관한 자료 제출을 요구할 수 있으며 그 금융기관에 종사하는 사 람은 이를 거부하지 못한다.

4) 제4호 삭제 [2020. 12. 29. 제17799호(공정거래법)][시행일 2021. 12. 30.]

5) ① 국세청장(지방국세청장을 포함)은 세무서장등이 제76조에 따른 상속세 또는 증여세를 결정하거나 경정하기 위하여 조사하는 경우에는 금융회사등의 장에게 금융실명법 제4조 에도 불구하고 다음의 어느 하나에 해당하는 자의 금융재산에 관한 과세자료를 일괄하여 조회할 수 있다.
   1. 직업, 연령, 재산 상태, 소득신고 상황 등으로 볼 때 상속세나 증여세의 탈루 혐의가 있 다고 인정 되는 자
   2. 제85조 제1항을 적용받는 상속인·피상속인 또는 증여자·수증자("피상속인등")

6) ③ 금융정보분석원장은 특정금융거래정보를 분석할 때에는 보고받거나 제공받은 사항이 제4조 제1항의 요건에 해당한다고 판단하는 경우에만 다음의 사항을 적은 문서로 금융회 사등의 장에게 외국환거래법에 규정된 외국환업무에 따른 거래를 이용한 금융거래등 관 련 정보 또는 자료의 제공을 요구할 수 있다.
   1. 거래자의 인적사항
   2. 사용 목적
   3. 요구하는 금융거래등 관련 정보 또는 자료의 내용

항(제7호)⁷⁾의 규정에 따라 거래정보등의 제공을 요구하는 경우에는 해당 법률의 규정에도 불구하고 금융위원회가 정한 표준양식으로 하여야 한다(금융실명법4⑥). 이에 따라 금융거래정보의 제공 요구서는 [별지 제3호 서식]으로 한다(서식규정4).

Ⅲ. 거래정보등의 제공내용의 기록 · 관리

ⅰ) 감사원법 제27조 제2항(제1호), ⅱ) 정치자금법 제52조 제2항(제2호), ⅲ) 공직자윤리법 제8조 제5항(제3호), ⅳ) 상속세 및 증여세법 제83조 제1항(제5호), ⅴ) 특정금융정보법 제13조 제3항(제6호), ⅵ) 과세자료법 제6조 제1항(제7호)의 규정에 따라 거래정보등의 제공을 요구하는 경우에는 제1항 및 제2항을 적용한다(금융실명법4의3③).

1. 금융거래정보의 요구 및 제공 기록 · 관리

금융회사등은 명의인의 서면상의 동의를 받아 명의인 외의 자에게 거래정보등을 제공한 경우나 금융실명법 제4조 제1항 제1호 · 제2호(조세에 관한 법률에 따라 제출의무가 있는 과세자료 등의 경우는 제외) · 제3호 · 제4호 · 제6호 · 제7호 또는 제8호에 따라 명의인 외의 자로부터 거래정보등의 제공을 요구받거나 명의인 외의 자에게 거래정보등을 제공한 경우에는 ⅰ) 요구자(담당자 및 책임자)의 인적사항, 요구하는 내용 및 요구일(제1호), ⅱ) 사용 목적(명의인의 서면상의 동의를 받아 명의인 외의 자에게 거래정보등을 제공한 경우는 제외)(제1호의2), ⅲ) 제공자(담당자 및 책임자)의 인적사항 및 제공일(제2호), ⅳ) 제공된 거래정보등의 내용(제3호), ⅴ) 제공의 법적 근거(제4호), ⅵ) 명의인에게 통보한 날(제5호), ⅶ) 통보를 유예한 경우 통보유예를 한 날, 사유, 기간 및 횟수(제6호)가 포함된 금융위원회가 정하는 표준양식으로 기록 · 관리하여야 한다(금융실명법4의3①). 이에 따라 금융거래정보의 요구 및 제공 기록관리부는 [별지 제4호 서식]으로 한다(서식규정5).

---

7) ① 국세청장(지방국세청장을 포함)은 명백한 조세탈루(租稅脫漏) 혐의를 확인하기 위하여 필요한 경 우로서 금융거래 관련 정보나 자료("금융거래정보")에 의하지 아니하고는 조세탈루 사실을 확인 할 수 없다고 인정되면 다른 법률의 규정에도 불구하고 금융실명법 제2조 제1호에 따른 금융회 사등("금융회사등")의 장에게 조세탈루의 혐의가 있다고 인정되는 자(법인을 포함)의 금융거래정보 의 제출을 요구할 수 있다. 이 경우 그 목적에 필요한 최소한의 범위에서 금융거래정보의 제출을 요구하여야 한다.

2. 기록 보관 기간

거래정보등을 제공한 날(제공을 거부한 경우에는 그 제공을 요구받은 날)부터 5년간 보관하여야 한다(금융실명법4의3②).

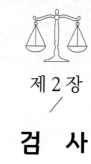

제 2 장
/

검 사

제1절 검사

금융정보분석원장은 그 소속 공무원으로 하여금 금융회사등의 업무를 검사하게 할 수 있다(법15①).

제2절 검사자의 정보 요구와 증표 제시 등

Ⅰ. 검사자의 정보 요구

검사를 하는 자는 검사에 필요한 경우에는 금융회사등의 장에게 금융거래등의 정보나 의심되는 거래 보고 및 고액현금거래 보고에 따라 보고한 정보를 요구할 수 있다(법15⑦ 전단). 이 경우 정보의 요구는 필요한 최소한에 그쳐야 한다(법15⑦ 후단).

이에 따라 금융회사등의 장에게 금융거래등 정보를 요구하는 경우에는 금융실명법 제4조 제6항 및 제4조의3 제3항을 준용한다(법15⑨). 준용규정에 관하여는 앞에서 살펴보았다.

Ⅱ. 검사자의 증표 제시

검사를 하는 자는 그 권한을 표시하는 증표를 지니고 이를 관계인에게 보여주어야 한다(법15⑧).

Ⅲ. 검사 및 조치의 위탁

1. 수탁기관

금융정보분석원장은 대통령령으로 정하는 바에 따라 한국은행총재 또는 금융감독원장이나 과학기술정보통신부장관·행정안전부장관·산업통상자원부장관·중소벤처기업부장관·관세청장·제주특별자치도지사·농업협동조합중앙회장·수산업협동조합중앙회장·산림조합중앙회장·신용협동조합중앙회장 및 새마을금고중앙회장에게 위탁하여 그 소속 직원으로 하여금 검사와 조치를 하게 할 수 있다(법15⑥, 영15②).

이에 따라 금융정보분석원장은 법 제15조 제1항에 따른 검사, 같은 조 제2항 제2호·제3호에 따른 조치와 같은 조 제3항 제1호 다목부터 마목까지 및 같은 조 제3항 제2호에 따른 조치요구에 관한 업무를 다음의 구분에 따라 위탁한다(영15③).

1. 과학기술정보통신부장관: 체신관서
2. 행정안전부장관: 새마을금고중앙회
3. 중소벤처기업부장관: 중소기업창업투자회사 및 벤처투자조합
4. 관세청장: 환전영업자
5. 삭제 [2017. 7. 26. 제28218호(금융위원회와 그 소속기관 직제)]
6. 삭제 [2016. 3. 22. 제27038호(외국환거래법 시행령)]
7. 금융감독원장: 다음의 금융회사등

가. 한국산업은행·한국수출입은행·중소기업은행 및 은행

나. 법 제2조 제1호 마목, 바목 및 카목에 따른 금융회사등(＝투자매매업자, 투자중개업자, 집 합투자업자, 신탁업자, 증권금융회사, 종합금융회사 및 명의개서대행회사, 상호저축은행과 상호저축은행중앙회, 보험회사)

다. 영 제2조 제3호부터 제5호까지, 제7호, 제13호 및 제14호의 규정에 따른 금융회사등(＝투자일임업자, 온라인투자연계금융업자, 여신전문금융회사와 신기술사업투자조합, 금융지주회사, 전자금융업자, 등록한 대부업자 중 같은 법 제9조의7 제1항에 따른 자산규모 이상인 자)

라. 농협은행, 농협생명보험, 농협손해보험 및 수협은행

마. 수산업협동조합중앙회, 신용협동조합중앙회 및 산림조합중앙회

바. 소액해외송금업자

사. 농업협동조합, 수산업협동조합, 산림조합, 신용협동조합(제8호부터 제11호까지의 규정에 따른 수탁기관이 실시한 검사 결과 해당 금융회사등에 대한 추가적인 검사가 필요하다고 금융정보분석원장이 인정하는 경우에 한정)

8. 농업협동조합중앙회장: 농업협동조합
9. 수산업협동조합중앙회장: 수산업협동조합
10. 산림조합중앙회장: 산림조합
11. 신용협동조합중앙회장: 신용협동조합
12. 새마을금고중앙회장: 새마을금고
13. 제주특별자치도지사: 「제주특별자치도 설치 및 국제자유도시 조성을 위한 특별법」 제243조 제1항 또는 제244조 제1항에 따라 허가를 받아 카지노업을 하는 카지노사업자

2. 검사 및 조치 기준의 제정

수탁기관의 장은 위탁받은 업무를 수행하기 위하여 필요한 경우에는 검사 및 검사결과에 따른 조치의 기준·계획·절차 등을 정할 수 있다(영15④ 전단). 이 경우 금융정보분석원장은 검사 및 검사결과에 따른 조치의 기준·계획·절차 등에 적용되는 지침을 정할 수 있으며, 수탁기관의 장은 그 지침에 따라야 한다(영15④ 후단).

3. 검사 및 조치 기준 내용의 통보

수탁기관의 장은 검사 및 검사결과에 따른 조치의 기준·계획·절차 등을 정한 때에는 그 내용을 금융정보분석원장에게 통보하여야 한다(영15⑤).

4. 검사업무 지원

금융정보분석원장은 금융회사등에 대한 검사업무의 효율적인 수행을 위하여 필요한 경우에는 수탁기관의 장과 협의하여 금융정보분석원의 소속 직원으로 하여금 수탁기관의 검사업무에 필요한 지원을 하게 할 수 있다(영15⑥).

5. 검사결과의 통보

수탁기관의 장은 검사를 한 때에는 그 결과(검사에 따른 조치결과를 포함)를 금융정보분석원장에게 통보하여야 한다(영15⑦).

6. 검사수탁기관 협의회

금융정보분석원장은 검사업무의 효율적 운영을 위하여 검사수탁기관의 검사업무 담당 임원 등을 구성원으로 하는 협의회("검사수탁기관 협의회")를 설치·운영한다(검사제재규정29①).

검사수탁기관 협의회는 연 2회 개최한다(검사제재규정29②).

제3절 검사제재규정: 총칙

특정금융정보법 및 동법 시행령과 그 밖의 관련 규정에 의하여 금융회사등이 수행하는 자금세탁행위 및 공중협박자금조달행위 방지 업무에 대한 검사 절차, 검사 결과의 처리 및 제재, 그 밖의 필요한 사항을 정함을 목적으로 「특정 금융거래정보 보고 등에 관한 검사 및 제재규정」(금융정보분석원고시 제2023-2호, 이하 "검사제재규정")이 시행되고 있다.

아래서는 검사제재규정의 내용을 살펴본다.

Ⅰ. 적용범위

검사제재규정은 금융정보분석원장이 특정금융정보법 제15조에 따른 검사, 조치, 조치요구 및 법 제20조에 따라 과태료를 부과하는 경우와 동법 시행령 제15조 제3항에 따라 금융정보분석원장으로부터 검사업무 등을 위탁받은 자("검사 수탁기관의 장")가 법 제15조에 따른 검사, 조치, 조치요구를 하는 경우에 적용한다(검사제재규정2① 본문). 다만, 검사수탁기관의 장이 금융감독원장인 경우에는 제2장(검사 운영) 및 제3장(검사 실시 후 조치)을 적용하지 아니한다(검사제재규정2① 단서).

검사제재규정에서 별도로 정하지 않은 사항은 필요한 범위 내에서 「금융기관 검사 및 제재에 관한 규정」을 준용한다(검사제재규정2② 전단). 이 경우 "금융위원회"는 "금융정보분석원장"으로, "금융감독원장"은 "검사수탁기관의 장"으로 각각 본다(검사제재규정2② 후단).

Ⅱ. 정의

검사제재규정에서 사용하는 용어의 뜻은 다음과 같다(검사제재규정3).

1. 관련 법규

관련 법규란 법, 영 및 「특정 금융거래정보 보고 및 감독규정」("감독규정"), 「자금세탁방지 및 공중협박자금조달금지에 관한 업무규정」("업무규정")을 말한다(검사제재규정3(1)).

2. 관계 행정기관의 장

관계 행정기관의 장이란 금융회사등의 영업에 관한 행정제재처분의 권한을 가진 행정기관의 장을 말한다(검사제재규정3(2)).

3. 제재

제재란 검사결과 등에 따라 금융회사등 또는 그 임직원에 대하여 금융정보분석원장, 검사수탁기관의 장 또는 금융정보분석원장의 요구에 따라 관계 행정기관의 장이 검사제재규정에 따라 취하는 조치를 말한다(검사제재규정3(3)).

4. 검사원

검사원이라 함은 검사수탁기관의 장(금융정보분석원장이 검사 및 제재의 주체인 경우 금융정보분석원장을 포함한다. 이하 제4조 제2항·제3항, 제6조 제1항, 제7조, 제9조 제1항, 제13조제1항·제3항, 제16조 제2항에서 같다)의 명령과 지시에 의하여 검사업무를 수행하는 자를 말한다(검사제재규정3(4)).

Ⅲ. 검사업무의 운영원칙 등

1. 자금세탁행위등 방지와 금융거래 질서 확립

금융회사등에 대한 검사는 금융거래등을 통한 자금세탁행위와 공중협박자금조달행위("자금세탁행위등")를 방지하고 투명한 금융거래 질서를 확립하는데 중점을 두어야 한다(검사제재규정4①).

2. 건의 및 애로사항 수렴

금융정보분석원장 또는 검사수탁기관의 장은 검사업무를 수행하는 과정에서 금융회사등의 임직원과의 면담 등을 통하여 금융회사등의 건의 및 애로사항을 수렴하기 위해 노력하여야 한다(검사제재규정4②).

3. 권익의 부당한 침해 금지

금융정보분석원장 또는 검사수탁기관의 장은 검사업무를 실시함에 있어 금융회사등 및 그 임직원의 권익이 부당하게 침해되지 않도록 노력하여야 한다(검사제재규정4③).

4. 조치의 기준·계획·절차 수립

금융정보분석원장 또는 검사수탁기관의 장은 금융정보분석원장이 정하는 감독·검사 정책의 범위에서 검사 및 검사결과에 따른 조치의 기준·계획·절차 등을 정하여야 한다(검사제재규정4④).

5. 검사업무의 효율성 제고

금융정보분석원장 또는 검사수탁기관의 장은 전항의 규정을 위반하지 않는 범위 내에서 자금세탁행위등의 위험성을 바탕으로 검사자원을 차별적으로 배분함으로써 검사업무의 효율성을 제고하여야 한다(검사제재규정4⑤).

6. 위험성 판단시 반영사항

금융정보분석원장 또는 검사수탁기관의 장이 전항에서 규정한 자금세탁행위등의 위험성을 판단함에 있어서는 다음의 사항을 반영하여야 한다(검사제재규정4⑥).

1. 금융정보분석원 등 행정기관이 국가 차원에서 실시한 자금세탁행위등의 위험과 관련한 평가 내용 및 결과
2. 금융정보분석원이 업무규정 제18조 등 관련 법규에 따라 금융회사등에 대하여 실시한 자금세탁행위등의 위험과 관련한 평가 내용 및 결과
3. 금융회사등이 업무규정 제19조 등 관련 법규에 따라 자체적으로 실시한 자금세탁행위등의 위험과 관련한 평가 내용 및 결과
4. 그 밖에 금융정보분석원장 또는 검사수탁기관의 장이 필요하다고 인정한 사항

7. 고위험 업권 및 분야 검사실시 요구

금융정보분석원장은 검사수탁기관의 장에게 자금세탁행위등의 위험도가 높은 것으로 평가되는 업권 및 분야에 대한 검사를 실시할 것을 요구할 수 있다(검사제재규정4⑦ 전단). 이 경우 검사수탁기관의 장은 특별한 사정이 없는 한 이를 반영하여야 한다(검사제재규정4⑦ 후단).

8. 검사업무 지원

금융정보분석원장은 검사업무의 효율적인 운영을 위하여 필요한 경우 수탁기관의 장과 협의하여 금융정보분석원의 소속 직원으로 하여금 수탁기관의 검사업무에 필요한 지원을 하게 할 수 있다(검사제재규정4⑧).

9. 검사운영의 적정성 점검 및 개선의견 제시

금융정보분석원장은 검사수탁기관의 장이 통보한 검사결과 등을 바탕으로 검사운영의 적정성에 대해 점검할 수 있으며, 검사수탁기관의 장에 대하여 검사운영과 관련된 개선의견을 제시할 수 있다(검사제재규정4⑨ 전단). 이 경우 해당 검사수탁기관의 장은 특별한 사정이 없는 한 이를 검사운영에 반영하여야 한다(검사제재규정4⑨ 후단).

제4절 검사 운영

Ⅰ. 검사원의 권한 및 의무

1. 검사원의 권한

검사원은 검사업무를 수행함에 있어 필요한 경우 ⅰ) 증명서, 확인서, 의견서, 문답서 그 밖에 관계 자료와 물건 등의 제출요구(제1호), ⅱ) 금고, 장부, 물건 그 밖에 보관장소 등의 봉인(제2호), ⅲ) 해당 금융회사등의 관계자에 대한 출석·진술 요구(제3호), ⅳ) 그 밖에 검사상 필요하다고 판단되는 조치(제4호)를 취할 수 있다(검사제재규정5①).

2. 검사원의 의무

검사원은 검사업무와 관련하여 ⅰ) 금융회사등의 임직원으로부터 금품, 그 밖의 이익을 제공받는 행위(제1호), ⅱ) 직무상 알게 된 정보를 타인에게 누설하거나 직무상 목적 외에 이를 사용하는 행위(제2호), ⅲ) 금융회사등 또는 그 임직원의 위법·부당행위(법 제4조, 제4조의2, 제5조, 제5조의2, 제5조의3과 관련된 위법·부당행위)를 고의적으로 은폐하는 행위(제3호)를 하여서는 아니된다(검사제재규정5②).

Ⅱ. 검사실시

1. 금융회사등에 대한 검사실시

금융정보분석원장 또는 검사수탁기관의 장은 관련 법규에 따라 금융회사등에 대한 검사를 실시한다(검사제재규정6①).

2. 연간 검사계획

금융정보분석원장은 매년 연간 감독·검사 정책방향 등을 정하여 검사수탁기관의 장에게 통보하고, 검사수탁기관의 장은 이를 반영한 연간 검사계획(검사의 목적과 범위, 검사 실시기간 등을 포함한 검사계획)을 매년 초 금융정보분석원장에게 통보하여야 한다(검사제재규정6②).

3. 검사실적과 검사계획 통보

검사수탁기관의 장은 매 분기별로 전분기 검사실적(검사대상 금융회사등, 검사결과, 조치사항 등을 포함한 검사실적)과 다음분기 검사계획을 금융정보분석원장에게 통보하여야 한다(검사제재규정6③ 본문). 다만, 금융정보분석원장이 검사수탁기관의 사정상 정기적인 검사가 불가하다고 인정하는 경우 연간 검사계획 및 검사실적으로 갈음할 수 있다(검사제재규정6③ 단서).

Ⅲ. 검사의 사전통지

1. 사전통지의 원칙

금융정보분석원장 또는 검사수탁기관의 장은 검사를 실시하는 경우에는 검사목적 및 검사기간 등이 포함된 검사사전예고통지서를 해당 금융회사등에 검사착수일 1주일전까지 통지하여야 한다(검사제재규정7 본문).

2. 사전통지의 예외

검사의 사전통지에 따라 검사목적 달성이 어려워질 우려가 있는 다음의 어느 하나에 해당하는 경우에는 그러하지 아니하다(검사제재규정7 단서).

1. 사전에 통지할 경우 자료·장부·서류 등의 조작·인멸 등으로 검사목적 달성에 중요한 영향을 미칠 것으로 예상되는 경우
2. 검사 실시 사실이 알려질 경우 투자자 및 예금자 등의 심각한 불안 초래 등금융시장에 미치는 악영향이 클 것으로 예상되는 경우
3. 긴급한 현안사항 점검 등 사전통지를 위한 시간적 여유가 없는 불가피한 경우

Ⅳ. 금융회사등 임직원의 조력을 받을 권리

1. 문답서 및 확인서 작성시 조력을 받을 권리

검사를 받는 금융회사등의 임직원은 문답서 및 확인서 작성시 변호사 또는 전문지식을 갖춘 사람으로서 해당 금융회사등의 준법감시인 등("조력자")의 조력을 받을 수 있다(검사제재규정8①).

2. 진술내용 반영과 검사 기록 관리

검사원은 문답서 및 확인서 작성시 검사를 받는 금융회사등의 임직원과 조력자의 주요 진술내용을 충분히 반영하여 작성하고, 검사 기록으로 관리하여야 한다(검사제재규정8②).

3. 조력을 받을 권리의 사전 안내

검사원은 문답서 및 확인서 작성 전에 검사를 받는 금융회사등의 임직원에게 조력자의 조력을 받을 수 있다는 사실을 안내하여야 한다(검사제재규정8③).

4. 조력자의 문답서 및 확인서 작성 참여 제한

검사원은 조력자가 조력의 범위를 넘는 행위를 하거나 검사를 방해, 지연시킬 우려가 상당한 경우에는 조력자의 문답서 및 확인서 작성 참여를 제한할 수 있다(검사제제규정8④ 전단). 이 경우 검사원은 그 사유를 문답서에 기록 또는 첨부하거나, 확인서에 첨부하여야 한다(검사제재규정8④ 후단).

V. 자료제출 요구 등

1. 정보제공 요구

금융정보분석원장 또는 검사수탁기관의 장은 검사업무를 수행함에 있어 필요한 경우에는 법 제15조 제7항에 따라 금융회사등의 장에게 정보의 제공을 요구할 수 있다(검사제재규정9①).

2. 전자문서의 방법

자료의 제출은 정보통신망(정보통신망법 제2조 제1항 제1호에 따른 정보통신망)을 이용한 전자문서의 방법에 의할 수 있다(검사제재규정9②).

VI. 검사관련 통계관리

금융정보분석원장 또는 검사수탁기관의 장은 금융회사등에 대한 검사실시 상황 및 결과, 정보 및 건의사항 등 검사업무에 필요한 사항을 종합적으로 파악하여 관리하여야 한다(검사제재규정10).

VII. 검사업무의 효율적 수행

검사수탁기관의 장은 전문적이고 효율적인 검사 운영을 위하여 검사원에 대해 관련 법규 및 검사기법에 관한 교육을 연 1회 이상 실시하여야 한다(검사제재규정11 본문). 다만, 검사의 범위 및 횟수, 검사 인력의 전문성 등을 감안하여 금융정보분석원장이 인정한 경우에는 그러하지 아니하다(검사제재규정11 단서).

제5절 검사 실시 후 조치

I. 검사결과의 통보

1. 금융분석원 통보

검사수탁기관의 장은 금융회사등에 대하여 검사를 실시한 경우에는 그 결과를 금융정보분석원장에게 통보하여야 한다(검사제재규정12①).

2. 즉시 통보

검사수탁기관의 장은 시스템 리스크 초래, 금융회사등 건전성의 중대한 저해, 다수 금융소비자 피해 등의 우려가 있다고 판단하는 경우에는 통보와는 별도로 검사 종료 후 지체 없이 그 내용을 금융정보분석원장에게 통보하여야 한다(검사제재규정12②).

II. 검사결과의 통보 및 조치

1. 통보와 조치 또는 조치요구

금융정보분석원장 또는 검사수탁기관의 장은 검사결과를 해당 금융회사등에 통보하고 필요한 조치를 취하거나 해당 금융회사등의 장에게 필요한 조치를 취할 것을 요구할 수 있다(검사제재규정13①).

2. 조치요구사항

검사결과 조치요구사항은 경영유의사항, 지적사항, 현지조치사항으로 구분된다(검사제재규정13②).

(1) 경영유의사항

경영유의사항은 검사결과 금융회사등에 경영상 취약성이 있는 것으로 나타나 경영진의 주의 또는 경영상 조치가 필요한 경우이다(검사제재규정13②(1)).

(2) 지적사항

지적사항은 문책사항, 주의사항, 개선사항으로 구분된다(검사제재규정13②(2)).

(가) 문책사항

문책사항은 금융회사등 또는 그 임직원이 관련 법규를 위반하거나 금융거래 질서를 저해하는 행위를 함으로써 해당 금융회사등의 경영을 위태롭게 하는 행위로서 과태료 부과, 금융회사등 및 임원에 대한 주의적 경고 이상의 제재, 직원에 대한 면직·업무의 정직·감봉·견책에 해당하는 제재의 경우이다(검사제재규정13②(2) 가목).

(나) 주의사항

주의사항은 위법·부당행위가 있었으나 정상참작의 사유가 크거나 위법·부당행위의 정도가 상당히 경미한 경우이다(검사제재규정13②(2) 나목).

(다) 개선사항

개선사항은 규정, 제도 또는 업무운영 내용 등이 불합리하여 그 개선이 필요한 경우이다(검사제재규정13②(2) 다목).

(3) 현지조치사항

현지조치사항은 금융회사등에 대한 검사결과 나타난 위법·부당행위 또는 불합리한 사항 중 그 정도가 경미하여 검사현장에서 시정, 개선 또는 주의조치하는 사항이다(검사제재규정13②(3)).

3. 조치결과의 보고

금융회사등은 조치요구사항에 대하여 특별한 사유가 있는 경우를 제외하고는 ⅰ) 경영유의사항: 6개월 이내(제1호), ⅱ) 지적사항 내지 현지조치사항: 3개월 이내(제2호)에 조치하고, 그 조치결과를 검사수탁기관의 장에게 보고하여야 한다(검사제재규정13③).

제 3 장
/
제 재

제1절 관련 규정

I. 금융회사등에 대한 조치 등

1. 금융회사등에 대한 조치

금융정보분석원장은 검사 결과 특정금융정보법 또는 특정금융정보법에 따른 명령 또는 지시를 위반한 사실을 발견하였을 때에는 해당 금융회사등에 대하여 i) 위반 행위의 시정명령(제1호), ii) 기관경고(제2호), iii) 기관주의(제3호)의 어느 하나에 해당하는 조치를 할 수 있다(법15②).

2. 관계 행정기관에 대한 영업정지 요구

금융정보분석원장은 i) 시정명령을 이행하지 아니한 경우(제1호), ii) 기관경고를 3회 이상 받은 경우(제2호), iii) 그 밖에 고의 또는 중대한 과실로 자금세탁행위와 공중협박자금조달행위를 방지하기 위하여 필요한 조치를 하지 아니한 경우로서 금융회사등이 금융거래등의 상대방 또는 그의 관계자와 공모하여 법

제4조 제1항 또는 제4조의2 제1항·제2항에 따른 보고를 하지 않거나 거짓으로 하여 금융거래 질서를 해치거나 해칠만한 상당한 우려가 있다고 인정되는 경우 (제3호＝영15①)에는 해당 금융회사등의 영업에 관한 행정제재처분의 권한을 가진 관계 행정기관의 장에게 6개월의 범위에서 그 영업의 전부 또는 일부의 정지를 요구할 수 있다(법15④).

이에 따른 요구를 받은 관계 행정기관의 장은 정당한 사유가 없으면 그 요구에 따라야 한다(법15⑤).

II. 임직원에 대한 조치요구

금융정보분석원장은 검사 결과 특정금융정보법 또는 특정금융정보법에 따른 명령 또는 지시를 위반한 사실을 발견하였을 때에는 위반 행위에 관련된 임직원에 대하여 다음의 구분에 따른 조치를 하여 줄 것을 해당 금융회사등의 장에게 요구할 수 있다(법15③).

1. 임원

임원에 대하여는 ⅰ) 해임권고(가목), ⅱ) 6개월 이내의 직무정지(나목), ⅲ) 문책경고(다목), ⅳ) 주의적 경고(라목), ⅴ) 주의(마목)의 어느 하나에 해당하는 조치를 하여 줄 것을 해당 금융회사등의 장에게 요구할 수 있다(법15③(1)).

2. 직원

직원에 대하여는 ⅰ) 면직(가목), ⅱ) 6개월 이내의 정직(나목), ⅲ) 감봉(다목), ⅳ) 견책(라목), ⅴ) 주의(마목)의 어느 하나에 해당하는 조치를 하여 줄 것을 해당 금융회사등의 장에게 요구할 수 있다(법15③(2)).

제2절 검사제재규정: 제재

Ⅰ. 제재의 종류 및 기준

1. 금융회사등에 대한 제재

(1) 제재의 종류 및 사유

검사결과에 따라 금융정보분석원장이 금융회사등에 대하여 취할 수 있는 제재의 종류 및 사유는 다음과 같다(검사제재규정14①).

(가) 시정명령

시정명령은 금융회사등의 관련 법규 위반 행위를 즉시 바로잡을 필요가 있는 경우에 취할 수 있다(검사제재규정14①(1)).

(나) 영업의 전부 정지 요구(6개월 이내)

관계 행정기관의 장에 대한 영업의 전부 정지 요구(6개월 이내)는 ⅰ) 시정명령을 이행하지 아니하여 금융거래질서를 크게 해친 경우(가목), ⅱ) 금융거래등의 상대방 또는 그의 관계자와 공모하여 법 제4조 제1항 또는 제4조의2 제1항·제2항에 따른 보고를 하지 아니하거나 거짓으로 하여 금융거래 질서를 해친 경우(나목), ⅲ) 영업의 전부 또는 일부 정지를 받고도 해당 영업을 계속하거나 동일 또는 유사한 위법행위를 반복하는 경우(다목)에 취할 수 있다(검사제재규정14①(2)).

(다) 영업의 일부 정지 요구(6개월 이내)

관계 행정기관의 장에 대한 영업의 일부 정지 요구(6개월 이내)는 ⅰ) 시정명령을 이행하지 아니하여 금융거래질서를 해친 경우(가목), ⅱ) 금융거래등의 상대방 또는 그의 관계자와 공모하여 법 제4조 제1항 또는 제4조의2 제1항·제2항에 따른 보고를 하지 아니하거나 거짓으로 하여 금융거래질서를 해칠만한 상당한 우려가 있다고 인정되는 경우(나목), ⅲ) 금융회사등이 기관경고를 3회 이상 받은 경우(다목)에 취할 수 있다(검사제재규정14①(3)).

(라) 기관경고

기관경고는 위법·부당행위의 동기 또는 결과가 ⅰ) 위법·부당행위가 해당 금융회사등의 경영방침이나 경영자세에 기인한 경우, ⅱ) 관련점포가 다수이거나 부서 또는 점포에서 위법·부당행위가 조직적으로 이루어진 경우, ⅲ) 위법·부당행위가 금융회사등의 중대한 필요조치 미이행 또는 감독 소홀 등에 기인한 경우, ⅳ) 위법·부당행위가 금융거래자의 금전상 손실을 초래한 경우에 취할 수 있다(검사제재규정14①(4)).

(마) 기관주의

기관주의는 위법·부당행위가 있었으나 정상참작의 사유가 크거나 위반·부당행위의 정도가 상당히 경미한 경우에 취할 수 있다(검사제재규정14①(5).

(2) 조치 건의와 조치

검사수탁기관의 장은 제재의 사유가 있는 경우에는 해당 금융회사등에 대하여 시정명령, 영업의 전부 정지 요구(6개월 이내), 영업의 일부 정지 요구(6개월 이내)에 해당하는 조치를 취할 것을 금융정보분석원장에게 건의하여야 하며, 기관경고 및 기관주의에 해당하는 조치를 취할 수 있다(검사제재규정14②).

2. 임원에 대한 조치요구

(1) 조치요구의 종류와 사유

금융정보분석원장이 검사결과에 따라 금융회사등의 임원에 대하여 해당 금융회사등의 장에게 요구할 수 있는 조치의 종류 및 사유는 다음과 같다(검사제재규정15①).

(가) 해임권고(해임요구 및 개선요구 포함)

해임권고(해임요구 및 개선요구를 포함)는 ⅰ) 고의 또는 중대한 과실로 관련법규를 위반함으로써 금융거래질서를 크게 해치거나 해당 금융회사등의 건전한 운영을 크게 저해한 경우(가목), ⅱ) 고의 또는 중대한 과실로 직무상의 감독 의무를 태만히 하여 금융거래질서를 크게 해치거나 해당 금융회사등의 건전한 운영을 크게 저해한 경우(나목)에 요구할 수 있다(검사제재규정15①(1)).

(나) 직무정지(6개월 이내)

직무정지(6개월 이내)는 ⅰ) 위법·부당행위가 앞의 해임권고 사유(제1호 각목)의 어느 하나에 해당되고 앞의 해임권고에 따른 제재의 효과를 달성하기 위해 필요한 경우(가목), ⅱ) 위법·부당행위가 해임권고 사유(제1호 각 목)의 어느 하나

에 해당되나 정상참작의 사유가 있는 경우(나목)에 요구할 수 있다(검사제재규정15
①(2)).

(다) 문책경고

문책경고는 ⅰ) 관련 법규를 위반하거나 그 이행을 태만히 한 경우(가목),
ⅱ) 관련 법규에 따른 감독의무 이행을 태만히 하여 금융거래질서를 해치거나
해당 금융회사등의 건전한 운영을 저해한 경우(나목)에 요구할 수 있다(검사제재
규정15①(3)).

(라) 주의적 경고

주의적 경고는 위법·부당행위가 앞의 문책 경고 사유(제3호 각 목)의 어느
하나에 해당되나 정상참작의 사유가 있거나 위법·부당행위의 정도가 비교적 가
벼운 경우에 요구할 수 있다(검사제재규정15①(4)).

(마) 주의

주의는 위법·부당행위가 앞의 문책 경고 사유(제3호 각 목)의 어느 하나에
해당되나 정상참작의 사유가 크거나 위법·부당행위의 정도가 상당히 경미한 경
우에 요구할 수 있다(검사제재규정15①(5)).

(2) 조치 건의와 조치요구

검사수탁기관의 장은 금융회사등이 앞의 임원에 대한 조치요구에 해당하는
사유가 있는 경우에는 해당 금융회사등에 대하여 해임권고(해임요구 및 개선요구
를 포함) 또는 직무정지(6개월 이내)에 해당하는 조치를 취할 것을 금융정보분석원
장에게 건의하여야 하며, 문책 경고, 주의적 경고, 주의에 해당하는 조치를 해당
금융회사등의 장에게 요구할 수 있다(검사제재규정15②).

3. 직원에 대한 조치요구

(1) 조치요구의 종류 및 사유

금융정보분석원장이 검사결과에 따라 금융회사등의 직원에 대하여 해당 금
융회사등의 장에게 요구할 수 있는 조치의 종류 및 사유는 다음과 같다(검사제재
규정16①).

(가) 면직

면직은 ⅰ) 고의 또는 중대한 과실로 관련 법규를 위반함으로써 금융거래질

서를 크게 해치거나 해당 금융회사등의 건전한 운영을 크게 저해한 경우(가목), ⅱ) 고의 또는 중대한 과실로 직무상의 감독 의무를 태만히 하여 금융거래질서를 크게 해치거나 해당 금융회사등의 건전한 운영을 크게 저해한 경우(나목)에 요구할 수 있다(검사제재규정16①(1)).

(나) 업무의 정직(6개월 이내)

업무의 정직(6개월 이내)는 위법·부당행위가 앞의 면직사유(제1호 각 목)의 어느 하나에 해당되나 정상참작의 사유가 있거나 위법·부당행위의 정도가 비교적 가벼운 경우에 요구할 수 있다(검사제재규정16①(2)).

(다) 감봉

감봉은 ⅰ) 관련 법규를 위반하거나 그 이행을 태만히 한 경우(가목), ⅱ) 관련 법규에 따른 감독의무 이행을 태만히 하여 금융거래질서를 해치거나 해당 금융회사등에게 중대한 손실을 초래한 경우(나목)에 요구할 수 있다(검사제재규정16①(3)).

(라) 견책

견책은 위법·부당행위가 앞의 감봉사유(제3호 각 목)의 어느 하나에 해당되나 정상참작의 사유가 있거나 위법·부당행위의 정도가 비교적 가벼운 경우에 요구할 수 있다(검사제재규정16①(4)).

(마) 주의

주의는 위법·부당행위가 앞의 감봉사유(제3호 각 목)의 어느 하나에 해당되나 정상참작의 사유가 크거나 위법·부당행위의 정도가 상당히 경미한 경우에 요구할 수 있다(검사제재규정16①(5)).

(2) 면직 등의 조치요구

검사수탁기관의 장은 금융회사등이 직원에 대한 조치요구 사유가 있는 경우 해당 금융회사의 장에게 소속 직원에 대한 면직, 정직, 감봉, 견책 또는 주의 등의 조치를 요구할 수 있다(검사제재규정16②).

4. 미등기 임원에 대한 조치요구

이사·감사 등과 사실상 동등한 지위에 있는 미등기 임원에 대하여는 임원에 대한 조치기준을 준용하여 해당 금융회사의 장에게 요구하는 조치의 양정을 결정하며, 이 경우 해임권고·직무정지·문책 경고·주의적 경고는 각각 면직·업무의 정직·감봉·견책으로 해당 금융회사의 장에게 요구한다(감독규정17).

Ⅱ. 제재의 가중 및 감면

1. 금융회사등에 대한 제재 및 임직원에 대한 조치요구의 감면

(1) 제재 및 조치요구의 감면

금융정보분석원장과 검사수탁기관의 장은 금융회사등에 대한 제재 및 임직원에 대한 조치요구를 함에 있어 사후수습 노력, 공적, 자진신고, 시정 여부 등을 참작하여 감경하거나 면제할 수 있다(검사제재규정19①).

(2) 과태료의 부과와 제재의 감면

금융정보분석원장은 금융회사등에 대하여 과태료를 부과하는 경우 동일한 위법·부당행위에 대한 금융회사등에 대한 제재에 대해서 이를 감경하거나 면제할 수 있다(검사제재규정19②).

2. 금융회사등에 대한 제재의 가중

금융회사등이 최근 3년 이내에 4회 이상 기관주의 이상의 제재를 받고도 관련 법규를 다시 위반한 경우 제재를 1단계 가중할 수 있다(검사제재규정20).

3. 임원에 대한 조치요구의 가중

임원이 최근 3년 이내에 문책경고 또는 2회 이상의 주의적 경고 조치를 받고도 다시 주의적 경고 이상에 해당하는 행위를 한 경우에는 해당 금융회사의 장에게 요구할 수 있는 조치를 1단계 가중할 수 있다(검사제재규정21).

4. 직원에 대한 조치요구의 가중

(1) 조치요구의 1단계 가중

직원이 최근 3년 이내에 2회 이상의 조치를 받고도 다시 위법·부당행위를 하는 경우에는 해당 금융회사의 장에게 요구할 수 있는 조치를 1단계 가중할 수 있다(검사제재규정22①).

(2) 미등기 임원 등에 대한 조치요구의 가중

사실상 이사·감사 등과 동등한 지위에 있는 미등기 임원 등에 대한 조치요구의 가중에 있어서는 검사제재규정 제21조를 준용한다(검사제재규정22②). 따라서 미등기 임원이 최근 3년 이내에 문책경고 또는 2회 이상의 주의적 경고 조치를 받고도 다시 주의적 경고 이상에 해당하는 행위를 한 경우에는 해당 금융회사의 장에게 요구할 수 있는 조치를 1단계 가중할 수 있다(검사제재규정22②, 21).

Ⅲ. 제재절차 등

1. 제재절차

(1) 제재 건의 또는 직접 조치

검사수탁기관의 장은 검사결과 적출된 지적사항에 대하여 조치내용을 결정하여 금융정보분석원장에게 제재를 건의하거나 직접 조치한다(검사제재규정23①).

(2) 제재심의위원회 심의 등과 조치

검사수탁기관의 장이 금융정보분석원장에게 건의한 제재사항에 대하여 금융정보분석원장은 제재심의위원회 심의 등을 거쳐 조치를 결정한다(검사제재규정23② 본문). 다만, 위 심의 결과 검사수탁기관의 장이 직접 조치해야 할 제재의 종류로 결정된 경우에는 검사수탁기관의 장은 그 취지대로 조치한다(검사제재규정23② 단서).

2. 자금세탁방지 제재심의위원회의 설치

(1) 설치

금융정보분석원장은 제재에 관한 사항을 심의하기 위하여 금융정보분석원장 자문기구로서 자금세탁방지 제재심의위원회("심의회")를 설치·운영한다(검사제재규정24①).

(2) 구성

심의회는 다음의 위원으로 구성된다(검사제재규정24②).

1. 금융정보분석원장
2. 금융정보분석원 기획행정실장
3. 금융정보분석원 심사분석실장
4. 정보분석심의위원
5. 다음의 어느 하나에 해당하는 사람 중에서 10인의 범위 내에서 금융정보분석원장이 위촉하는 자
   가. 금융위원회법 제38조에 따른 검사대상기관(이에 상당하는 외국금융회사를 포함), 금융 관계기관·단체에서 준법감시 업무에 합산하여 10년 이상 종사한 경력이 있는 사람
   나. 금융 또는 자금세탁방지·테러자금조달금지 관련 분야의 석사학위 이상의 학위소지자 로서 연구기관 또는 대학에서 연구원 또는 전임강사 이상의 직에 합산하여 5년 이상 근무한 경력이 있는 사람
   다. 변호사의 자격을 가진 자로서 그 자격과 관련된 업무에 합산하여 5년 이상 종사한 경력이 있는 사람
   라. 금융정보분석원, 기획재정부, 금융위원회, 감사원, 금융감독원 및 기타 검사수탁기관에서 합산하여 5년 이상 근무한 경력이 있는 사람

(3) 운영
(가) 소집
금융정보분석원장은 심의회 회의를 소집하고 그 위원장이 된다(검사제재규정 25①).

(나) 심의사항
심의회는 ⅰ) 검사제재규정 제14조부터 제18조에 따른 제재에 관한 사항(제1호), ⅱ) 앞의 제1호에 따라 심의한 사항에 대한 이의신청 사항(제2호), ⅲ) 그 밖에 금융정보분석원장이 정하는 사항(제3호)을 심의한다(검사제재규정25② 본문). 다만, 금융정보분석원장은 조치사항이 경미한 경우 또는 금융정보분석원 소속 공무원이 검사수탁기관의 장이 설치·운영하는 제재심의위원회의 위원인 경우 등 필요하다고 인정하는 때에는 심의회의 심의를 생략할 수 있다(검사제재규정25② 단서).

(다) 개의
심의회 회의는 ⅰ) 검사제재규정 제24조 제2항 제1호 내지 제4호에 따른 위

원 중 2인 이상(제1호), ii) 검사제재규정 제24조 제2항 제5호에 해당하는 자 중 2인 이상(제2호)에 해당하는 자의 출석으로 개의한다(검사제재규정25③).

(라) 의결정족수

심의회 회의는 출석위원 과반수의 찬성으로 의결하되, 가부동수인 경우에는 위원장이 이를 결정한다(검사제재규정25④).

(마) 비공개와 사실의 누설금지

심의회 회의는 외부에 공개하지 아니하며, 심의회 회의에 참석한 자는 심의와 관련하여 알게된 사실을 타인에게 누설하여서는 아니된다(검사제재규정25⑤).

3. 제재 사전통지 및 의견진술기회 부여

(1) 제재내용 등 사전통지 및 의견진술기회 부여

금융정보분석원장 또는 검사수탁기관의 장이 검사제재규정 제14조부터 제18조까지에 따라 제재조치를 하는 때에는 제재의 내용 등을 제재대상자에게 사전통지하고 상당한 기간을 정하여 구술 또는 서면에 의한 의견진술 기회를 주어야 한다(검사제재규정26① 본문). 다만, 해당 처분의 성질상 의견청취가 현저히 곤란하거나 명백히 불필요하다고 인정될만한 상당한 이유가 있는 등 행정절차법 제21조에서 정한 사유가 있는 경우에는 사전통지를 하지 아니할 수 있다(검사제재규정26① 단서).

(2) 행정절차법 규정 명시

사전통지를 하는 때에는 행정절차법 제21조에 따른 것임을 명시하여야 한다(검사제재규정26②).

4. 불복절차

금융회사등 또는 그 임직원에 대하여 제재를 하는 경우에 금융정보분석원장 및 검사수탁기관의 장은 그 제재에 관하여 이의신청·행정심판·행정소송의 제기, 그 밖에 불복을 할 수 있는 권리에 관한 사항을 제재대상자에게 알려주어야 한다(검사제재규정27).

5. 이의신청

(1) 이의신청

검사제재규정에 따라 금융정보분석원장 또는 검사수탁기관의 장으로부터 제재를 받은 금융회사등 또는 그 임직원이 해당 제재처분에 대하여 이의가 있는 경우에는 해당 제재처분을 결정한 금융정보분석원장 또는 검사수탁기관의 장에게 이의를 신청할 수 있다(검사제재규정28①).

(2) 이의신청의 처리

금융정보분석원장 또는 검사수탁기관의 장은 이의신청이 이유가 없다고 인정하는 경우에는 이를 기각하고, 이유가 있다고 인정하는 경우에는 해당 처분을 취소 또는 변경한다(검사제재규정28②).

(3) 재이의신청의 제한

이의신청 처리결과에 대하여는 다시 이의신청할 수 없다(검사제재규정28③).

(4) 직권재심과 처분의 취소 또는 변경

금융정보분석원장 또는 검사수탁기관의 장은 증거서류의 오류·누락, 법원의 무죄판결 등으로 그 제재가 위법 또는 부당함을 발견하였을 때에는 직권으로 재심하여 해당 처분을 취소 또는 변경할 수 있다(검사제재규정28④).

6. 검사결과 조치내용의 공개

금융정보분석원장 또는 검사수탁기관의 장은 금융회사등 또는 그 임직원에게 검사결과 조치내용(검사제재규정 제13조 제2항 제1호의 경영유의사항 및 제2호의 지적사항)을 최종 통보한 경우에는 통보일로부터 10일 이내에 그 주요내용을 인터넷 홈페이지에 공개할 수 있다(검사제재규정28의2 본문). 다만 관련 법령에 위배될 소지가 있거나 금융회사등의 영업상 비밀 등 제재대상자 또는 제3자의 권익을 해할 우려가 있는 등의 경우에는 공개하지 아니할 수 있다(검사제재규정28의2 단서).

제3절 형사제재

Ⅰ. 벌칙

1. 5년 이하의 징역 또는 5천만원 이하의 벌금

다음의 어느 하나에 해당하는 자, ⅰ) 법 제4조 제5항 또는 제13조 제3항의 요건에 해당하지 아니함에도 불구하고 직권을 남용하여 금융회사등이 보존하는 관련 자료를 열람·복사하거나 금융회사등의 장에게 금융거래등 관련 정보 또는 자료의 제공을 요구한 자(제1호), ⅱ) 법 제12조 제1항을 위반하여 직무와 관련하여 알게 된 특정금융거래정보, 제5조의3에 따라 제공받은 정보, 제13조에 따라 제공받은 정보 또는 자료 및 제15조 제7항에 따라 제공받은 정보를 다른 사람에게 제공 또는 누설하거나 그 목적 외의 용도로 사용한 자 또는 특정금융거래정보, 제5조의3에 따라 제공받은 정보, 제13조에 따라 제공받은 정보 또는 자료 및 제15조 제7항에 따라 제공받은 정보를 제공할 것을 요구하거나 목적 외의 용도로 사용할 것을 요구한 자(제2호), ⅲ) 법 제12조 제1항을 위반하여 제10조 제8항의 정보분석심의회에서 알게 된 사항을 다른 사람에게 제공 또는 누설하거나 그 목적 외의 용도로 사용한 자 또는 이를 제공할 것을 요구하거나 목적 외의 용도로 사용할 것을 요구한 자(제3호)는 5년 이하의 징역 또는 5천만원 이하의 벌금에 처한다(법16).

법 제7조 제1항을 위반하여 신고를 하지 아니하고 가상자산거래를 영업으로 한 자(거짓이나 그 밖의 부정한 방법으로 신고를 하고 가상자산거래를 영업으로 한 자 포함)는 5년 이하의 징역 또는 5천만원 이하의 벌금에 처한다(법17①).

2. 3년 이하의 징역 또는 3천만원 이하의 벌금

법 제7조 제2항을 위반하여 변경신고를 하지 아니한 자(거짓이나 그 밖의 부정한 방법으로 변경신고를 한 자 포함)는 3년 이하의 징역 또는 3천만원 이하의 벌금에 처한다(법17②).

3. 1년 이하의 징역 또는 1천만원 이하의 벌금

다음의 어느 하나에 해당하는 자, 즉 ⅰ) 법 제4조 제1항 및 제4조의2 제1항·제2항에 따른 보고를 거짓으로 한 자(제1호), ⅱ) 법 제4조 제6항을 위반한 자(제2호)는 1년 이하의 징역 또는 1천만원 이하의 벌금에 처한다(법17③).

Ⅱ. 징역과 벌금의 병과

법 제16조 및 제17조에 규정된 죄를 범한 자에게는 징역과 벌금을 병과할 수 있다(법18).

Ⅲ. 양벌규정

법인의 대표자나 법인 또는 개인의 대리인, 사용인, 그 밖의 종업원이 그 법인 또는 개인의 업무에 관하여 제17조의 위반행위를 한 경우에는 행위자를 벌하는 외에 그 법인 또는 개인에 대하여도 해당 조문의 벌금형을 과한다(법19 본문). 다만, 법인 또는 개인이 그 위반행위를 방지하기 위하여 해당 업무에 관하여 상당한 주의와 감독을 게을리하지 아니한 경우에는 그러하지 아니하다(법19 단서).

제4절 과태료

Ⅰ. 1억원 이하의 과태료

다음의 어느 하나에 해당하는 자, 즉 ⅰ) 법 제5조 제1항을 위반하여 같은 항 각 호에 따른 조치를 하지 아니한 자(제1호), ⅱ) 법 제5조의2 제1항 제2호를 위반하여 확인 조치를 하지 아니한 자(제2호), ⅲ) 법 제8조를 위반하여 조치를 하지 아니한 자(제3호), ⅳ) 법 제15조 제1항부터 제3항까지 또는 제6항에 따른 명령·지시·검사에 따르지 아니하거나 이를 거부·방해 또는 기피한 자(제4호)에게는 1억원 이하의 과태료를 부과한다(법20①).

Ⅱ. 3천만원 이하의 과태료

다음의 어느 하나에 해당하는 자, 즉 ⅰ) 법 제4조 제1항 제1호·제2호 또는 제4조의2 제1항·제2항을 위반하여 보고를 하지 아니한 자(제1호), ⅱ) 법 제5조의2 제1항 제1호를 위반하여 확인 조치를 하지 아니한 자(제2호), ⅲ) 법 제5조의4 제1항을 위반하여 자료 및 정보를 보존하지 아니한 자(제3호)에게는 3천만원 이하의 과태료를 부과한다(법20②).

Ⅲ. 부과기준

과태료는 금융정보분석원장이 부과·징수한다(법20③). 과태료의 부과기준은 [별표 2]와 같다(영17).

* [별표 2] 과태료의 부과기준(제17조 관련)

1. 일반기준

금융정보분석원장은 위반행위의 정도, 위반행위의 동기와 그 결과 등을 고려하여 제2호에 따른 과태료 금액을 감경 또는 면제하거나 2분의1의 범위에서 가중할 수 있다. 다만, 가중하는 경우에도 법 제20조 제1항 및 제2항에 따른 과태료 금액의 상한을 초과할 수 없다.

2. 개별기준

(단위: 만원)

위반행위	근거 법조문	과태료 금액
가. 금융회사등이 법 제4조 제1항 제1호·제2호를 위반하여 보고를 하지 않은 경우	법 제20조 제2항 제1호	1,800
나. 금융회사등이 법 제4조의2 제1항·제2항을 위반하여 보고를 하지 않은 경우	법 제20조 제2항 제1호	900
다. 금융회사등이 법 제5조 제1항을 위반하여 같은 항 각 호에 따른 조치를 하지 않은 경우	법 제20조 제1항 제1호	6,000

라. 금융회사등이 법 제5조의2 제1항 제1호를 위반하여 확인 조치를 하지 않은 경우	법 제20조 제2항 제2호	1,800
마. 금융회사등이 법 제5조의2 제1항 제2호를 위반하여 확인 조치를 하지 않은 경우	법 제20조 제1항 제2호	6,000
바. 금융회사등이 법 제5조의4 제1항을 위반하여 자료 및 정보를 보존하지 않은 경우	법 제20조 제2항 제3호	1,800
사. 가상자산사업자가 법 제8조를 위반하여 조치를 취하지 않은 경우	법 제20조 제1항 제3호	6,000
아. 금융회사등이 법 제15조 제1항부터 제3항까지 또는 제6항에 따른 명령·지시·검사에 따르지 않거나 이를 거부·방해 또는 기피한 경우	법 제20조 제1항 제4호	10,000

Ⅳ. 과태료의 부과

1. 과태료 부과사유의 통보

검사수탁기관의 장은 금융회사등의 위법행위가 법 제20조(과태료) 제1항 및 제20조(과태료) 제2항 각 호에 해당하는 경우 금융정보분석원장에게 통보하여야 한다(검사제재규정18①).

2. 과태료 부과기준

법 제20조 제3항에 의하여 금융정보분석원장이 과태료를 부과하는 경우에는 [별표]의 과태료 부과기준에 의한다(검사제재규정18②).

[별표]

과태료 부과기준

1. 과태료 산정방식

가. 과태료 부과액은 다음의 방법에 따라 순차적으로 산정한다. 이 경우 "법률상 최고한도액"은 특정금융정보법 제20조 제1항 및 제2항에서 정한 금액을 의미하며, "법정최고금액"은 특정금융정보법 시행령 [별표 2]에서 정한 금액을 의미한다.

(1) 예정금액은 위반행위의 유형, 동기 및 그 결과를 고려하여 법정최고금액의 일정비율("예정비율")로 산정한다.

(2) 위반자에게 가중·감면사유가 있는 경우에는 위 예정금액을 가중·감면하여 최종 과태료 부과금액을 결정한다.

나. 최종 과태료 부과금액을 결정함에 있어서 10만원 단위 미만의 금액은 절사한다.

다. 과태료 부과에 있어 이 규정에서 정하고 있는 내용을 제외하고는 질서위반행위규제법에서 정하는 바를 따른다.

2. 예정금액의 산정

예정금액은 위반행위의 동기 및 결과를 고려하여 다음 각 호와 같이 법정최고금액에 예정비율을 곱하여 산정한다. 단, 위반행위의 결과를 고려함에 있어 그 구분기준은 다음과 같다.

※ 위반결과의 구분기준
(1) 중 대 : 사회·경제적 물의를 야기하거나 금융회사등의 건전한 운영을 위한 기본적 의무 위반 등으로 금융질서를 저해하는 경우 등을 의미
(2) 보 통 : '중대', '경미'에 해당하지 않는 경우 등을 의미
(3) 경 미 : 단순법규 위반 등을 의미

가. 특정금융정보법 제4조 제1항 또는 제4조의2 제1항·제2항을 위반하여 보고를 하지 아니한 경우

거래금액 위반결과 ＼ 동기	5억원 미만		5억원 이상	
	고의	과실	고의	과실
중대	법정최고금액의 60%	법정최고금액의 20%	법정최고금액의 100%	법정최고금액의 40%
보통	법정최고금액의 50%	법정최고금액의 15%	법정최고금액의 80%	법정최고금액의 30%
경미	법정최고금액의 40%	법정최고금액의 10%	법정최고금액의 60%	법정최고금액의 20%

나. 특정금융정보법 제5조 제1항, 제5조의2 제1항 또는 제8조를 위반하여 같은 항 각 호에 따른 확인 조치를 하지 아니하거나 제5조의4 제1항을 위반하여 자료 또는 정보를 보존하지 아니한 경우

위반결과 ＼ 동기	고의	과실
중대	법정최고금액의 60%	법정최고금액의 50%
보통	법정최고금액의 50%	법정최고금액의 40%
경미	법정최고금액의 40%	법정최고금액의 30%

다. 특정금융정보법 제15조 제1항부터 제3항까지 또는 제6항에 따른 명령·지시·검사에 따르지 아니하거나 이를 거부·방해 또는 기피한 경우

동기	
고의	과실
법정최고금액의 100% 이하	법정최고금액의 60% 이하

3. 최종 과태료 부과금액의 결정

위반자에게 다음과 같은 가중 및 감경사유가 있는 경우에는 예정금액의 50% 범위 내에서 가감하여 최종 과태료 부과금액을 결정한다. 다만 가중하는 경우에도 법률상 최고한도액을 넘지 못하며, 나목 (4)에 따라 감경하는 경우 예정금액의 50%를 초과하여 감경할 수 있다.

가. 가중 사유

(1) 금융정보분석원장으로부터 특정금융정보법 위반을 이유로 과태료 부과처분을 받은 날로부터 3년 이내에 다시 특정금융정보법을 위반하여 과태료 부과대상이 된 경우에는 예정금액의 10% 이내에서 가중할 수 있다.

(2) 과태료 부과처분을 받은 날로부터 5년 이내에 기존의 과태료 부과처분과 동일한 법규위반을 한 자에 대하여 과태료를 부과하는 경우에는 예정금액의 20% 이내에서 가중할 수 있다.

(3) 과태료 부과처분을 받은 날로부터 1년 이내에 기존의 과태료 부과처분과 동일한 법규위반을 한 자에 대하여 과태료를 부과하는 경우에는 예정금액의 50% 이내에서 가중할 수 있다.

나. 감경 사유

(1) 당해 금융회사등이 자체감사 등을 통하여 동일 또는 유사한 위규사실을 계속적으로 적발하는 등 상당한 주의 및 감독을 한 사실이 인정되는 경우에는 예정금액의 50% 이내에서 감경할 수 있다.

(2) 특정금융정보법 제4조 제1항 또는 제4조의2 제1항·제2항의 보고를 지체하거나, 제5조의2제1항을 위반하여 같은 항 각호에 따른 확인 조치를 하지 않았으나, 이를 금융정보분석원장 또는 수탁기관의 장이 인지하기 전에 스스로 시정하거나 자진신고한 경우에는 예정금액의 50% 이내에서 감경할 수 있다.

(3) 2개 이상의 동일한 종류의 위반행위에 대하여 부과하려는 예정금액의 총액이 해당 위반행위에 대한 법률상 최고한도액의 10배를 초과하는 경우에는 그 초과부분 이내에서 감경할 수 있다.

(4) 2개 이상의 동일한 종류의 위반행위에 대하여 부과하려는 예정금액의 총액이 다음
과 같은 경우에는 그 초과부분 이내에서 감경할 수 있다.

(가) 금융회사: 직전 사업연도 종료일 현재의 대차대조표에 표시된 자본금 또는 자본총
액 중 큰 금액의 10%를 초과하는 경우

* 금융회사란 특정금융정보법 제2조 제1호 가목부터 타목까지의 회사, 동법 시행령 제2
조제1호부터 8호, 11호부터 15호까지의 회사를 말하며, 개인사업자는 제외한다.

(나) 일반회사: 직전 사업연도 종료일 현재의 재무제표에 표시된 자산총액 또는 매출액
중 큰 금액의 10%를 초과하는 경우

* 일반회사란 특정금융정보법 제2조 제1호의 금융회사등 중 위 (가) 금융회사를 제외한
회사를 말하며, 개인사업자는 제외한다.

(다) 개인사업자: 직전 사업연도 종료일 현재의 총수입금액(소득세법 제24조에서 규정
하고 있는 총수입금액)의 10%를 초과하는 경우

(5) 2개 이상의 동일한 종류의 위반행위에 대하여 부과하려는 예정금액의 총액이 위반
행위자의 연령(법인은 제외한다), 현실적인 부담능력, 환경 또는 위반행위의 내용
및 정황 등을 고려할 때 감경이 불가피하다고 인정되는 경우에는 예정금액의 50%
이내에서 감경할 수 있다.

4. 과태료 부과의 면제

위반자에게 다음과 같은 사유가 있는 경우에는 과태료 부과를 면제할 수 있다.

(1) 위반자의 지급불능 등 과태료 납부가 사실상 불가능하여 과태료 부과의 실효성이
없는 경우

(2) 동일한 위반행위에 대하여 형벌 등 실효성 있는 제재조치를 이미 받은 경우

(3) 천재지변 등 부득이한 사정으로 위반행위를 한 경우

(4) 기타 이에 준하는 사유가 있어 과태료부과 면제가 불가피하다고 인정되는 경우

(5) 공무원의 서면회신이나 행정지도, 기타 공적인 견해표명에 따라 위법행위를 행한
경우 등질서위반행위규제법 제8조(위법성의 착오)에서 정한 바와 같이 자신의 행위
가 위법하지 아니한 것으로 오인하고 행한 행위로서 그 오인에 정당한 사유가 있는
경우

(6) 고의나 중대한 과실이 아닌 사소한 부주의나 오류로 인한 위반행위로서 실제 자금
세탁행위등이 발생하지 않거나, 그에 대한 영향이 미미한 경우에는 견책·주의 또는
시정조치 등으로 갈음할 수 있다.

제 4 장

외국 금융감독 · 검사기관과의 업무협조 등

제1절 업무협조와 감독 · 검사자료의 제공 및 수령

금융정보분석원장(금융정보분석원장의 권한을 위탁받은 자 포함)은 외국 금융감독 · 검사기관(제4조 · 제4조의2 · 제5조 · 제5조의2 · 제5조의3 또는 제5조의4에 따른 금융회사등의 의무를 감독 · 검사하는 업무를 수행하는 외국의 기관)이 외국의 법령(자금세탁행위 방지 및 공중협박자금조달행위 금지 관련 국제협약과 국제기구의 권고사항을 반영한 외국의 법령을 말한다. 이하 이 조에서 "외국법령"이라 한다)을 위반한 행위에 대하여 목적 · 범위 등을 밝혀 특정금융정보법에서 정하는 방법에 따른 감독 · 검사를 요청하는 경우 이에 협조할 수 있다(법15의2① 전단). 이 경우 금융정보분석원장은 상호주의 원칙에 따라 감독 · 검사자료를 외국 금융감독 · 검사기관에 제공하거나 이를 제공받을 수 있다(법15의2① 후단).

제2절 감독·검사자료의 제공 요건

금융정보분석원장은 ⅰ) 외국 금융감독·검사기관에 제공된 감독·검사자료가 제공된 목적 외의 다른 용도로 사용되지 아니하고(제1호), ⅱ) 감독·검사자료 및 그 제공사실의 비밀이 유지되어야 한다(다만, 감독·검사자료가 제공된 목적 범위에서 외국법령에 따른 처분 또는 그에 상응하는 절차에 사용되는 경우에는 그러하지 아니하다)는 요건을 모두 충족하는 경우에만 외국 금융감독·검사기관에 감독·검사자료를 제공할 수 있다(법15의2②).

제3절 감독·검사와 정보 요구

감독·검사의 경우 법 제15조 제7항을 준용한다(법15의2③). 따라서 감독·검사를 하는 자는 감독·검사에 필요한 경우에는 금융회사등의 장에게 금융거래등의 정보나 법 제4조 및 제4조의2에 따라 보고한 정보를 요구할 수 있다(법15⑦ 전단). 이 경우 정보의 요구는 필요한 최소한에 그쳐야 한다(법15⑦ 후단).

부록: 특정 금융거래정보 보고 및 감독규정(서식)

서식1 금융기관 : 의심스러운 거래보고서

〈별지 제1호 서식〉

표제부

1) 문서번호 :   —   2) 보고일자 :

3) 정정보고시 종전문서번호* :

의심스러운 거래보고서
(Suspicious Transaction Report)

본 보고서는 특정금융거래정보의보고및이용등에관한법률 제4조(불법
재산 등으로 의심되는 거래의 보고 등)에 의하여 보고되는 사항으로
본 의심스러운 거래보고서의 내용이 사실임을 확인합니다.

I. 보고기관에 관한 정보

1.보고기관명		2.보고책임자명	
3.보고담당자명주)		4.보고담당자 전화번호	

주) 보고기관 본점의 의심스러운 거래보고서 담당자를 기재

(　　　)번째 거래^{주1)}

II. 의심스러운 거래자에 관한 정보

II-1. 공통사항

5.거래자(사업자)명	
6.거래자(사업자)실명 번호구분	¹ □ 주민등록번호(개인)　　² □ 주민등록번호(기타단체)　³ □ 사업자등록번호 ⁴ □ 여권번호　　　　　　　⁵ □ 법인등록번호　　　　　⁶ □ 외국인등록번호 ⁷ □ 국내거소신고번호　　　⁸ □ 투자등록번호　　　　　⁹ □ 고유번호/납세번호 ¹¹ □ BIC코드(SWIFT)　　　¹² □ 해당국가법인번호 ⁹⁹ □ 기타(기재_____)
7.거래자(사업자)실명 번호	
8.거래자(사업자) 국적	¹ □한국
	² □외국(국명:_____)

II-2.^{주2)}개인의 경우

9.거래자 우편번호/주소 (거소)	¹⁾⁻¹자택	(　　-　　)			
	¹⁾⁻²직장	(　　-　　)			
10.거래자 생년월일*^{주3)}			11.성별*^{주3)}		¹ □ 남　　² □ 여
12.거래자 자택전화번호*			13.거래자 휴대전화 번호*		
14.실명조합번호*^{주4)}					
15.여권 번호*^{주5)}					
16. 거래자 직 업/사업내용	¹⁶⁻¹직업구분	□직장인　　　□개인사업자　　　□무직　　　□파악할 수 없음			
	¹⁶⁻²직장(회사)명*		¹⁶⁾⁻²⁻¹부서명*		¹⁶⁾⁻²⁻²직위*
	¹⁶⁻³대표자명*				
	¹⁶⁻⁴업종코드*^{주6)}				
	¹⁶⁻⁵사업자등록번호*^{주7)}				
17.고액자산가 여부*^{주8)}		¹ □ 여　　　　² □ 부			

(II-3).^{주9)}법인·단체의 경우

18.대표자명*	
19.대표자실명번호구분*	¹ □ 주민등록번호(개인)　　² □ 주민등록번호(기타단체)　³ □ 사업자등록번호 ⁴ □ 여권번호　　　　　　　⁵ □ 법인등록번호　　　　　⁶ □ 외국인등록번호 ⁷ □ 국내거소신고번호　　　⁸ □ 투자등록번호　　　　　⁹ □ 고유번호/납세번호

	¹¹□ BIC코드(SWIFT) ¹²□ 해당국가법인번호 ⁹⁹□ 기타(기재____)		
20.대표자 실명번호*		21.대표자 전화번호*	
22.대표자 자택 우편번호/주소*	(－)		
23.대표자 국적	1□한국		
	2□외국(국명:____)		
24.사업체(단체) 설립일*		25.업종코드*주6)	
26.법인등록번호*			
27.사업체(단체) 우편번호/주소*	27)-¹본점 (－)		
	27)-²사업장 (－)		
28.사업체(단체) 전화번호*	28)-¹본점		
	28)-²사업장		
29.사업체(단체)홈페이지 주소*			
30.법인구분*	30)-¹기업규모주10)	1□ 대기업	2□ 중소기업
	30)-²금융회사등 여부주11)	1□ 여	2□ 부
	30)-³비영리단체 여부주12)	1□ 여	2□ 부
	30)-⁴국가공공단체 여부주13)	1□ 여	2□ 부
	30)-⁵상장 여부14)	1□ 여	2□ 부
31.상장정보*	31)-¹거래소	국내	1□ 유가증권시장 2□ 코스닥시장
		국외	1□ 뉴욕증권거래소 2□ NASDAQ 3□ 런던증권거래소 4□ 홍콩증권거래소 ⁹⁹□ 기타(기재____)

주1) 본 항목에 거래가 일어난 순서를 기재하되 거래내용이 2건 이상이어서 추가 기재할 경우에는 본 페이지를 복사 /추가하여 기재하여야 함. 단, 이 경우 Ⅲ ~ Ⅴ에 관련되는 내용을 거래건별로 추가 기재하여 함

주2) Ⅱ의 Ⅱ-1.공통사항은 6.거래자(사업자)실명번호구분 항목에 ¹□주민등록번호(개인), ⁴□여권번호, ⁶□외국인등록 번호, ⁷□국내거소신고번호 등을 선택하였을 경우에 기재

주3) 10.생년월일, 11.성별 : Ⅱ의 Ⅱ-1.공통사항 중 8.거래자(사업자) 국적이 외국이면서 비거주자인 경우는 사항

주4) 14.실명조합번호는 Ⅱ의 Ⅱ-1.공통사항 중 8.거래자(사업자) 국적이 외국인 경우로 외국인등록증 및 재외국민(외국국적 동포) 국내거소신고증이 없는 경우 여권번호에 의한 실명번호 조립방법에 의거 국내금융 기관이 사용하는 번호임, 이경우 여권번호는 필수 기재

주5) 15.여권번호는 Ⅱ의 Ⅱ-1.공통사항 중 8.거래자(사업자) 국적이 외국인 경우로 Ⅱ의 Ⅱ-1.공통사항 중 6.거래자(사업자) 실명번호구분 항목에 ⁶□ 외국인등록번호, ⁷□국내거소신고번호를 선택하였을 경우에 기재

주6) Ⅱ의 Ⅱ-2.개인의 경우, 16-4업종코드와 Ⅱ의 Ⅱ-3.법인·단체의 경우, 25.업종코드는 통계청(www.nso.go.kr)에서 제공하는 "한국표준산업분류코드체계"를 따르며, 대/중/세/세세분류 모두 기재할 수 있다(예: 대분류 '01'농업일 경우, 뒷자리에 'Z'을 포함하여, '01ZZZ'로 보고).

주7) ¹⁶⁾-⁵사업자등록번호는 거래자가 개인사업자인 경우 기재

주8) 17.고액자산가여부는 각 금융회사등의 자체기준에 의한 고액자산관리 고객임.

주9) Ⅱ의 Ⅱ-1.공통사항, 6.거래자(사업자)실명번호구분 항목에 ^{42}□주민등록번호(기타단체), ^{3}□사업자
　　　등록번호, ^{5}□법인등록번호, ^{8}□투자등록번호, ^{9}□고유번호/납세번호, ^{11}□ BIC코드(SWIFT), ^{12}□ 해
　　　당국가법인번호 등을 선택하였을 경우에 기재
주10) 대기업은 금융감독원 발표 "30대 주채무계열" 중 상장기업을 대기업으로, 이외인 경우는 중소기업
　　　으로 기재
주11) 특정금융거래보고법 제2조제1호 및 동법 시행령 제2조제2항에 규정된 금융회사등
주12) 법적 형태와 상관없이 학술, 종교, 자선, 문화, 교육, 사회사업 등의 목적으로 "기금"을 모집 또는
　　　사용하는 단체
주13) 고액현금거래보고 제외되는 국가, 지방단체, 공공단체
주14) 국내외 증권시장에 상장된 경우
* Ⅱ와 관련하여 고객신원확인의무를 이행한 고객으로부터 취득한 신원확인정보는 필수 기재하여야 한다.

Ⅲ. 의심스러운 거래내역에 관한 정보

32.거래발생 일시	
33.거래채널	^{1} □ 창구　　　　^{3} □ PB센터　　^{2} □ 자동화기기 ^{4} □ 인터넷뱅킹 ^{5} □ 전화/휴대전화 ^{6} □ 콜센터　　　^{7} □ 대출모집인 ^{8} □ 보험설계사 ^{9} □ 보험대리점 ^{10} □ 보험중개사 ^{11} □ 방카슈랑스　^{12} □ 모바일 앱　^{13} □ 모바일 웹 ^{14} □ 인터넷 웹　^{15} □ 온라인고객센터 ^{99} □ 기타(기재___)
34.거래영업 점 우편번호*	(35.거래영업점명*)
36.거래수단	^{1} □ 현금　　　^{2} □ 수표　　　^{3} □ 주식　　　^{4} □ 채권　　　^{8} □ 기타 유가증권 ^{5} □ 외환　　　^{6} □ 대체　　　^{7} □ 전자화폐 ^{9} □ 가상자산 ^{99} □ 기타(기재___)
37.거래종류	^{1} □ 입금　　^{2} □ 출금　　　^{3} □ 환전　　^{4} □ 영수　　^{5} □ 송금　　^{6} □ 융자 ^{7} □ 상환　　^{8} □ 이체영수 ^{9} □ 이체송금 ^{10} □ 매수　^{11} □ 매도　^{12} □ 입고 ^{13} □ 출고　^{14} □ 대체입고 ^{15} □ 대체출고 ^{16} □ 수표지급 ^{17} □ 수표발행 ^{18} □ 계약 ^{19} □ 해지　^{20} □ 보험료납입 ^{21} □ 보험금지급 ^{22} □ 지급　^{23} □ 발행　^{23} □증권청약 ^{25} □ 가상자산　^{26} □ 가상자산　^{28} □ 가상자산　^{29} □ 가상자산 ^{99} □기타 　　　매수　　　　　매도　　　　　입고　　　　　출고　　　(기재__)
38.거래상품	^{1} □ 수시입출금 예금　^{2} □ 적립식 예금　^{3} □ 거치식 예금　^{11} □ 신탁 ^{12} □ 투자신탁　　　　^{21} □ 주식(장내)　^{22} □ 주식(장외)　^{31} □ 채권(기명) ^{32} □ 채권(무기명)　　^{41} □ 대출(담보)　^{42} □ 대출(신용)　^{51} □ 파생(선물) ^{52} □ 파생(옵션)　　　^{53} □ 파생(스왑)　^{59} □ 파생(기타) 　　　　　　　　　　　　　　　　　　　　(기재___)　^{71} □ 가상자산 ^{61} □ 보험(보장)　　　^{62} □ 보험(연금)　^{63} □ 보험(저축)　^{64} □ 보험(투자) ^{65} □ 보험(일반손해)　^{66} □ 보험(재보험) ^{23} □ CMA　　　^{24} □ Wrap ^{25} □ 증권저축　　　　^{26} □ 퇴직연금　^{99} □ 기타　　　^{91} □ 해당사항 없음 　　　　　　　　　　　　　　　　　　(기재___)　　　　　　주1)
39.통화종류$^{주2)}$	^{1} □ 원화(KRW) ^{2} □ 외국환 (^{1}□미국달러(USD)　^{2}□일본엔(YEN)　^{3}□유로화(EUR)　^{4}□호주달러(AUD) 　　　　　　 ^{6}□중국위안(CNY)　^{5}□기타(기재_____)) ^{3} □ 가상자산
40.원화거래 금액*	
41.외국환거 래금액*	

42.달러화 환산금액*		
43. 관련계좌 존재 여부^{주3)}	¹□여 (□자행계좌1 □타행계좌2) ²□부	
44.송금/수취 계좌 존재 여 부^{주4)}	¹□여 (□자행계좌1 □타행계좌2) ²□부	
45. 거래대리 인 존재여부	¹□ 존재 ²□ 존재안함 ³□ 파악안됨	

주1) ⁹¹⁾해당사항없음은 금융거래가 발생하지 않은 의심스러운 거래에 한하여 기재할 수 있음

주2) 39.통화종류가 ²□외국환인 경우에는 41.외국환거래금액에 해당통화 외국환 금액을 기재하고 45.달
러화 환산금액에 해당 외국환의 미국달러화 환산금액을 기재하며, 39.통화종류가 ³□가상자산인 경
우에는 40.원화거래금액에 가상자산의 원화 환산금액을 기재하여야 한다.

주3) 본 항목 중 ¹□여를 선택하였을 경우에는 Ⅳ(의심스러운 거래 관련계좌에 관한 정보)를 추가로 기재
하여야 한다. 일회성거래의 경우 2□부를 기재

주4) 본 항목 중 ¹□여를 선택하였을 경우에는 Ⅴ-1(자행관련 영수/송금(이체)시 송금인/수취인 정보)
또는 Ⅴ-2(타행(국외)관련 영수/송금(이체)시 송금인/수취인 정보)를 추가로 기재하여야 한다.

주5) 37.거래종류가 ²⁵□ 가상자산 매수 또는 ²⁶□ 가상자산 매도인 경우에는 43.관련계좌 존재 여부에
¹□여(□타행계좌²)를 표기하고, Ⅳ. 의심스러운 거래 관련계좌에 관한 정보에 특정금융정보법 제7
조제3항제2호 본문에 따른 실명확인이 가능한 입출금 계정에 관한 정보를 기재하여야 한다.

주6) 가상자산의 이전, 교환 등의 경우에는 37.거래종류 중 ²⁷□ 가상자산 입고 또는 ²⁸□ 가상자산 출고
로 기재한다.

첨부(Ⅲ-1) 유가증권 정보^{주1)}

46.관련유가증권의 종류	⁵□자기앞수표 ⁶□당좌수표 ⁷□가계당좌수표 ⁸□국고수표 ¹□환어음 ²□약속어음 ³□국채 ⁴□공채 ⁹□양도성예금증서 ⁹⁹□기타(기재＿＿)		
47.관련유가증권번호	연번호( ) ~ ( ) , 개별수표번호( ), ( ), ( )		
48.발행/지급은행명		49.발행/지급영업점명*	
50.발행일		51.발행인/최종소지인 구분	¹□발행인 ²□최종소지인
52.발행인/최종소지인 명			
53.발행인/최종소지인 실명번호 구분	¹ □ 주민등록번호(개인) ² □ 주민등록번호(기타단체) ³ □ 사업자등록번호 ⁴ □ 여권번호 ⁵ □ 법인등록번호 ⁶ □ 외국인등록번호 ⁷ □ 국내거소신고번호 ⁸ □ 투자등록번호 ⁹ □ 고유번호/납세번호 ¹¹□ BIC코드(SWIFT) ¹²□ 해당국가법인번호 ⁹⁹□ 기타(기재＿＿)		
54.발행인/최종소지인 실명번호			
55.발행인/최종소지인 전화번호* ^{주2)}			

주1) Ⅲ의 36.거래수단 항목에 ‘²□수표, ⁴□채권, ⁸□기타 유가증권’ 또는 6)거래종류 항목에 ‘¹⁶□수표지
급, ¹⁷□수표발행, ²²□지급’, ²³□발행’이 표기되었을 경우 작성

주2) 55.발행인/최종소지인 전화번호는 휴대전화번호가 존재할 경우 휴대전화번호를 우선기재

※. 48.발행/지급은행명 ~ 55.발행인/최종소지인 전화번호는 자행발행 유가증권의 경우 필수적으로 기재
한다.

첨부(Ⅲ-2) 외환 정보[주1]

56.외환거래목적	[1]□증여송금 [2]□여행경비 [3]□유학경비 [4]□해외체제비 [5]□해외이주비 [6]□외화예금 [7]□해외직접투자 [8]□무역거래 [9]□무역외거래 [91]□알수없음 [99]□기타(기재____)

주1) Ⅲ의 36.거래수단항목에 '[6]□외환' 또는 6)거래종류항목에 '[3]□환전'이 표기되었을 경우 작성

첨부(Ⅲ-3) 매수·매도 정보[주1]

57.매매종목명		58.매매수량	

주1) Ⅲ의 37.거래종류 항목에 '[10]□매수/[11]□매도'가 표기되었을 경우 작성

첨부(Ⅲ-4) 입고·출고 정보[주1]

59.거래종목명		60.거래수량	

주1) Ⅲ의 37.거래종류 항목에 '[12]□입고/[13]□출고'가 표기되었을 경우 작성

첨부(Ⅲ-5) 대체입고·대체출고 정보[주1]

61.거래종목명		62.거래수량	
63.대상금융회사등명칭			
64.금융회사등영업점명		65.영업점우편번호	

주1) Ⅲ의 37.거래종류 항목에 '[14]□대체입고/[15]□대체출고'가 표기되었을 경우 작성

첨부(Ⅲ-6) 보험 정보[주1]

66.보험가입금액		67.고가의 자산여부* [1]□여 [2]□부 [3]□알수없음	
68.계약일		69.만기일	
70.보험료납입방법	[1]□일시납 [2]□연납 [3]□선납/완납 [4]□환불/취소 [5]□월납 [99]□기타(기재_____)		

구분	71.성명/ 법인명	실 명		74.계약자와 의관계[주3]	75.국적
		72.실명번호구분[주2]	73.실명번호		
1주피보험자					
2종피보험자*					
3수익자*					
4모집인(중개인)*					

주1) Ⅲ의 38.거래상품 항목에 '[61~66]□보험'이 표기되었을 경우 작성
주2) Ⅱ의 Ⅱ-1.공통사항의 6.거래자(사업자)실명번호구분 체계에 따라 선택 기재
주3) 74.계약자와의 관계는 배우자, 부모, 자녀, 형제자매, 친척, 상사, 동료(친구), 기타(기재_), 알수없음 중에서 선택기재

첨부(Ⅲ-7) 거래대리인 정보[주1)]

76.거래대리인명	
77.거래자와의 관계	[1]□배우자 [2]□부모 [3]□자녀 [4]□형제자매 [5]□친척 [6]□상사 [7]□동료(친구) [8]□기타(기재_____) [9]□알수없음
78.거래대리인 실명번호구분	[1] □ 주민등록번호(개인) [2] □ 주민등록번호(기타단체) [3] □ 사업자등록번호 [4] □ 여권번호 [5] □ 법인등록번호 [6] □ 외국인등록번호 [7] □ 국내거소신고번호 [8] □ 투자등록번호 [9] □ 고유번호/납세번호 [11]□ BIC코드(SWIFT) [12]□ 해당국가법인번호 [99]□ 기타(기재_____)
79.거래대리인 실명 번호	
80.거래대리인 전화번호* [주2)]	
81.거래대리인 국적	[1]□한국 [2]□외국(국명:_____)

주1) Ⅲ의 45.거래대리인 존재여부 항목에 '[1]□존재'라고 표기되었을 경우 작성
주2) 80.거래대리인 전화번호는 휴대전화번호가 존재할 경우, 휴대전화번호를 우선기재

첨부(Ⅲ-8) 거래목적 정보[주1)]

82.거래 목적*	[1]□ 물품 등 사업상 대금결제 [2] □ 차입/부채상환 [3]□ 상속증여성 거래 [99]□ 기타(기재_____)

주1) Ⅲ의 43.관련계좌 존재 여부 항목에 '[2]□부'라고 표기되었을 경우 작성

Ⅳ. 의심스러운 거래 관련계좌에 관한 정보

<Ⅲ의 43.관련계좌 존재 여부 항목에 '[1]□여'라고 표기되었을 경우 작성>

Ⅳ-1. 의심스러운 거래에 사용된 계좌 정보

83.계좌번호	
84.계좌개설일자*	
85.계좌개설 금융회사등 명칭* [주1)]	
86.계좌개설영업점 우편번호*	
87.계좌개설 영업점명*	
88.계좌 개설 목적*	[1]□ 급여 및 생활비 [2]□ 저축 및 투자 [3]□ 결제 (□보험료 납부, □공과금 납부, □카드대금, □대출원리금 상환) [4]□ 사업상 거래 [5]□ 보장 [6]□ 상속 [99]□ 기타(기재_____)
89.계좌개설 대리인 여부	[1]□존재 [2]□존재안함 [3]□알수없음

IV-2.[주2] 의심스러운 거래에 사용된 계좌주 정보

90.계좌주 성명	
91.계좌주 실명번호 구분	¹ ㅁ 주민등록번호(개인) ² ㅁ 주민등록번호(기타단체) ³ 3ㅁ 사업자등록번호 ⁴ ㅁ 여권번호 ⁵ ㅁ 법인등록번호 ⁶ ㅁ 외국인등록번호 ⁷ ㅁ 국내거소신고번호 ⁸ ㅁ 투자등록번호 ⁹ ㅁ 고유번호/납세번호 ¹¹ㅁ BIC코드(SWIFT) ¹²ㅁ 해당국가법인번호 ⁹⁹ㅁ 기타(기재_____)
92.계좌주 실명번호	

93.계좌주 생년(설립)월일*		94.계좌주 국적*	
95.계좌주 우편번호 및 주소	(-)		
96.계좌주 전화번호*		97.계좌주 휴대전화번호*	

주1) 85.계좌개설 금융회사등명칭은 타행계좌 예금을 대지급/위탁지급한 경우에 한하여 기재함
주2) 의심스러운 거래에 사용된 계좌주 정보(IV-2)는 자행계좌의 경우에 한하여 기재함

첨부(IV-1) 대표자 정보[주1]

98.대표자명*	
99.대표자 실명번호 구분*	¹ ㅁ 주민등록번호(개인) ² ㅁ 주민등록번호(기타단체) ³ ㅁ 사업자등록번호 ⁴ ㅁ 여권번호 ⁵ ㅁ 법인등록번호 ⁶ ㅁ 외국인등록번호 ⁷ ㅁ 국내거소신고번호 ⁸ ㅁ 투자등록번호 ⁹ ㅁ 고유번호/납세번호 ¹¹ㅁ BIC코드(SWIFT) ¹²ㅁ 해당국가법인번호 ⁹⁹ㅁ 기타(기재_____)
100.대표자 실명번 호*	
101.대표자전화번호 * [주2]	
102.대표자 국적	¹ㅁ한국 ²ㅁ외국(국명:_____)

주1) IV의 의심스러운 거래에 사용된 계좌주 정보(IV-2) 91.계좌주실명번호구분 항목에 '2ㅁ주민등록
    번호(기타단체), ³ㅁ사업자등록번호, ⁵ㅁ법인등록번호, ⁸ㅁ투자등록번호, ⁹ㅁ고유번호/납세번호, ¹¹
    ㅁ BIC코드(SWIFT), ¹²ㅁ 해당국가법인번호 등을 선택하였을 경우에 기재
주2) 첨부(IV-1) 101.대표자 전화번호 및 첨부(IV-2) 107.계좌개설대리인 전화번호는 휴대전화번호가
    존재할 경우 휴대전화번호를 우선기재

첨부(IV-2) 계좌개설대리인 정보[주1]

103.계좌개설대리인 명	
104.계좌주와의 관 계	¹ㅁ배우자 ²ㅁ부모 ³ㅁ자녀 ⁴ㅁ형제자매 ⁵ㅁ친척 ⁶ㅁ상사 ⁷ㅁ동료(친구) ⁸ㅁ기타(기재_____) ⁹ㅁ알수없음

105.계좌개설대리인 실명번호 구분	¹ □ 주민등록번호(개인) ² □ 주민등록번호(기타단체) ³ □ 사업자등록번호 ⁴ □ 여권번호 ⁵ □ 법인등록번호 ⁶ □ 외국인등록번호 ⁷ □ 국내거소신고번호 ⁸ □ 투자등록번호 ⁹ □ 고유번호/납세번호 ¹¹ □ BIC코드(SWIFT) ¹² □ 해당국가법인번호 ⁹⁹ □ 기타(기재___)		
106.계좌개설대리인 실명번호			
107.계좌개설대리인 전화번호* 주2)			
108.계좌개설 대리 인 국적	¹ □한국		
	² □ 외국(국명:___)		

주1) Ⅳ의 89.계좌개설대리인 여부 항목에 '1□존재'라고 표기했을 경우 기입
주2) 첨부(Ⅳ-1) 101.대표자 전화번호 및 첨부(Ⅳ-2) 107.계좌개설대리인 전화번호는 휴대전화번호가
　존재할 경우 휴대전화번호를 우선기재

V. 송금인/수취인 정보

Ⅴ-1. 자행관련 영수/송금(이체)시 송금인/수취인 정보^{주1)}

109.송금/수취인 계좌 번호		110.계좌주명	
111.계좌주 실명번호 구분	¹ □ 주민등록번호(개인) ² □ 주민등록번호(기타단체) ³ □ 사업자등록번호 ⁴ □ 여권번호 ⁵ □ 법인등록번호 ⁶ □ 외국인등록번호 ⁷ □ 국내거소신고번호 ⁸ □ 투자등록번호 ⁹ □ 고유번호/납세번호 ¹¹ □ BIC코드(SWIFT) ¹² □ 해당국가법인번호 ⁹⁹ □ 기타(기재___)		
112.계좌주 실명번호			
113.계좌개설점		114.계좌개설일자	
115.계좌주 우편번호및주소	(－)		
116.계좌주 국적	¹ □한국		
	² □외국(국명:___)		
117.계좌개설대리인여 부	¹ □존재 ² □존재안함 ³ □알수없음		

주1) Ⅲ의 44.송금/수취계좌 존재 여부에 ¹□여를 선택하고 자행관련 거래인 경우에 기재

첨부(Ⅴ-1) 송금인/수취인이 법인일 경우 대표자 정보^{주1)}

118.대표자명*			
119.대표자 실명번호 구분*	¹ □ 주민등록번호(개인) ² □ 주민등록번호(기타단체) ³ □ 사업자등록번호 ⁴ □ 여권번호 ⁵ □ 법인등록번호 ⁶ □ 외국인등록번호 ⁷ □ 국내거소신고번호 ⁸ □ 투자등록번호 ⁹ □ 고유번호/납세번호 ¹¹ □ BIC코드(SWIFT) ¹² □ 해당국가법인번호 ⁹⁹ □ 기타(기재___)		
120.대표자 실명번호*			

121.대표자 전화번호* 주2)	
122.대표자 국적	¹□한국
	²□외국(국명:_____)

주1) Ⅴ-1의 111.계좌주실명번호구분 항목에 '²□주민등록번호(기타단체), ³□사업자등록번호, ⁵□법인등록번호, ⁸□투자등록번호, ⁹□고유번호/납세번호, ¹¹□ BIC코드(SWIFT), ¹²□ 해당국가법인번호'를 선택하였을 경우에 기재

주2) 첨부(Ⅴ-1) 121.대표자 전화번호 및 첨부(Ⅴ-2) 127.계좌개설대리인 전화번호는 휴대전화번호가 존재할 경우 휴대전화번호를 우선기재

첨부(Ⅴ-2) 송금인/수취인의 계좌개설대리인에 관한 정보[주1]

123.계좌개설대리인명	
124.계좌주와의 관계	¹□배우자 ²□부모 ³□자녀 ⁴□형제자매 ⁵□친척 ⁶□상사 ⁷□동료(친구) ⁸□기타(기재_____) ⁹□알수없음
125.계좌개설대리인 실명번호 구분	¹□ 주민등록번호(개인) ²□ 주민등록번호(기타단체) ³□ 사업자등록번호 ⁴□ 여권번호 ⁵□ 법인등록번호 ⁶□ 외국인등록번호 ⁷□ 국내거소신고번호 ⁸□ 투자등록번호 ⁹□ 고유번호/납세번호 ¹¹□ BIC코드(SWIFT) ¹²□ 해당국가법인번호 ⁹⁹□ 기타(기재_____)
126.계좌개설대리인 실명번호	
127.계좌개설대리인 전화번호* 주2)	
128.계좌개설 대리인 국적	¹□한국
	²□외국(국명:_____)

주1) Ⅴ-1의 117.계좌개설대리인 여부 항목에 '¹□존재'라고 표기했을 경우 기입

주2) 첨부(Ⅴ-1) 121.대표자 전화번호 및 첨부(v-2) 127.계좌개설대리인 전화번호는 휴대전화번호가 존재할 경우 휴대전화번호를 우선기재

Ⅴ-2. 타행(국외)관련 영수/송금(이체)시 송금인/수취인 정보[주]

129.송금/수취인 계좌번호			
130.계좌주구분	¹□개인 ²□법인 ³□알수없음		
131.계좌주명			
132.상대국가명	¹□한국		
	²□외국(국명:_____)		
133.상대금융회사등명칭		134.상대영업점명*	

주) Ⅲ의 44.송금/수취계좌 존재 여부에 ¹□여를 선택하고 타행관련 거래인 경우에 기재

VI. 의심스러운 거래유형 및 의심스러운 정도에 관한 정보

다음 중 본 보고서에 해당되는 거래라고 생각되는 항목을 모두 선택하시오(복수선택 가능).

> VI-1. 금융사고 또는 긴급조사가 요청되는 사건 관련*
> ※ 본 항목은 긴급한 조사가 진행되어야 할 것으로 판단되는 혐의거래보고(STR)에 대해, 체크하는 항목으로 본 항목 선택시 다른 건에 우선하여 긴급 조사가 이루어지게 됩니다.
>
> 1)□ 금융사고 등 거액횡령이 의심되는 거래
> 2)□ 뇌물공여 및 뇌물수수 등이 의심되는 거래
> 3)□ 거액의 외화도피로 추정되는 거래
> 4)□ 조직범죄 및 강·절도 등 강력사건 연루가 의심되는 거래
> 5)□ 테러자금으로 의심되는 거래
> 6)□ 기타 사회통념상 긴급조사(우선조사)가 요망되는 거래
> 7)□ 수사기관으로부터 자료제공 요청을 받은 거래

VI-2. 의심스러운 거래자의 태도 및 특징 관련*

1)□ 실명노출 기피 또는 거래에 대한 비밀요구
2)□ 거래에 대한 합당한 답변 불제공 또는 자금출처가 불분명한 거래
3)□ 업력이나 업체규모, 개인능력에 비해 과다한 거래실적
4)□ 언행, 행색과 거래금액간의 부조화
5)□ 중요인물 관련 거래
6)□ 어색하고 불안한 태도 및 언행
7)□ 사전거래가 없는 고객의 의심스러운 거래 요청
8)□ 의심스러운 동행자 참여거래
9)□ 불특정다수와의 거래
10)□ 계약자 또는 수익자의 빈번하거나 갑작스런 변경

VI-3. 계좌(가상자산의 경우에는 가상자산 계정, 가상자산주소 등을 포함)정보 관련*

11)□ 타인의 명의 또는 계좌의 이용 (다수계좌 여부(□여1), □부2)))
12)□ 특별한 사유없이 복수의 계좌개설 (계좌주 동일 여부(□여1), □부2)))
13)□ 의심스러운 계약/계좌 해지
14)□ 단발성 계좌의 이용

VI-4. 거래유형 관련*

15)□ 갑작스러운 거래패턴의 변화
16)□ 원격지거래
17)□ 교환거래
18)□ 분할거래
19)□ 현금에 집착하는 거래

20) □ 거액 입금 후 당일 또는 익일 중 인출
21) □ 무기명증서(무기명채권,CD,CP등) 관련거래
22) □ 계좌개설 없이 거액의 환전요구 또는 외국으로의 송금
23) □ 의심스러운 담보대출 또는 보험계약 즉시 약관대출
24) □ 주금 납입거래 또는 예금잔액증명서 발급(요청)
25) □ 다중거래의 동시요청
26) □ 빈번한 입출금(입출고)
27) □ 의심스러운 대여금고 또는 보호예수 거래
28) □ 법인자산 또는 타인자산 담보 거래
29) □ 무관업종 또는 의심스런 재산에 대한 보험청약 거래
30) □ 테러자금으로 의심되는 거래

Ⅵ-5. 기타 특징 및 유형*

31) □ 거래의 내용이 Ⅵ-1~Ⅵ-5의 내용에 해당되지 않는 경우, 그 특징 및 유형을 별도
기술하여 주시기 바랍니다.

Ⅶ. 의심스러운 거래에 대한 서술부분

6하 원칙에 의거 의심스러운 거래의 개요 및 보고 이유를 설명하고, 추가적인 특징을 기술
하시오. 또한, 거래내역외 첨부문서 존재시 첨부문서의 종류를 기재하시오.
(※ 본 보고서의 내용은 비교적 자세하게 기재할 것. 7) 종합의견은 6하 원칙에 의거하여
반드시 기술하여야 함)

<의심스러운 거래의 개요 및 보고 이유>

1) 의심스러운 거래자 관련	(내용을 기술하시오)
2) 거래 발생일자 관련	(내용을 기술하시오)
3) 거래 발생 장소(영업점) 관련	(내용을 기술하시오)
4) 금융거래등 수단(상품) 관련	(내용을 기술하시오)
5) 금융거래등 방법(특이거래) 관련	(내용을 기술하시오)
6) 혐의거래로 판단한 사유 관련	(내용을 기술하시오)
7) 종합의견	(내용을 기술하시오)

[관련문서번호] (   ) *

[지점용] 작성자의 입장에서 본 의심스러운 거래자가 의심스러운 정도(1은 의심스러우나 불확실함, 5는 매우 의심스러움을 의미함)를 체크하시오.

[본점용] 작성자의 입장에서 본 의심스러운 거래자가 의심스러운 정도(1은 의심스러우나 불확실함, 5는 매우 의심스러움을 의미함)를 체크하시오.

[첨부파일(Soft Copy)] *
　　첨부파일명

◇ 공통사항 : 서식의 입력항목 중 '*'로 표시된 항목은 모두 선택사항임

서식1의1 카지노사업자 : 의심스러운 거래보고서

〈별지 제1-1호 서식〉

표제부

1 문서번호 :   ―   2 보고일자 :

3 취소/정정보고시 종전문서번호* :

카지노사업자 : 의심스러운 거래보고서
(Suspicious Transaction Report by Casinos)

2008.12

본 보고서는 특정금융거래정보의보고및이용등에관한법률 제4조(금융
기관등의 혐의거래보고 등)에 의하여 보고되는 사항으로 본 의심스러
운 거래보고서의 내용이 사실임을 확인합니다.

Ⅰ. 보고기관에 관한 정보

1.보고기관명		2.보고기관 유형		¹□외국인전용 ²□내국인출입
3.보고책임자명		4.보고담당자명주)		
5.보고담당자 전화번호				

주) 보고기관 본점의 의심스러운 거래보고서 담당자를 기재

파악안됨 주1)□ /(　　)번째 거래^{주2)}

Ⅱ. 의심스러운 거래자에 관한 정보

6.거래자명		
7.거래자 실명번호구분		¹□주민등록번호　　²□ 여권번호　　³□외국인등록번호　　⁴□국내거소신고번호 ⁵□기타(기재＿＿＿)
8.거래자 실명번호		
9.거래자 국적^{주3)}		¹□한국
		²□외국(국명:＿＿＿)　　9-2-1 생년월일(YYYYMMDD)　　9-2-2 성별(□남 □여)
10.거래자 우편번호/ 주소	10-1자택*	(　－　)
	10-2직장*	(　－　)
11.거래자 자택전화번호*		12.거래자 휴대전화번호*	
13.거래자직 업/사업내용	13)-1직장명*	
	13)-2직업	¹□건설업　²□공무원　³□군인　　⁴□금융업　　⁵□농/축/임/수산업 ⁶□무역업　⁷□문화　　⁸□언론단체 ⁹□자영업　¹⁰□전문직(변호사, 의사 등) ¹¹□제조업 ¹²□종교단체 ¹³□주부　　¹⁴□학생　　¹⁵□무직 ¹⁶□기타(기재＿＿＿)　　　　¹⁷□파악할 수 없음

주1) 거래자 정보가 확인 불가한 경우 본 항목에 체크하여 거래자 정보가 실수로 누락된 것이 아님을 표시함

주2) 본 항목에 거래가 일어난 순서를 기재하되 거래내용이 2건 이상이어서 추가 기재할 경우에는 본 페이지를 복사/추가하여 기재하여야 함. 단, 이 경우 Ⅲ～Ⅴ에 관련되는 내용을 거래건별로 추가 기재하여 함

주3) 9-2-1.생년월일, 9-2-2.성별은 9.거래자 국적이 외국이면서 비거주자인 경우는 필수사항

Ⅲ. 의심스러운 거래내역에 관한 정보

14.거래발생일시	
15.거래채널	¹□출납창구　　²□게임테이블　　⁹□기타(기재＿＿＿)
16.거래수단	¹□현금　　²□수표　　⁹□기타(기재＿＿＿)
17.거래종류	¹□칩스구매　　²□칩스환전
18.반복거래 여부	¹□여　　　²□부
19.게임종류	¹□블랙잭　²□룰렛　　³□바카라　　⁴□다이사이　　⁵□슬롯머신 ⁶□비디오포커 ⁷□케리비언포커 ⁸□파이고우포커 ⁹□렛잇라이드포커 ¹⁰□키노 ¹¹□빅휠　¹²□빠이까우 ¹³□판탄　　¹⁴□죠커세븐　　¹⁵□라운드크랩스 ¹⁶□마작　¹⁷□프렌치볼 ¹⁸□챠카락　　¹⁹□트란타콰란타 ⁹¹□해당사항 없음 ⁹⁹□기타(기재＿＿＿＿＿＿)

20.통화종류	^{1}ㅁ원화(KRW) ^{9}ㅁ기타		
21.원화거래 금액			
22.거래대리인 존재 여부	^{1}ㅁ존재 ^{2}ㅁ존재안함 ^{3}ㅁ파악안됨		

첨부(Ⅲ-1). 수표 정보[주1]

23.수표 종류	^{1}ㅁ자기앞수표 ^{9}ㅁ기타(기재_____)		
24.수표번호	연번호( ) ~ ( ), 개별수표번호( ), ( ), ( )		
25.발행은행명		26.발행영업점명*	
27.발행일		28.발행인/최종소지인 구분 ^{1}ㅁ발행인 ^{2}ㅁ최종소지인	
29.발행인/최종소지인 명			
30.발행인/최종소지인 실명 번호 구분	^{1}ㅁ주민등록번호(개인) ^{2}ㅁ주민등록번호(기타단체) ^{3}ㅁ사업자등록번호 ^{4}ㅁ여권번호 ^{5}ㅁ법인등록번호 ^{6}ㅁ외국인등록번호 ^{7}ㅁ국내거소신고번호 ^{99}ㅁ기타(기재_____)		
31.발행인/최종소지인 실명번호			
32.발행인/최종소지인 전화번호[주2] *			

주1) '16.거래수단' 항목 중 '^{2}ㅁ수표'에 표기를 한 경우
주2) '32.발행인/최종소지인 전화번호'는 휴대전화번호가 존재할 경우 휴대전화번호를 우선기재

첨부(Ⅲ-2). 거래대리인 정보[주1]

33.거래대리인명				
34.거래자와의 관계	^{1}ㅁ카지노관광 알선업자 ^{2}ㅁ여행가이드 ^{3}ㅁ직원 ^{4}ㅁ동료(친구) ^{5}ㅁ기타(기재___) ^{9}ㅁ알수없음			
35.대리인 실명번호구 분	^{1}ㅁ주민등록번호 ^{2}ㅁ 여권번호 ^{3}ㅁ외국인등록번호 ^{4}ㅁ국내거소신고번호 ^{5}ㅁ기타(기재_____)			
36.거래대리인 실명번 호				
37.거래대리인 전화번호[주2] *				
38.거래대리인 국적[주3]	^{1}ㅁ한국 ^{2}ㅁ외국(국명:_____)			

주1) '22.거래대리인 존재여부'항목에 '^{1}ㅁ존재'라고 표기되었을 경우 생성
주2) '37.거래대리인 전화번호'는 휴대전화번호가 존재할 경우 휴대전화번호를 우선기재
주3) '38.거래대리인 국적'은 한국 또는 외국 중 선택해야하고, 외국인일 경우 '국명'을 기재해야 한다.

Ⅳ. 의심스러운 거래유형 및 의심스러운 정도에 관한 정보

다음 중 본 보고서에 해당되는 거래라고 생각되는 항목을 모두 선택하시오.(복수선택 가능)

> Ⅵ-1. 금융사고 또는 긴급조사가 요청되는 사건 관련
> ※ 본 항목은 의심의 정도가 상당히 크고, 전제범죄로 의심되어 시급히 조사가 진행되
> 어야 할 것으로 판단되는 항목으로 본 항목 선택시에는 다른 건에 우선하여 긴급조
> 사가 이루어지게 됩니다.
>
> 1)□ 금융사고 등 거액횡령이 의심되는 거래
> 2)□ 뇌물공여 및 뇌물수수 등이 의심되는 거래
> 3)□ 거액의 외화도피로 추정되는 거래
> 4)□ 조직범죄 및 강·절도 등 강력사건 연루가 의심되는 거래
> 5)□ 서명위조 또는 위변조된 신분증 제시
> 6)□ 위조된 지불수단 사용
> 7)□ 기타 사회통념상 긴급조사(우선조사)가 요망되는 거래

Ⅵ-2. 의심스러운 거래자의 태도 및 특징 관련

1)□ 실명노출 기피 또는 거래에 대한 비밀요구
2)□ 거래에 대한 합당한 답변 불제공 또는 자금출처가 불분명한 거래
3)□ 의심스러운 동행자 참여거래
4)□ 직원에게 뇌물 제공 또는 영향력 행사
5)□ 비정상적인 베팅
6)□ 게임 미참여 또는 최소한의 게임참여
7)□ 여러 금융기관 발행 지불수단 사용
8)□ 다양한 종류의 지불수단 교환 요청
9)□ 거액의 소액권을 고액권으로 교환 요청
10)□ 다양한 권종의 수표발행 요청

Ⅵ-3. 거래유형 관련

11)□ 분할거래
12)□ Cut-off 시간 전후의 분할거래
13)□ 타인명의 거래
14)□ 거액의 칩스 미교환 반출
15)□ 칩스 교환금액이 칩스 구매금액과 게임수익금액의 합계액 이상인 경우
16)□ 기타

V.의심스러운 거래에 대한 서술부분

6하 원칙에 의거 의심스러운 거래의 개요 및 보고이유를 설명하고, 추가적인 특징을 기술하시오. 또한, 거래내역외 첨부문서 존재시 첨부문서의 종류를 기재하시오.
(※ 본 보고서의 내용은 비교적 자세하게 기재할 것. 단, 거래의 내용이 단순하고 6하 원칙에 의해 기술하는 것이 적당하지 않다고 판단될 시 의심스러운 근거에 기초하여 4)~6) 해당하는 항목만 기재하거나 7)종합 의견만 기재하여도 됨)

<의심스러운 거래의 개요 및 보고 이유>

1) 의심스러운 거래자 관련	(내용을 기술하시오)
2) 거래 발생일자 관련	(내용을 기술하시오)
3) 거래 발생 장소(영업점) 관련	(내용을 기술하시오)
4) 금융거래 수단(상품) 관련	(내용을 기술하시오)
5) 금융거래 방법(특이거래) 관련	(내용을 기술하시오)
6) 혐의거래로 판단한 사유 관련	(내용을 기술하시오)
7) 종합의견	(내용을 기술하시오)

작성자의 입장에서 본 의심스러운 거래자가 의심스러운 정도(1은 의심스러우나 불확실함, 5는 매우 의심스러움을 의미함)를 체크하시오.

◇ 공통사항 : 서식의 입력항목 중 '*'로 표시된 항목은 모두 선택사항임

서식2 금융기관 : 고액현금거래보고서

〈별지 제2호 서식〉

표제부

1) 문서번호 :   –   2) 보고일자 :

3) 정정보고시 종전문서번호[*] :   4. 거래순번 : (거래순번/총거래건수)

금융기관 : 고액현금거래보고서
(Currency Transaction Report)

2008.12

본 보고서는 특정 금융거래정보의 보고 및 이용 등에 관한 법률 제4조의2에 따라 보고하는 것으로서 그 내용이 사실임을 확인합니다.

I. 보고기관에 관한 정보

1.보고기관명		2.보고책임자명	
3.보고담당자명^{주)}		4.보고담당자 전화번호	

주) 보고기관 본점의 고액현금거래보고서 담당자를 기재

II. 고액현금 거래자에 관한 정보

II-1. 공통사항

5.거래자(사업자)명	
6.거래자(사업자) 실명번호구분	[1] □주민등록번호(개인) [2] □주민등록번호(기타단체) [3] □사업자등록번호 [4] □여권번호 [5] □법인등록번호 [6] □외국인등록번호 [7] □국내거소신고번호 [8] □투자등록번호 [9] □고유번호/납세번호 [11] □BIC코드(SWIFT) [12] □해당국가법인번호 [99] □기 타
7.거래자(사업자)실명번호	
8.거래자 국적 ^{주1)}	[1] □한국
	[2] □외국(국명:_____)

II-2. 개인의 경우

9.거래자 우편번호/주소*	(-)		
10.거래자 생년월일*^{주2)}		11.성별*^{주2)}	[1] □ 남 [2] □ 여
12.거래자 전화번호*			
13.실명조합번호* ^{주3)}			
14.여권번호* ^{주4)}			
15.거래자 직업/ 사업내용	15)-1직업구분*	□직장인 □자영업자 □무직 □파악할 수 없음	
	15)-2직장(회사)명*		
	15)-3업종코드* ^{주5)}		
	15)-4사업자등록번호*		

II-3. 법인·단체의 경우

16.대표자명*	
17.대표자 실명번호 구분*	[1] □주민등록번호(개인) [2] □여권번호 [3] □외국인등록번호 [4] □국내거소신고번호 [5] □기타

18.대표자 실명번호*		
19.대표자 국적^{주6)}	¹□한국	
	²□외국(국명:_____)	
20.사업체(단체) 설립일*		21.업종코드*^{주5)}	
22.법인등록번호^{주7)}		

23.사업체(단체) 우편번호/주소	²³⁾⁻¹본점*	(-)
	²³⁾⁻²사업장*	(-)
24.사업체(단체) 전화번호	²⁴⁾⁻¹본점*	
	²⁴⁾⁻²사업장*	

주1) Ⅱ.의 '6.거래자 국적'은 한국 또는 외국 중 선택해야하고, 외국인일 경우 '국명'을 기재해야한다.
주2) '10.거래자생년월일', '11.성별': 개인의 경우(Ⅱ-2), '8.거래자 국적'이 외국인이면서 비거주자인 경우
는 필수사항
주3) '13.실명조합번호'는 Ⅱ.의 개인의 경우(Ⅱ-2), '8.거래자국적'이 외국인 경우로 외국인등록증 및
재외국민(외국 국적 동포) 국내거소신고증이 없는 경우, 여권번호에 의한 실명번호 조립방법에 의거
국내 금융기관이 사용하는 번호임
주4) '14.여권번호'는 Ⅱ.의 개인의 경우(Ⅱ-2), '8.거래자 국적'이 외국인인 경우로 Ⅱ.의 공통사항(Ⅱ-1)
'6.거래자실명 번호구분' 항목에 ⁵□ 외국인등록번호, ⁶□국내거소신고번호를 선택하였을 경우에 기재
주5) Ⅱ의 11-2.개인의 경우 15)-3업종코드와 Ⅱ-3.법인단체의 경우, 21.업종코드는 통계청 (www.
nso.go.kr)에서 제공하는 "한국표준산업분류코드체계"를 따르며, 대/중/세/세세분류 모두 기재할 수
있다(예: 대분류 '01'농업일 경우, 뒷자리에 'Z'을 포함하여, '01ZZZ'로 보고).
주6) Ⅱ-3. 법인·단체의 경우, '19.대표자국적'은 한국 또는 외국 중 선택해야 하고, 외국인일 경우 '국명'
을 기재해야 한다.
주7) '18.대표자 실명번호'를 사업자등록번호로 기재한 경우, 필수로 기재해야 한다.

Ⅲ. 현금거래 내역에 관한 정보

Ⅲ-1. 공통사항

25.거래발생일시			
26.거래영업점명			
27.거래채널	¹□창구거래	²□자동화기기거래	³□기타
28.거래수단	¹□현금	29.거래금액	(원화)\
30.거래종류	¹□계좌 ²□비계좌 (¹□송금 ²□외환 ³□유가증권 ⁴□기타)		
	¹□지급 ²□영수		
31.거래대리인 존재여부	¹□존재 ²□존재안함 ³□파악안됨		

첨부(Ⅲ-1).거래대리인 정보[주1]

32.대리인명	
33.대리인 실명번호 구분*	[1]□주민등록번호(개인) [2]□주민등록번호(기타단체) [3]□사업자등록번호 [4]□여권번호 [5]□법인등록번호 [6]□외국인등록번호 [7]□국내거소신고번호 [8]□투자등록번호 [9]□고유번호/납세번호 [11]□BIC코드(SWIFT) [12]□해당국가법인번호 [99]□기 타
34.대리인 실명번호*	
35.대리인 전화번호*	
36.대리인 국적[주2]	[1]□한국 [2]□외국(국명:_____)
37.거래자와의 관계	[1]□배우자 [2]□부모 [3]□자녀 [4]□형제자매 [5]□친척 [6]□상사 [7]□동료(친구) [8]□기타(기재_____) [9]□알수없음

주1) '31.거래대리인 존재여부' 항목에 '[1]□존재'라고 표기되었을 경우 생성
주2) '36.대리인 국적'은 한국 또는 외국 중 선택해야하고, 외국인일 경우 '국명'을 기재해야 한다.

Ⅲ-2. 계좌거래의 경우[주1]

38.관련계좌번호	
39.계좌개설영업점명	
40.계좌개설일자	
41.계좌개설 대리인 존재여부	[1]□존재 [2]□존재안함 [3]□파악안됨

주1) (Ⅲ-2) 항목은 '30.거래종류'가 '[1]□ 계좌'인 경우에 작성함

첨부(Ⅲ-2).계좌개설 대리인 정보[주1]

42.계좌개설 대리인명	
43.계좌개설 대리인 실명번호 구분	[1]□주민등록번호(개인) [2]□주민등록번호(기타단체) [3]□사업자등록번호 [4]□여권번호 [5]□외국인등록번호 [6]□국내거소신고번호 [7]□고유번호/납세번호 [9]□투자등록번호 [10]□기 타
44.계좌개설 대리인 실명번호	
45.계좌개설 대리인* 전화번호	
46.계좌개설 대리인 국적	[1]□한국

	²□ 외국(국명:_____)
47.계좌주와의 관계	¹□ 배우자 ²□ 부모 ³□ 자녀 ⁴□ 형제자매 ⁵□ 친척 ⁶□ 상사 ⁷□ 동료(친구) ⁸□ 기타(기재_____) ⁹□ 알수없음

주1). '41.계좌개설 대리인 존재여부' 항목에 '¹□ 존재'라고 표기되었을 경우 생성

Ⅲ-3. 유가증권거래의 경우^{주1)}

48.관련유가증권의 종류	¹□ 환어음 ²□ 약속어음 ³□ 국채 ⁴□ 공채 ⁵□ 자기앞수표 ⁶□ 당좌수표 ⁷□ 가계당좌수표 ⁸□ 보증가계수표 ⁹□ 국고수표 ¹⁰□ 양도성예금증서 ¹¹□ 선불카드 ¹²□ 기타
49.관련유가증권번호	( ) ~ ( )

주1) '30.거래종류'가 ²□ 비계좌 (³□ 유가증권)인 경우에 작성함

Ⅲ-4. 자기앞수표거래의 경우^{주1)}

50.현금지급은행		51.현금지급영업점명	

주1) '48.관련유가증권의 종류'가 '⁵□ 자기앞수표인 경우'로서, 자기은행 발행 자기앞수표를 현금으로 교환하여 지급하거나 타행발행 정액자기앞수표를 '자기앞수표실시간정보교환규약'에 의한 정보를 이용하여 당일 현금으로 교환하여 지급한 건에 한하여 작성함

Ⅳ. 수취인 계좌에 관한 정보^{주1)}

52.수취인계좌번호			
53.수취금융기관명		54.수취인(수취계좌주) 성명	Ⅳ

주1) 상기 항목은 현금거래정보가 '무통장 입금에 의한 송금거래'에 해당되는 경우, 기재한다.

Ⅴ. 취소 또는 정정보고에 관한 사항^{주1)}

취소 또는 정정사유	

주1) 상기 항목은 본 보고서가 이미 보고된 건을 취소 또는 정정하는 보고인 경우에 해당하며, 500자 이내로 기입함

◇ 공통사항 : 서식의 입력항목 중 '*'로 표시된 항목은 모두 선택사항임

서식2의1 카지노 : 고액현금거래보고서

〈별지 제2-1호 서식〉

표제부

1) 문서번호 :   –   2) 보고일자 :

3) 정정보고시 종전문서번호* :

카지노 : 고액현금거래보고서
(Currency Transaction Report by Casinos)

2008.12

본 보고서는 특정 금융거래정보의 보고 및 이용 등에관한 법률 제4조의2에 따라
보고하는 것으로서 그 내용이 사실임을 확인합니다.

Ⅰ. 보고기관에 관한 정보

1.보고기관명		2.보고책임자명	
3.보고담당자명주1)		4.보고담당자 전화번호	

주1) 카지노의 고액현금거래보고서 담당자를 기재

Ⅱ. 고액현금 거래자에 관한 정보

5.거래자명			
6.거래자 실명번호구분	¹□주민등록번호 ²□ 여권번호 ³□외국인등록번호 ⁴□국내거소신고번호 ⁵□기타(기재_____)		
7.거래자 실명번호			
8.거래자 우편번호/주소*	(－)		
9.거래자 전화번호*			
10.거래자 국적 주2)	¹□한국		
	²□외국(국명:_____)	10-2-1□생년월일(YYYYMMDD)	10-2-2성별(□남 □여)

주2) 10.거래자 국적이 외국이면서 비거주자인 경우, 생년월일, 성별은 필수사항

Ⅲ. 현금거래 내역에 관한 정보

11.거래발생일시			
12.거래채널	¹□출납창구 ²□게임테이블 ⁹□기타(기재_____)		
13.거래수단	□현금 □수표 □기타	14.거래금액	(원화)\
15.거래종류	¹□칩스환전 ²□칩스구매		
16.거래대리인존재여부	¹□존재 ²□존재안함 ³□파악안됨		

첨부(Ⅲ-1). 거래대리인 정보

17.거래대리인명	
18.거래자와의 관계	¹□카지노관광 알선업자 ²□여행가이드 ³□직원 ⁴□동료(친구) ⁵□기타(기재____) ⁶□알수없음
19.대리인 실명번호구분*	¹□주민등록번호 ²□ 여권번호 ³□외국인등록번호 ⁴□국내거소신고번호 ⁵□기타(기재_____)
20.거래대리인 실명번호*	

21.거래대리인 전화번호* ^{주2)}	
22.거래대리인 국적	¹□한국
	²□외국(국명:_____)

주1) '16.거래대리인 존재여부' 항목에 '¹□존재'라고 표기되었을 경우 생성
주2) 21.거래대리인 전화번호는 휴대전화번호가 존재할 경우 휴대전화번호를 우선기재

IV. 취소 또는 정정보고에 관한 사항*

23.취소 또는 정정사유^{주4)}	

주4) 23.취소또는정정사유 항목은 이미 보고된 건을 취소 또는 정정하는 보고인 경우에 해당하며, 500자
이내로 기입함

◇ 공통사항 : 서식의 입력항목 중 '*'로 표시된 항목은 모두 선택사항임

참고문헌

관계부처합동(2018), "국가 자금세탁·테러자금조달 위험평가",(2018. 11).

금융감독원(2023), "전자금융업이 자금세탁의 통로로 활용되지 않도록 자금세탁방지 의무의 충실한 이행을 유도해 나가겠습니다", 금융감독원 보도자료(2023. 9. 6).

금융위원회(2019), "비대면 실명확인 가이드라인 개편", 2019. 12. 23.자 보도자료.

금융정보분석원(2018a), 「자금세탁방지제도 유권해석 사례집」, 금융위원회 금융정보 분석원(2018. 2).

금융정보분석원(2018b, "AML/CFT 관련 위험평가 및 위험기반접근법 처리 기준"(2018. 12).

금융정보분석원·금융감독원(2021), "가상자산사업자 신고 매뉴얼",(2021.3).

금융정보분석원·금융감독원(2023), "가상자산사업자 신고 매뉴얼(첨부)"(2023. 3).

임정하(2013), "국가기관의 금융거래정보 접근·이용과 그 법적 쟁점: 금융실명법과 특정금융거래보고법을 중심으로", 경제법연구 제12권 1호(2013. 6).

정무위원회(2019), "특정 금융거래정보의 보고 및 이용 등에 관한 법률 일부개정법률 안 검토보고서", 제370회 국회(임시회) 제1차 정무위원회(2019. 8).

찾아보기

저자소개

이상복

서강대학교 법학전문대학원 교수. 서울고등학교와 연세대학교 경제학과를 졸업하고, 고려대학교에서 법학 석사와 박사학위를 받았다. 사법연수원 28기로 변호사 일을 하기도 했다. 미국 스탠퍼드 로스쿨 방문학자, 숭실대학교 법과대학 교수를 거쳐 서강대학교에 자리 잡았다. 서강대학교 금융법센터장, 서강대학교 법학부 학장 및 법학전문대학원 원장을 역임하고, 재정경제부 금융발전심의회 위원, 기획재정부 국유재산정책 심의위원, 관세청 정부업무 자체평가위원, 한국공항공사 비상임이사, 금융감독원 분쟁조정위원, 한국거래소 시장감시위원회 비상임위원, 한국증권법학회 부회장, 한국법학교수회 부회장, 금융위원회 증권선물위원회 비상임위원으로 활동했다. 현재 공적자금관리위원회 위원으로 활동하고 있다.

저서로는 〈전자금융거래법〉(2024), 〈신용정보법〉(2024), 〈판례회사법〉(2023), 〈부동산개발금융법〉(2023), 〈상호금융업법〉(2023), 〈새마을금고법〉(2023), 〈산림조합법〉(2023), 〈수산업협동조합법〉(2023), 〈농업협동조합법〉(2023), 〈신용협동조합법〉(2023), 〈경제학입문: 돈의 작동원리〉(2023), 〈금융법입문〉(2023), 〈외부감사법〉(2021), 〈상호저축은행법〉(2021), 〈외국환거래법〉(개정판)(2023), 〈금융소비자보호법〉(2021), 〈자본시장법〉(2021), 〈여신전문금융업법〉(2021), 〈금융법강의 1: 금융행정〉(2020), 〈금융법강의 2: 금융상품〉(2020), 〈금융법강의 3: 금융기관〉(2020), 〈금융법강의 4: 금융시장〉(2020), 〈경제민주주의, 책임자본주의〉(2019), 〈기업공시〉(2012), 〈내부자거래〉(2010), 〈헤지펀드와 프라임 브로커: 역서〉(2009), 〈기업범죄와 내부통제〉(2005), 〈증권범죄와 집단소송〉(2004), 〈증권집단소송론〉(2004) 등 법학 관련 저술과 철학에 관심을 갖고 쓴 〈행복을 지키는 法〉(2017), 〈자유·평등·정의〉(2013)가 있다. 연구 논문으로는 '기업의 컴플라이언스와 책임에 관한 미국의 논의와 법적 시사점'(2017), '외국의 공매도규제와 법적시사점'(2009), '기업지배구조와 기관투자자의 역할'(2008) 등이 있다. 문학에도 관심이 많아 장편소설 〈모래무지와 두우쟁이〉(2005), 〈우리는 다시 강에서 만난다〉(2021)와 에세이 〈방황도 힘이 된다〉(2014)를 쓰기도 했다.

특정금융정보법

초판발행   2024년 4월 8일

지은이   이상복
펴낸이   안종만·안상준

편 집   김선민
기획/마케팅   최동인
표지디자인   벤스토리
제 작   우인도·고철민·조영환

펴낸곳   (주) **박영사**
                서울특별시 금천구 가산디지털2로 53, 210호(가산동, 한라시그마밸리)
                등록 1959. 3. 11. 제300-1959-1호(倫)

전 화   02)733-6771
f a x   02)736-4818
e-mail   pys@pybook.co.kr
homepage   www.pybook.co.kr
ISBN   979-11-303-4616-8   93360

copyright©이상복, 2024, Printed in Korea

정 가   35,000원